# Fallstudienkompendium Hidden Champions

Jan-Philipp Büchler
Hrsg.

# Fallstudienkompendium Hidden Champions

Innovationen für den Weltmarkt

Geleitwort von Garrelt Duin und Hermann Simon

*Herausgeber*
Jan-Philipp Büchler
Dortmund
Deutschland

ISBN 978-3-658-17828-4     ISBN 978-3-658-17829-1 (eBook)
https://doi.org/10.1007/978-3-658-17829-1

Die Deutsche Nationalbibliothek verzeichnet diese Publikation in der Deutschen Nationalbibliografie; detaillierte bibliografische Daten sind im Internet über http://dnb.d-nb.de abrufbar.

Springer Gabler
© Springer Fachmedien Wiesbaden GmbH 2018
Das Werk einschließlich aller seiner Teile ist urheberrechtlich geschützt. Jede Verwertung, die nicht ausdrücklich vom Urheberrechtsgesetz zugelassen ist, bedarf der vorherigen Zustimmung des Verlags. Das gilt insbesondere für Vervielfältigungen, Bearbeitungen, Übersetzungen, Mikroverfilmungen und die Einspeicherung und Verarbeitung in elektronischen Systemen.
Die Wiedergabe von Gebrauchsnamen, Handelsnamen, Warenbezeichnungen usw. in diesem Werk berechtigt auch ohne besondere Kennzeichnung nicht zu der Annahme, dass solche Namen im Sinne der Warenzeichen- und Markenschutz-Gesetzgebung als frei zu betrachten wären und daher von jedermann benutzt werden dürften.
Der Verlag, die Autoren und die Herausgeber gehen davon aus, dass die Angaben und Informationen in diesem Werk zum Zeitpunkt der Veröffentlichung vollständig und korrekt sind. Weder der Verlag, noch die Autoren oder die Herausgeber übernehmen, ausdrücklich oder implizit, Gewähr für den Inhalt des Werkes, etwaige Fehler oder Äußerungen. Der Verlag bleibt im Hinblick auf geografische Zuordnungen und Gebietsbezeichnungen in veröffentlichten Karten und Institutionsadressen neutral.

Gedruckt auf säurefreiem und chlorfrei gebleichtem Papier

Springer Gabler ist Teil von Springer Nature
Die eingetragene Gesellschaft ist Springer Fachmedien Wiesbaden GmbH
Die Anschrift der Gesellschaft ist: Abraham-Lincoln-Str. 46, 65189 Wiesbaden, Germany

# Grußwort

Unsere versteckten Weltmeister, der mit allem Recht legendäre Ruf des deutschen Mittelstands – viele meinen: Hierzu ist alles gesagt, nur noch nicht von allen. Stimmt im Grundsatz, aber ich habe Neuigkeiten. Deshalb auf ein paar Worte.

Vorab: Die Bedeutung des Mittelstands als Rückgrat der deutschen Wirtschaft ist unbestreitbar, seine Leistungen und damit seine Strahlkraft vor allem auch im internationalen Geschäft sind vorbildlich. Zu den Eigenschaften unseres Mittelstands zählen starke Innovationskraft, Mut bei Markterschließungen, also unternehmerische Risikobereitschaft, eine beispiellose Kundennähe und ein hohes Maß an Verantwortung für die Mitarbeiterinnen und Mitarbeiter. Kurz und gut: Die rund 750.000 mittelständischen Unternehmen in Nordrhein-Westfalen sind die Brutstätte unseres Erfolgs. Sie stehen für Tatkraft, Innovation, Risikofreude, Internationalität und Leistung.

Ich besuche viele mittelständische Unternehmen. In fast allen dieser Betriebe herrscht eine beeindruckende Atmosphäre von Offenheit, Lust am Neuen, Freude an Innovationen und Stolz auf Geleistetes. Die Zusammenarbeit mit starken Forschungseinrichtungen ist gelebte Realität. Hier liegt einer der Schlüssel für die digitale Zukunft der Wirtschafts- und Arbeitswelt.

Wir müssen es schaffen, unseren leistungsstarken Mittelstand immer auf der Höhe der Zeit zu halten. Niemals dürfen mittelständische Unternehmen den Anschluss an entscheidende technologische Entwicklungen verlieren. Daran arbeiten wir in Nordrhein-Westfalen. Mit unserem Kompetenzzentrum Mittelstand 4.0, das digitale Kompetenzen aus Paderborn, Dortmund und Aachen verbindet, setzen wir Maßstäbe. Unterstützung erhalten unsere Mittelständler auch vom neuen NRW-Zentrum für cyber-physikalische Systeme (CPS-HUB), einem Zusammenschluss von Experten aus sechs NRW-Hochschulen. Auch unsere Landescluster Produktion.NRW und Logistik.NRW haben ihre Informationsarbeit voll auf Fragen der digitalen Transformation ausgerichtet. In sechs regionalen Clustern stehen dem Mittelstand ebenfalls hochkarätige Spezialisten zur Verfügung.

Unser Ziel bleibt es, die starke Stellung des Mittelstands und damit auch unserer zahlreichen Hidden Champions in der digitalen Welt zu sichern und möglichst auszubauen. Dies ist eine zentrale Aufgabe für das Wirtschaftsland Nordrhein-Westfalen.

Diese Aufgabe beginnt nicht zuletzt in den Hochschulen. Die akademische Ausbildung zukünftiger Führungskräfte stellt eine wichtige Grundlage dafür dar, dass unsere mittelständischen Unternehmen auch zukünftig weltmarktführende Positionen einnehmen. Daher wünsche ich diesem besonderen Fallstudienkompendium eine sehr gute Aufnahme in der Hochschullehre und den Studierenden spannende Erkenntnisse und tiefe Einblicke in den Maschinenraum der deutschen mittelständischen Industrie.

Düsseldorf, im Herbst 2017
Garrelt Duin

Minister a.D. für Wirtschaft, Energie, Industrie, Mittelstand und Handwerk des Landes Nordrhein-Westfalen

# Geleitwort

Große Unternehmen finden in Wissenschaft, Lehre, Finanzwirtschaft und Politik permanent starke Aufmerksamkeit. Demgegenüber wird der Erkenntnisquelle der Hidden Champions regelmäßig wenig Beachtung geschenkt. Dabei stellen gerade diese mittelständischen Weltmarktführer das Rückgrat der nachhaltigen deutschen Exportstärke dar und tragen im internationalen Vergleich maßgeblich zum Wealth of Nations bei. Dieser Unternehmenstypus unterscheidet sich in vielerlei Hinsicht von den großen Konzerntankern und bietet erhebliches Potenzial für Erkenntnisgewinne. Führungskräfte, Wissenschaftler und Studierende sowie Unternehmen sollten bemüht sein, von erfolgreichen Firmen zu lernen. Bisher ist dieser Prozess im Wesentlichen eine Einbahnstraße, die von den großen bekannten Unternehmen zu den mittleren und kleinen Firmen führt. Meine Schätzung ist, dass sich mehr als 80 % aller Fallstudien, die in der Managementlehre an Hochschulen eingesetzt werden, mit großen Konzernen befassen. Es wird Zeit, diesen einseitigen Lernprozess umzukehren. Die Strategien und die Erfahrungen der Hidden Champions können nicht nur zu engagierten Diskussionen, sondern zu neuen Einsichten und konkreten Verbesserungen führen. In jüngerer Zeit haben typische Verhaltensweisen von Hidden Champions wie etwa Fokussierung, Kundennähe und Mitarbeiterloyalität verstärkte Beachtung in Forschung, Lehre und Managementberatung gefunden. Dennoch gibt es weiterhin erhebliches Lernpotenzial auf der Basis der bewährten Strategien und Konzepte der Hidden Champions.

Vor allem können junge Menschen völlig neue Perspektiven und Einsichten durch das Studium der Hidden Champions gewinnen. Bisher richtet sich die Bewunderung der meisten Hochschulabsolventen auf die ganz großen Unternehmen. Die Gründe dafür liegen in einer Überbetonung von Fallbeispielen mit Großunternehmen in der Managementlehre, verzerrter Wahrnehmung bekannter großer Marken, Anerkennung durch die Peer Group oder schlicht eingeschränkter Kenntnis der Wirtschaft. Allerdings werden solche Wahrnehmungen und die daraus abgeleiteten Präferenzen für Arbeitgeber der Realität nicht gerecht. Hidden Champions sind als Arbeitgeber äußerst attraktiv. Fokussierung und geringe Größe erlauben es den Hochschulabsolventen, schneller in echte Verantwortung zu kommen. Zudem bieten Hidden Champions aufgrund ihrer globalen Präsenz interessante internationale Perspektiven.

Das vorliegende Fallstudienkompendium bereichert die Managementlehre in bemerkenswerter Weise. Es schließt nicht nur eine Anwendungslücke, die in vielen Lehrkonzeptionen besteht, sondern bietet einen thematisch und konzeptionell umfassenden Fundus an Fallstudien, der die Vielfalt und Bandbreite der Hidden Champions und ihrer Erfolgskonzepte eindrucksvoll beschreibt. Insofern können die Fallstudien auch Führungskräften in mittelständischen Unternehmen Anregungen und Denkanstöße geben.

Das Fallstudienkompendium verdient eine breite Rezeption in der Hochschullehre und in der Unternehmenspraxis. Ich wünsche den Lehrenden und den Studierenden erkenntnisreiche Diskussionen und tiefe Einsichten in die Strategien und Erfolgskonzepte der Hidden Champions.

Bonn, im Herbst 2017
Prof. Dr. Dr. h.c. mult. Hermann Simon

Honorary Chairman
Simon-Kucher & Partners Strategy & Marketing Consultants

# Vorwort

Obwohl mittelständische Unternehmen als Erfolgsfaktor der deutschen Wirtschaft gepriesen werden, finden sie relativ geringe Beachtung in der Managementlehre an Hochschulen. Während 99 Prozent aller Unternehmen in Deutschland sog. KMU sind, so schätzen wir im CASEM (Center for Applied Studies & Education in Management) die Zahl der verwendeten Fallstudien und Fallbeispiele aus dem Mittelstand in betriebswirtschaftlichen Lehrveranstaltungen auf unter 10 Prozent. Obwohl KMU mit Abstand die meisten Arbeitsplätze stellen und auch die meisten Hochschulabsolventen ihre beruflichen Anfänge im Mittelstand beginnen, beschäftigen sich die Hochschulen und Studierenden überwiegend mit großen und bekannten Konzernen. Allerdings sind Mittelständler in nahezu allen Bereichen der Unternehmensführung, Ressourcenausstattung, Unternehmenskultur und -organisaton grundverschieden von großen Konzernen und nicht etwa nur Kleinausgaben von großen Unternehmen.

Es stellt sich somit die Frage, ob wir unsere Nachwuchskräfte mit dem richtigen Fokus ausbilden und ihnen die geeigneten Fähigkeiten und Kenntnisse mit auf den Weg geben, um den Mittelstand auch zukünftig mit den besten Köpfen und Talenten auf der Erfolgsspur zu halten? Wir sind der Auffassung, dass hier Nachholbedarf besteht und teilen diesen Eindruck mit einer Vielzahl an Kollegen im deutschsprachigen Hochschulumfeld. Daher möchten wir mit diesem Fallstudienkompendium typisch mittelständische Managementprobleme in das Bewußtsein betriebswirtschaftlicher Lehrveranstaltungen rücken. Die Fallstudiendidaktik bietet dazu eine ideale Möglichkeit, wichtige Schlüsselkompetenzen zu entwickeln wie z. B.:

- Analytische Kompetenz und kritisches Denkvermögen,
- Entscheidungsfähigkeit und Abwägung verschiedener Handlungsoptionen,
- Umgang mit Annahmen und Schlussfolgerungen,
- Entwicklung und Reflexion eines Standpunkts,
- Aktives Zuhören und Verständnis unterschiedlicher Standpunkte,
- Theorietransfer in die Unternehmenspraxis.

Damit diese Kompetenzen unter möglichst authentischen Bedingungen trainiert werden können, sind sämtliche Fallstudien in Zusammenarbeit mit Unternehmen verfasst worden. Dies beinhaltet umfangreiche Experteninterviews mit den Gesellschaftern, (Familien-) Mitgliedern der Unternehmensleitung und verantwortlichen Managern und bezieht außerdem alle Arten von Primärquellen mit ein. Ein Peer Review und Anwendungstest in Lehrveranstaltungen runden den Qualitätssicherungsprozess für die Fallstudienerarbeitung begleitet durch CASEM ab.

Bei der Auswahl der Unternehmen haben wir ein besonderes Augenmerk auf solche mittelständischen Unternehmen gelegt, die in ihren Märkten führende Weltmarktpositionen innehaben und diese erfolgreich verteidigen oder gar ausbauen. Solche mittelständischen Weltmarktführer, die besser als Hidden Champions bekannt geworden sind, zeichnen sich vor allem durch einen unbändigen Willen zu nachhaltigem Wachstum aus. Diesen Wachstumsimperativ haben wir in diesem Fallstudienkompendium in drei große Themenbereiche und entsprechende Kapitel eingeordnet.

In **Teil 1** wird auf **Innovation** als zentrale Quelle für nachhaltiges Wachstum eingegangen. Der einführende Beitrag „Hidden Champions - Innovative Speerspitze der Globalisierung" von Hermann Simon stellt die besonderen Innovationsbedingungen und -leistungen der Hidden Champions vor. Auf dieser Basis beschäftigt sich die Fallstudie „Huf Universalsensor IntelliSens" von Jan-Philipp Büchler und Jennifer Decker (FH Dortmund) mit der Realisierung von Wachstumschancen durch die Erschließung neuer Marktsegmente und der damit einhergehenden Vermarktung von Produkt- und Markeninnovationen im automobilen After-Sales-Market. Die Fallstudie „Autoneum – Hochleistungskultur für Innovationen" von Jan-Philipp Büchler (FH Dortmund) und Christoph Müller (Universität St. Gallen) bietet einen ganzheitlichen Einblick in das Innovationsmanagement eines großen Schweizer Automobilzulieferers und präsentiert einen ganzheitlichen markt- und innovationsorientierten Führungsansatz. Mit der Fallstudie „Devolo – Innovationstreiber Kooperation" ermöglicht Simon Stuber (FH Dortmund) die Untersuchung und Diskussion von Kooperationsvorhaben zwischen Unternehmen und außeruniversitären, hochschulbezogenen und wirtschaftsnahen Institutionen im regionalen Umfeld als Basis erfolgreicher Forschungs- und Entwicklungsarbeit und als Treiber von Innovationen. Die Fallstudie „Thermomix by Vorwerk – A new way of cooking" von Andreas Fries, Anne-Wibke Bergmeister und Marie Spindler (RFH Köln) stellt auf eine vertriebsorientierte Geschäftmodellinnovation ab, die Vorwerk mit dem Thermomix international gelungen ist. In der Fallstudie „BioGenius – Flexibilität als Handlungsgrundlage" von Axel Faix und Werner Frese liegt der Schwerpunkt auf dem Aufbau besonderer Fähigkeiten und Kompetenzen, die es dem wissensgetriebenen Dienstleister für innovationsorientierte Analyse-, Prüf- und Beratungsverfahren ermöglichen einen Wettbewerbsvorteil aufzubauen.

In **Teil 2** wird **Internationalisierung** als der zentrale Wachstumsimperativ der Hidden Champions mit Weltmarktanspruch thematisiert. Der einführende Beitrag „Plötzlich Hidden Champion?" von Jan-Philipp Büchler und Axel Faix (FH Dortmund) identifiziert Wachstumsmuster in den Internationalisierungspfaden mittelständischer Unternehmen und verortet Hidden Champions als einen besonders ambitionierten Wachstumschampion mit spezifischen Fähigkeitsmustern im Unterschied zu lediglich national oder regional agierenden KMU, die sich bereits mit engeren Marktgrenzen zufrieden geben. Die Fallstudie „Dolezych – Management by Options als Leitlinie internationaler Expansion" von Gregor Brüggelambert, Jan-Philipp Büchler (FH Dortmund) und Alexander Krosta (Dolezych) beschäftigt sich mit den organisatorischen und strategischen Herausforderungen eines Familienunternehmens in der Transport- und Ladungssicherung vor dem Hintergrund eines expansiven Internationalisierungsprozess. Anhand der Fallstudie „GEA Farm Technologies – Kernkompetenzausbau durch M&A" von Jan-Philipp Büchler und Axel Faix (FH Dortmund) können strategische Handlungsoptionen hinsichtlich organischer (interner) und akquisitorischer (externer) Wachstumsmöglichkeiten aus Sicht eines gehobenen Mittelständlers erörtert und bewertet werden. Die Fallstudie „Hark – Wachstumsstrategie für die Orchideenzucht" von Yvonne Mitschka (Mercator Fellow) und Jan-Philipp Büchler (FH Dortmund) untersucht die strategischen Optionen des globalen Marktführers im Marktsegment Zuchtorchideen für einen Markteintritt in den USA. In der Fallstudie „Vaillant – Markteintritt und Marktbearbeitung in Russland" zeigen Jan-Philipp Büchler (FH Dortmund) sowie Carsten Voigtländer und Markus Tandel (Vaillant Group) die Anpassungsbedarfe und Optimierungspotenziale im Rahmen eines sequenziellen Markteintritts des Marktführers für Heiz- und Klimatechnik in Russland.

In **Teil 3** werden mit **Personal und Organisation** die Fundamente für die herausragende Wachstumsleistung der Hidden Champions beleuchtet. Dazu bietet der einführende Beitrag „Hidden Champions Benchmarking" von Matthias Schmieder (TH Köln) eine ausführliche empirische Basis für die Diskussion spezifischer Unternehmensmerkmale von Hidden Champions. Im Beitrag „Der Weltmarktführer-Index für die DACH-Region" zeigt Christoph Müller (Universität St. Gallen) den aktuellen Stand und weitere Bedarfe in der Forschung zu Hidden Champions. Die Fallstudie „Schalker Eisenhütte – Keep your business on track" von Jan-Philipp Büchler (FH Dortmund) und Andreas Merchiers (HS Bochum) thematisiert die Anpassungen von Geschäftsportfolio, Geschäftsmodell und damit verbundenen Restrukturierungsmaßnahmen eines führenden Systemanbieters in der Bergbautechnik, welche erst den Weg für neues Wachstum freigeben. Die Fallstudie „GASA Group Germany – Ist die Organisation fit für neues Wachstum?" von Dietrich Darr (HS Rhein-Waal) lädt ein, die organisatorischen Anpassungsbedarfe eines im Bereich der Gartenbau-Wertschöpfungskette tätigen Mittelständlers am Niederrhein zu diskutieren vor dem Hintergrund der Entwicklung einer neuen Wachstumsstrategie. Die Fallstudie RENAFAN von Magdalena Stülb (HS Koblenz) und Jennifer Decker (FH Dortmund) stellt das Personalmanagement eines der Top-3- Pflegeunternehmen dar und untersucht die Anforderungen an die Mitarbeiterführung, -entwicklung und Unternehmenskultur in einer Branche, die von Fachkräftemangel geprägt ist. Die Fallstudie „WAGO - Employer Branding und Social Media" von Andrea Rumler (HWR Berlin) zeigt die Notwendigkeit für Unternehmen, sich sozialer Medien in der Kommunikation mit potenziellen Mitarbeitern, vor allem dem Nachwuchs für Ausbildungsberufe und duales Studium, zu bedienen. Die Fallstudie „Faymonville – Wachstum als Komplexitätstreiber" von Constanze

Chwallek, Walter Reichert (FH Aachen) und Kaan Goezler (Faymonville) untersucht die Grenzen von Wachstum und Optionen der technischen Anpassung von Produktionsprozessen und Produktkonfigurationen, um die Komplexität beherrschbar zu halten, am Beispiel des Spezialaufliegerherstellers Faymonville aus der deutsch-belgischen Grenzregion.

Im Appendix befindet sich eine ausführlichere, aber dennoch kompakte Übersicht zu einer jeden Fallstudie in Bezug auf Inhalt, Voraussetzungen, Lernzielen und Zielgruppe. Dies dient der vereinfachten und gezielten Konzeption von Lehrveranstaltungen unter Einsatz dieses Fallstudienkompendiums. Grundsätzlich empfiehlt sich der Einsatz dieses Kompendiums in zwei unterschiedlichen Arten:

- Ausgewählter Einsatz einzelner Fallstudien für eine Lehrveranstaltung, beispielsweise ein Vertiefungsfach wie etwa Personal & Organisation, Strategisches Management oder Innovationsmanagement,
- Vollständiger Einsatz des Kompendiums semesterbegleitend und als „Case Series" in einem Vertiefungsfach wie etwas „International Management" oder „Unternehmensführung" insbesondere in den Übungseinheiten oder in einer seminaristischen Lehrveranstaltung. Hierzu eignen sich wöchentliche Fallstudiendiskussion bzw. Präsentationen von Analyse und Empfehlungen auf der Basis der vorgeschlagenen Aufgaben in Kleingruppen.

Die letztere Option folgt der Idee der Fallstudienmethodik in der Lehre im engeren Sinne und verwendet eine geplante und aufeinander abgestimmte Abfolge möglichst realer Fälle, deren Analyse und Ergebnisfindung die Aufgabe der Studierenden darstellt. Der Fokus der Fallstudienmethodik liegt in einem ausgewogenen Verhältnis von Analyse, Entscheidung und Diskussion im Vorfeld und während einer Lehrveranstaltung. Dabei empfiehlt es sich, dass der Lehrende die Diskussionen moderiert, indem er gezielte Fragen zur Reflexion und Lernzielerreichung stellt.

Während der Arbeiten an diesem Fallstudienkompendium ist in den vergangenen zwei Jahren ein bemerkenswert anregender Austausch und eine intensive Zusammenarbeit zwischen 10 Hochschulen und 15 Unternehmen im deutschsprachigen Raum entstanden. An dieser Stelle möchte ich allen an diesem Austausch beteiligten und mitwirkenden Kolleginnen und Kollegen herzlich danken. Das Ergebnis in Form dieses Fallstudienkompendiums fordert geradezu dazu auf, diesen Austausch fortzuführen und zu intensiveren. Dabei spreche ich gleichsam eine herzliche Einladung an alle Hochschullehrenden aus, die sich künftig eine Mitwirkung im Rahmen der Fallstudienmethodik vorstellen können. Ein ganz besonders herzlicher Dank gilt meinen wissenschaftlichen Mitarbeiter(inne)n Jennifer Decker, M.Sc., Gültekin Cakir, M.A. und Simon Stuber, M.Sc. Sie haben mit großer Sorgfalt, hervorragenden Ideen und enormer Ausdauer, die Entstehung dieses Kompendiums maßgeblich mitbegleitet und gestaltet.

Trotz aller Sorgfalt und größter Mühe können Fehler nicht vollkommen ausgeschlossen oder verhindert werden. Für alle Rückmeldungen dazu, Feedback jeder Art und Fragen sind wir dankbar und freuen uns auf eine Kontaktaufnahme.

Ich wünsche Ihnen eine anregende und in jeder Hinsicht innovative Lehre.

Dortmund, im Herbst 2017
Prof. Dr. Jan-Philipp Büchler

Fachhochschule Dortmund
Center for Applied Studies & Education in Management (CASEM)

# Autorenprofile

**Anne-Wiebke Bergmeister, M.A.** studierte Betriebswirtschaftslehre in Münster, Montpellier und Köln. Während ihres Masterstudiums arbeitete sie als Werkstudentin im Vertrieb eines großen deutschen Warenhauses und war an verschiedenen Maßnahmen zur Stammkundengewinnung beteiligt. Seit Herbst 2016 ist sie in der Geschäftsführung eines mittelständischen Unternehmens für Steuerberaterfortbildung angestellt und ist dort maßgeblich mit strategischen Marketingaufgaben betraut.

**Prof. Dr. Gregor Brüggelambert** ist seit 2007 an der FH Dortmund als Professor für Volkswirtschaftslehre, insbes. Makroökonomie sowie internationale Wirtschaftsbeziehungen, beschäftigt. Leitende Tätigkeiten bei einer „Big Four"-Beratungsgesellschaft (Verrechnungspreise) und einem „Dax 30"-Unternehmen (Verrechnungspreise und Einkaufs-Controlling) ermöglichen ihm den Zugriff auf langjährige internationale Praxiserfahrungen. Sein Forschungsschwerpunkt liegt im Bereich des Wechselspiels zwischen Märkten und Institutionen, wo er sich unter anderem mit dem Themenschwerpunkt Internationalität von kleinen und mittleren Unternehmen auseinandersetzt. Wie sich aus seiner Mitarbeit am interdisziplinären Center for Applied Studies and Education in Management (CASEM) erkennen lässt, geht es ihm dabei gleichzeitig darum, durch den Einsatz moderner Lehrmethoden wie Fallstudien auch in der Lehre Akzente zu setzen.

**Prof. Dr. Jan-Phillip Büchler** ist seit Herbst 2011 an der FH Dortmund Professor für Unternehmensführung und Global Business Management. Er verfügt über eine langjährige Berufserfahrung in internationalen Positionen bei einem weltweit führenden Konsumgüterhersteller im Strategischen Controlling, Marketing und Business Development. Dabei hat er unter anderem die Weiterentwicklung und Optimierung des Innovationsprozesses mitverantwortet. Als akademischer Leiter des interdisziplinären Center for Applied Studies & Education in Management (CASEM) entwickelt er gemeinsam mit Partnern aus Lehre, Forschung und Unternehmenspraxis innovative didaktische Ansätze für die Managementausbildung und -weiterbildung im Bereich der Fallstudienmethodik und Business Simulation.

**Prof. Dr. Constanze Chwallek** ist seit 2010 als Professorin für Entrepreneurship am Fachbereich Wirtschaft der FH Aachen tätig. Zuvor hat sie seit 2003 an der Hochschule Trier das Lehrgebiet „Management und Entrepreneurship" vertreten. In ihrer Funktion als Studiengangleiterin ist sie für die Weiterentwicklung der Bachelor- und Masterstudiengänge Wirtschaftsingenieurwesen verantwortlich. Zudem gehört sie dem Koordinierungsrat des berufsbegleitenden MBA-Studiengangs „Management und Entrepreneurship" der FH Aachen an. Durch ihre langjährige Beratungserfahrung zu den Themenfeldern Strategie, Reorganisation und innovative Geschäftsmodelle in mittelständischen Unternehmen und Startups hat sie vielfältige Einblicke in die Unternehmenspraxis gewinnen können.

**Prof. Dr. Dietrich Darr** übernahm im April 2012 die Professur für Agribusiness an der Hochschule Rhein-Waal. Vor diesem Zeitpunkt war er mehrere Jahre für eine führende Unternehmensberatung international tätig. Aus dieser Zeit verfügt über umfangreiche Berufserfahrung in der Organisations- und Strategieentwicklung für Unternehmen des Agribusiness sowie anderer Industriesektoren. In Forschung und Lehre beschäftigt er sich unter anderem mit Strategien der Unternehmensführung im Agribusiness, mit der Entwicklung informeller Betriebe in Entwicklungsländern sowie mit Innovationen in den Wertschöpfungsketten der Land-, Forst- und Nahrungsgüterwirtschaft.

**Jennifer Decker, M.Sc.** ist Doktorandin und promoviert auf dem Themengebiet des Social Entrepreneurship an der Leuphana Universität in Lüneburg in Kooperation mit der Fachhochschule Dortmund. Als Wissenschaftliche Mitarbeiterin forscht Sie in verschiedenen Bereichen der Unternehmensführung an der Fachhochschule Dortmund am Center for Applied Studies and Education in Management (CASEM). Nach Ihrem Studium des Wirtschaftsrechts im Bereich der Corporate Governance an der Fachhochschule Frankfurt, absolvierte Sie Ihr Masterstudium im Business Management mit den Schwerpunkten Finanzierung und Controlling an der Hochschule Koblenz.

# Autorenprofile

**Prof. Dr. Axel Faix** ist seit Frühjahr 2011 an der FH Dortmund Professor für Unternehmensführung. Er entwickelt seit Ende der 1990er Jahre Planungs- und Analyseinstrumente für das Innovationsmanagement, die von Unternehmen und Technologietransfereinrichtungen mit Erfolg eingesetzt werden. Professor Faix konnte in vielen Projekten zum Innovations-, Technologie-, Patent- und Gründungsmanagement mit unterschiedlichen Hintergründen einschlägige Erfahrungen sammeln.

**Dr. Werner Frese** ist selbständiger Management- und Sanierungsberater. Vor seiner aktuellen Selbständigkeit in der Beratung, studierte Dr. Werner Frese zunächst Wirtschafts- und Sozialwissenschaften an der TU-Dortmund und war anschließend dort als wissenschaftlicher Mitarbeiter über mehrere Jahre am Lehrstuhl für Unternehmensführung tätig. Neben seiner Lehr- und Forschungstätigkeit auf dem Gebiet des Strategischen Managements promovierte er darüber hinaus im Bereich der Strategischen Planung. Nach seiner Zeit an der Universität war Dr. Werner Frese im Bereich des Turnaround-Managements für eine Unternehmensberatung aktiv und entschied sich 2013 für die Selbständigkeit. Den Kontakt zur Wissenschaft und Lehre hat Dr. Werner Frese auch während seiner hauptberuflichen Tätigkeit als Berater stets aufrechterhalten. So ist er parallel zu seiner aktuellen Beratungstätigkeit ebenfalls regelmäßig an mehreren öffentlichen sowie privaten Hochschulen als Lehrbeauftragter tätig und kann dort seine beruflichen Erfahrungen in die Lehre mit einbringen.

**Prof. Dr. Andreas Fries** ist Professor und Studiengangsleiter für die Master-BWL-Studiengänge an der Rheinischen Fachhochschule Köln. In dieser Funktion unterrichtet er aktiv das Modul „Case Studies" im Master Business Administration (M.A.) und entwickelt neue Fallstudien zusammen mit Unternehmen und Studenten. Vor seiner akademischen Laufbahn war er mehrjährig für die Henkel AG & Co. KGaA in diversen Funktionen in den Bereichen internationaler Einkauf, interne Group Strategy Unit und Shared Services / Finanzen tätig. Ein ausführlicher Hintergrund seiner Vita ist zu finden unter: www.andreas-fries.de.

**Kaan Gözler, M.Eng.** ist seit 2014 bei der Firma Faymonville Group AG, am Standort Weiswampach/ Luxemburg, als Area Sales Manager für die Region Latein Amerika zuständig. Er hat im Zeitraum von 2009 – 2014 den Bachelorstudiengang Wirtschaftsingenieurwesen mit der Vertiefungsrichtung Vertriebsingenieurewesen an der FH Aachen studiert, wovon er zwei Semester an der „Universidad de Monterrey", in Monterrey – Nuevo Leon, Mexiko verbracht hat. Seine Bachelor- und Masterarbeit hat er bei der Firma Faymonville Group AG angefertigt.

**Alexander Krosta, M.A.** geboren 1970, studierte Kommunikationswissenschaft, Marketing und Psychologie an der Universität Duisburg-Essen. Beim international agierenden Dortmunder Mittelständler Dolezych GmbH & Co. KG startete er als Assistent der Geschäftsleitung und verantwortet dort seit 2002 den Bereich Marketing.

**Prof. Dr.-Ing. Dipl.-Wirt.-Ing. Andreas Merchiers** lehrt und forscht im Bereich Produktionsmanagement und Technische Investitionsplanung an der HS Bochum. Nach seiner Promotion am Werkzeugmaschinenlabor (WZL) der RWTH Aachen war er u.a. als Industrieberater, Produktionsleiter und Technischer Leiter im Maschinenbau tätig. Die fachlichen Schwerpunkte von Andreas Merchiers sind die Produktionsgestaltung und -optimierung, die Entwicklung von Produktionsstrategien in der Einzel- und Kleinserie sowie die (Neu-) Ausrichtung mittelständischer Unternehmen im Zeitalter von Industrie 4.0. Als Geschäftsführer sanierte Andreas Merchiers die Schalker Eisenhütte, ein weltweit führendes Unternehmen im Bau von Maschinen- und Anlagenbau mit den Geschäftsbereichen Schienenfahrzeuge und Kokereimaschinen. Die Wiederherstellung wettbewerbsfähiger Kostenstrukturen, die Bereinigung des Portfolios und die Stärkung sowie der Aufbau neuer Geschäftsfelder zählten dabei zu den Erfolgsfaktoren.

**Yvonne Mitschka, M.Sc. in Economics, CEMS MIM.** Yvonne Mitschka ist für die KfW IPEX-Bank in Frankfurt am Main tätig, die deutsche und europäische Unternehmen bei der Umsetzung weltweiter Exporte und Investitionen unterstützt. Davor war sie Teilnehmerin des Mercator Kollegs für internationale Aufgaben, einem Nachwuchsführungskräfteprogramm im Bereich internationale Zusammenarbeit. Yvonne Mitschka beendete den Masterstudiengang in Volkswirtschaftslehre sowie den CEMS Master's in International Management an der Universität zu Köln und der Warsaw School of Economics. Zuvor studierte sie Betriebswirtschaftslehre an der Frankfurt School of Finance & Management und der University of Auckland.

**Prof. Dr. Christoph Müller** hat an der Universität Hohenheim studiert und an der Universität St.Gallen promoviert und habilitiert. Von 2002–2008 hatte er an der Universität Hohenheim den Stiftungslehrstuhl Unternehmensgründungen und Unternehmertum (Entrepreneurship) inne. Seit 2008 ist er als Titularprofessor für Betriebswirtschaftslehre, insbesondere Unternehmensgründungen und KMU an der Universität St. Gallen tätig. Seit 2013 ist er als Akademischer Co-Direktor an der HBM Unternehmerschule, Teil der Executive School for Management, Technology & Law der Universität St.Gallen im Einsatz (50 %). Zusätzlich ist er als Gesellschafter, Verwaltungs- oder Aufsichtsrat in deutschen und Schweizer KMU tätig. Seine Forschungsschwerpunkte sind: Betriebswirtschaftliche Themen von Unternehmensgründungen, Führung von Wachstums-Unternehmen, HR-Strategie-Themen, Regulierungskosten-Messung und Bürokratiekosten - Abbau sowie Weltmarktführer (www.weltmarktfuehrerindex.de).

**Prof. Dr. Walter Reichert** ist seit 2010 Professor am Fachbereich Maschinenbau und Mechatronik der FH Aachen. Er unterrichtet betriebswirtschaftliche Module für Ingenieure und vertiefende Inhalte im Studienschwerpunkt Technischer Vertrieb. In seiner Funktion als Studiengangleiter ist er für die Weiterentwicklung der Bachelor- und Masterstudiengänge Wirtschaftsingenieurwesen verantwortlich. Mit Hochschul- und Industriepartnern entwickelt er praxisorientierte Studierendenprojekte und setzt diese im industriellen Umfeld um. Einen weiteren Schwerpunkt seiner Arbeit stellt die Internationalisierung der Lehre am Fachbereich dar. Vor seiner Berufung an die Hochschule war er zehn Jahre in verschiedenen Managementpositionen bei internationalen Technologieunternehmen tätig. Er hat umfangreiche Erfahrung auf den Gebieten Forschung und Entwicklung, Projekt- und Qualitätsmanagement, Kundenservice und technischer Vertrieb.

**Prof. Dr. Andrea Rumler** ist seit 2012 Professorin für allgemeine BWL und Marketing an der HWR Berlin. Davor war sie 15 Jahre lang an der HTW Berlin in derselben Position tätig. Ihre Forschungsschwerpunkte liegen in den Bereichen Online-Marketing, Social Media sowie CSR und Compliance. Des Weiteren ist sie Expertin für digitale Kommunikation, Gründungsmarketing, Marketingcontrolling und internationales Marketing. Vor ihrer Berufung an die Hochschule war sie in verschiedenen Managementpositionen tätig, u.a. als Geschäftsführerin von Modern Living, Inc., New York.

**Prof. Dr. Matthias Schmieder** ist seit 1999 Professor für Unternehmensführung und Controlling am Institut für Produktionstechnik an der TH Köln. Dreizehnjährige Berufspraxis, davon zwei Jahre in der Zentrale der Deutsche Bank AG, Abteilung für Konzernentwicklung und Beteiligungscontrolling, über zehn Jahre in der Geschäftsleitung von großen Softwarehäusern, als kaufmännischer Geschäftsführer. Seit 2010 leitet er das Benchmarking Center Europe am INeKO, Institut an der Universität zu Köln und ist Vorstandsmitglieder im Trägerverein des Instituts sowie in verschiedenen Beiräten von mittelständischen Unternehmen. Gemeinsam mit dem Benchmarking Center Europe forscht erforscht er die Performance Management Methoden, speziell Benchmarkingstudien. Die Erfolgsfaktoren der Hidden Champions sind ein spezifischer Schwerpunkt seiner Forschung.

**Prof. Dr. Dr. h.c. mult. Hermann Simon** ist Gründer und Honorary Chairman von Simon, Kucher & Partners Strategy & Marketing Consultants, dem Weltmarktführer in der Preisberatung (www.hermann-simon.com, www.simon-kucher.com). Seit mehreren Jahrzehnten ist er den Geheimnissen von Unternehmen auf der Spur, die im Schatten der Öffentlichkeit zu Weltmarktführeren aufgestiegen sind. 1996 veröffentlichte er das Buch „Die heimlichen Gewinner", 2007 beschrieb er die „Hidden Champions des 21. Jahrhunderts". Sein drittes Buch „Hidden Champions – Aufbruch nach Globalia" erschien 2012.

**Marie Spindler, M.A.** hat ein duales Bachelorstudium in Betriebswirtschaftslehre an der Nordakademie, in Kooperation mit der Philips GmbH, absolviert und konnte dabei Erfahrungen im Vertrieb und Marketing sammeln. Begleitend zu ihrem Masterstudium an der Rheinischen Fachhochschule Köln, hat sie im Projektmanagement und im Bereich Business Transformation gearbeitet. Seit September 2016 ist sie als Transformation Specialist bei Philips Lighting in den Niederlanden tätig und führt strategische Veränderungsprojekte im Unternehmen durch.

**Simon Joseph Stuber, M.Sc.** ist seit 2015 wissenschaftlicher Mitarbeiter am Center for Applied Studies & Education in Management (CASEM) an der Fachhochschule in Dortmund. Er studierte im Bachelor allgemeine Betriebswirtschaftslehre (Fachhochschule Dortmund) und anschließend im Master Wirtschaftswissenschaften mit den Schwerpunkten Unternehmensführung, Marketing und Innovations- und Technologiemanagement (Technische Universität Dortmund). Neben Dozentenaktivitäten im Bereich der Unternehmensführung betreut er das Projekt IHK-InnoMonitor an der

Fachhochschule Dortmund. Weiterhin strebt er eine Promotion auf dem Themengebiet der Digitalisierung von Unternehmen an.

**Prof. Dr. Magdalena Stülb** ist seit Sommersemester 2012 an der Hochschule Koblenz/RheinAhrCampus Remagen im Fachbereich Wirtschafts- und Sozialwissenschaften als Professorin für die Lehrbereiche Kommunikation und Interkulturelle Kompetenz tätig. Als Ethnologin verfügt sie über langjährige Berufserfahrung in der Vermittlung von interkulturellen Handlungskompetenzen in unterschiedlichen beruflichen Tätigkeitsfeldern. Ein zentrales Forschungs- und Interessensgebiet ist dabei die zunehmende kulturelle Diversität im Gesundheitswesen, die sich sowohl in der Klientel wie auch der Mitarbeiterschaft darstellt.

**Markus Tandel, Dipl.-Kfm.** wurde am 20. März 1982 geboren. Sein Studium der Wirtschaftswissenschaften an der Fachhochschule Dortmund schloss er mit dem Diplom ab. Nach seinem Studium war er bei der Vaillant Group im strategischen Einkauf, in der regionalen Marktentwicklung und als Assistent der Geschäftsführung tätig. Seit 2016 ist er als *Head of Sales Steering* verantwortlich für die strategische Vertriebssteuerung.

**Dr. Carsten Voigtländer** wurde am 14. September 1963 geboren. Sein Studium Maschinenbau und Verfahrenstechnik an der Technischen Universität Braunschweig schloss er mit Diplom und Promotion ab. Nach verschiedenen Stationen in der Schweizer Oerlikon Gruppe war er dort zuletzt CEO von Oerlikon Textile. Heute ist er Vorsitzender der Geschäftsführung der Vaillant Group mit Sitz in Remscheid.

# Inhaltsverzeichnis

**Teil I  Innovation**

**1  Hidden Champions – Innovative Speerspitze der Globalisierung** .........  3
Hermann Simon
1.1  Hidden Champions als Quelle des deutschen Exporterfolgs ............  3
1.2  Strategische Logik der Hidden Champions ........................  7
     1.2.1   Ambitionierte Wachstums- und Marktziele ..................  7
     1.2.2   Fokussierung und globale Vermarktung ....................  8
     1.2.3   Organisatorisches Fundament ..........................  10
1.3  Innovationsorientierung der Hidden Champions ....................  11
     1.3.1   Forschungsintensität und Innovationsleistung ................  11
     1.3.2   Impulsgeber für Innovation ............................  14
     1.3.3   Gestaltungsansätze für erfolgreiche Innovationsorientierung .....  16
1.4  Fazit ..............................................................  18
Literatur ...............................................................  19

**2  Huf Universalsensor IntelliSens – Kundenzentrierte Innovationsvermarktung** .........  21
Jan-Philipp Büchler und Jennifer Decker
2.1  Fallstudie ..........................................................  21
     2.1.1   Viva Las Vegas! .....................................  21
     2.1.2   Unternehmensprofil Huf Hülsbeck & Fürst GmbH & Co. KG ....  22
     2.1.3   Innovative Technologien verändern den Markt ................  26
     2.1.4   Akquisition der Reifendruckkontrollsparte von BorgWarner .....  27
     2.1.5   Marktstudie Reifendruckkontrollsysteme ....................  28
     2.1.6   Universalsensor IntelliSens für den Independent Aftermarket ....  32
     2.1.7   Viva Colonia .......................................  34
2.2  Aufgaben ..........................................................  34
Literatur ...............................................................  35

## 3 Autoneum – Hochleistungskultur für Innovation ... 37
Jan-Philipp Büchler und Christoph Müller
- 3.1 Fallstudie ... 37
  - 3.1.1 Welcome to Detroit (nachempfundene Szene) ... 37
  - 3.1.2 Autoneum – Stark in der Nische und global präsent ... 38
  - 3.1.3 Das Marktumfeld: Anspruchsvolle Kunden und aggressive Wettbewerber ... 42
  - 3.1.4 Unternehmenskultur ... 44
  - 3.1.5 Instrumente zur Vermeidung von Silodenken und Öffnung des Innovationsprozesses ... 47
  - 3.1.6 Forschung und Entwicklung gemeinsam voranbringen ... 49
  - 3.1.7 Alpenglühen ... 52
- 3.2 Aufgaben ... 52
- Literatur ... 53

## 4 devolo – Innovationstreiber Kooperation ... 55
Simon Joseph Stuber
- 4.1 Fallstudie ... 55
  - 4.1.1 Smarte Leistung ... 55
  - 4.1.2 Unternehmensprofil und -entwicklung der devolo AG ... 55
  - 4.1.3 SPIDER – Sichere Powerline-Datenkommunikation im intelligenten Energienetz ... 66
  - 4.1.4 Weiterentwicklungen des SMGW ... 68
  - 4.1.5 Marktreife des SMGW ... 69
- 4.2 Aufgaben ... 70
- Literatur ... 71

## 5 Thermomix by Vorwerk – A New Way of Cooking ... 73
Andreas Fries, Anne-Wiebke Bergmeister and Marie Spindler
- 5.1 Case Study ... 73
  - 5.1.1 Disruptive Innovation ... 73
  - 5.1.2 Direct Sales – Old-Fashioned or Future Business Model? ... 74
  - 5.1.3 Company Background ... 75
  - 5.1.4 Current Situation and Description of the Company ... 75
  - 5.1.5 Industry and Competitors ... 81
  - 5.1.6 Concluding Remarks ... 85
- 5.2 Case Analysis – Questions ... 87
- Bibliography ... 88

## 6 BioGenius – Flexibilität als Handlungsgrundlage ... 91
Axel Faix und Werner Frese
- 6.1 Fallstudie ... 91
  - 6.1.1 Ist ein kundenzentrierter Innovationsansatz noch ausreichend? ... 91
  - 6.1.2 BioGenius als innovationsorientierter Dienstleister ... 92
  - 6.1.3 Wettbewerbsumfeld von BioGenius ... 96

|  |  |  | |
|---|---|---|---|
| | 6.1.4 | Organisation und Unternehmenskultur von BioGenius......... | 100 |
| | 6.1.5 | Künftige Entwicklungstendenzen und marktgerichtete Konsequenzen................................................. | 103 |
| | 6.1.6 | Ableitung interner Konsequenzen....................... | 105 |
| | 6.1.7 | Herausforderungen für die Unternehmensentwicklung...... | 107 |
| 6.2 | Aufgaben........................................... | | 108 |
| Literatur.................................................. | | | 109 |

## Teil II  Internationalisierung

**7   Plötzlich Hidden Champion? Erklärungsansätze für die Internationalisierung mittelständischer Weltmarktführer** ............... 113
Jan-Philipp Büchler und Axel Faix

| | | | |
|---|---|---|---|
| 7.1 | Hidden Champions als Vorbild für Wachstum durch Innovation und Internationalisierung ..................................... | | 113 |
| 7.2 | Internationalisierung von Hidden Champions – Grundlagenfragen ...... | | 114 |
| | 7.2.1 | Begriffliche Annäherung an Hidden Champions: Strukturelle Merkmale und Orientierungsmuster ....................... | 114 |
| | 7.2.2 | Dynamische Betrachtung der Internationalisierung ............ | 117 |
| 7.3 | Erklärungsansätze für die Internationalisierungsmuster von Hidden Champions: Gesamtsicht und Einzelargumente .................... | | 123 |
| | 7.3.1 | Bezugsrahmen zur managementorientierten Betrachtung von Internationalisierungsansätzen......................... | 124 |
| | 7.3.2 | Marktliche Argumente im Fokus der Erklärung .............. | 125 |
| | 7.3.3 | Fähigkeiten im Fokus der Erklärung ...................... | 127 |
| 7.4 | Fazit ................................................. | | 133 |
| Literatur.................................................. | | | 134 |

**8   Dolezych – Management by Options als Leitlinie internationaler Expansion** ................................................. 137
Gregor Brüggelambert, Jan-Philipp Büchler und Alexander Krosta

| | | | |
|---|---|---|---|
| 8.1 | Fallstudie ............................................. | | 137 |
| | 8.1.1 | Unternehmensprofil................................... | 140 |
| | 8.1.2 | Unternehmensentwicklung und Internationalisierungsprozess.... | 141 |
| | 8.1.3 | Internationalisierungsgrad und internationales Netzwerk ........ | 145 |
| | 8.1.4 | Organisationsstruktur und Unternehmenskultur ............... | 147 |
| | 8.1.5 | Starke Heimserie als Basis für internationalen Erfolg........... | 150 |
| 8.2 | Aufgaben.............................................. | | 152 |
| Literatur.................................................. | | | 154 |

**9   GEA Farm Technologies – Kernkompetenzausbau durch M&A** ........ 155
Jan-Philipp Büchler und Axel Faix

| | | | |
|---|---|---|---|
| 9.1 | Fallstudie ............................................. | | 155 |
| | 9.1.1 | Weltmarktführer aus Westfalen .......................... | 155 |

|  |  | 9.1.2 | Geschäftsmodellentwicklung als langfristiger Prozess | 158 |
|---|---|---|---|---|
|  |  | 9.1.3 | Automatisierung des Melkens | 159 |
|  |  | 9.1.4 | Akquisitionsstrategie | 161 |
|  |  | 9.1.5 | Integriertes Leistungsangebot schafft Kundennutzen | 164 |
|  |  | 9.1.6 | Differenzierung durch Kuhkomfort | 164 |
|  | 9.2 | Aufgaben | | 166 |

## 10 Hark – Wachstumsstrategie für die Orchideenzucht: Wird das Geschäft auch in den USA florieren? ... 169
Yvonne Mitschka und Jan-Philipp Büchler

|  | 10.1 | Fallstudie | | 169 |
|---|---|---|---|---|
|  |  | 10.1.1 | Strategische Herausforderungen zwischen Korallenwurzen und Zwergstendeln | 169 |
|  |  | 10.1.2 | Einblicke in den Markt für Zierpflanzen | 170 |
|  |  | 10.1.3 | Phalaenopsis: Geschichte und Entwicklung einer Industrie | 172 |
|  |  | 10.1.4 | Ein Abriss über den amerikanischen Orchideenmarkt | 173 |
|  |  | 10.1.5 | Die Geschichte von Hark | 174 |
|  |  | 10.1.6 | Die Betriebsabläufe bei Hark | 175 |
|  |  | 10.1.7 | Die Entscheidung | 178 |
|  | 10.2 | Aufgaben | | 179 |
|  | Literatur | | | 180 |

## 11 Vaillant – Markteintritt und Marktbearbeitung in Russland ... 183
Jan-Philipp Büchler, Markus Tandel und Carsten Voigtländer

|  | 11.1 | Fallstudie | | 183 |
|---|---|---|---|---|
|  |  | 11.1.1 | Nur profitables Wachstum ist gutes Wachstum | 183 |
|  |  | 11.1.2 | Unternehmensentwicklung Vaillant Gruppe | 184 |
|  |  | 11.1.3 | Wachstumsregion Osteuropa | 185 |
|  |  | 11.1.4 | Wachstumsperspektiven in Russland | 186 |
|  |  | 11.1.5 | Geschäftsentwicklung in Russland | 187 |
|  |  | 11.1.6 | Markenportfolio in Russland | 188 |
|  |  | 11.1.7 | Vertriebsstruktur in Russland | 189 |
|  |  | 11.1.8 | Managementmeeting in Russland | 190 |
|  | 11.2 | Aufgaben | | 192 |
|  | Literatur | | | 192 |

## Teil III  Personal & Organisation

## 12 Hidden Champions Benchmarking ... 197
Matthias Schmieder

| 12.1 | Hidden Champion Definition | 197 |
|---|---|---|
| 12.2 | Besonderheiten von Hidden Champions | 198 |

| | | |
|---|---|---|
| 12.3 | Gesellschafter und Finanzierung | 199 |
| 12.4 | Strategie | 200 |
| 12.5 | Management | 203 |
| 12.6 | Mitarbeiterführung | 206 |
| 12.7 | Forschung & Entwicklung | 209 |
| 12.8 | Optimierungsmethoden | 210 |
| 12.9 | Bilanz und Ergebniskennzahlen | 212 |
| 12.10 | Vermögens- und Kapitalstruktur der Hidden Champions | 212 |
| 12.11 | Ergebnisstruktur der Hidden Champions | 216 |
| 12.12 | Wertschöpfungsquote | 216 |
| 12.13 | Rentabilitätsanalyse | 218 |
| 12.14 | Umsatzrentabilität | 220 |
| 12.15 | Zusammenfassung | 221 |
| | Literatur | 222 |

## 13 Der Weltmarktführer-Index für die DACH-Region ... 223
Christoph Müller

| | | |
|---|---|---|
| 13.1 | Drei Kategorien von Weltmarktführern | 223 |
| 13.2 | Erkenntnisziele des Weltmarktführer-Index | 227 |
| 13.3 | Bedeutung und Rolle der Weltmarktführer Future Champions | 228 |
| 13.4 | Aktuell relevante Themen- und Forschungsfelder | 229 |
| | Literatur | 229 |

## 14 Schalker Eisenhütte – Keep your business on track ... 231
Jan-Philipp Büchler und Andreas Merchiers

| | | |
|---|---|---|
| 14.1 | Fallstudie | 231 |
| | 14.1.1 Schalke ist Hardrock | 231 |
| | 14.1.2 Schalke: Know-How aus drei Jahrhunderten | 232 |
| | 14.1.3 Produktportfolio | 234 |
| | 14.1.4 Kernkompetenzen | 236 |
| | 14.1.5 Marktanalyse der Geschäftsfelder | 239 |
| | 14.1.6 Strategiediskussion | 245 |
| 14.2 | Aufgaben | 247 |
| | Literatur | 248 |

## 15 GASA Group Germany – Ist die Organisation fit für künftiges Wachstum? ... 249
Dietrich Darr

| | | |
|---|---|---|
| 15.1 | Fallstudie | 249 |
| | 15.1.1 Schnelles Wachstum als Herausforderung | 249 |
| | 15.1.2 Der Niederrhein, eines der größten Argribusiness-Cluster Europas | 250 |
| | 15.1.3 Markt, Industrie und Wertschöpfungskette für Topfpflanzen | 251 |
| | 15.1.4 GASA Group Germany | 255 |

|  |  |  |
|---|---|---|
| | 15.1.5 Organisationsstruktur von GASA Group Germany | 260 |
| | 15.1.6 Strategische Fragen und Herausforderungen | 263 |
| 15.2 | Aufgaben | 264 |
| Literatur | | 264 |

## 16 RENAFAN – Unternehmenskultur als Wettbewerbsvorteil … 267
Magdalena Stülb und Jennifer Decker

|  |  |  |
|---|---|---|
| 16.1 | Fallstudie | 267 |
| | 16.1.1 Der beste Arbeitgeber | 267 |
| | 16.1.2 Unternehmensprofil | 268 |
| | 16.1.3 Wettbewerb | 269 |
| | 16.1.4 Geschäftsbereiche | 271 |
| | 16.1.5 Kunden | 272 |
| | 16.1.6 Mitarbeiterinnen und Mitarbeiter | 276 |
| | 16.1.7 Unternehmenskultur als nachhaltiger Wettbewerbsvorteil: | 284 |
| 16.2 | Aufgaben | 284 |
| Literatur | | 285 |

## 17 WAGO – Employer Branding und Social Media … 287
Andrea Rumler

|  |  |  |
|---|---|---|
| 17.1 | Fallstudie | 287 |
| | 17.1.1 Jennys erster Arbeitstag | 287 |
| | 17.1.2 Unternehmensprofil | 288 |
| | 17.1.3 Tätigkeitsfelder | 289 |
| | 17.1.4 Absatzmärkte und Zielgruppen | 289 |
| | 17.1.5 Recruiting und Personalmarketing | 289 |
| | 17.1.6 Gegenwärtiger und zukünftiger Mitarbeiterbedarf | 290 |
| | 17.1.7 Zielgruppen des Employer Branding | 291 |
| | 17.1.8 „Klassische" Recruitingmaßnahmen | 292 |
| | 17.1.9 Social Media aus Sicht von Human Resources | 292 |
| | 17.1.10 Erfolgsmessung der Social-Media-Aktivitäten | 293 |
| | 17.1.11 WAGO-Aktivitäten in sozialen Medien und mögliche Weiterentwicklung | 293 |
| 17.2 | Aufgaben | 296 |
| Literatur | | 297 |

## 18 Faymonville – Wachstum als Komplexitätstreiber … 299
Constanze Chwallek, Kaan Gözler und Walter Reichert

|  |  |  |
|---|---|---|
| 18.1 | Fallstudie | 299 |
| | 18.1.1 Marktführerschaft im Spezialtransportgeschäft | 299 |
| | 18.1.2 Kunden: Transportbranche und Schwertransporte | 300 |
| | 18.1.3 Unternehmensentwicklung bis heute | 301 |
| | 18.1.4 Faymonville goes international | 302 |

|  |  |  |
|---|---|---|
| 18.1.5 | Faymonville im Wettbewerb | 304 |
| 18.1.6 | Produktpalette von Faymonville | 305 |
| 18.1.7 | Fertigung von kundenspezifischen Aufliegern | 308 |
| 18.1.8 | One-Piece-Flow-Konzept bei Faymonville | 309 |
| 18.1.9 | Internationales Wachstum als Herausforderung für die Unternehmensorganisation | 311 |

18.2 Aufgaben ... 311
Literatur ... 312

# Anhang ... 313

## A  Fallstudientypen ... 313

### A.1  Fallstudienprofile ... 315

- A.1.1 Autoneum – Hochleistungskultur für Innovation ... 315
- A.1.2 BioGenius – Flexibilität als Handlungsgrundlage ... 316
- A.1.3 devolo – Innovationstreiber Kooperation ... 317
- A.1.4 Dolezych – Management by Options als Leitlinie internationaler Expansion ... 318
- A.1.5 Faymonville – Wachstum als Komplexitätstreiber ... 320
- A.1.6 GASA Group Germany – Ist die Organisation fit für künftiges Wachstum? ... 321
- A.1.7 GEA Farm Technologies – Kernkompetenzausbau durch M&A ... 322
- A.1.8 Hark – Wachstumsstrategie für die Orchideenzucht: Wird das Geschäft auch in der USA florieren? ... 323
- A.1.9 Huf Universalsensor IntelliSens – Kundenzentrierte Innovationsvermarktung ... 323
- A.1.10 RENAFAN – Unternehmenskultur als Wettbewerbsvorteil ... 324
- A.1.11 Schalker Eisenhütte – Keep your business on track ... 326
- A.1.12 Thermomix by Vorwerk – A New Way of Cooking ... 327
- A.1.13 Vaillant – Markteintritt und Marktbearbeitung in Russland ... 328

# Teil I

# Innovation

# Hidden Champions – Innovative Speerspitze der Globalisierung

Hermann Simon

## 1.1 Hidden Champions als Quelle des deutschen Exporterfolgs

Deutsche Exporte erreichten im Jahre 2015 mit 1.196 Milliarden Euro einen neuen Rekordwert. Im Vergleich zum Vorjahr ein klares Plus von 6,4 %. Deutschland bestätigte damit seine Position als zweitgrößter Exporteur weltweit hinter China. Deutschland profitiert wie kein anderes großes Land vom Wachstum des Welthandels. Die globalen Exporte haben sich seit dem Jahr 2000 fast verdreifacht. Deutschland liegt bei den Pro-Kopf-Exporten über die letzten zehn Jahre weit vor allen anderen großen Ländern (siehe Abb. 1.1).

Wie ist dieser enorme Unterschied, etwa gegenüber Frankreich, Großbritannien oder Italien, zu erklären? Hierzu sei zunächst angemerkt, dass das Land Deutschland nichts exportiert. Genauer betrachtet sind die Unternehmen des Landes die handelnden Akteure. Wenn ein Land im Export stark ist, beweist dies, dass es starke Unternehmen besitzt, die international wettbewerbsfähig sind. Welchen Unternehmen verdanken wir diese starke Exportleistung? Den Großunternehmen, die weltweit agieren? In der Tat ist das in den meisten Ländern der Fall (siehe Abb. 1.2).

Die Abbildung zeigt die Zahl der Fortune Global 500 Unternehmen. Dort sind die 500 größten Unternehmen der Welt den absoluten Exportwerten der jeweiligen Volkswirtschaft gegenübergestellt. Für die meisten Länder zeigt das Bild eine fast lineare Korrelation. Doch es existieren zwei Ausnahmen: China und Deutschland. Nun stellt sich die Frage, was diese verschieden anmutenden Länder gemeinsam haben? Eine wichtige Übereinstimmung stellt die Tatsche dar, dass in beiden Ländern etwa zwei Drittel der Exporte von

---

H. Simon (✉)
Simon-Kucher & Partners, Strategy & Marketing Consultants,
Willy-Brandt-Allee 13, 53113 Bonn, Deutschland
e-mail: hermann.simon@simon-kucher.com

© Springer Fachmedien Wiesbaden GmbH 2018
J.-P. Büchler (Hrsg.), *Fallstudienkompendium Hidden Champions*,
https://doi.org/10.1007/978-3-658-17829-1_1

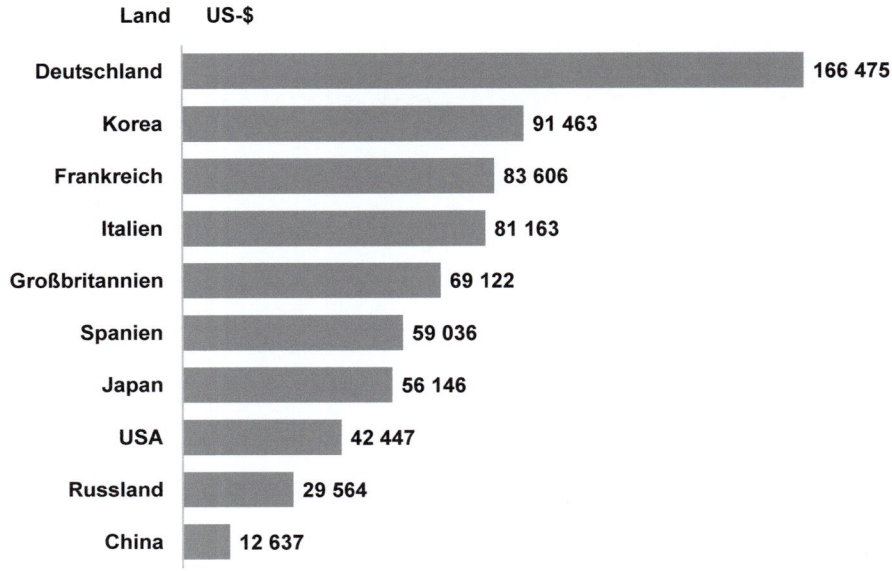

**Abb. 1.1** Pro-Kopf-Exporte 2006–2015 (Quelle: Destatis 2016)

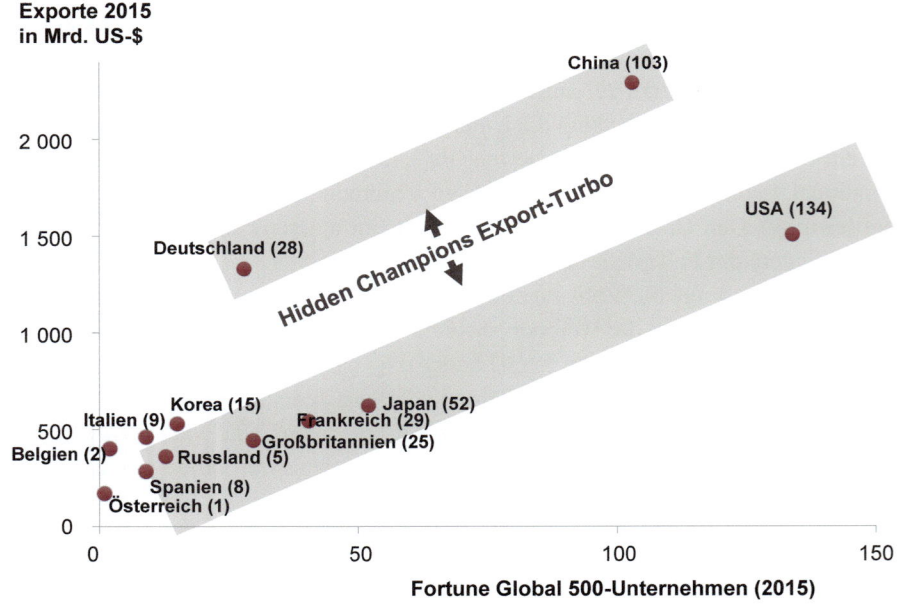

**Abb. 1.2** Exporterfolg und Zahl der Großunternehmen

# 1 Hidden Champions – Innovative Speerspitze der Globalisierung

mittelständischen Unternehmen stammen. Zusammenfassend ist also festzustellen, dass man Großunternehmen für Exporterfolge benötigt. Um außergewöhnliche Exportleistungen zu erbringen, wie es Deutschland und China schaffen, bedarf es jedoch zusätzlich eines sehr starken Mittelstandes. Eine besonders herausragende Gruppe des Mittelstandes bilden die Hidden Champions. Ein solches Unternehmen erfüllt die folgenden drei Kriterien:

- Es gehört zu den Top 3 im Weltmarkt oder ist die Nummer 1 auf seinem Kontinent.
- Es macht weniger als 5 Milliarden Euro Umsatz.
- Es hat einen geringen Bekanntheitsgrad in der Öffentlichkeit.

Nun wird man eine Obergrenze von 5 Milliarden Euro nicht unbedingt als typisch mittelständisch bezeichnen. Doch diese Skala muss den Realitäten unserer globalen Märkte angepasst werden. Das kleinste Fortune Global 500 Unternehmen erzielt derzeit einen Umsatz von etwa 25 Milliarden Euro. Bei der Obergrenze für einen Hidden Champion sprechen wir also von einem Fünftel des kleinsten Großunternehmens. Im Durchschnitt setzen die deutschen Hidden Champions 325 Millionen Euro um. Darunter befinden sich auch Unternehmen mit Umsätzen im einstelligen Millionenbereich, die trotzdem global agieren.

In den letzten 25 Jahren konnten durch eigene Forschungsaktivitäten weltweit 2.734 Hidden Champions identifiziert werden. Von diesen stammen 1.307 (48 %) aus Deutschland. Auch die deutschsprachigen Länder Österreich, Schweiz und Luxemburg haben vergleichsweise viele Hidden Champions. Abb. 1.3 zeigt die Zahl der Hidden Champions pro Million Einwohner.

**Abb. 1.3** Hidden Champions pro eine Million Einwohner nach Ländern

In keinem Kriterium unterscheidet sich Deutschland so stark vom Rest der Welt wie bei den Hidden Champions. Mit deutschen Hidden Champions verbinden viele primär den Maschinen- und Anlagenbau. Das ist jedoch eine Fehlwahrnehmung. Viele Hidden Champions sind auf neuen Feldern z. B. in digitalen Branchen aktiv. Sie spielen allerdings nicht in den großen Märkten wie Apple oder Google, sondern in weniger auffälligen und dennoch attraktiven Nischenmärkten. Beispiele solcher Weltmarktführer sind:

- RIB Software: Fünfdimensionale Software für die Planung von Bauprojekten,
- IP Labs: Software für digitale Fotobücher,
- Invers: Car Sharing-Systeme,
- Fiagon: Navigationssystemen für minimalinvasive Chirurgie,
- Teamviewer: Remote Control von PCs.

Dass die deutschen Hidden Champions bei bekannten und hochmodernen Projekten dabei sind, zeigt auch das Beispiel des Elektroautoherstellers Tesla. Neben großen Firmen wie Bosch, Infineon und Thyssen-Krupp sind zahlreiche Produkte und Komponenten der Hidden Champions wie Stabilus (hydraulische Federn), Peiker (Sprachsteuerung), Sinn (Soundsystem), Dräxlmeier (Interieur), ifm electronics (Sensoren), ZF Lenksysteme (Servolenkung) und Autoneum (Geräuschisolation) im Tesla verbaut. Ebenso wird die Produktionstechnologie von Hidden Champions wie etwa Dürr (Lackierroboter), Eisenmann (Lackierstraße) oder Grohmann (Assemblysysteme) verwendet. Der Tesla weist daher einen nicht unerheblichen Fertigungsanteil von Hidden Champions aus dem deutschsprachigen Raum auf (siehe Abb. 1.4).

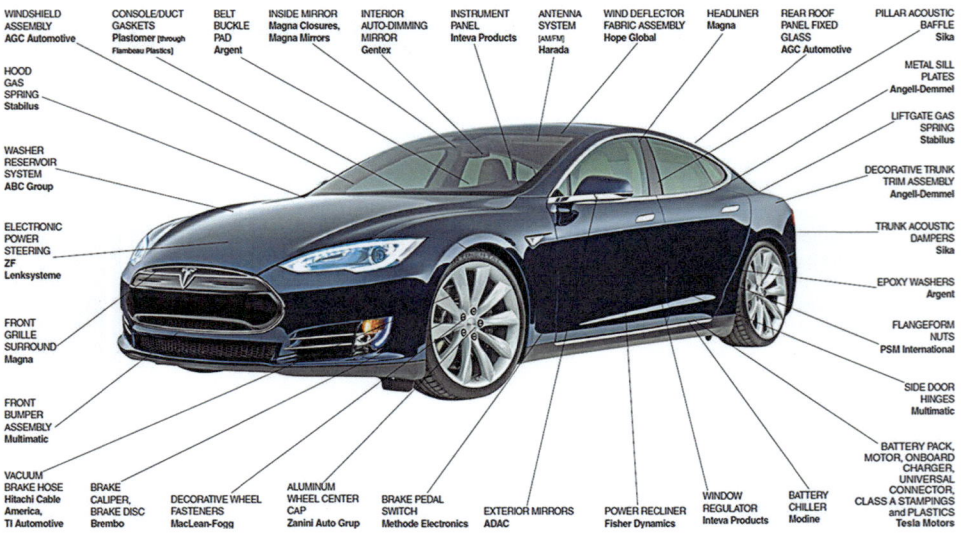

**Abb. 1.4** Zulieferer TESLA Model S (Quelle: IHS Supplier Business)

Das Beispiel illustriert bereits wesentliche Besonderheiten der Hidden Champions. Dieser Unternehmenstypus konzentriert sich auf ausgewählte Nischenmärkte und besetzt dort mit seiner technologischen Kompetenz und innovativen Produktlösungen führende Marktpositionen. Die zugrundeliegende strategische Logik und konsequente Innovationsorientierung sollen nachfolgend detailliert dargestellt werden.

## 1.2 Strategische Logik der Hidden Champions

### 1.2.1 Ambitionierte Wachstums- und Marktziele

Die strategischen Ziele der Hidden Champions sind vor allem auf Wachstum und globale Marktführerschaft ausgerichtet. Die avisierten Wachstumsziele sind dabei oft äußerst ambitioniert und werden schon früh in der Unternehmensgeschichte formuliert. In den letzten zwanzig Jahren haben sich die Umsätze der Hidden Champions im Schnitt etwa versechsfacht. Das Wachstum zeichnet sich durch hohe Kontinuität über einen langen Zeitraum aus. Hidden Champions zeigen in der Regel einen Wachstumspfad, der sich kontinuierlich entwickelt und aufgrund einer schrittweisen Internationalisierung keine großen Sprünge aufweist.

Hidden Champions beanspruchen ganz selbstverständlich, ihren Markt zu führen. Marktführerschaft ist bei vielen Hidden Champions ein identitätsbildendes Ziel, das für das unternehmerische Selbstverständnis, die Vision, die Mission und die Strategie eine herausragende Rolle spielt. Mit Marktführerschaft verbinden die Hidden Champions einen umfassenden Anspruch auf Führung sowohl gegenüber den wesentlichen Marktteilnehmern wie Kunden, Lieferanten und Wettbewerbern als auch gegenüber der technologischen Entwicklung, die sie in der Regel anführen oder aktiv mitgestalten. Beispielhaft beleuchtet die folgende Aussage der Firma Sick, eines Weltmarktführers in der Sensortechnik, diesen Führungsanspruch: *„Wir bleiben an der Spitze, weil wir die Erwartungen unserer Kunden vorwegnehmen. Führerschaft bedeutet, dass man die Norm für andere wird. Wir setzen den Maßstab im Weltmarkt."* Pepperl + Fuchs lässt ebenfalls keinen Zweifel am Marktführeranspruch: *„Wir sind der unumstrittene Marktführer für Eigensicherheit und Explosionsschutz. Seit 60 Jahren setzen wir in der Welt die Standards für Qualität und Innovation in der Fabrikautomation."* Einer der ambitioniertesten Hidden Champions ist die Rosen-Group, ihres Zeichens Weltmarktführer bei Pipeline-Inspektionssystemen: *„Unser Ziel ist es, der wettbewerbsstärkste Anbieter der Welt zu sein. Wir gehen weit über die momentanen Marktbedürfnisse hinaus, indem wir die zukünftigen Bedürfnisse des Marktes antizipieren."*

Mehr als zwei Drittel der Hidden Champions sind Weltmarktführer. Im Durchschnitt sehen sich die Hidden Champions seit 21 Jahren als globaler Marktführer. Das ist ein sehr langer Zeitraum. Die Hidden Champions konnten ihre schon starken Marktpositionen in den letzten zehn Jahren weiter ausbauen. Einen Markt zu führen, ist ein hoher Anspruch und verlangt, besser und anerkannter zu sein als die Wettbewerber. Die Wachstums- und

Marktführerschaftsziele ergänzen sich dabei synergistisch. Höhere Marktanteile tragen zum Wachstum bei, und Wachstum erlaubt mehr Investitionen in den Ausbau der bestehenden Marktposition.

### 1.2.2 Fokussierung und globale Vermarktung

Nur mit klarem Fokus wird man Weltklasse. Wer versucht, sowohl im 100-Meter-Sprint als auch im Marathonlauf die Goldmedaille zu gewinnen, wird in beiden Disziplinen scheitern. Konzentration ist unverzichtbare Voraussetzung für Spitzenleistung. Die meisten Hidden Champions sind eng fokussiert. Diese Fokussierung kann sich dabei auf unterschiedliche Inhalte beziehen: Kunden, Produkte, Leistungsportfolio, Kompetenzen, Ressourcenzugang, Wertschöpfungsaktivitäten, Preissegmente oder ähnliches. Wenn die Hidden Champions einen Markt ausgewählt haben, zeigen sie diesem gegenüber ein starkes und langfristiges Commitment.

Im Management kommt Tiefe insbesondere im Zusammenhang mit Begriffen wie Wertschöpfungstiefe oder Fertigungstiefe vor. Der Begriff der Tiefe berührt den Kern und das Herz vieler Hidden Champions. Sie haben in ihren eng definierten Märkten häufig ein tiefes Leistungsangebot, d. h. Spezialisierung und Eigenanteil in der Herstellung sind hoch. Diese Ausdehnung entlang der Wertschöpfungskette der Kunden ist ein wichtiger Wachstumstreiber, dabei spielen auch Akquisitionen vor- oder nachgelagerter Anbieter, d. h. insbesondere von Zulieferern mit Spezialexpertise oder Kunden mit spezifischem Vertriebsnetz eine entscheidende Rolle. Die Fertigungstiefe der Hidden Champions ist mit 50 % deutlich größer als im Durchschnitt der deutschen Industrie, der knapp unter 30 % liegt. Viele Hidden Champions sind fanatische Selbermacher mit Fertigungstiefen von über 70 %. Ein Beispiel ist Enercon, der Technologieführer in der Windenergiebranche, mit einer Fertigungstiefe von mehr als 75 %. Und gerade bei diesen Firmen scheint das Bekenntnis zur Eigenfertigung nicht schwächer geworden zu sein. Sie übertragen diese Einstellung auch auf neue Produkte. Wenn es um die Kernkompetenzen geht, zeigen Hidden Champions generell eine skeptische Haltung gegenüber dem Outsourcing. Hingegen betreiben sie bei Nichtkernkompetenzen in starkem Maße Outsourcing.

Nicht wenige Hidden Champions bauen sogar die Maschinen, auf denen sie ihre Endprodukte fertigen, selbst oder rüsten gekaufte Maschinen um. Sie sehen diese Tiefe als eine wichtige Wurzel der Einzigartigkeit ihrer Endprodukte und Leistungen wie auch als Mittel zum Schutz ihres Know-Hows. Ebenso ist bei Rohstoffen und Zwischenmaterialien oft eine große Tiefe zu beobachten. Diese kann sich auf die eigene Produktion oder die strikte Kontrolle mehrerer Wertschöpfungsstufen in der Zulieferkette beziehen. So baut Faber-Castell, Weltmarktführer bei Bleistiften, sogar das Holz für seine Bleistifte selbst an und betreibt zu diesem Zweck in Brasilien eine 100 Quadratkilometer große Plantage. Noch stärker als in der Produktion achten die Hidden Champions in Forschung und Entwicklung auf Tiefe, Eigenständigkeit und Verschlossenheit. Zum einen liegt dies an ihrer starken Spezialisierung, zum anderen spielt der Schutz ihres Know-Hows eine herausragende Rolle. Hidden Champions vermeiden strategische Allianzen und neigen zum Alleingang.

Die enge Fokussierung in Verbindung mit Tiefe bildet eine Säule der Hidden Champions-Strategie. Sie ist, wie bereits gesagt, Voraussetzung für das Erreichen und Halten von Weltklasse. Doch konsequente Fokussierung macht einen Markt klein. Wie macht man den Markt groß? Durch globale Vermarktung! Diese stellt deshalb die zweite strategische Säule der Hidden Champions-Strategie dar. Abb. 1.5 veranschaulicht diese beiden tragenden Säulen.

Obwohl nur mittelgroß, sind viele Hidden Champions wahrhaft globale Unternehmen. „*Globalia*" ist ihr Markt, und sie arbeiten mit großer Ausdauer daran, ihre führenden Marktpositionen auf möglichst viele Länder auszudehnen. Sie sind die wahre Speerspitze der Globalisierung. Die Globalisierung erweist sich dabei als der wichtigste Wachstumstreiber der Hidden Champions. Jedes Unternehmen, das wachsen will, kann und sollte die Chance der Globalisierung nutzen. Die inhaltliche Basis für den Erfolg der Globalisierungsstrategie liegt darin, dass die Kunden in einer Branche über Länder hinweg meistens ähnliche Bedürfnisse haben.

Die Hidden Champions beginnen früh mit dem Eintritt in ausländische Märkte und ziehen dabei den Alleingang bei der Markterschließung vor. Sie sehen die direkte Kundenbeziehung durch eigene Tochtergesellschaften als wichtigen Erfolgsparameter. Der Prozess der Globalisierung dauert bei Mittelständlern mehrere Generationen und verlangt sehr langfristige Ziele, beträchtliche Investitionen sowie eine große Ausdauer. Zwischenzeitliche Rückschläge sind die Regel und erfordern eine erhebliche Frustrationstoleranz sowie eine Unternehmerkultur, die das Ausprobieren fördert und das Scheitern erlaubt. Die globale Vermarktung bringt zwar zusätzliche Risiken mit sich, sorgt aber in der Regel auch für eine Risikodiversifikation, zumindest wenn die Geschäftszyklen über Regionen zeitlich versetzt sind. So zeigte sich beispielsweise im Jahr 2015, dass die abflachende Nachfrage in China durch das anziehende Wachstum in den USA kompensiert werden konnte. In diesem Jahr stieg Amerika erstmalig zum wichtigsten deutschen Exportmarkt auf.

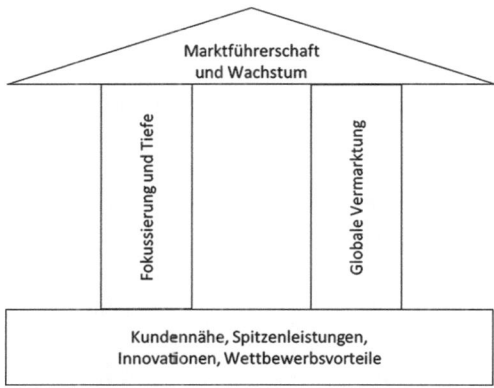

**Abb. 1.5** Die zwei Säulen der Hidden Champions-Strategie

### 1.2.3 Organisatorisches Fundament

*„Structure follows Strategy."* (Chandler 1962). Diese berühmte Maxime dient auch den Hidden Champions als Leitlinie. Die Strategie bestimmt also die Organisation. Umgekehrt übt die Organisation einen starken Einfluss auf die Umsetzung der Strategie, auf Handlungsfähigkeit, Flexibilität, Geschwindigkeit, Kundennähe und Kosten aus. Die Organisation umfasst das Gerüst und die Prozesse, mit deren Hilfe das Unternehmen seinen Kunden Werte liefert. In der Gestaltung und der Nutzung dieser Rahmenbedingungen und Prozesse weisen die Hidden Champions mehrere eigenwillige Merkmale auf. Fokussierte Geschäfte erlauben einfache Organisationsformen. Das ist kein gering zu schätzender Vorteil. Zum Einprodukt-Einmarkt-Unternehmen, das nach wie vor für die Hidden Champions typisch ist, passt die funktionale Organisation. Die Arbeitsteilung fällt daher geringer aus als in Großunternehmen. Multifunktionalität der Mitarbeiter ist die Regel, das heißt die Mitarbeiter beherrschen mehrere unterschiedliche Tätigkeiten. Das fördert Flexibilität und reduziert Silodenkweisen. An der Spitze sind die Hidden Champions sehr dünn besetzt. Sie steuern ihre globalen Geschäfte mit Hilfe von Prozessorganisationen, die moderne Informationstechnologien in höchstmöglichem Umfange nutzen. Die hohe Identifikation der Führungskräfte und Mitarbeiter bewirkt, dass Hidden Champions mit vergleichsweise wenig Organisation und Bürokratie auskommen.

Die größte Stärke der Hidden Champions ist ihre Kundennähe, noch vor der Forschungs- und Technologieorientierung. Die organisatorische Distanz zum Kunden ist bei Mittelständlern generell geringer als bei Großunternehmen. Die Beziehungen der Hidden Champions zu ihren Kunden sind besonders eng. Hidden Champions leben eine ausgeprägte Kundennähe und pflegen vertrauensvolle Beziehungen zu ihren Kunden. Komplexe und teils maßgeschneiderte Produkte, die für die Hidden Champions typisch sind, erfordern eine solch enge und interaktive Kundenbeziehung. Diese Anforderung erfüllt am besten der Direktvertrieb. Diese Vertriebsform wird daher von mehr als drei Vierteln aller Hidden Champions praktiziert. Im Vergleich zu Großunternehmen ist der Anteil an Mitarbeitern mit regelmäßigem Kundenkontakt bei den Hidden Champions mit 38 % etwa fünfmal höher. Das Top-Management selbst legt hohen Wert auf direkte und regelmäßige Kundenkontakte. Dieses Verhalten erzeugt positive Effekte sowohl für die eigene Information im Sinne gelebter Marktforschung als auch für die Motivation der Mitarbeiter.

Die Hidden Champions bieten Spitzenleistungen und richten ihr Produkt- und Dienstleistungsangebot konsequent auf die anspruchsvollen Bedürfnisse ihrer Kunden aus. Die Produkte weisen dabei ein hohes technologisches Niveau mit ausgereifter Technik auf. Der Service hat für die Hidden Champions große und ständig wachsende Bedeutung. Erweiterte Angebote von Ko-Entwicklung bis hin zu umfassenden Servicepaketen inklusive Trainings sowie weltweite Präsenz und Vernetzung werden zunehmend unverzichtbar. Einige Hidden Champions haben sich in diesem Prozess von Industrie- zu Serviceunternehmen gewandelt. Das Internet verstärkt diese Entwicklung, indem z. B. Ferndiagnose und Fernwartung zum Standard werden. Ein markanter Trend ist auch die Systemintegration. Sie ist bei vielen Hidden Champions zu beobachten. Systemlösungen verbessern in der Regel den

Kundennutzen und erhöhen die Eintrittsbarrieren für Wettbewerber. Marktführer wie die Hidden Champions sind für die Integration von Systemen bestens aufgestellt.

Die Hidden Champions besitzen ausgeprägte Wettbewerbsvorteile und setzen diese im Markt konsequent durch. Ohne diese Überlegenheit im Vergleich zu ihren Wettbewerbern wären sie nicht in die Spitzenpositionen gekommen und könnten sich dort nicht halten. Die Wettbewerbsstrategien der Hidden Champions folgen nicht den Patentrezepten, wie sie in der Managementliteratur vielfach angeboten werden, sondern zeichnen sich durch ausgeprägte Eigenständigkeit aus. Die Produktqualität hat ihre herausragende Bedeutung als Wettbewerbsvorteil behalten. Der Preis ist hingegen bei den meisten Hidden Champions ein Wettbewerbsnachteil. Hidden Champions konkurrieren in aller Regel nicht über den Preis. Im Einklang mit den gebotenen Spitzenleistungen liegen ihre Preise typischerweise 10 bis 15 % über dem Marktniveau. Allerdings holen neue Wettbewerber aus Schwellenländern, insbesondere aus China, bei der Leistung auf und können so herkömmliche Preisdifferentiale gefährden. Die Wettbewerbsposition der Hidden Champions hat sich bei den Parametern des erweiterten Leistungsangebotes stark verbessert. Neue Wettbewerbsvorteile wurden insbesondere bei Beratung und Systemintegration geschaffen. Industrie 4.0 ist für die Hidden Champions nicht nur ein Schlagwort, sondern wird tatsächlich gelebt. Auch die Bedienungsfreundlichkeit hat als Wettbewerbsvorteil in den letzten Jahren an Bedeutung gewonnen. Vielen Hidden Champions ist es inzwischen gelungen starke Marken aufzubauen, die für technologische Hochleistung, exzellenten Service und Produktqualität stehen und somit Vertrauen im Weltmarkt schaffen. So hat Kärcher eine neue, hochintegrierte und –automatisierte Produktionslinie eingerichtet, auf der innerhalb eines Tages 40.000 verschiedene Varianten eines Produktes gefertigt werden können. Die neuen Wettbewerbsvorteile sind schwerer kopierbar und erhöhen damit die Eintrittsbarrieren für neue Konkurrenten. Es ist zu vermuten, dass die Dauerhaftigkeit der Wettbewerbsvorteile eher zu- als abgenommen hat.

Weltmarktführer wird man durch Innovation, nicht durch Imitation. Und nur durch ständige Verbesserungen bleibt man auch an der Spitze. Die Hidden Champions sind herausragende Innovatoren. Die konsequente Innovationsorientierung ist eines der Fundamente, auf denen die Marktführerschaft der Hidden Champions beruht. Sie zeichnen sich durch eine anhaltend hohe Innovationskraft aus und innovieren mit großer Beharrlichkeit. Innovationen sind ein wesentlicher Hebel für die Steigerung der Marktanteile in der jüngeren Vergangenheit.

## 1.3 Innovationsorientierung der Hidden Champions

### 1.3.1 Forschungsintensität und Innovationsleistung

Die Innovationsleistung eines Unternehmens lässt sich anhand von verschiedenen Indikatoren wie Ausgaben für Forschung und Entwicklung, Zahl der Patente oder Anteil neuer Produkte am Umsatz messen. Innovationen sollen den Kundennutzen erhöhen oder einen

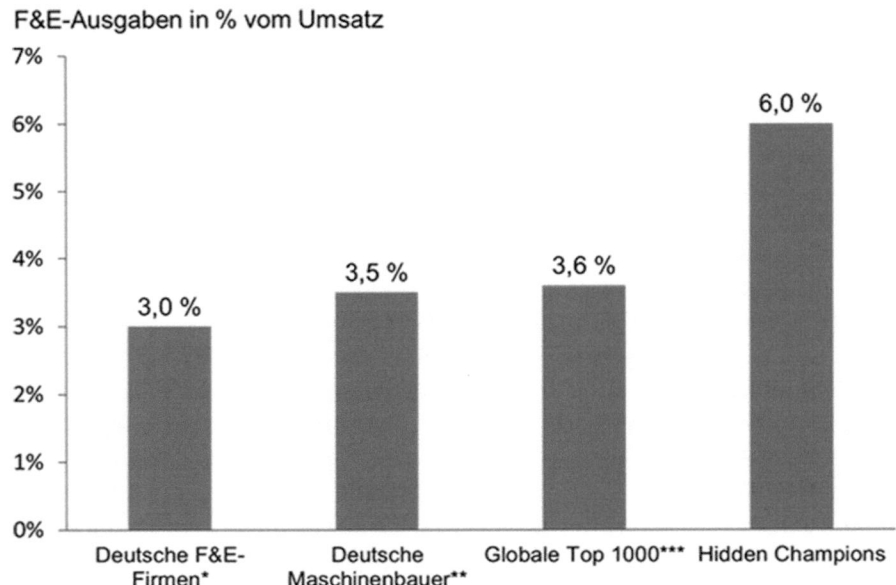

**Abb. 1.6** F&E-Investitionen der Hidden Champions im Vergleich

gegebenen Nutzen zu niedrigeren Kosten bereitstellen. Im Idealfall tragen Innovationen zu beiden Effekten bei. Die F & E-Intensitäten der Hidden Champions heben sich stark von denen der restlichen Wirtschaft ab (siehe Abb. 1.6).

Die mittelständischen Weltmarktführer investieren in F&E im Durchschnitt einen doppelt so hohen Anteil vom Umsatz (6 %) wie deutsche Unternehmen (3 %), die F&E betreiben (68 % mehr als der deutsche Maschinenbau und 66 % mehr als die globalen Top 1.000). Bei nicht wenigen Hidden Champions liegt die F&E-Quote sogar über 10 %. Einschränkend muss festgehalten werden, dass die absoluten F&E-Budgets eher überschaubar bleiben, da die dahinterstehenden Umsätze deutlich kleiner ausfallen als bei Großunternehmen.

Während die F&E-Aufwendungen eine inputorientierte Sicht bedienen, stellt sich die Frage wie viele Innovationen daraus resultieren? Ein relevantes Maß bildet die Anzahl an Patenten. Bekanntlich werden Patente nicht nur zur eigenen Nutzung angemeldet, sondern auch, um Konkurrenzvorhaben zu blockieren und Markteintrittsbarrieren für (potenzielle) Wettbewerber zu schaffen. Etwa ein Drittel der Hidden Champions weisen eine sehr hohe Patentintensität auf. Ein Beispiel ist die Firma Claas, die von sich sagt: „*Seit Gründung des Unternehmens 1913 haben wir durchschnittlich jede Woche ein Patent angemeldet.*" Der Hidden Champion Durst, heute Marktführer in der Inkjet-Technologie, hat seit seiner Gründung vor 76 Jahren 1.400 Patente erhalten, also 20 Patente pro Jahr, was eine bei heute gut 200 Mitarbeitern extrem hohe Zahl darstellt. Ein Vergleich der Patentanmeldungen für ausgewählte patentintensive Hidden Champions und Großunternehmen in Beziehung zur

# 1 Hidden Champions – Innovative Speerspitze der Globalisierung

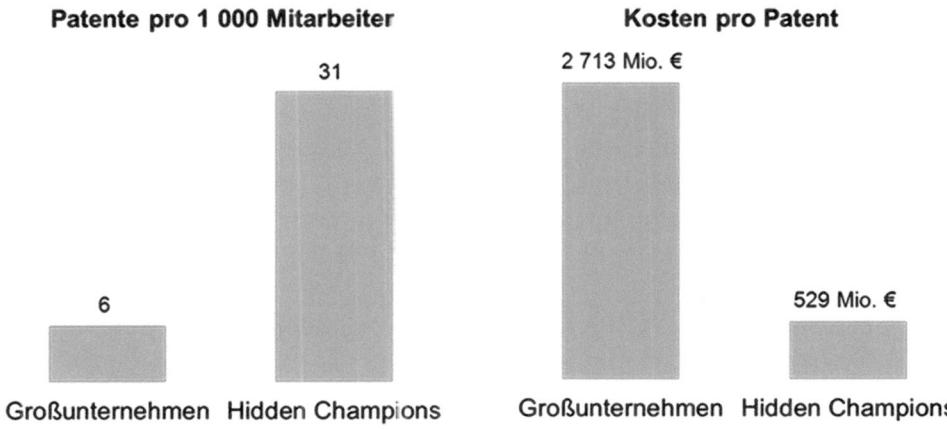

**Abb. 1.7** Patentkennzahlenvergleich – Hidden Champions vs. Großunternehmen

Größe der Belegschaft und zum F&E-Aufwand des jeweiligen Unternehmens zeigt die herausragende Innovationsleistung der Hidden Champions (siehe Abb. 1.7).[1]

Den Fokus auf Innovationen und deren Absicherung durch Patente beschreiben einige Hidden Champions sogar als Kernkompetenz. Aloys Wobben, der Gründer von Enercon z. B., hat sich seit Unternehmensgründung im Jahre 1984 voll auf Innovationen konzentriert. Enercon ist Technologieführer und besitzt die meisten aller Patente weltweit auf dem Gebiet der Windenergieerzeugung. Selbst der Weltmarktführer Vestas oder Konzerne wie Siemens und General Electric sind auf Lizenzen von Enercon angewiesen.

Dass Deutschland und die Hidden Champions selbst in der Digitalisierung, und hier auf dem besonders anspruchsvollen Gebiet des autonomen Fahrens, nicht nur mithalten können, sondern sogar führend sind, zeigt Abb. 1.8. Seit 2010 bis Juli 2017 wurden weltweit 5.839 Patente für autonomes Fahren registriert. Von diesen stammen 3.036, das sind 52 %, aus Deutschland. Nimmt man nur die 1.464 Patente der Zulieferer, von denen viele Hidden Champions sind, so kommen sogar 76 % aus Deutschland (vgl. Bardt 2017).

Jedoch ist eine Innovation erst dann erfolgreich, wenn sie sich am Markt durchsetzt. Daher sind stark ausgeprägte F&E- und Patentintensitäten kein Garant für wirtschaftlichen Erfolg, wie ein Vergleich von Sony und Apple belegt. Sony investiert etwa 5,9 % vom Umsatz für F&E-Vorhaben, Apple nur 2,2 %. Sony konnte so im Zeitraum 2010–2015 16.245, Apple hingegen nur 8.091 Patente anmelden. Apple aber hat im Geschäftsjahr 2015 234 Milliarden US-Dollar umgesetzt und einen Gewinn von 53 Milliarden US-Dollar erzielt. Sony

---

[1]Ausgewählte Großunternehmen: Siemens, Bosch, Daimler, Volkswagen, BASF; ausgewählte Hidden Champions: Voith Paper, Behr, Koenig & Bauer, Giesecke & Devrient, MAN Roland, Sick, Heidenhain, Brainlab, Qiagen, Tracto-Technik.

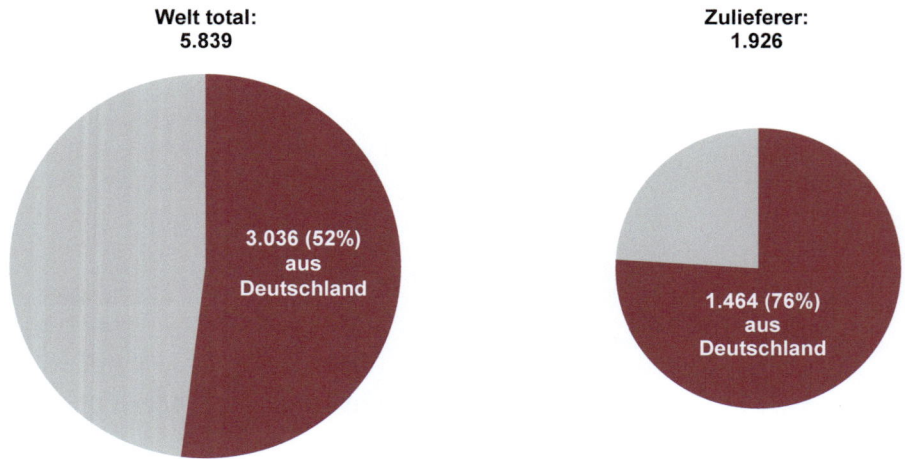

**Abb. 1.8** Patente für autonomes Fahren 2010–2017

hingegen erreichte bei einem Umsatz von 72 Milliarden US-Dollar nur einen Gewinn von 350 Millionen US-Dollar.

Rückblickend lässt sich sagen, dass die enormen F&E-Anstrengungen seit den neunziger Jahren im Markt Früchte getragen haben. Innovationen sind Schlüsseltreiber für die Zuwächse in den absoluten und relativen Marktanteilen der Hidden Champions. Hidden Champions aus dem deutschsprachigen Raum sind nicht nur in traditionellen Gebieten wie Maschinen- und Anlagenbau, Autozulieferung, Medizintechnik oder Chemie als erfolgreiche Innovatoren unterwegs. Auch junge Firmen erkämpfen sich auf ihren Märkten Führungspositionen. Die Geister der Innovation scheinen seit einigen Jahren neu entfesselt. Hidden Champions haben sich die Technologieführerschaft zurückgeholt – z. B. von japanischen und teilweise auch von amerikanischen Firmen. Doch in China wachsen neue Wettbewerber heran, wie beispielsweise die Übernahme des weltmarktführenden Betonpumpenherstellers Putzmeister oder der führenden Roboterfirma Kuka durch chinesische Unternehmen zeigt. Daher wäre ein Nachlassen bei den Innovationsanstrengungen äußerst gefährlich.

### 1.3.2 Impulsgeber für Innovation

Die Antriebskräfte von Innovationen können aus Unternehmenssicht von außen oder von innen kommen. Die wichtigsten Anreger von außen sind die Kunden. Auch Lieferanten, Wettbewerber oder Kooperationspartner können Impulsgeber von Innovationsideen sein. Das Topmanagement, die F&E-Abteilung oder andere Bereiche kommen dagegen als interne Ideengeber in Betracht (siehe Abb. 1.9).

1 Hidden Champions – Innovative Speerspitze der Globalisierung

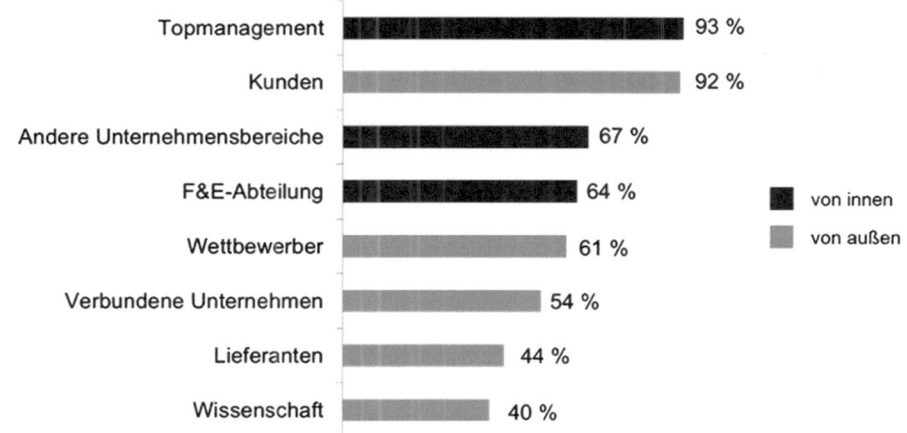

**Abb. 1.9** Relevante Impulsgeber für Innovationen (Eigene Darstellung in Anlehung an IDW 2006)

Doch sind Innovationen eher von der Technik oder vom Markt, d. h. den Kundenbedürfnissen getrieben oder sind beide Antriebskräfte etwa gleich wichtig? Eigene Umfrageergebnisse zeigen, dass bei den Großunternehmen genau die Hälfte antworten, dass sie in ihren Innovationsanstrengungen marktgetrieben sind und lediglich 19 % bewerten beide Antriebskräfte als gleichwertig. Hingegen bringen die Hidden Champions mit etwa zwei Dritteln Zustimmung die Innovationstreiber Markt und Technologie in die Balance (siehe Abb. 1.10).

Mit Bezug auf die ressourcenbasierte und die marktorientierte Denkschule (vgl. Barney und Hesterly 2012; Bresser und Powalla 2012) lehnen damit zwei Drittel der Hidden Champions das polare Entweder-oder-Denken ab. Stattdessen praktizieren sie eine Sowohl-als-auch-Strategie. Norbert Gebhardt von der Firma Netzsch, einem Marktführer in der

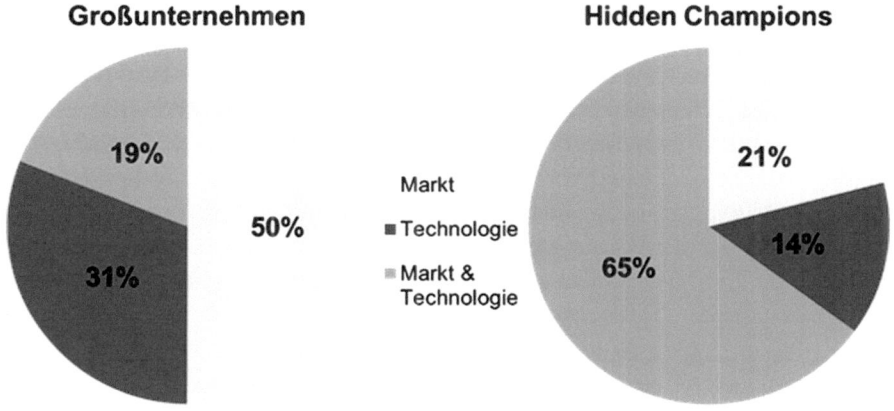

**Abb. 1.10** Antriebskräfte von Innovationen - Hidden Champions vs. Großunternehmen

Pump- und Mahltechnik, hat diese Balance treffend beschrieben: „*Wir benötigen sowohl Markt- als auch Technikorientierung, wenn wir mit dem Kunden Geschäfte machen. Der Verkäufer allein ist verloren, was die technischen Einzelheiten anbelangt. Der Techniker ist umgekehrt kein Spezialist für Kommunikation. Wir zielen auf die goldene Kombination zwischen beiden.*" Allerdings führt diese integrative Sichtweise zu einer höheren Komplexität in der Strategieentwicklung. Während eine einseitige Orientierung quasi linear vom Markt oder den Ressourcen herkommend vorgehen kann, muss eine integrative Strategieentwicklung regelmäßig die Perspektiven z. B. von Forschung und Vertrieb abwägen, diskutieren und in Einklang bringen. Das schließt nicht aus, dass der Startpunkt der Strategieentwicklung auf der einen oder der anderen Seite liegt. So ist jeweils in einem frühen Stadium der strategischen Analyse zu fragen, ob die Kompetenzen für diesen möglicherweise attraktiven Markt vorhanden sind oder diese entwickelt werden können, bzw. beim umgekehrten Vorgehen, ob ein Markt für die bestehenden Kompetenzen vorhanden ist oder ein solcher in der Logik der Blue Ocean-Strategiekonzeption entwickelt werden kann (vgl. Kim und Mauborgne 2005).

### 1.3.3 Gestaltungsansätze für erfolgreiche Innovationsorientierung

Hidden Champions gestalten ihre Innovationsaktivitäten durch zahlreiche führungsmäßige und organisatorische Besonderheiten.

*Führungsrolle des Top-Managements*: Das Top-Management spielt als Impulsgeber von Innovationen eine herausragende Rolle. Innovation ist bei vielen dieser Hidden Champions Chefsache, steht täglich auf der Agenda und findet nicht nur in der Start- und Frühphase der Unternehmens- oder Produktentwicklung Beachtung. Mit zunehmender Unternehmensgröße nimmt meist die Einbeziehung des CEO bei fortschreitender Geschäftsverbreiterung ab. Dieser Tendenz setzen besonders Hidden Champions eine bewusste Dezentralisierung entgegen, sodass die Chefs der dezentralen Einheiten sich wieder ausreichend fokussieren und so wichtige Impulsgeber für Innovationen bleiben können.

*Funktionsübergreifende Zusammenarbeit anstelle von Silodenken*: Das Top-Management der Hidden Champions betont immer wieder, wie stark der Innovationserfolg von der Zusammenarbeit zwischen der F&E-Abteilung und den marktnahen Abteilungen Marketing, Vertrieb oder Kundenservice abhängt. Das gilt besonders für Innovationen zu Produktions- und Vertriebsprozessen. Die folgende Ausführung von Hermann Kronseder, dem Gründer der Krones AG, des Weltmarktführers für Flaschenabfüllanlagen, beschreibt einen durch das Top-Management geführten Ansatz zur Förderung funktionsübergreifender Zusammenarbeit:

> „*Monteure können oft sehr unangenehm sein, wenn sie dem Konstrukteur in aller Schärfe sagen, was er für einen Mist gebaut hat. Bei uns ist es seit Jahren eingeführt, dass bei der Rückkehr der Monteure die aufgetretenen Schwierigkeiten an den Maschinen in meiner Anwesenheit dem Konstrukteur und mir erzählt werden müssen, und zwar, welche Mängel*

*auftraten, was geändert werden müsste, wie die Maschine verbessert werden kann. Der Monteur hat in der Regel eine klare Vorstellung, er kann sie nur schwer in die Tat umsetzen, d. h., er kann kaum die Zeichnungen erstellen, aber er weiß in der Regel, wo der Hase im Pfeffer liegt. Dieser Punkt ist in vielen Betrieben ein Manko. Die Monteure haben kaum Gelegenheit, den Konstrukteuren einmal über ihre Erfahrungen zu berichten. In vielen Betrieben kommen sie in der Regel gar nicht zum Konstrukteur. Bei uns bin ich grundsätzlich bei solchen Besprechungen mit dabei, denn sonst würde der Monteur rücksichtslos an die Wand gedrückt. Der Konstrukteur hat eine wesentlich stärkere Stellung als der Monteur, ist in der Regel auch viel redegewandter. Nicht selten zieht dann der Monteur ab, ohne das zu sagen, was er eigentlich sagen wollte, und denkt sich: „Macht doch, was ihr wollt." Nicht bei der Krones AG! Die Monteure schreiben auch ungern lange Montageberichte. Warum? Weil sie oft Schwierigkeiten mit der Rechtschreibung haben. Liefern sie dann ihre Berichte bei der Montageleitung ab, werden sie zuerst von den Damen gelesen und auf Rechtschreibfehler korrigiert, genau wie vom Lehrer in der Schule, meistens noch mit Rotstift. Das ist Gift für die Monteure und bringt sie in Wut und gleichzeitig in Verlegenheit. Die Folge ist, dass sie keine Montageberichte mehr schreiben wollen."* (Simon 2012, S. 286).

*Akzeptierte und verstandene Unternehmensstrategie*: Die Unternehmensstrategie fördert innovatives Verhalten, wenn sie von allen Mitarbeitern, insbesondere in Technik und Vertrieb, verstanden und akzeptiert wird. Dadurch entsteht eine größere Offenheit gegenüber den Anregungen der jeweils anderen Seite. Das Gleiche gilt für das Verhältnis von Unternehmenszentrale und dezentralen Einheiten in den Ländermärkten. Oft beobachtet man in stark arbeitsteilig organisierten Großunternehmen, dass sich Funktionen und Abteilungen regelrecht bekämpfen. Technik, Produktion und andere interne Funktionen werden vom Vertrieb als Feinde angesehen und umgekehrt. Solche Gegebenheiten sind für Innovation nicht förderlich. Eine von allen akzeptierte Strategie führt demgegenüber nicht nur zu inhaltlich besseren Lösungen, sondern diese werden zudem schneller gemeinsam umgesetzt.

*Mitarbeiter wichtiger als Budgets*: Weiterhin spielt die Höhe von Budgets bei Hidden Champions eine eher untergeordnete Rolle. Viel wichtiger ist die Qualität von Personen und Teams, die innovative Ideen kreieren und umsetzen. Die Patentanalyse hat gezeigt, dass die Hidden Champions pro investierten Euro in F&E wesentlich mehr Innovationen herausholen als Großunternehmen. Doch wie können einzelne oder wenige Mitarbeiter ein Unternehmen zum weltweiten Technologieführer machen? Die Fokussierung und Tiefe einerseits sowie die Kontinuität in der Unternehmens- und Strategieentwicklung andererseits, dienen als Erklärungsansatz. Berthold Leibinger, langjähriger Chef von Trumpf, nennt diese drei Erfolgsfaktoren für sein Unternehmen: „*Innovation, Internationalisierung und Kontinuität*". Während in Großunternehmen die Arbeit im Labor oft nur ein Zwischenschritt zu höheren Weihen ist, findet man bei den Hidden Champions häufig »*Gurus*«, die sich ihr ganzes Leben lang der Weiterentwicklung und beharrlichen Verbesserung ihres Produktes widmen.

*Kontinuierliche Verbesserung anstelle von Durchbruchsinnovation*: Denkt man an Innovationen, so assoziiert man diese meist mit radikal neuen Produkten oder Verfahren. Denn gerade diese Innovationen werden meist in den Medien breit diskutiert. In Wirklichkeit sind Durchbruchsinnovationen eher selten. In der Praxis werden meistens kleinere

Verbesserungen angestrebt. Auch Hidden Champions setzen stärker auf kontinuierliche Verbesserungen als auf bahnbrechende Innovationen. Bei Sennheiser, dem Weltmarktführer für Bühnenmikrofone, heißt es: „*Evolution, nicht Revolution, hat die Firma stark gemacht, denn auch viele technische Durchbrüche waren Ergebnis einer Entwicklungspolitik der kleinen Schritte.*" (Ramge 2006). Die Maxime von Miele lautet »*Immer besser*« und formuliert den Anspruch, auf allen Märkten weltweit als das absolute Spitzenprodukt zu gelten. Fortwährende Innovation ist bei Miele daher die Grundlage des unternehmerischen Handelns.

*Gemeinsame Entwicklung mit den Kunden*: Auch die Zusammenarbeit mit Kunden ist eine äußerst wertvolle Ideenquelle für Innovationen. Viele Hidden Champions streben eine gemeinsame Entwicklung mit ihren Kunden an. Die direkte Zusammenarbeit verbessert so die bestehende langjährige Beziehungen mit den Kunden, was auch dazu führt, dass eine enge F&E-Zusammenarbeit mit den Lieferanten stattfindet. So werden Kundenwünsche in Bezug auf die Verbesserung der Qualität der Endprodukte befriedigt und Entwicklungszeiten neuer Produkte verkürzt. Ein wesentlicher Erfolgsfaktor ist hierbei die Integration von Entwicklungs- und Produktionsabteilung, die eine auf das engste verzahnte Zusammenarbeit zwischen dem Lieferanten und dem Kunden erfordert. Das Unternehmen Schott ist mit dem Produkt Ceran Weltmarktführer für keramische Kochplatten. Ein F&E-Team von Schott arbeitet kontinuierlich mit den Herstellern von Elektrohausgeräten (z. B. Miele), von Kochtöpfen (z. B. Rösle) und von Reinigungsmitteln (z. B. Henkel) sowie mit Designern an Verbesserungen. Die Geschichte von Ceran ist eine ununterbrochene Kette von permanenten (kleinen) Innovationen unter Mitwirkung aller Beteiligten.

## 1.4 Fazit

Unbeirrt von den sich wandelnden Managementmoden zeichnen sich die Hidden Champions in ihrem ambitionierten Streben nach Marktführerschaft durch eine Strategie der Fokussierung und Tiefe sowie kontinuierlicher Internationalisierung und konsequenter Innovationsorientierung aus. Marktführerschaft bedeutet für sie dabei weit mehr als nur größter Marktanteil. Sie führen ihre Kunden, Wettbewerber und Märkte durch das Etablieren von Standards und das Setzen von Benchmarks. Die Hidden Champions nutzen ihre Wettbewerbsvorteile am Markt konsequent. Produktqualität steht als Wettbewerbsvorteil an erster Stelle. Zudem haben sie schwer imitierbare Wettbewerbsvorteile in Technologien, Service und Systemintegration geschaffen und so die Eintrittsbarrieren für neue Wettbewerber erhöht.

Die Hidden Champions pflegen enge Beziehungen zu ihren Kunden und leben diese Einstellung durch das Top-Management vor. Die genaue Kenntnis von Kundenbedürfnissen und die hohe Spezialisierung in Spitzentechnologien fungieren gleichermaßen als Antriebskräfte von Innovationen. Dabei beschreiten die Hidden Champions den kontinuierlichen Innovationspfad der vielen kleinen Verbesserungen gemeinsam mit und für die

Kunden. Theodore Levitt hat das einmal treffend formuliert: „*Kontinuierlicher Erfolg ist hauptsächlich eine Angelegenheit, sich regelmäßig auf die richtigen Dinge zu konzentrieren und täglich zahlreiche unspektakuläre, kleine Verbesserungen durchzusetzen.*" (Levitt 1988, S. 9). Die meisten Hidden Champions dürften dieser Aussage zustimmen. Obwohl Hidden Champions über beschränkte personelle und finanzielle Kapazitäten verfügen, erweisen sie sich als herausragende Innovatoren. Ihre Innovationseffizienz ist um ein Vielfaches höher als in Großunternehmen. Erreicht wird dies u. a. mit der konsequenten Innovationsorientierung. Während der wichtigste Treiber ihres Wachstums in der Globalisierung zu suchen ist, beruht die Stärkung ihrer Wettbewerbsposition vor allem auf Innovationen. Derzeit sind die Hidden Champions für den Innovationswettbewerb auf globalen Märkten bestens aufgestellt. Ihre Überlegenheit haben sie vielfach unter Beweis gestellt. Wenn sie ihren Prinzipien treu bleiben, werden sie auch in der globalisierten Welt der Zukunft florieren.

## Literatur

Bardt H (2017) Deutschland hält Führungsrolle bei Patenten für autonome Autos, IW-Kurzberichte 61, IW-Verlag, Köln

Barney JB, Hesterly WS (2012) Strategic management and competitive advantage, 4. Aufl. Pearson, Upper Saddle River

Bresser RKF, Powalla C (2012) Practical implications of the resource-based view. Zeitschrift für Betriebswirtschaft 82(4):335–359

Chandler AD (1962) Strategy and structure: Chapters in the history of the American industrial enterprise. MIT Press, Cambridge, MA

Institut der Deutschen Wirtschaft, Forschung und Innovation (IW) (2016) Panel Report 02/2006. IW-Verlag, Köln

Kim WC, Mauborgne R (2005) Blue ocean strategy: How to create uncontested market space and make the competition irrelevant. Harvard Business School Press, Boston

Levitt T (1988) Editorial. Harvard Business Review 66(6):9

Ramge T (2006) Klingt gut! brand eins Wirtschaftsmagazin, Ausgabe Juli/2006

Simon H (2012) Hidden Champions – Aufbruch nach Globalia, Die Erfolgsstrategien unbekannter Weltmarktführer. Campus Verlag, Frankfurt/Main

# Huf Universalsensor IntelliSens – Kundenzentrierte Innovationsvermarktung

Jan-Philipp Büchler und Jennifer Decker

## 2.1 Fallstudie

### 2.1.1 Viva Las Vegas!

Ein aufregender Messetag auf der weltweit führenden Autoteilemesse SEMA in Las Vegas, Nevada, geht zu Ende. Ute Hoppe, Leiterin der Unternehmenskommunikation bei der Huf Hülsbeck & Fürst GmbH & Co. KG (Huf) zieht Bilanz. Nach erfolgreicher Entwicklung des Universalsensors IntelliSens zur Messung des Reifendruckes ist der Sensor im November 2013 zum ersten Mal in Las Vegas der Öffentlichkeit präsentiert worden. Das Interesse an dem neuen Produkt übertrifft alle Erwartungen – ein voller Messestand, Presserummel, Interviews, interessierte Geschäftspartner und etliche Vorbestellungen des neuen Produktes. Der Sensor ist etwas ganz Besonderes für das Unternehmen, da der Automobilzulieferer damit erstmalig in ein vollkommen neues Marktsegment, den Independent Aftermarket, eintritt und ist just zur Autoteilemesse fertig entwickelt worden.

Im Hotel angekommen greift Frau Hoppe zum Telefon, um den geschäftsführenden Gesellschafter, Ulrich Hülsbeck, von der positiven Resonanz zu berichten. Erleichtert von den Ausführungen gibt dieser unverzüglich sein *„Go"* zur weltweiten Markteinführung. *„Frau Hoppe ich lege es in Ihre Hände, schnellst möglichst eine Vertriebs- und Marketingstrategie für unseren Sensor auszuarbeiten. In der nächsten Woche möchte ich Ihre Strategie mit Ihnen besprechen. Viva Las Vegas! Dann kann IntelliSens jetzt durchstarten."*

---

J.-P. Büchler (✉) · J. Decker
FH Dortmund, Emil-Figge-Str. 44, 44227 Dortmund, Deutschland
e-mail: jan-philipp.buechler@fh-dortmund.de; jennifer.decker@fh-dortmund.de

© Springer Fachmedien Wiesbaden GmbH 2018
J.-P. Büchler (Hrsg.), *Fallstudienkompendium Hidden Champions*,
https://doi.org/10.1007/978-3-658-17829-1_2

Beschwingt genießt Ute Hoppe einen Moment die Aussicht über die leuchtende Skyline der Wüstenstadt. Doch die Zeit ist knapp. Überzeugt von dem zukünftigen Erfolg des Sensors stellt sie noch am gleichen Abend ein Projektteam zur Entwicklung der Marketing- und Vertriebsstrategie zusammen. Die Innovation IntelliSens bietet große Chancen, allerdings auch Risiken, da das Unternehmen im Laufe seiner Geschichte bisher überhaupt keine Erfahrung in dem Independent Aftermarket sammeln konnte.

### 2.1.2 Unternehmensprofil Huf Hülsbeck & Fürst GmbH & Co. KG

Huf blickt als traditioneller Lieferant für die Automobilindustrie auf eine über 100-jährige Geschichte zurück. Dabei konzentrierte sich das im Jahr 1908 im niederbergischen Velbert gegründete Unternehmen vorerst auf die Herstellung und den An- und Verkauf von Schlössern, Beschlägen, Kleineisen und Messingwaren für die Möbelindustrie. Im Jahr 1920 lieferte Huf das erste Autotürschloss an Mercedes Benz. Von dort an begann sich das Unternehmen als kompetenter Partner für mechanische Schließsysteme der Automobilhersteller zu etablieren und entwickelte sich dabei zu einem Hidden Champion. Dabei spielte das lokale Umfeld in der sogenannten Schlüsselregion rund um Velbert im Automotivecluster Rheinland eine wichtige Rolle.

> **HUF im Cluster Automotive Rheinland**
> Automotive Rheinland ist eine Netzwerkinitiative der Industrie- und Handelskammern im Rheinland. Koordiniert wird diese von einem Beirat, der sich aus hochkarätigen Wissenschaftlern und Unternehmerpersönlichkeiten der Automobilzulieferindustrie zusammensetzt. Die Huf Hülsbeck & Fürst GmbH & Co. KG ist Mitglied der Automotive Rheinland. Ziel der automobilen Netzwerkinitiative ist der Informations- und Erfahrungsaustausch innerhalb der Automobilzulieferindustrie. Die Industrie- und Handelskammern informieren hierzu über neuste Technologien, Innovationen und Trends auch unter Einbindung von Wissenschaft und Forschung. Die starke Innovationsorientierung der Automotive Rheinland unterstützt ihre Mitglieder. Gerade in der Automobilbranche ist die Innovationsfähigkeit der Unternehmen von zentraler Bedeutung für den Markterfolg. Durch aktiven Austausch und die gezielte Netzwerkbildung können Entwicklungen frühzeitig erkannt und aktiv genutzt werden. Aufgrund seiner Aktivität und Präsenz in (regionalen) Netzwerken hat das Unternehmen rechtzeitig den strategisch bedeutsamen Kauf der Elektroniksparte der Kiekert AG im benachbarten Heiligenhaus sowie die Übernahme der Beru Systems GmbH realisieren können. (Quelle: http://www.automotive-rheinland.de, abgerufen am 15. Aug. 2015)

Neben der Entwicklung des ersten Magnetschließsystems und dem ersten Fernbedienungsschlüssel erlangte Huf eine sehr gute Reputation durch Auszeichnungen wie *„Value of the Year Supplier"* und *„Most Reliable Enterprise"* als Qualitätsgarant für die Automobilhersteller und als Technologieführer positive Anerkennung. Huf begann in den 1980er

Jahren mit einer verstärkten Internationalisierung seiner Geschäftsaktivitäten. Heute ist die Unternehmensgruppe in allen Ländern, die über eine bedeutende Automobilproduktion verfügen, mit eigenen Produktions- und Entwicklungsstandorten vertreten.

Die Huf Hülsbeck & Fürst GmbH & Co. KG besitzt einen Marktanteil bei Schließgarnituren von über 20 % und gehört damit weltweit zu den bedeutendsten Anbietern in diesem Segment. Die insgesamt rund 7.400 Mitarbeiter – davon über 500 Entwickler und Konstrukteure – erzielen einen Umsatz von rund 1,3 Mrd. Euro. Dabei blickt das Unternehmen auf eine über 100-jährige Geschichte zurück und ist in der Öffentlichkeit und selbst in angrenzenden Märkten, wie z. B. dem Independent Aftermarket, weitgehend unbekannt geblieben. Die Huf Hülsbeck & Fürst GmbH & Co KG ist als mittelständischer Weltmarktführer anzusehen und gemessen an den im ersten Kapitel beschriebenen Kriterien als Hidden Champion einzustufen.

**Geschäftsfelder:**

Bestand das Kerngeschäft von Huf traditionell in der Fertigung aller Arten von Schließsystemen für die Automobilindustrie, so hat die Zusammenführung von Elektronik und Mechanik den Geschäftsfokus in den vergangenen Jahren zunehmend hin zu intelligenten (mechatronischen) Schließsystemen verschoben. Heute sind im strategischen Geschäftsfeld CASIM (Car Access, Security and Immobilization) sämtliche Produkte zusammengefasst, welche den Fahrzeugzugang, die Fahrberechtigungskontrolle und die Sicherheitssysteme für Türen und Heckklappen umfassen. Das angrenzende strategische Geschäftsfeld Telematiksysteme umfasst Produktsysteme zur Positionsbestimmung für Flottenbetreiber, die mittels Ortung und Kommunikation das Leiten und die Wartung von Fahrzeugen unterstützen und in Kombination mit Fahrzeugzugangssystemen z. B. im Car Sharing eingesetzt werden können. Entscheidend für den Erfolg und die Wettbewerbsfähigkeit in diesen strategischen Geschäftsfeldern waren der Erwerb von Know-How in den Bereichen der elektronischen Steuerung und Programmierung sowie die Integration der Elektronik in die bislang mechanischen Systeme.

Den dafür notwendigen Kompetenz- und Wissensaufbau im Bereich elektrischer Schaltanlagen erreichte Huf anfänglich durch eine Kooperation mit Siemens. In diesem Rahmen beteiligte sich die Siemens AG im Jahr 1997 mit 25,1 % an der Huf Hülsbeck & Fürst GmbH & Co. KG und brachte Know-How für die gemeinsame Entwicklung elektronischer Zugangssysteme ein. Aufgrund von Umstrukturierungen in der Siemens AG und deren geplanten Ausstieg aus der Automobilbranche entschied sich Huf für eine eigene unternehmensinterne Lösung im Elektroniksegment. Dazu kaufte das Unternehmen im Jahr 2008 die Minderheitsbeteiligung von Siemens zurück und erwarb zusätzlich die Elektroniksparte der Kiekert AG – einem Automobilzulieferer im Automotive Cluster Rheinland aus dem benachbarten Heiligenhaus. Die Ressourcen und Kompetenzen für die Entwicklung von elektromechanischen Schließ- und Assistenzsystemen bündelte Huf in der neugegründeten Huf Electronics Düsseldorf GmbH mit Sitz in Düsseldorf. Huf versteht Produktentwicklung heute als eine Gesamtdienstleistung aus Hard- und Softwareentwicklung. Der technologische Entwicklungsfokus auf die Elektronik legte den Grundstein für den Aufbau eines umfangreichen und innovativen Systemportfolios (siehe Abb. 2.1).

- Fahrberechtigungssysteme
- Fahrzeugzugangssysteme
- Passive Entry Systeme
- Reifendrucküberwachungssysteme
- Systeme für Heckklappen und Hecktüren
- Mechanische Schließsysteme
- Türgriffsysteme
- Telematiksysteme

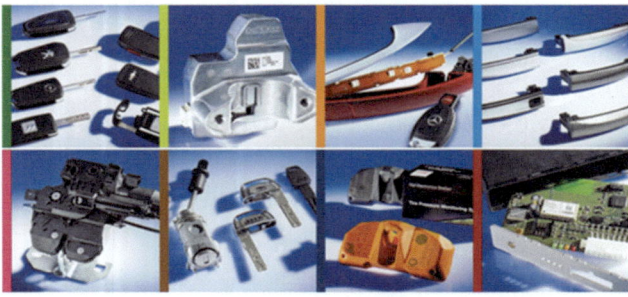
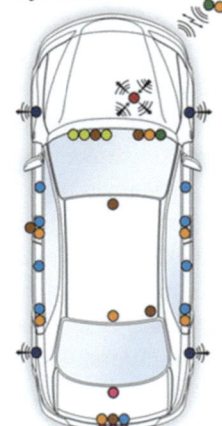

**Abb. 2.1** Systemportfolio Huf (Quelle: Huf)

Das strategische Geschäftsfeld Betriebsmittelbau ist auf Formen-, Anlagen- und Sondermaschinenneubau spezialisiert. Diese in der einhundertprozentigen Tochter Huf Tools Velbert GmbH ausgegründeten Aktivitäten umfassen die komplette Prozesskette, von der Projektierung bis zum Service bei der Erstellung von Automatisierungsanlagen, Sondermaschinen, Mess- und Prüftechnik, die auf spezielle Kundenanforderungen und Produkteigenschaften ausgelegt sind.

**Produktionstechnologien:**

Zu den Kerntechnologien von Huf gehören spezielle Gussverfahren wie insbesondere der Zinkdruckguss und der Kunststoffspritzguss sowie die Oberflächenveredlung wie Lackieren, Galvanisieren, die Montage von mechanischen und elektronischen Bauteilen und das Vergießen von Elektronik. Jeden Tag werden durchschnittlich 120.000 Autoschlüssel oder ID-Geber, 160.000 Türaußengriffe und 20.000 Lenkschlösser hergestellt. Methoden wie Lean Production helfen dabei, die Produktionsprozesse kontinuierlich zu verbessern und die Kosten zu optimieren.

**Absatzmarkt:**

Huf lieferte seine Produkte und Systemlösungen bisher ausschließlich an Automobilhersteller sog. OEM (Original Equipment Manufacturer) wie z. B. Volkswagen oder BMW. Aufgrund seiner hohen Qualitätsstandards und kontinuierlichen Innovationen erarbeitete sich das Unternehmen einen ausgezeichneten Ruf sowie ein breites und internationales Kundenportfolio, das alle namhaften Automobilhersteller umfasst (vgl. Abb. 2.2). Huf versteht sich dabei als Gesamtdienstleister und betreut seine Kunden auch vor Ort durch sogenannte Resident Engineers an den Produktions- oder Entwicklungsstandorten der

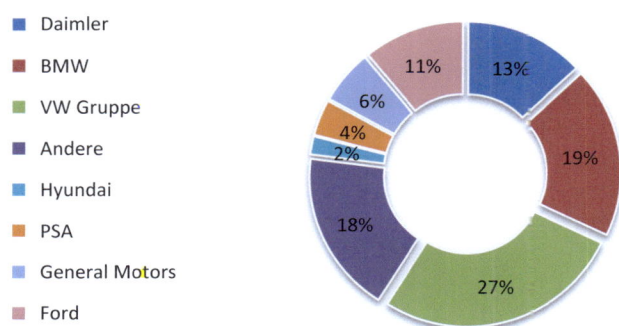

**Abb. 2.2** OEM-Kundenanteil am Gesamtbelieferungsvolumen (Quelle: Huf)

OEM. Das ermöglichte nicht nur eine besondere Kundennähe, sondern stellte die Basis einer partnerschaftlichen Zusammenarbeit und individuellen Produkt- und Systementwicklung mit dem und für den Kunden dar.

Das Unternehmenswachstum der Automobilzulieferer ist traditionell unmittelbar an die Entwicklung der Automobilhersteller gekoppelt, die insbesondere in den internationalen Märkten, z. B. den BRIC-Staaten deutliche Volumenzuwächse verzeichnen. Die damit verbundenen Produktionsverlagerungen der OEM haben auch den Internationalisierungspfad von Huf geprägt. Gleichzeitig führte die ausschließliche Orientierung auf die OEM zu einer starken Abhängigkeit mit teilweise negativen Konsequenzen. Zahlreiche OEM versuchen, in den stagnierenden europäischen Märkten mit einer aggressiven Preispolitik und gleichzeitig anspruchsvollen technologischen Neuheiten Marktanteile zu erhöhen. Der entstehende Kostendruck wird meist unvermittelt an die Zulieferer weitergereicht, die sich gleichzeitig sinkenden Margen und steigenden technologischen Anforderungen stellen müssen (siehe Deloitte 2014). Die Finanzkrise 2008 führte darüber hinaus zu einer starken Konsolidierung im Zulieferermarkt. Auch Huf ist als Automobilzulieferer dem Preis- und Entwicklungsdruck der OEM ausgesetzt. Die Erschließung eines neuen zusätzlichen strategischen Geschäftsfeldes in einem vollkommen neuen Markt, der höhere Wachstumsraten und Gewinnmargen sowie langfristig ein zweites Standbein neben den OEM verspricht, erscheint daher attraktiv (siehe Abb. 2.3).

**Kundendienst:**

Alle Produkte und Systemkomponenten werden weltweit innerhalb von 48 Stunden als Ersatzteil ausschließlich an die OEM bzw. deren Vertragswerkstätten geliefert. Die generelle Ersatzteilbereitstellung wird bis zu 15 Jahre nach dem Ende einer Serienfertigung für Fahrzeuge gewährleistet. Der Kundendienst bietet einen 24-Stunden-Service für Schlüssel mit einer individuellen elektronischen Codierung an. Dabei wird der Ersatzschlüssel innerhalb dieser Zeit gefertigt, codiert und an den jeweiligen Servicepartner geliefert. Das Unternehmen liefert keine Ersatzteile direkt an Fahrzeughalter.

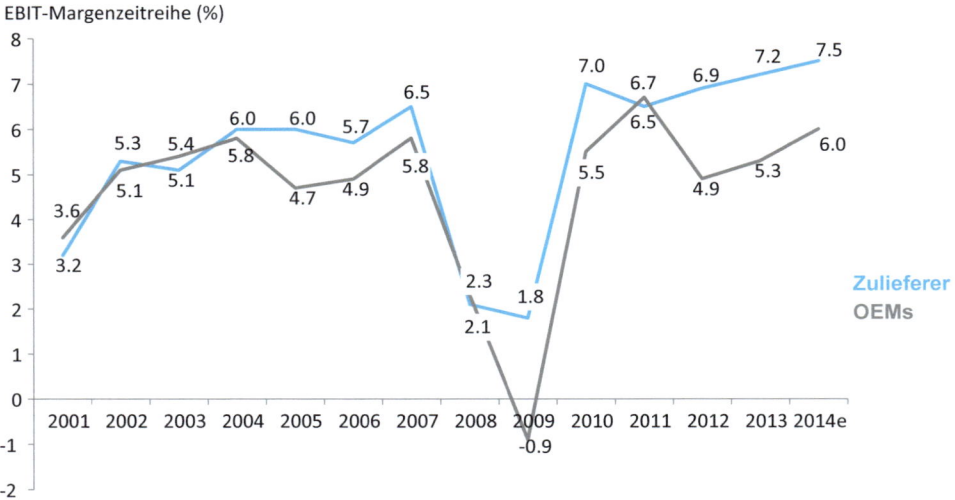

**Abb. 2.3** EBIT-Margenzeitreihe (%) von OEM vs. Zulieferern (Quelle: Roland Berger 2014, S. 10)

### 2.1.3 Innovative Technologien verändern den Markt

Die Automobilindustrie ist eine entwicklungsintensive Branche und generiert im Branchenvergleich überdurchschnittlich viele technische Innovationen. So investieren allein die zehn größten Automobilhersteller in Summe weltweit mehr als 40 Milliarden Euro p. a. in Forschung und Entwicklung. Die Zulieferer sind ein wesentlicher Teil des Entwicklungsprozesses und müssen bei dem Innovationstempo mithalten. Innovationen sichern daher die Wettbewerbsfähigkeit eines Zulieferers. Das setzt voraus, dass sie die Veränderungen und Neuerungen im Markt nicht verpassen und ihre Produkte kontinuierlich den Marktanforderungen anpassen. Umso wichtiger sind die Zusammenarbeit und der Austausch in Netzwerken.

**Digitalisierung:**

Die meisten technologischen Entwicklungen finden rund um die Digitalisierung und Elektrifizierung des Automobils und immer weniger im Bereich reiner Mechanik statt. Integrierte Sensoren, automatische Assistenzsysteme und mobile Kommunikationsdienste unterstützen den Autofahrer in schwierigen Situationen und optimieren die Fahrweise und Fahrroute. Diverse Messsysteme analysieren das Fahrverhalten fortlaufend, erhöhen die Sicherheit und optimieren den Verbrauch sowie den Fahrzeugverschleiß. Die Vernetzung der Sensoren gewinnt zunehmend an Bedeutung und erlaubt teilautomatisiertes Fahren mittels Spurhalte-, Abstands-, Aufmerksamkeits-, Notfall- und Parkhilfeassistenzsystemen. Vollautomatisiertes Fahren ist hingegen bislang noch ausschließlich im Testbetrieb und auf ausgewiesenen Teststrecken möglich. Die Integration von Infotainment in das Auto ist eine weitere technologische Entwicklung, die das Fahrzeug zum mobilen Büro werden lässt. Angebote wie „*volvo on call*" oder „*audi connect*" bieten umfangreiche

Dienstleistungen mittels multimedial vernetzter Systeme und Plattformen inklusive dem E-Mail-Diktat während der Fahrt, Onlinecheck-in am Flughafen und Google-Earth-Daten zur Navigation aus dem fahrenden Auto per Sprachsteuerung oder Touchscreen.

**Assistenzsysteme:**

Neben diesen generellen Marktentwicklungen beobachtete Huf insbesondere die technologischen Entwicklungen im Kerngeschäft Schließsysteme, aber auch im neuen Geschäftsfeld elektrische Assistenzsysteme sowie in angrenzenden Geschäftsfeldern, wie etwa automatische Reifendruckkontrollsysteme. Letztere gewannen aufgrund von Sicherheits- und Verbrauchsoptimierung an Bedeutung. So kennen viele Autofahrer weder den optimalen Reifendruck, noch kontrollieren sie ihn regelmäßig. Die Folge: Bei zu niedrigem Druck verschlechtert sich das Fahrverhalten, verlängert sich der Bremsweg, steigt der Spritverbrauch und nutzen sich die Reifen deutlich schneller ab. Direkt messende Reifendruckkontrollsysteme (RDKS) informieren über die integrierte Bordelektronik (Fahrerinformationssystem) den Fahrer unmittelbar über Druckverluste bzw. -veränderung in den Reifen. Neben dem Sicherheitszuwachs rechnet sich die Investition auf lange Sicht für den Kunden: RDKS helfen dabei, Sprit zu sparen und erhöhen die Lebensdauer der Reifen um bis zu 25 Prozent. Zusätzlich heben die veränderten rechtlichen Rahmenbedingungen, welche in einigen nationalen Märkten Reifendruckkontrollsysteme inzwischen gesetzlich vorschreiben oder vorschreiben werden, die Wachstumsprognosen für derartige Systeme. Im Jahr 2008 wurde in den USA bereits die Pflicht für RDKS bei Neufahrzeugen eingeführt. Zusätzlich wurde die RDKS Pflicht 2014 in Europa und 2015 in Asien für Neufahrzeuge beschlossen. Es zeichnet sich somit ab, dass Reifendruckkontrollsysteme allmählich als ein neuer Standard für die elektronische Fahrzeugsicherheit etabliert werden und damit Nachrüstung und Neuauslieferung von RDKS attraktive strategische Optionen darstellen.

### 2.1.4 Akquisition der Reifendruckkontrollsparte von BorgWarner

In dem Technologiefeld Reifendrucksensorik verfügte Huf zunächst über keine originäre Expertise und suchte daher nach möglichen Partnern oder Akquisitionszielen. Im Jahr 2011 akquirierte Huf das Unternehmen BERU Electronics GmbH, das als einer von nur fünf weltweit anerkannten Herstellern von RDKS für Anwendungen im Bereich Automobile und Nutzfahrzeuge die Technologie und Entwicklungskompetenzen mitbrachte. BERU gilt als Vorreiter in der Entwicklung, Design und Herstellung von RDK-Systemen und belieferte namhafte Automobil- und Nutzfahrzeughersteller wie BMW, Volkswagen, Porsche und Daimler Truck. Im Rahmen eines Asset Deals erwarb Huf die Entwicklungs- und Produktionsabteilung der heutigen Huf Electronics Bretten GmbH. Die Technologie ließ sich aus System- und Produktkonzeption gut in das bestehende Geschäftsfeld CASIM und das eigene Produktportfolio integrieren. Die Vertriebsorganisation und das damit verbundene Wissen sowie die Kundenkontakte in unterschiedlichen Vertriebskanälen verblieben allerdings bei der Muttergesellschaft BorgWarner Beru Systems GmbH.

Mit dem Kauf der Entwicklungs- und Produktionsabteilung von BERU, stellt sich Huf für die regulatorischen Anforderungen im Bereich RDKS hervorragend auf und profitiert zudem von den Trends in den Bereichen Fahrsicherheit, Benzineinsparung und Reduzierung der $CO_2$-Emissionen. Im Rahmen eines Pressegesprächs kommentiert Ulrich Hülsbeck die strategischen Ziele dieser Akquisition: *„Wir planen, dieses Segment noch weiter auszubauen und dabei Synergien innerhalb unseres bestehenden Produktportfolios zu nutzen. Die Produktspektren von Huf und BERU Electronics harmonieren sehr gut"*. Huf erkennt dabei die Möglichkeit, an dem Wachstum im Markt für Reifendrucksensoren umfangreich zu partizipieren. OEM würden zukünftig die Sensoren direkt einbauen und Gebrauchtfahrzeuge müssten weltweit umgerüstet werden. Darüber hinaus sind bestehende Sensorensysteme aufgrund der vielen unterschiedlichen Fahrzeugtypen der Hersteller bisher nicht universell einsetzbar. Durch die Entwicklung eines Universalsensors, der zur Reparatur, Nachrüstung, Aufrüstung und saisonbedingten Reifenwechsel dienen würde, könnte sich Huf ein neues Segment im sogenannten Aftermarket sichern und ein neues Geschäftsfeld neben den OEM aufbauen.

### 2.1.5 Marktstudie Reifendruckkontrollsysteme

Eine von Huf in Auftrag gegebene Marktstudie prognostiziert vielversprechende Verkaufszahlen für einen solchen Universalsensor. Besonders attraktiv scheint dabei ein Marktsegment zu sein, in dem Huf bisher nicht aktiv ist und auch über keine Geschäftserfahrung verfügt. Es handelt sich dabei um den sogenannten Aftermarket, d. h. ein nachgelagerter Markt, der dadurch entsteht, dass die verkauften Automobile gewartet und repariert werden müssen oder Ersatzteile bzw. Komplementärteile für die Automobile verkauft werden. Dieser umfasst also den Verkauf von Serviceleistungen oder Autoteilen, die in unmittelbarem Bezug zum Automobil stehen. Allein in Deutschland wird das Marktvolumen auf rund 29 Mrd. Euro beziffert, wovon etwa zwei Drittel auf Teile- und ein Drittel auf Serviceleistungen entfallen.

In der Automobilbranche wird der Automarkt in die beiden unterschiedlichen Marktsegmente der sogenannte freie Teilemarkt (Independent Aftermarket) und der gebundene Teilemarkt unterschieden. Letzterer wird oftmals in Anlehnung an die Bezeichnung OEM für Fahrzeughersteller auch OES (Original Equipment Service) bezeichnet und bedeutet übersetzt so viel wie Wartung und Reparatur mit Originalteilen. Der gebundene Aftermarkt wird von den OEM über ihre zum Konzernverbund gehörenden Fachwerkstätten und -händler dominiert. Die Abkürzung OES wird zudem auch für die Lieferanten in diesem Markt genutzt, welche die Ersatzteile zum Vertrieb über den Fahrzeughersteller unter dessen Marke produzieren. Die Grundstruktur des Independent Aftermarket (IAM) besteht aus Großhändlern und Distributoren sowie Werkstätten und Ersatzteillieferanten (siehe Abb. 2.4).

In dem von den Vertriebssystemen der Automobilhersteller unabhängigen Aftermarket übernehmen die Großhändler und Distributoren die Mittlerrolle zwischen Ersatzteileherstellern und den Kfz-Werkstätten. Eine der wichtigsten Herausforderungen für den Großhandel besteht in der kurzfristigen Belieferung der Werkstätten und Servicestellen mit allen benötigten Ersatzteilen, um die Mobilität des Autofahrers zu gewährleisten.

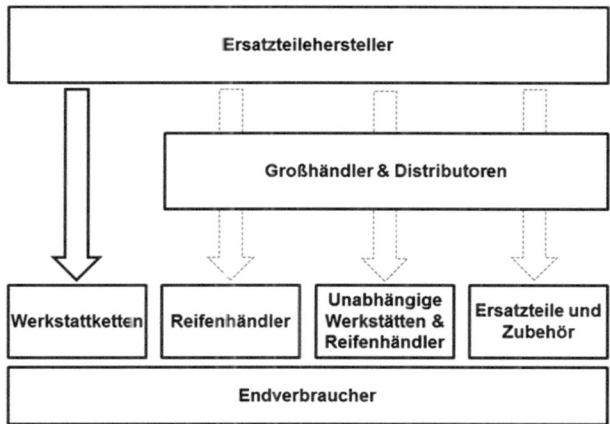

**Abb. 2.4** Vertriebsstruktur Independent Aftermarket (Quelle: Huf)

Deutschlands größte Handelsgruppe für Autoteile ist die CARAT-Unternehmensgruppe. Diese ist wiederum eingebunden in der adi (auto distribution international), mit derzeit 26 Mitgliedskooperationen und beliefert darüber 4.000 angeschlossene Systemwerkstätten. Dieses Netzwerk stellt den mit Abstand größten Teilehandelsverbund in Europa dar. Unabhängige Ersatzteilgroßhändler übernehmen zudem die Sortimentsbildung. Sie stellen ihr Ersatzteilsortiment aus Produkten zahlreicher spezialisierter Ersatzteilehersteller zusammen. Dabei berücksichtigen sie die unterschiedlichen Bedürfnisse ihrer Kunden, indem sie für einen bestimmten Anwendungsfall auch konkurrierende Ersatzteile unterschiedlicher Lieferanten zu unterschiedlichen Preisen bereithalten. Da der Großhandel Ersatzteile für die Wartung und Reparatur aller Fahrzeugmarken vorhält, ist er vor allem als Lieferant freier Werkstätten gefragt.

Die Werkstätten lassen sich dabei weiter untergliedern in Werkstattketten (beispielsweise ATU, Euromaster oder Pitstop), Reifenhändler, unabhängige Werkstätten & Reifenhändler sowie in Ersatzteil- und Zubehörspezialisten. Diese Marktteilnehmer kaufen, vertreiben und verbauen Ersatzteile für Fahrzeuge, die in der Regel nicht von den OEMs, sondern von Ersatzteilherstellern unter eigenen Marken- oder Produktnamen eingekauft werden. Die Endverbraucher haben somit eine große Auswahl an Anbietern in einem wettbewerbsintensiven Markt. Marktexperten erwarten einen sprunghaften Absatzanstieg von RDKS-Sensoren. Die Begründung hierfür liegt in der erwarteten Pflicht zur Nach- und Aufrüstung bestehender Fahrzeuge in den führenden Märkten (siehe Abb. 2.5).

In der Marktstudie lassen der amerikanische und der europäische Markt das größte Potenzial erkennen. Durch die veränderten rechtlichen Rahmenbedingungen in den USA und Europa scheint daher eine internationale Vertriebsstrategie sinnvoll. Neben Analysen zu Deutschland, Amerika, Frankreich und England liegt Huf eine positive Prognose für weitere Ländermärkte in Europa vor (siehe Abb. 2.6).

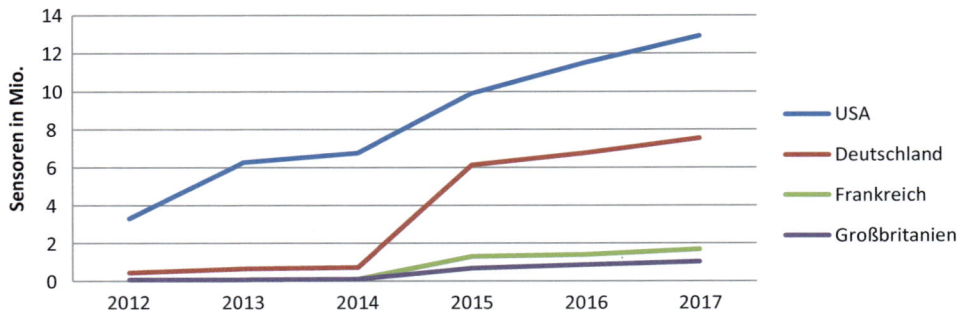

**Abb. 2.5** Absatzprognose für Sensoren im Independent Aftermarket Top-4-Märkte (Quelle: Huf)

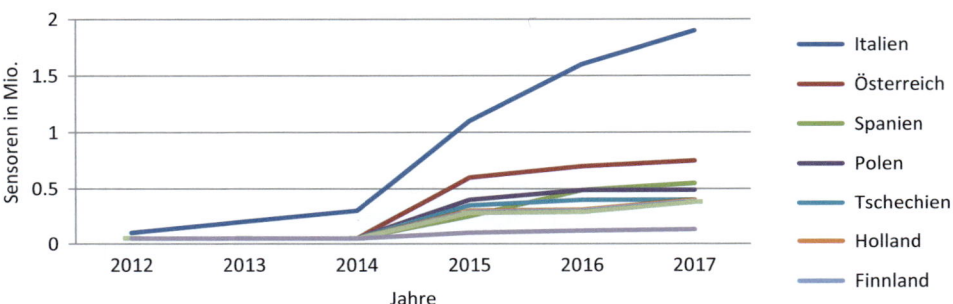

**Abb. 2.6** Absatzprognose für Sensoren im Independent Aftermarket in Europa (Quelle: Huf)

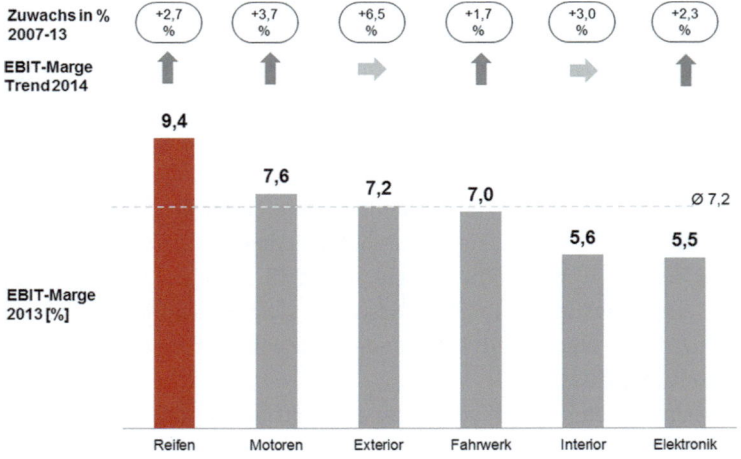

**Abb. 2.7** Produktkategorien im Independent Aftermarket (Quelle: Roland Berger und Lazard 2014, S. 14)

Eine gemeinsame Studie der Unternehmensberatung Roland Berger und der Investmentbank Lazard bestätigt die Attraktivität des Reifengeschäftes im Independent Aftermarket aufgrund der überdurchschnittlichen Profitabilität und des positiven Ausblicks (siehe Abb. 2.7).

Der Independent Aftermarket zeigt in der Analyse einige grundverschiedene Strukturen im Vergleich zum bisherigen Geschäft von Huf. Damit verbunden sind auch unterschiedlich hohe Gewinnmargen, die das Unternehmen in diesem Marktsegment erwartet. Ein Vergleich der Gewinnmargen entlang der verschiedenen verbundenen Marktsegmente in der automobilen Wertkette kann mit Hilfe einer Profit Pool Analyse erfolgen.

> **Profit Pools entlang der automobilen Wertschöpfungskette**
>
> Gewinnreservoire (*Profit Pools*) beschreiben den Gewinn, der auf den unterschiedlichen Stufen im Wertnetzwerk (*Value Network*) einer Branche erzielbar ist. Der Gewinn auf einer jeden Stufe im Wertnetzwerk ist von der Profitabilität und dem Volumen abhängig. Aufgrund der Branchenstruktur und des Wettbewerbsverhaltens können die Profitabilität und das Volumen erhebliche Differenzen zwischen den Stufen des Wertnetzwerks aufweisen.
>
> Am Beispiel der Automobilindustrie lassen sich die unterschiedlichen Dimensionen der Gewinnreservoire entlang der vielfältigen Aktivitäten im Wertnetzwerk aufzeigen siehe Abb. 2.8. Dabei ist festzustellen, dass die profitabelsten Geschäftsaktivitäten nicht zwangsläufig die höchsten absoluten Gewinne aufweisen. Die absolute Höhe der Gewinne wird durch die Flächengröße einer Geschäftsaktivität abgebildet. So werden in der Automobilherstellung absolut hohe Umsätze und Gewinne bei niedriger Umsatzrendite realisiert. Dagegen zeigen sich im Leasinggeschäft die höchste Umsatzrendite bei jedoch einem vergleichsweise niedrigen absoluten Gewinn bzw. Umsatz. Für jedes Unternehmen in der Branche stellt sich im Rahmen der Analyse von Gewinnreservoiren die Frage nach den Grenzen der eigenen Geschäftsaktivitäten unter dem Gesichtspunkt der Profitabilitätsverbesserung und der Nutzung vorhandener Ressourcen und Fähigkeiten. Ein Beispiel für das Aufbrechen von Branchengrenzen stellt die zunehmende Ausdehnung von Geschäftsaktivitäten der Automobilhersteller in den Bereichen Autokredite sowie Service und Reparaturen dar.

Aufgrund dieser positiven Marktstudien und dem Messeerfolg in Las Vegas entschließt sich Huf die Produktion, die Vermarktung und den Vertrieb noch im Jahr 2013 zu beginnen. Das international agierende Unternehmen Huf wird den Sensor nicht nur in Deutschland, sondern über die nationalen Grenzen hinaus vertreiben.

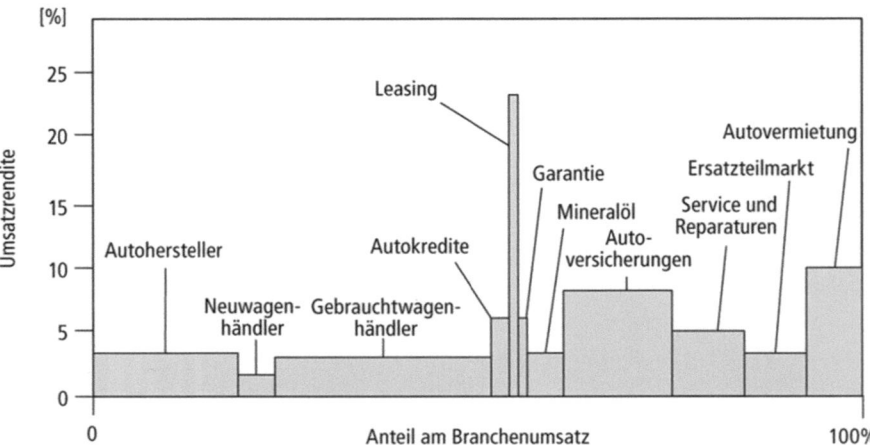

**Abb. 2.8** Gewinnreservoire am Beispiel der Automobilindustrie (Quelle: in Anlehnung an Gadiesh und Gilbert 1998)

### 2.1.6 Universalsensor IntelliSens für den Independent Aftermarket

Das Produkt für den Independent Aftermarket ist ein Universalsensor zur Messung des Reifendruckes. Die Universalität des Sensors zeichnet sich durch eine breite Funktionalität für verschiedene Fahrzeugtypen der meisten OEM aus. Das jeweilige Reifendruckkontrollsystem des Fahrzeuges erkennt den Sensor, der bereits mit möglichen Protokollen in der Fahrzeugsteuerung bespielt ist. Somit ist der Sensor nicht auf bestimmte Fahrzeugmarken beschränkt, sondern universell einsetzbar und besitzt damit ein einzigartiges Differenzierungsmerkmal (siehe Abb. 2.9).

Die Produktkategorie Reifendruckkontrollsysteme ist durch eine Vielzahl spezifischer Systeme gekennzeichnet, die von den OEM je nach Modell eingebaut werden. Um diese

| | | Modellspezifisch | Universal | | |
| --- | --- | --- | --- | --- | --- |
| | | | Multilingual | Programmierbar | Konfigurierbar |
| | Marktanforderungen | Wettbewerber 1 | Wettbewerber 2 | Wettbewerber 3 | |
| ↑ Wichtigkeit ↑ (+/−) | Schnelle Installation | + | + | o | + |
| | Leichter Lernprozess | o | − | + | + |
| | Wenige Varianten | − | o | + | + |
| | Frei programmierbar | − | − | + | o |
| | Werkzeug leicht erhältlich | + | + | − | + |

Übereinstimmung mit Marktanforderungen: + = hoch, o = mittel, - = niedrig

**Abb. 2.9** Marktanforderungen an Reifendruckkontrollsysteme (Quelle: Huf)

Komplexität zu reduzieren und den Sensoreinsatz bzw. Sensoreinbau zu vereinfachen, sind unterschiedliche Technologien entwickelt worden, die bereits von Wettbewerbern angeboten werden. Multilinguale Sensoren kommen mit einer begrenzten Anzahl an Programmiersprachen zurecht und sind vorprogrammiert, wodurch sie den Einsatz in mehreren Fahrzeugmodellen erlauben, allerdings bei weitem nicht in allen Modellen anwendbar sind. Programmierbare Sensoren können mit der erforderlichen Software bespielt und so installiert werden, dass sie auf jedes Fahrzeugmodell eingesetzt werden können, allerdings ist die Installation durch die Programmierung zeitaufwändig und fehleranfällig. Konfigurierbare Sensoren werden den wichtigsten Marktanforderungen am besten gerecht, da bereits verschiedene Datenprotokolle für unterschiedliche Modelle und Hersteller vorprogrammiert sind und dementsprechend nur wenige Byte konfiguriert werden müssen, um den Sensor an das jeweilige Automodell anzulernen. Dagegen ist bei programmierbaren Sensoren stets eine Installation des kompletten Softwareprogramms erforderlich, was den Zeitaufwand in der Werkstatt und damit die Lohnkosten erhöht.

Funktionalität und einfache Handhabung des konfigurierbaren Sensors ermöglichen den Einbau durch unabhängige Fachwerkstätten oder Reifenhändler innerhalb kürzester Zeit. Alle benötigten Informationen liegen bereits auf dem Sensor vor und müssen lediglich konfiguriert und mit dem Fahrzeugsteuerungssystem synchronisiert werden. Es sind dadurch keine zeitintensive Installation oder Anlernvorgänge des Sensors an das Steuerungssystem erforderlich. Der Sensor wird auf der Innenseite der Felge, als Einheit mit dem Ventil angebracht. Die einfache Handhabung bei der Montage und das Produktdesign sind nach Marktforschungsinformationen bisher einzigartig am Markt. Die Ausstattung mit dem Sensor kann beispielsweise bei der saisonalen Umrüstung auf Winter oder Sommerreifen oder durch einfache Nachrüstung der RDKS erfolgen. Die Vorteile für den Fahrzeugnutzer liegen bei einer höheren Lebensdauer der Reifen (25 %), da durch das Reifendruckkontrollsystem ein optimaler Reifendruck sichergestellt werden kann. Dies führt neben der erhöhten Sicherheit auch zu einer Verringerung des Spritverbrauches und einer Reduktion des $CO_2$-Ausstoßes. Darüber hinaus werden durch den geringeren Reifenabrieb die Ressourcen geschont und ein positiver Beitrag zur Umwelt geleistet. Diese intelligente Sensortechnik bietet Huf unter der geschützten Wortbildmarke intelliSens® an und wirbt mit dem Markenversprechen „*intelligent touch to cars*" (siehe Abb. 2.10).

Huf betritt mit diesem Produkt völliges Neuland. Im Vergleich zum übrigen Produktportfolio ist der Reifendruckkontrollsensor das einzige Produkt, welches im Independent

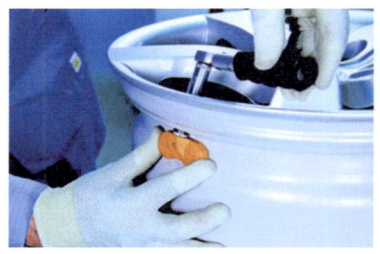

**Abb. 2.10** Universalsensor IntelliSens (Quelle: Huf)

Aftermarket vertrieben werden soll. Huf ist den Kunden in diesem Marktsegment vollkommen unbekannt und verfügt seinerseits über keine Vertriebserfahrung in den Kanälen unabhängiger Werkstätten, Reifenhändler und Ersatzteilspezialisten. Als echter „*Hidden*" Champion – zumindest in diesem neuen Marktsegment – muss Huf durch gezieltes Marketing und den Aufbau eines Vertriebssystems auf sich und das Produkt aufmerksam machen und sich als neuer Marktteilnehmer in einem unbekannten Marktumfeld etablieren.

### 2.1.7 Viva Colonia

Ute Hoppe will keine Zeit verlieren, denn das Marktpotenzial ist attraktiv und es scheint der richtige Moment für die Innovationseinführung gekommen zu sein. Der internationale Vertrieb und die Vermarktung von IntelliSens sollen noch im Jahr 2013 beginnen. Noch vor ihrem Rückflug übersendet sie die zusammenfassenden Marktinformationen und Produktdaten an das Projektteam. IntelliSens besitzt durch seine einfache Handhabung, seine integrierten elektronischen Protokolle und das funktionale Design einige wesentliche Eigenschaften, die bislang von den Wettbewerbern nicht erreicht bzw. imitiert werden konnten. Würde dieses Alleinstellungsmerkmal in der Vermarktungsstrategie ausreichen? Der Sonnenuntergang wirkt aus den kleinen Flugzeugfenstern beruhigend und es verspricht ein ruhiger Flug zu werden. Sie findet dennoch keinen Schlaf, denn es warten noch viele unbeantwortete Fragen. Die Landung auf dem Flughafen Köln-Bonn ist sanft, die Stimmung in Köln ausgelassen, denn die fünfte Jahreszeit hält Einzug. Beschwingt von „*Viva Colonia*"-Klängen besteigt Ute Hoppe ein Taxi und fährt in die Unternehmenszentrale. Huf darf keine Zeit verlieren.

## 2.2 Aufgaben

1. Beschreiben Sie das Kerngeschäft von Huf, Hülsbeck & Fürst GmbH & Co KG. Nehmen Sie dabei insbesondere Bezug auf die Kernkompetenzen und Kunden.
2. In welcher Phase des strategischen Wachstumszyklus befindet sich das Unternehmen? Argumentieren Sie auf der Basis des Ansatzes „*Profit from the Core*" von BAIN.
3. Beschreiben Sie die Innovation „*IntelliSens*" differenziert hinsichtlich ihres Neuheitsgrades und leiten Sie grundlegende Empfehlungen für eine Vertriebs- und Marketingstrategie in Abhängigkeit der zuvor beschriebenen Innovationsmerkmale ab.
4. Identifizieren Sie die unternehmensspezifischen Marktsegmente. Klären Sie im Vorfeld welchen Anforderungen eine Segmentierung grundsätzlich genügen muss, damit auf ihrer Basis Marketingstrategien abgeleitet werden können.
5. Erarbeiten Sie eine vollständige Vermarktungsstrategie für die Innovation „*IntelliSens*". Gehen Sie dabei konkret auf Preispolitik, Distributionspolitik, Kommunikationspolitik und Produktpolitik ein (4P).
6. Nehmen Sie Stellung zur folgender Aussage: „*Innovationen sollten stets als Marke eingeführt werden*".

7. Versetzen Sie sich in die Situation von Frau Hoppe, die innerhalb einer Woche ein Budget für die Marketingvorhaben angeben muss. Sie werden nun beauftragt, ihr diese verantwortungsvolle Aufgabe zu erleichtern, indem Sie verschiedene Schätzungen für die Kommunikationspolitik im Rahmen des Marketing Mix erarbeiten. Führen Sie anhand eigener Recherche eine Kostenschätzung für das Werbebudget durch. Nehmen Sie dabei verschiedene Szenarien an und erarbeiten Sie die Budgets anhand der gewählten Strategie nach ausgewählten relevanten Kundengruppen.
8. Nennen und erläutern Sie drei Instrumente, anhand derer Sie den Innovationserfolg planen, ermitteln und überprüfen können.

▶ **Literaturhinweise für die Aufgabenbearbeitung:**
Aaker D (2007) Innovation: Brand it or lose it. Calif Manag Rev 50(1):8–24
Büchler J-P (2014) Strategie entwickeln, umsetzen und optimieren. Pearson, Hallbergmoos
Büchler J-P, Faix A (2015) Vermarktung von Innovationen – Analyse und Konsequenzen produktbezogener Kontingenzfaktoren. In: Büchler, J-P, Faix A (Hrsg) Innovationserfolg: Management und Ressourcen systematisch gestalten. Peter Lang, Frankfurt/Main. S 179–194
Falk H, Joachim H, Seeba G (Hrsg) (2010) Aftersales in der Automobilwirtschaft Konzepte für Ihren Erfolg, 1. Aufl. Springer, München
Homburg C (2012) Marketingmanagement. Strategie – Instrumente – Umsetzung – Unternehmensführung, 4. Aufl. Gabler, Wiesbaden
Vahs D, Brem A (2013) Innovationsmanagement. Von der Idee zur erfolgreichen Vermarktung. Schäffer-Poeschel, Stuttgart
Zook C, Allen J (2001) Profit from the core, growth strategy in an era of turbulence. Harvard Business School Press, Boston

## Literatur

Automotive Rheinland (2015) Automotive Rheinland. http://www.automotive-rheinland.de. Zugegriffen: 15. Aug. 2015
Deloitte (2014) Umbruch in der Automobilzulieferindustrie – Standortoptimierung und Sourcing, Düsseldorf
Gadiesh O, Gilbert JL (1998) Profit pools: A fresh look at strategy. Harvard Bus Rev 76(3):142–162
L.E.K (2012) Wachstumsmotor Aftermarket – neue Märkte für Europas Zulieferunternehmen Consulting, Executive Insights Vol. XIV, Marktstudie. L.E.K. Consulting, London
Roland Berger (2013) Maßkonfektion im Aftersales- Servicedifferenzierung entlang der Kundenwünsche, Marktstudie. Roland Berger Strategy Consultants, München
Roland Berger (2014) Trends for the global auto supplier industry, Marktstudie. Roland Berger Strategy Consultants, München
Roland Berger/Lazard (2014) Global automotive supplier study – Record profits versus increasing volatility, Marktstudie. Roland Berger Strategy Consultants, München

# Autoneum – Hochleistungskultur für Innovation

**3**

Jan-Philipp Büchler und Christoph Müller

## 3.1 Fallstudie

### 3.1.1 Welcome to Detroit (nachempfundene Szene)

Die Autofahrt vom Flughafen in das Zentrum von Detroit kommt Martin Hirzel wie eine Zeitreise in die Vergangenheit vor. Er fährt vorbei an verfallenen Schulen, fensterlosen Wohnblocks, staubigen Industrieruinen und stillgelegten Bahnstrecken. Er passiert den Highland Park – der Ort an dem Henry Ford das erste Fließband im Automobilbau erfand – heute steht hier ein verwaistes Einkaufszentrum. Unvermittelt ragen drei gläserne Stahlbetontürme vor ihm auf, 221 Meter hoch, glänzend und funkelnd – das Renaissance-Center, das Hauptquartier von General Motors, dem einst größten Automobilkonzern der Welt und der letzte Rest einer großen Vergangenheit.

Wenige Stunden später steht Martin Hirzel auf der Bühne im Renaissance Center und wird von Steve Kiefer, Vice President Global Purchasing and Supply Chain von General Motors mit dem renommierten „*Supplier Innovation Award*" geehrt. Martin Hirzel ist stolz. Als CEO der Autoneum Holding AG hält er zum ersten Mal diese begehrte Trophäe des Innovationsmanagement in den Händen. Mit dieser Auszeichnung belohnt General Motors solche Zulieferer, die in der Lage sind Kundenbedürfnisse durch innovative Lösungen zu bedienen. In diesem Fall ist es die neue Innovation Prime Light von Autoneum – eine

---

J.-P. Büchler (✉)
FH Dortmund, Emil-Figge-Str. 44, 44227 Dortmund, Deutschland
e-mail: jan-philipp.buechler@fh-dortmund.de

C. Müller
Universität St.Gallen, Girtannerstrasse 8, 9010 St. Gallen, Schweiz
e-mail: christoph.mueller@unisg.ch

© Springer Fachmedien Wiesbaden GmbH 2018
J.-P. Büchler (Hrsg.), *Fallstudienkompendium Hidden Champions*,
https://doi.org/10.1007/978-3-658-17829-1_3

neue Technologie für Stirnwand- und Bodenisolationen. Martin Hirzel sieht sich damit als globaler Markt- und Technologieführer für automobiles Akustik- und Wärmemanagement vollauf bestätigt. Auf einer anschließenden Pressekonferenz wird er nach der Technologie in seiner Innovation befragt und erklärt:

> *„Unsere Produkte sehen auf den ersten Blick vielleicht nicht nach High Tech aus, es steckt aber eine aufwendige Forschung und Entwicklung dahinter. Unsere Lärm- und Hitzeschutzprodukte sind leicht, multifunktional, rezyklierbar und helfen, Fahrzeuggewicht und so Treibstoff zu sparen. Damit unterstützt Autoneum die Fahrzeughersteller bei der Einhaltung der weltweit zunehmenden $CO_2$-Vorgaben."*

Zurück am Konzernsitz in Winterthur, im Kanton Zürich in der Schweiz, steht die Vorbereitung der nächsten Investorenkonferenz an. Hirzels Vortragsentwurf erzählt von der Innovationskraft des Unternehmens als Quelle nachhaltigen und profitablen Wachstums. Seine Botschaft wird sein, dass selbst in Zeiten von Absatzkrisen wie es sein Unternehmen gegenwärtig in Südamerika erfährt, die ambitionierten Finanzziele für 2020 erreicht werden. Martin Hirzel dreht den *„Supplier Innovation Award"* in seinen Händen und denkt an die feierliche Verleihung zurück. Veranschaulicht nicht gerade Detroit – die Wiege der Automobilindustrie – sehr deutlich, dass Innovation kein Selbstläufer ist? Zeigt nicht auch die Geschichte des weltberühmten Industriestandorts Winterthur, wie sich die Industrie zum Überleben entweder neu erfinden muss oder schrittweise verschwindet? Wie lange würde Autoneum seine Technologieführerschaft gegenüber seinen Wettbewerbern halten können? Was müsste er im Unternehmen noch verbessern, um langfristigen Innovations- und Geschäftserfolg und vor allem um die finanziellen Ziele für 2020 zu erreichen? Reicht die etablierte Hochleistungskultur aus?

### 3.1.2 Autoneum – Stark in der Nische und global präsent

Autoneum ist Partner und Zulieferer fast aller Automobilhersteller weltweit und fertigt Komponenten, Module und Gesamtsysteme für akustischen Komfort und Wärmeschutz in Motorfahrzeugen. Das Unternehmen ist durch ein Spin-Off von Rieter, dem Weltmarktführer für Textilmaschinen und Lärm- und Hitzeschutzkomponenten für Fahrzeuge entstanden. Dabei wurde der Geschäftsbereich Automotive im Jahre 2011 ausgegründet und an die Börse gebracht. Autoneum ist in über 20 Ländern international mit rund 50 Produktionsstandorten tätig. Die Geschäftsaktivitäten gliedern sich geografisch in die Business Groups Europa, Asien, Nordamerika und SAMEA (Südamerika, Mittlerer Osten und Afrika). Das Unternehmen beliefert dabei nahezu alle Automobilhersteller der Welt. Dabei konnte das Unternehmen im Jahre 2015 einen Nettoumsatz von rund 1.915 Mio. Euro erwirtschaften mit einer EBIT-Marge von 7,6 %.

Für das Jahr 2016 wird eine Zunahme der weltweiten Automobilproduktion um rund +3 % auf rund 91 Mio. Fahrzeuge erwartet. In Fortführung der bisherigen, erfolgreichen

Strategieumsetzung geht Autoneum davon aus, den Umsatz entsprechend der finanziellen Mittelfristziele um +4 bis +5 % zu steigern. Die 2015 erreichte operative Marge soll zudem in 2016 übertroffen werden. Weiterhin sollen 2020 die Wachstumsmärkte Asien und SAMEA ihren Anteil am Unternehmensumsatz gegenüber 2011 verdoppeln. Als Zielmärkte definiert das Unternehmen neben dem Automobilmarkt China auch die zu den NEXT-11 gehörenden Märkte Thailand, Südkorea und Indien sowie Brasilien. Zusätzlich setzte sich das Unternehmen das Ziel die EBITDA-Marge auf 12 % zu erhöhen.

Die Geschäftsaktivitäten sind in einer integrierten Regionalstruktur organisiert, welche in vier Business Groups (Europa, Nordamerika, Asien und SAMEA) unterteilt werden. Jede Business Group wird durch den Head der jeweiligen Business Group geführt. Neben den Business Groups ist auch der Chief Financial Officer (CFO) dem Chief Executive Officer (CEO) des Autoneum-Konzerns unterstellt. Dieser ist wiederum dem Board of Directors unterstellt (siehe Abb. 3.1).

Das globale Netzwerk von Autoneum umfasst 50 Standorte in über 20 Ländern und beinhaltet eigene Gesellschaften, Joint Ventures oder Lizenznehmer. Die Autoneum Holding AG ist eine Gesellschaft schweizerischen Rechts mit Sitz in Winterthur. Tochtergesellschaften werden nur unter Betrachtung von gesetzlichen, geschäftlichen und finanziellen Überlegungen gegründet. Jede Gesellschaft wird durch den Leiter der juristischen Einheit geführt. Dieser ist ebenso für die finanzielle Steuerung, die Einhaltung der nationalen Gesetze und Vorschriften und der internen Richtlinien verantwortlich. Ende 2016 waren 11.400 Mitarbeiter bei Autoneum beschäftigt. Abb. 3.2 verdeutlicht die Verteilung der Mitarbeiter auf die verschiedenen Standorte und zeigt weitere Kennzahlen der verschiedenen Standorte.

Die strategische Umstrukturierung in den Jahren nach dem Spin-Off war auch mitentscheidend für den heutigen Erfolg. In erster Linie handelt es sich dabei um die Anpassung der Produktionskapazitäten in Europa an die Nachfrage (Verkauf der Landesgesellschaft in Italien und die Schließung eines Werkes in Frankreich) sowie die erweiterte Präsenz in den Wachstumsmärkten wie etwa China, Thailand, Mexiko und Südkorea. Weiterhin wurden in 2015 aufgrund des Nachfragewachstums US-Werke in Jeffersonville, Indiana, und Monroe, Ohio, in Betrieb genommen, die Teppichsysteme und Unterböden für

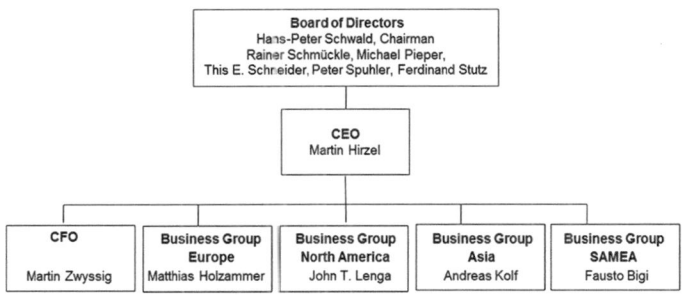

**Abb. 3.1** Organisation der Autoneum Holding AG (Quelle: Autoneum)

| Business Groups | Europe | North America | Asia | SAMEA[4] |
|---|---|---|---|---|
| **Key financials 2015** | | | | |
| Net sales[1] (CHFm) | 833,2 | 977,9 | 180,9 | 94,3 |
| Organic growth | 13,1% | 8,8% | 20,6% | -5,7% |
| EBTDA (CHFm) | 70,6 | 117,8 | 32,8 | -8,8 |
| EBITDA margin in % | 8,5% | 12,1% | 18,1% | -9,3% |
| EBIT margin in % | 5,4% | 9,4% | 13,8% | -13,3% |
| **Operational Manufacturing facilities**[2] | 20 | 13 | 8 | 7 |
| Employees[3] | 3'955 | 4'243 | 1'744 | 1'055 |
| **Top 3 OEMs 2015** (by 2015 net sales) | PSA PEUGEOT CITROEN, JAGUAR LAND ROVER | Ford, HONDA, CHRYSLER | BMW, (OEM), TOYOTA | BMW, FIAT, GM |

**Abb. 3.2** Kennzahlen nach Business Groups und Regionen (Quelle: Autoneum)

US-amerikanische und japanische Kunden herstellen. Ebenso wurde im Sommer 2017 in dem rund 400 Kilometer nordwestlich von Mexiko-Stadt gelegenen Werk in San Luis Potosí der dritte Produktionsstandort eröffnet, um die Position im nordamerikanischen Wachstumsmarkt zu stärken. Ab 2018 folgt ein weiterer Standort in San Luis Potosi. Dort werden zukünftig Teppichsysteme sowie Stirnwand- und Bodenisolationen für US-amerikanische, deutsche und japanische Automobilhersteller, die vor Ort für den nordamerikanischen Markt produzieren, hergestellt.

Die Autoneum Holding bündelt ihre Aktivitäten in den folgenden Geschäftsfeldern:

- Fahrzeugakustik: Die Akustikexperten von Autoneum entwickeln, produzieren und testen innovative und auf die jeweiligen Kundenanforderungen zugeschnittene Akustiklösungen für das gesamte Fahrzeug, für den Motorraum, den Unterboden, den Innenraum und für die Karosserie.
- Wärmemanagement: Die hochentwickelten Hitzeschutzkomponenten von Autoneum erhöhen den Fahrkomfort und tragen zudem durch ihr Leichtgewicht zu einem maßgeblich niedrigeren Kraftstoff- und Emissionsausstoß bei Fahrzeugen bei. Neben den Komponenten zur Dämmung, Abschirmung und Speicherung von Hitze umfasst das automobile Wärmemanagement von Autoneum auch modernste thermale Validierungs- und Berechnungsverfahren. In globalen Entwicklungszentren führen die Thermik-Experten von Autoneum kontinuierliche Materialtests an Komponenten und in Fahrzeugen durch und entwickeln mit unternehmenseigener Simulationssoftware innovative, auf die Kundenbedürfnisse abgestimmte Hitzeschutzpakete.

- Simulationssoftware: Um Kunden bereits in der Konzeptphase neuer Modelle sowie bei der Weiterentwicklung bestehender Fahrzeuge zu unterstützen, wendet Autoneum ein breites Spektrum intern entwickelter Simulationssoftware-Programme an. Diese Programme kombinieren Autoneums fundiertes Know-How mit den individuellen Anforderungen der Fahrzeughersteller. Mithilfe dieser Software prognostiziert und perfektioniert Autoneum das NVH-Verhalten (Noise, Vibration, Harshness) von Fahrzeugen und trägt so entscheidend zu ihrer Lärmreduzierung bei. Für den bedarfsgerechten Einsatz von Dämpfungsmaterialien im Fahrzeug hat Autoneum beispielsweise die Simulationssoftware GOLD entwickelt. Sie optimiert nicht nur Größe, Gewicht und Beschaffenheit von Dämpfungsmaterialien, sondern zeigt zusätzlich die optimale Platzierung dieser Komponenten im Fahrzeug auf. So wird die bestmögliche Kombination von Dämpfungsmaterialien und Karosserieblech erreicht.
- Messsysteme: Autoneum ist seit etwa 50 Jahren der führende Anbieter von spezialisierten Messsystemen in der Fahrzeugakustik. Die kontinuierliche Entwicklung von innovativen Systemen und Geräten zur Messung des NVH-Verhaltens (Noise, Vibration, Harshness) von Komponenten- und Materialeigenschaften verhilft dem Unternehmen zu Wachstum. Mit den Messsystemen von Autoneum können geräuschreduzierende Komponenten und Systeme geprüft und verglichen werden. Dadurch wird es den Fahrzeugherstellern ermöglicht, Akustikpakete zusammenzustellen – gleichzeitig wird so sichergestellt, dass der Kunde das optimal auf seine Bedürfnisse zugeschnittene Produkt erhält.

Dabei tragen die Produktlinien in unterschiedlichem Maße zum Umsatz bei. Tab. 3.1 zeigt die prozentuale Verteilung nach Produktlinien und Gebieten.

**Tab. 3.1** Umsatzverteilung nach Regionen und Produktlinien

| | Interior floor(%) | Underbody(%) | Engine bay(%) | Body treatment(%) | Other(%) |
|---|---|---|---|---|---|
| Europe | 14 | 10 | 4 | 4 | 6 |
| North America | 30 | 4 | 5 | 5 | 5 |
| Asia | 4 | 2 | 1 | 1 | 1 |
| SAMEA | 1 | 1 | 1 | / | 1 |
| Sales split 2015 | 49 | 17 | 11 | 11 | 12 |

Quelle: Autoneum

## 3.1.3 Das Marktumfeld: Anspruchsvolle Kunden und aggressive Wettbewerber

Der Automobilzulieferermarkt ist eine intensiv umkämpfte Branche, welche durch eine starke Abhängigkeit zu den Automobilherstellern (Original Equipment Manufacturer, OEM) gekennzeichnet ist. In der Vergangenheit konsolidierte der Markt sich zunehmend. Die Automobilhersteller reduzierten ihre Zuliefereranzahl deutlich und konzentrierten sich dabei auf die leistungsstärksten und zuverlässigsten Unternehmen. Autoneum ist damit einem starken Preis-und Entwicklungsdruck ausgesetzt. In einem Interview äußert sich Herr Hirzel folgendermaßen zu der Abhängigkeit vom OEM:

> *„Kostenreduktionen, die die Autobauer jährlich von uns Zulieferern fordern, und damit Kosteneinsparungen gehören zu unserem Alltag. Wir müssen uns daher gemäß unserem Unternehmenswert „Continuous improvement" ständig – ob in Geschäfts- oder Produktionsprozessen – verbessern."*

Autoneum beliefert weltweit die großen Namen der Automobilherstellerbranche. Abb. 3.3 zeigt dazu die prozentuale Verteilung der belieferten Kunden.

Eine Analyse der relevanten internationalen Wettbewerber zeigt verschiedene Unternehmen, die zumindest in Teilen des Angebotes starke Parallelen mit Autoneum aufweisen (siehe Tab. 3.2).

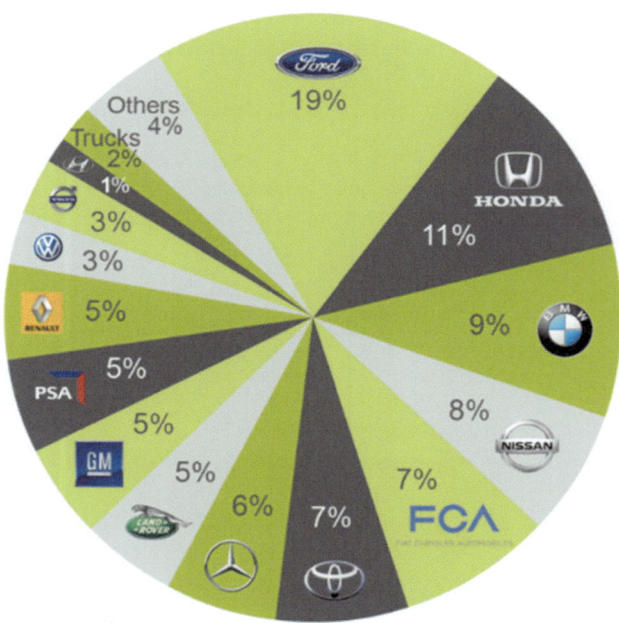

**Abb. 3.3** Verteilung der OEM Partner (Quelle: Autoneum)

**Tab. 3.2** Wettbewerberübersicht

| Wettbewerber | Umsatz | Mitarbeiter | Sitz | Portfolio |
|---|---|---|---|---|
| **ElringKlinger AG (Konzern)** | 1.507 Mio. € (2015) | 7.900 (2015) | Dettingen an der Erms bei Stuttgart | – Spezialdichtungen<br>– Abschirmsysteme<br>– Kunststoff-Leichtbauteile und -module für den Antriebsstrang und für die Karosserie (und weitere Bereiche) |
| **HP Pelzer GmbH (Adler Pelzer Group)** | 66 Mio. € (2015), Gruppe: 1.284 Mio. € (2014) | 360 (2015) | Witten | – **Motorraum**: Isolation, Verkleidungen, Hitzeschilder<br>– **Fahrgastraum**: Isolationen, Verkleidungen, Teppichboden, Hutablagen, Dachhimmel<br>– **Kofferraum**: Trennwände, Verkleidungen, Abdeckungen, textile Radlaufschalen<br>– **Andere Teile**: Unterbodenverkleidungen, Stoßfänger |
| **Borgers Group** | 765 Mio. € (2015) | 7.000 (2015) | Bocholt | – **Motorraum**: Dämpfungen, Isolationen<br>– **Fahrgastraum**: Verkleidungen, Hutablagen, Sitzkissenschalen, Teppiche<br>– **Kofferraum**: Koffermatten, Verkleidungen (Ladekanten, Heckdeckel, Seiten)<br>– **Exterieur**: Radlaufschalen, Unterbodenverkleidungen |
| **International Automotive Components Group (IAC)** | 5,9 Mrd. US$ (2015) | 32.000 (2015) | Luxemburg | – **Fahrgastraum**: Hutablagen, Fußmatten<br>– **Motorraum**: Schallisolierungen<br>– **Kofferaum**: Verkleidungen |
| **Carcoustics GmbH** | 280 Mio. € (2015) | 1.800 (2015) | Leverkusen | – **Interieur/Exterieur**: Dämpfungen (z. B. Motorhaube), Isolationen (z. B. Tür), Klima-Dichtungen<br>– **Motor/Antriebsstrang**: Dämpfungen, Motorcover, Hitzeschutz/-schilde |

**Tab. 3.2** (Fortsetzung)

| Wettbewerber | Umsatz | Mitarbeiter | Sitz | Portfolio |
|---|---|---|---|---|
| Greiner Perfoam GmbH (Greiner Gruppe) | 111 Mio. € (2015) | 750 (2015) | Enns (AT) | – **Interieur**: Hutablagen, Laderaumabdeckungen, Ladeböden, Verdeckkästen<br>– **Akustik**: Akustikkapselungen, Leichtschaumabsorber, Schallisolierungen<br>– **Spezialprodukte**: Fußgängerschutz, Rollokapselung |
| IDEAL Automotive GmbH | 375 Mio. € (2015) | 270 (2014) | Burgebrach bei Bamberg | – **Interieur**: Bodenverkleidungen, Fußmatten, Verkleidungsteile aus Kunststoff<br>– **Gepäckraum**: Ladeböden, Verkleidungen (Seiten, Reserveradmulde, Sitzlehnen, Ladekanten, Heckklappen)<br>– **Exterieur**: Radlaufschalen |

Quelle: Autoneum

### 3.1.4 Unternehmenskultur

Unternehmenskultur definiert sich für die Mitarbeiter vereinfacht als „*unsere Art zu arbeiten*". Dabei ist die Kultur eines Unternehmens ein komplexes Modell, das sich nicht nur durch vordefinierte Strukturen und Systeme programmieren lässt. Autoneum versucht durch eine Reihe aufeinander abgestimmter Maßnahmen die Kultur im Unternehmen auf Innovation, Leistung und Wertschätzung der Mitarbeiter auszurichten und zu prägen.

Im Jahre 2012 legte die Unternehmensleitung einen Wertekanon fest, der Orientierung für das tägliche Handeln und Ansporn für die ambitionierten Wachstumsziele geben sollte. Diese Werte werden in der nachfolgenden Grafik von den drei langfristigen Unternehmensgrundsätzen eingerahmt (siehe Abb. 3.4).

Diese drei langfristigen Unternehmensgrundsätze werden im Zuge der Darstellung als attraktiver Arbeitgeber und über die Broschüre ‚Driving our Values' von Autoneum wie folgt sinngemäß konkretisiert.

**1. Grundsatz: Delight your customers**
Dieser Grundsatz wird durch eine nachhaltige Innovationskultur, die sich konsequent an Kundenbedürfnissen orientiert, präzisiert.

- Innovationskultur: Als international tätiges und im globalen Wettbewerb stehendes Unternehmen ist sich Autoneum bewusst, dass nur mit Innovationen in allen

**Abb. 3.4** Unternehmenswerte und Grundsätze von Autoneum (Quelle: Autoneum)

Geschäftsbereichen und durch permanente Steigerung von Qualität, Service und Produktivität die bisherige Marktposition gehalten und gestärkt werden kann. Insbesondere Aspekte der Umweltverträglichkeit, z. B. Wiederverwendbarkeit von Rohstoffen und Produktsicherheit, werden systematisch in die Abläufe integriert.
- Kundenorientierung: Autoneum richtet seine Innovationsanstrengungen und das unternehmerische Wirken auf seine Kunden aus. Weiterhin sollen die Produkte und Dienstleistungen den Anforderungen der Kunden entsprechen und zu deren Erfolg beitragen. Kundenwünsche sollen so schneller erfasst werden als bei den Wettbewerbern. Das Projektmanagement unterstützt diesen Prozess, um Produkte und Dienstleistungen zeitgerecht in den Markt einführen. Ein explizites Ziel dabei ist es, dass Kunden Autoneum als *„Supplier of Choice"* sehen, um gemeinsam nach neuen Lösungen zu suchen. Das Unternehmen ist bestrebt marktgerechte Preise und Dienstleistungen zu erschaffen, welche zu einem wettbewerbsfähigen Preis angeboten werden. Die Zusammenarbeit mit Kunden ermöglicht es, auf allen Ebenen kompetent, lösungsorientiert, rasch, flexibel und zuverlässig diese Lösungen zu erarbeiten.

Das Unternehmen definierte von Anfang an quantifizierbare Kennzahlen, um die Kundenorientierung und Wettbewerbsfähigkeit regelmäßig zu messen und zu beurteilen. Dazu werden *„Customer Retention Surveys"* durchgeführt, um ein umfassendes Bild davon zu erhalten, wie Kunden das Unternehmen und deren Initiativen beurteilen. Die Erfassung der Marktanteile zeigt regelmäßig auf, wo das Unternehmen im Vergleich zu seinen Konkurrenten steht. Interne und externe Qualitätsdaten geben weitere Hinweise auf mögliche Prozessverbesserungen.

## 2. Grundsatz: Enjoy your work

Dieser Grundsatz wird durch eine unternehmerische Leidenschaft, die auch Mitarbeiter in die Lage zu unternehmerischem Handeln versetzen soll, und Verantwortung konkretisiert.

- Unternehmerische Leidenschaft: Unternehmerisches Denken und Handeln wird auf allen Hierarchiestufen ermöglicht. Die Führungsebene setzt Vertrauen in die Mitarbeiter. Diese können flexibel handeln, solange Vereinbarungen eingehalten werden und die Bereitschaft zum umfassenden Informationsaustausch beibehalten bleibt. Auch vorbildliches Verhalten wird gefordert, insbesondere von den Führungskräften. Teamarbeit und der Einsatz der Mitarbeiter am richtigen Ort sind Stärken des Unternehmens. Dadurch wird eine Arbeitsatmosphäre geschaffen, in der sich die Mitarbeiter mit Freude für das Unternehmen und deren Kunden engagieren.
- Mitarbeiter: Erfolgstreiber des Unternehmens sind deren Mitarbeiter, die durch ihr Know-How, Engagement, Flexibilität und Loyalität das Unternehmen nach vorne bringen. Adäquate Arbeitsplätze und Hilfsmittel sowie Möglichkeiten zur Weiterentwicklung sollen die Mitarbeiter unterstützen und motivieren. Ebenso werden eigene Nachwuchskräfte ausgebildet, welche anschließend Führungspositionen einnehmen können. Autoneum bietet stufengerechte und anspruchsvolle Aufgaben, sowohl im internationalen als auch im multikulturellen Arbeitsumfeld. Dabei wird auch stets eine marktkonforme und erfolgsorientierte Salärpolitik verfolgt.
- Verantwortung: Autoneum ist bestrebt einen Beitrag zur nachhaltigen Entwicklung zu leisten und ist sich der sozialen Verantwortung bewusst. Dies gilt sowohl global als auch im lokalen Umfeld der Standorte. Weitere wichtige Grundsätze sind Chancengleichheit, Fairness und Integrität sowie Toleranz und Respekt. Im Rahmen des „Großvater-Prinzips" werden wichtige personelle Entscheidungen getroffen, indem der nächsthöhere Vorgesetzte des Personalwesens einbezogen wird.

Die Messgrößen für die Ausprägung von Arbeitszufriedenheit, Mitarbeiterleistung und Führungserfolg finden sich in den Kennzahlen Fluktuations- und Abwesenheitsraten und Mitarbeiterbewertungen, für die spezifische Mitarbeiterzufriedenheitsstudien durchgeführt werden.

## 3. Grundsatz: Fight for profits

Der Grundsatz profitablen Wachstums wird durch kontinuierliche Kostenoptimierung und Komplexitätsreduktion umgesetzt.

- Kontinuierliche Kostenoptimierung: Unternehmensziel ist es, den Unternehmenswert langfristig zu steigern. Die Höhe der angestrebten Gewinne wird durch die Kosten des eingesetzten Kapitals wesentlich mitbestimmt. Eine stetig verfolgte Kostenreduktion führt zu einer Dynamik im Unternehmen, die Innovationen vorantreibt, da so stetig nach neuen Lösungen gesucht werden muss. Kurzfristige finanzielle Renditeoptimierungen werden sorgfältig gegenüber langfristigem profitablen Wachstum abgestimmt. Das angestrebte Wachstum soll auch aus eigener Kraft finanziert werden. Geschäftsrisiken sollen frühzeitig erkannt und minimiert werden. Als börsennotiertes Unternehmen

steht Wachstum im Vordergrund wirtschaftlichen Handels, damit Erwartungen der Aktionäre hinsichtlich Dividende und Aktienkursentwicklung langfristig erfüllt werden können. Im Interesse der langfristigen Unternehmensentwicklung hat jedoch Profitabilität Vorrang vor Umsatzwachstum.
- Komplexitätsreduktion: Da das Geschäft zyklisch verläuft sollen flexible Strukturen sicherstellen, dass anfallende Kosten rasch angepasst werden können. Hierzu vereinfacht das Unternehmen seine Organisationsstrukturen und Wertschöpfungsprozesse vor allem durch Standardisierung und Automatisierung. Die Zulieferer und Kunden sind elementarer Bestandteil des Wertschöpfungsprozesses und werden daher konsequent in die IT-Strukturen integriert, um Schnittstellen zu harmonisieren.

Das explizite Streben nach Gewinnmaximierung wird anhand von Finanzkennzahlen gemessen. Die Finanzziele werden kurz-, mittel- und langfristig gemessen und ausgewertet. Im Vordergrund stehen der operative Gewinn (EBIT), der Konzerngewinn (Net Profit), die Kapitalrendite (RONA) sowie der Free Cashflow. Die finanzielle Stabilität wird im Wesentlichen durch den Verschuldungsgrad, die Nettoliquidität und die Eigenkapitalquote bestimmt.

### 3.1.5 Instrumente zur Vermeidung von Silodenken und Öffnung des Innovationsprozesses

Autoneum führte im Jahr 2015 speziell für die Produktentwicklung mit Fokus auf die Research&Technology-Community ein Innovationstool mit dem Namen „*Wave*" ein. Hierbei handelt es sich um eine Art Social-Media-Plattform zur Innovationsentwicklung. Sie fungiert als neue standort- und funktionsübergreifende Plattform für alle Mitarbeiter, die in die Produkteentwicklung involviert sind. Das Ziel der Plattform ist es, kreative Produktideen von Mitarbeitern zu sammeln, zu bewerten und zur Marktreife zu bringen. Dazu müssen jedoch im Rahmen des Stage-Gate-Modells verschiedene Hürden genommen werden (siehe Abb. 3.5).

Im ersten Schritt entwickeln Mitarbeiter kreative Produktideen und publizieren sie auf der Plattform. Anschließend können diese Ideen von den anderen Mitarbeitern

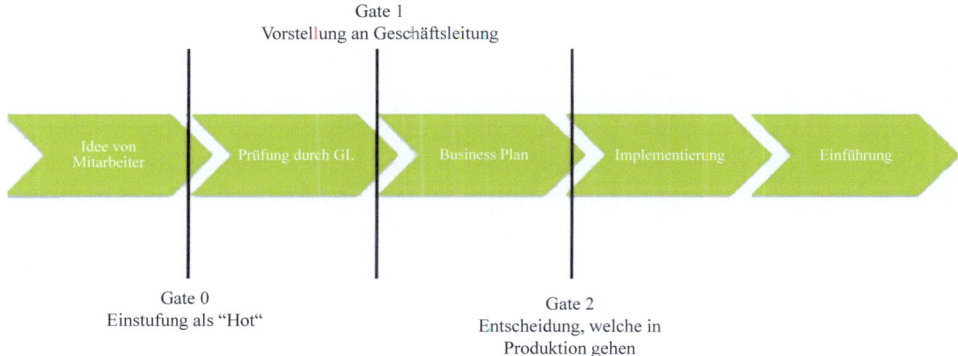

**Abb. 3.5** Innovationskanal „*Wave*" (Quelle: Autoneum)

wahrgenommen und bewertet werden. Erreicht eine Idee 100 „*Likes*" wird sie als „*Hot*" eingestuft. Damit ist die erste Hürde genommen und die Idee wird der Geschäftsleitung präsentiert. Falls die Geschäftsleitung die Idee als verwertbar ansieht (Gewährleistung von Machbarkeit, Potenzial und strategischer Kompatibilität), wird die Idee zur weiteren Forschung freigegeben (Gate 1). Daraufhin wird unter der Leitung des Mitarbeiters, der jene Idee entwickelt hat, ein Business Plan ausgearbeitet (Zeithorizont: 1–2 Monate). Um die Projektentwicklung voranzutreiben, wird der Mitarbeiter einen Tag pro Arbeitswoche freigestellt. Weiterhin ist es möglich je nach Projektgröße mit einem Projektteam (bestehend aus Experten anderer Abteilungen) das Projekt weiterzuentwickeln. Wenn der Business Plan vorliegt, wird das Potenzial durch die Geschäftsleistung erneut bewertet (Gate 2). Falls die ersten Ergebnisse als gut deklariert wurden, wird die Produktreife in Form eines Prototyps angestrebt (Zeithorizont: zwei Monate bis ein Jahr) und die anschließende Markteinführung der Leistung verfolgt (Zeithorizont: drei Monate bis zwei Jahre).

Außerdem hat Autoneum ein Instrument entwickelt, um Zukunftstrends zu identifizieren, zu bewerten und für die Produktentwicklung zu nutzen. Auch hier kommt ein Stage-Gate-Modell zum Einsatz. Im Rahmen der Trendanalyse werden relevante Marktteilnehmer insbesondere Kunden und Zulieferer befragt. Anschließend werden die Ergebnisse analysiert und evaluiert, um ein möglichst genaues Verständnis über Kundenanforderungen und Wettbewerbsverhalten zu erhalten. Daraus münden in Abhängigkeit der Festlegung von wirtschaftlichen und technologischen Zielen Innovationsprojekte, die entweder bei Potenzial bis zur Marktreife weiterverfolgt oder bei unzureichenden Potenzial verworfen werden. Autoneum greift aktuell den Trend zur Elektromobilität auf und arbeitet bereits an ersten Konzepten und Technologien. Das Unternehmen ist sich bewusst, dass die Akustikprodukte weiterentwickelt werden müssen, da Hitze und Motorgeräusche bei der Elektromobilität wegfallen und so die Außengeräusche mehr in den Fokus rücken und damit andere Anforderungen an die Produktkomponenten gestellt werden. Autoneum sieht die Elektromobilität als Zukunftsbereich mit Wachstumschancen.

> **Stage-Gate-Modell**
> Das Stage-Gate-Prozessmodell ist der bekannteste Ansatz, um den Innovationsprozess zu systematisieren und dient wie in Abb. 3.6 dargestellt als operative Road-Map für Innovationsprojekte, die von der Idee bis zur Markteinführung reichen (siehe Abb. 3.6). Dieser beschreibt eine Abfolge von Aktivitätsgruppen (*Stages*) und Entscheidungspunkten (*Gates*). Die Stages bilden die Arbeitsphasen, die einen einheitlichen und vorgeschriebenen Umfang an Aktivitäten sowie standardisierte Analysen umfassen, die von einem funktionsübergreifenden Team durchgeführt werden. Die Gates stellen die kritischen Entscheidungspunkte für die Produktkonzeption, den Business Plan, die Produktentwicklung sowie die Markteinführung dar. Die Entscheidungen erfolgen in den Prozessabschnitten, in denen kritische Entwicklungs- bzw. Ressourcenentscheidungen getroffen werden (siehe Herstatt und Verworn (2002), S. 5). Mittlerweile wurde dieser sequenzielle Ansatz insbesondere von der

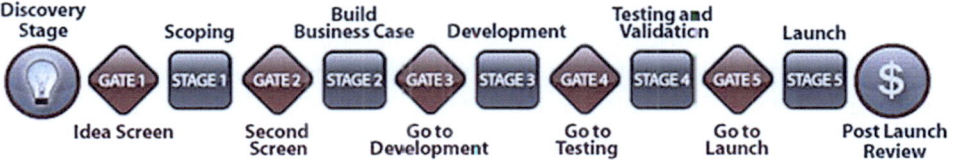

**Abb. 3.6** Stage-Gate-Prozessmodell (Quelle: New Product Development Institute)

> Softwareindustrie weiterentwickelt und wird unter der Bezeichnung Scrum-Methodik als Instrument der agilen Softwareentwicklung eingesetzt Diese Methodik ist durch kurze Sprints im Laufe des Gesamtprozesses gekennzeichnet, die zu konkreten Lösungen führen, die von Kunden bereits getestet werden können, bevor es in den nächsten ‚Loop' geht.

### 3.1.6 Forschung und Entwicklung gemeinsam voranbringen

Standortübergreifend stehen bei dem Innovationsführer ständige Verbesserungen sowie die Nutzung von neuen Technologien im Akustik- und Wärmemanagement von Fahrzeugen im Vordergrund, was eine der strategischen Ausrichtung des Unternehmens darstellt. In der Abteilung „*Research & Technology*" am Konzernsitz in Winterthur wird täglich an diesen Vorhaben gearbeitet. Dort werden technologische Zukunftskonzepte im Rahmen der Vorentwicklung umgesetzt. Unterstützend dazu stehen zwölf dezentrale Akustik- und Entwicklungszentren in Brasilien, China, Deutschland, Frankreich, Polen und den USA sowie am Schweizer Standort in Sevelen unterstützend zur Verfügung (siehe Abb. 3.7).

**Abb. 3.7** Akustik- und Entwicklungszentren des Autoneum-Konzerns (Quelle: Autoneum)

**Strategische Ausrichtung:**

Technologische Expertise, ein innovatives Produktportfolio und eine an den Kundenbedürfnissen und der Marktnachfrage ausgerichtete globale Präsenz – all das sind Faktoren, die wesentlich zum Erfolg von Autoneum beitragen. Um die bestehende, weltweite Markt- und Technologieführerschaft im Wärme- und Akustikmanagement weiter auszubauen, setzt Autoneum die in der Unternehmensstrategie festgelegten strategischen Prioritäten konsequent um. Die bei Autoneum geförderte und gelebte Hochleistungskultur bildet dabei das Fundament für eine effektive Umsetzung und den langfristigen Unternehmenserfolg (siehe dazu nachfolgende Aufzählung):

1. **Auf Akustik- und Wärmemanagement-Lösungen für die Automobilindustrie fokussieren**
   - Tier-1-Zulieferer der weltweiten Automobilindustrie
   - Globale Präsenz mit eigenen Werken, ergänzt durch Joint-Venture- und Lizenz-Partner
2. **Profitabel wachsen und Cashflow generieren**
   - Profitables Wachstum in allen Wirtschaftsregionen
   - Wachstum finanziert aus eigenem Cashflow
3. **Langfristige Partnerschaften mit weltweit tätigen Kunden weiter ausbauen**
   - Breite Kundenbasis Entwicklungspartner der Automobilhersteller
4. **Technologieführerschaft wirksam nutzen**
   - Innovationsführer mit vielfältiger Produktpalette
   - Vertikale Integration für Wettbewerbsfähigkeit und Kosteneffizienz
5. **Operative Exzellenz praktizieren**
   - Standardisierte, effiziente Produktions- und Geschäftsprozesse
   - Schlanke Strukturen mit schneller Entscheidungsfindung
6. **Gelegenheiten zur Konsolidierung der Branche verfolgen**
   - Identifikation von möglichen Partnern weltweit
   - Prüfung von Chancen im Konsolidierungsprozess

Während in den Akustikzentren Simulationen und Tests unter realen Bedingungen durchgeführt werden, werden in den Entwicklungszentren individuelle Lösungen und Produkte für Fahrzeugmodelle entwickelt. Die weltweite Know-How-Bündelung soll die Forschungs- und Entwicklungsvorhaben optimal unterstützen. So können kundennah und zeiteffizient mit den Automobilherstellern global Innovationen oder inkrementelle Verbesserungen angestrebt und umgesetzt werden.

**Innovative Werkstoffe**

Autoneum hat bedeutende Innovationen und Technologien hervorgebracht. Zwei erwähnenswerte Leistungen sind das Theta-Fiber und die Ultra-Light-Technologie (siehe Abb. 3.8).

*Theta-FiberCell* ist eine neuartige Faser-Schaum-Lösung, die im Motorenraum zur Wärmeisolation und Geräuschreduktion eingesetzt wird, welche auch als „*Multifunktionale Vlieswerkstoff-Technologie*" bezeichnet wird. Sie kann Temperaturen von über 200 Grad bestehen und ermöglicht so die direkte Isolation des Motorenblocks, die sogenannte Motorkapselung. Dies hat zur Folge, dass der Motor und das Motoröl nach dem Gebrauch länger warm bleiben und so beim nächsten Kaltstart weniger Treibstoff benötigt wird, was den $CO_2$-Ausstoss verringert. Weiterhin wird für die Herstellung von Komponenten basierend auf der Theta-FiberCell-Technologie bis zu 70 Prozent rezykliertes Fasermaterial verwendet.

*Ultra-Light-Technologie:* Vor der Markteinführung von Ultra-Light im Jahr 1998 verwendeten Fahrzeughersteller mehrheitlich Isolationen aus Schwerschaumstoff zur Dämmung der Fahrzeuginnenböden, um unerwünschten Lärm zu vermeiden.

Ultra-Light war bei seiner Einführung eine marktrevolutionierende Innovation, da sie dieselben Isolationseigenschaften mit dem halben Gewicht bot. Durch die Innovation konnte das Fahrzeuggewicht maßgeblich reduziert werden, was zu geringerem Treibstoffverbrauch und verringerten $CO_2$-Emissionen führte. Zudem werden Ultra-Light-Produkte aus rezykliertem Fasermaterial und nicht aus mineralölbasiertem Schaum hergestellt, was einen nachhaltigeren Umgang mit den Ressourcen darstellt.

**Abb. 3.8** Motorkapselung aus Theta-FiberCell und Teppichsystem basierend auf Ultra-Light-Technologie (Quelle: Autoneum)

So konnten bereits innovative Werkstoffe z. B. Theta-FiberCell oder Ultra-Light entwickelt werden, die Autoneum für die Produktion einsetzt. Mit diesen können sie auf die spezifischen Wünsche der Kunden eingehen, um so die optimale Lösung für Auto und Einsatzzweck bieten. Autoneum arbeitet sehr eng mit Automobilherstellern aus der ganzen Welt zusammen. Die spezifischen Produkte machen es notwendig, dass die Entwicklung von Endprodukten in enger Zusammenarbeit mit dem Kunden teilweise beim Kunden vor Ort (mittels sog. Resident Engineers) stattfindet, da nur so die Vorgaben und Anforderungen optimal erreicht werden können. Autoneum wurde schon viele Male als Zulieferer von vielen Automobilherstellern ausgezeichnet u. a. hat Autoneum von General Motors den *„Supplier Innovation Award"* am 10. März 2016 in Detroit erhalten. Autoneum erhielt den Innovationspreis für Prime-Light, seine neueste Technologie für Stirnwand- und Bodenisolationen. Prime-Light überzeugt durch exzellente Formbarkeit, leichtes Gewicht und hohe Akustikleistung. Die Auszeichnungen unterstreichen die hohe Produktqualität und effiziente Zusammenarbeit von Autoneum mit dessen Kunden.

### 3.1.7 Alpenglühen

Martin Hirzel legt den Präsentationsentwurf für die Investorenkonferenz aus der Hand und schaut aus seinem Büro auf die Gebirgszüge der Alpen am Horizont, die bereits von der Abendsonne beschienen werden. Ihm ist bewusst, dass die Erreichung der Ziele für 2020 eine intensive Anstrengung der gesamten Organisation erfordert. Er fragt sich, ob die Hochleistungskultur, die er in den vergangenen fünf Jahren erfolgreich aufgebaut hat, auch dieser Herausforderung gewachsen sein wird. Hatte er wirklich schon alles bedacht, um Innovationen und Internationalisierung als strategische Prioritäten zu balancieren?

## 3.2 Aufgaben

**Strategisches und Internationales Management**

1. Beschreiben Sie die Eigenschaften und den Aufbau einer integrierten Regionalstruktur für die Steuerung international tätiger Unternehmen. Welche Vor- und Nachteile sind damit für das Unternehmen Autoneum verbunden?
2. Definieren Sie den Begriff „*Kernkompetenzen*" nach Barny (2011, S. 125ff.). Nutzen Sie anschließend das VRIO-Prüfschema, um die Kernkompetenzen von Autoneum aufzuzeigen.
3. Definieren Sie den Begriff „*Dynamische Fähigkeiten*" nach Barreto (2010). Zeigen Sie anhand des Resource-Based-View nach Wernerfeld die dynamischen Fähigkeiten auf.

**Innovationsmanagement**

1. Beschreiben Sie die Vor- und Nachteile, den Innovationsprozess nach einem Stage-Gate-Prozess zu systematisieren.
2. Definieren Sie den Begriff „*Corporate Entrepreneurship (CE)*" nach Müller et al. (2016, S. 389 ff.) und arbeiten Sie die vier Ansätze nach Steinle und Draeger (2002) heraus. Ordnen Sie Autoneums Aktivitäten den vier Ansätzen des CE zu. Kann man bei dem Unternehmen von Unternehmertum sprechen?
3. Welche Rolle spielt Ihrer Einschätzung nach die Unternehmenskultur für den Unternehmenserfolg?

▶ **Literaturhinweise für die Aufgabenbearbeitung:**
Barney JB (2011) Gaining and sustaining competitive advantage, 4. Aufl. Pearson, Boston, MA
Barreto I (2010) Dynamic capabilities: A review of past research and an agenda for the future. J Manage 36(1):256–280
Morschett D, Schramm-Klein H, Zentes J (2015) Strategic international management – text and cases. Springer Gabler, Wiesbaden
Müller C, Fueglistaller U, Müller S, Volery T (2016) Corporate Entrepreneurship. In: Fueglistaller U, Müller C, Müller S, Volery T (Hrsg) Entrepreneurship, 4. Aufl. Gabler Verlag, Wiesbaden, S 389–409
Steinle C, Draeger A (2002) Intrapreneurship. WiSt-Wirtschaftswissenschaftliches Studium 31(5):264–271

## Literatur

Antoncic B, Hisrich RD (2001) Intrapreneurship: Construct refinement and cross-cultural validation. J Bus Venturing 16(5):495–527
Burgelman RA (1983) A process model of internal corporate venturing in the diversified major firm. Admin Sci Quart 28(2):223–244
Cooper RG (2009) Effective Gating. Make product innovation more productive by using gates with teeth, Reference Paper No. 37, Product Development Institute
Covin JG, Slevin DP (1991) A conceptual model of entrepreneurship as firm behavior. Entrep. Theory Pract 16(1):7–25
Dess GG, Lumpkin TG (1996) Clarifying the entrepreneurial orientation construct and linking it to performance. Acad Manage Rev 12(1):135
Dess GG, Lumpkin TG (2005) The role of entrepreneurial orientation in stimulating effective corporate entrepreneurship. Acad Manage Exec 19(1):147–156
Frank H (2009) Corporate Entrepreneurship. In: Frank H (Hrsg) Corporate Entrepreneurship. Facultas, Wien, S. 7–40
Fuchs A (2013) Das strategische Management von Corporate Entrepreneurship, Empirische Kausalanalysen am Beispiel der deutschen Automobilindustrie. Gabler Verlag, Wiesbaden

Gelin S, Landolf L, Bader J, Gelissen K (2016) Corporate Entrpreneurship: Theorie und Umsetzung von Corporate Entrepreneurship am Fallbeispiel Autoneum, nicht-öffentliche Seminararbeit, Universität St. Gallen, 17. Mai 2016

Haid D (2004) Corporate Entrepreneurship im strategischen Management: Ansatz zur Implementierung des Unternehmertums im Unternehmen. Deutscher Universitätsverlag, Wiesbaden

Hauschildt J, Salomo S (2011) Innovationsmanagement, 5. Aufl. Vahlen, München

Herstatt C, Verworn B (2002) The innovation process: An introduction to process models. Working Paper No. 12, Department for Technology and Innovation Management, Technical University of Hamburg-Harburg

Miller D (1983) The correlates of entrepreneurship in three types of firms. Manage Sci 29(7):770–791

Müller C, Fueglistaller U, Müller S, Volery T (2016) Corporate Entrepreneurship. In: Fueglistaller U, Müller C, Müller S, Volery T (Hrsg) Entrepreneurship, 4. Aufl. Gabler Verlag, Wiesbaden, S. 389–409

Schumpeter JA (1934/1993) Theorie der wirtschaftlichen Entwicklung: Eine Untersuchung über Unternehmergewinn, Kapital, Kredit, Zins und den Konjunkturzyklus, 8. Aufl. Duncker & Humblot, Berlin

Sharma P, Chrisman J (1996) Defining corporate entrepreneurship: A review and reconciliation. In: Proceedings of United States Association for Small Business and Entrepreneurship, S. 137–146

# devolo – Innovationstreiber Kooperation

Simon Joseph Stuber

## 4.1 Fallstudie

### 4.1.1 Smarte Leistung

Prof. Dr. Michael Koch, Leiter des Geschäftsbereichs devolo Smart Grid hält endlich das Smart Meter Gateway (SMGW) in seinen Händen. Pünktlich zwei Wochen vor den Metering Days in Fulda, welche am 20.–21. Sep. 2016 stattfinden – dort soll das neue Smart Grid Portfolio vorgestellt werden.

Während die Sonne langsam am Horizont verschwindet betrachtet er das Produkt an seinem Schreibtisch und ist stolz auf das was geleistet worden ist. In diesem Moment der Stille denkt er an die vergangenen Jahre. Es war kein leichter Weg, den das Unternehmen gegangen war. In diesem Zusammenhang denkt er an den Aufbau des neuen Geschäftsbereichs zurück und an die Umsetzung der vielen Kooperationsprojekte, um das SMGW zu entwickeln.

Noch am selben Abend erarbeitet und reflektiert er die Kernpunkte, die zu der Entwicklung des SMGW beigetragen haben. Diese sollen anschließend als Grundlage für die Präsentation in Fulda genutzt werden.

### 4.1.2 Unternehmensprofil und -entwicklung der devolo AG

Die devolo AG wurde am 27. Februar 2002 als Management-Buy-Out aus der Datenkommunikations-Sparte der ELSA AG in Aachen von Heiko Harbers gegründet – zum Gründungsteam gehörten damals 26 Mitarbeiter.

---

S.J. Stuber (✉)
FH Dortmund, Emil-Figge-Str. 44, 44227 Dortmund, Deutschland
e-mail: simon.stuber@fh-dortmund.de

© Springer Fachmedien Wiesbaden GmbH 2018
J.-P. Büchler (Hrsg.), *Fallstudienkompendium Hidden Champions*,
https://doi.org/10.1007/978-3-658-17829-1_4

Im Mittelpunkt der devolo-Philosophie – so der Firmengründer – stand von Beginn an das Kundenbedürfnis nach einfach zu installierenden und zu bedienenden Geräten im Elektroniksegment. Demnach strebte devolo stets danach, innovative Produkte anzubieten, die sich durch selbsterklärende Installationsmenüs und Handbücher sowie durch besondere Serviceleistungen auszeichneten. Diese Kombination sollte eine starke Marktbarriere schaffen, um sich von No-Name-Produkten aus Fernost zu schützen. Weiterhin kündigte Heiko Harbers für die restlichen Monate das Jahres 2003 die Einführung weiterer Produktinnovationen an: *„Damit werden wir den Markt schon sehr bald überraschen"*.

Anschließend wurde noch im Jahr 2003 ein Sortiment an HomePlug-Produkten (Netzwerkerstellung via Stromleitung) in den Markt eingeführt. Die sukzessive Fokussierung auf die dLAN®-Powerline-Technik als Kerngeschäft in der Elektronikbranche, dem einfachen Internet über die hausinterne Stromleitung, verhalf dem Unternehmen zu schnellem Wachstum. Daraus resultierend, intensivierte das Unternehmen seine Bemühungen in den Folgejahren und entwickelte weitere Produktinnovationen. So konnten die auf den Markt gebrachten Adapter u. a. den Computer mit einer Sound-Anlage oder Satellitenempfang für das TV-Gerät aus der Steckdose über das Stromnetz empfangen werden. Des Weiteren ist das Unternehmen in den Bereichen der Vernetzung von Privathaushalten, der Unterhaltungselektronik und Hausautomation sowie der Netzwerktechnologie aktiv. Dabei versteht sich devolo als forschendes Unternehmen, indem die unternehmensinterne Forschung & Entwicklung und das Streben nach patentierten Technologien eine zentrale Rolle spielen.

**Powerline – Das Heimnetzwerk aus der Steckdose**
Im Jahr 2005 brachte die devolo AG den weltweit ersten MicroLink dLAN® Highspeed-Adapter mit 85 MBit/s auf dem Markt. Der Adapter nutzt die dLAN® Powerline-Technologie, mit der einfach, schnell und preiswert ein Netzwerk über das Stromnetz aufgebaut werden kann. Demnach wird jede verfügbare Steckdose zum individuellen Internet- und Netzwerkanschluss. Besondere Vorteile im Vergleich zum WLAN ist die Tatsache, dass auch große Entfernungen ohne Leistungsverlust spielend erreicht werden können. Über die Stromleitung können demnach Verbindungen von etwa 300 Meter und per Coax- oder Zweidrahtkabel bis zu 650 Meter erreicht werden. Teure Verkabelungen werden dadurch obsolet.

Die stetige Weiterentwicklung dieser Technologie ermöglichte weitere interessante Anwendungsgebiete. So können heute viele Endgeräte wie z. B. Smart-TV, Spielekonsolen oder Soundanlagen mit Hilfe der Adapter über die Stromleitung verbunden werden. Dazu sind die Adapter mit bis zu drei LAN-Anschlüssen versehen. Heute sind mit dieser Technologie Geschwindigkeiten bis zu 1.200 Mbit/s möglich.

Die Inbetriebnahme kann mit wenigen Handgriffen ohne Vorkenntnisse erfolgen (siehe Abb. 4.1). Dazu wird ein Adapter direkt mit dem Router verbunden, wohingegen die anderen Adapter im gewünschten Raum in jede beliebige Steckdose gesteckt werden können. Das leistungsstarke Internet-Signal mit automatischer Verschlüsselung zur optimalen Sicherheit steht anschließend zur Verfügung.

# 4 devolo – Innovationstreiber Kooperation

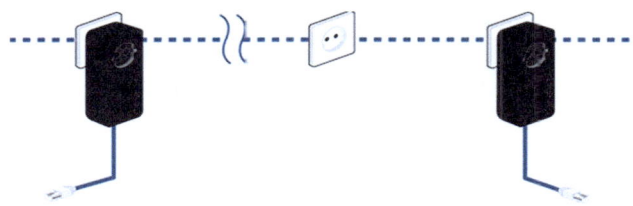

**Abb. 4.1** Das Powerline-Prinzip (Quelle: devolo)

Das stetige Wachstum und die Innovationsfähigkeit des Unternehmens zeigten sich erstmals offensichtlich im Jahr 2009 als devolo zum Weltmarktführer im Powerline-Segment aufstieg. Bereits im Jahr 2010 gehörte die devolo AG zu den 1.000 umsatzstärksten deutschen Weltmarktführern mit einem Jahresumsatz von 122 Mio. Euro. Im Jahr 2015 erhielt devolo den n-tv Mittelstandspreis Hidden Champion 2015 als Auszeichnung für die Marke und wurde im Jahr 2016 für den „AC²-Innovationspreis Region Aachen 2016" nominiert. Im Jahr 2016 hat devolo etwa 30 Millionen dLAN®-Adapter ausgeliefert und beschäftigt rund 200 Mitarbeiter am Standort in Aachen – von denen zirka 50 % in der Forschung und Entwicklung tätig sind.

Der Firmengründer hält bis heute 96,5 % der Aktien am Unternehmen, wohingegen die restlichen 3,5 % als Belegschaftsaktien an die Mitarbeiter veräußert worden sind. Der Vorteil an den im Haus ansprechbaren Aktionären liegt laut Heiko Habers auf der Hand: *„Wir können hier im kleinsten Kreis innerhalb von Minuten entscheiden, was wir machen."*

## Finanzsituation

Aus finanzieller Sicht konnte das Unternehmen von 2002 (3,9 Mio. Euro) bis 2011 (122,2 Mio. Euro) ein starkes Umsatzwachstum von zirka +41 % CAGR verzeichnen (siehe Abb. 4.2). Ab 2012 führte die steigende Wettbewerbsintensität der Branche im

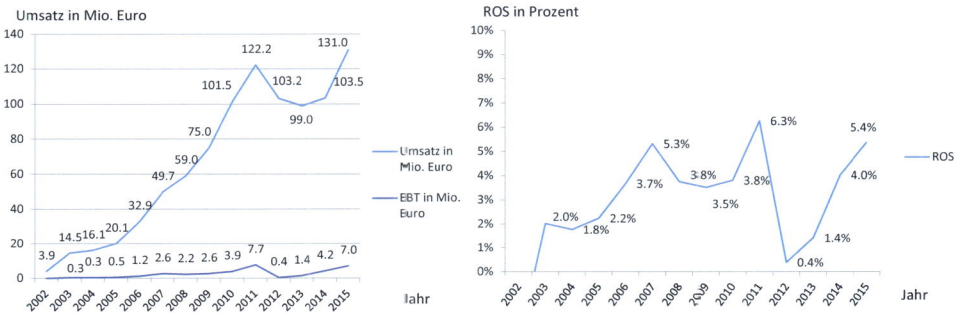

**Abb. 4.2** Umsatz-, EBT- und ROS-Entwicklung seit Gründung der devolo AG (Quelle: devolo).

Powerline-Segment zu Umsatzeinbußen. In den Jahren 2012 bis 2014 konnte lediglich ein Umsatzniveau von etwa 100 Mio. Euro gehalten werden. Die Markteinführungen des Powerline dLAN® 500 (2013) und des Powerline dLAN® 1200 (2014) sowie den ersten innovativen Home Control Produkten (2015) leiteten eine positive Trendwende ein, sodass das Unternehmen im Jahr 2015 eine Umsatzsteigerung um +27,5 Mio. auf insgesamt 131 Mio. Euro erreichen konnte.

---

**Home Control – Smart Home zum Selbermachen**
Die Hausautomation bietet die Möglichkeit, den häuslichen Alltag auf unkomplizierte Weise zu erleichtern. So können Heizungen, Beleuchtungen und elektrische Geräte einfach und intuitiv gesteuert werden. Die häusliche Sicherheit wird verbessert und der Energieverbrauch ist stets transparent. Mit Hilfe einer App können alle Vorgänge im Wohnbereich gesteuert werden. Devolos Produkte funktionieren als Bausteinprinzip und können ohne Vorkenntnisse den individuellen Wünschen angepasst werden. Das Herzstück des Smart Homes ist die devolo Home Control Zentrale, die einfach in jeder beliebigen Steckdose funktioniert. Über die Zentrale werden alle weiteren verwendeten Geräte programmiert. Für das individuelle intelligente Zuhause bieten sich z. B. folgende Möglichkeiten:

- Schaltung von Licht, Heizung und Elektrogeräten per Funkschalter von Ihrem Lieblingsplatz aus.
- Automatische Heizungssteuerung per Zeitschaltung oder Raumthermostat.
- Maximale Kontrolle durch Rauchmelder, Bewegungsmelder und Türkontakt.
- Automatische Lichtschaltung beim Betreten des Hauses.
- Licht- und Geräteschaltung per Fernbedienung aus 100m Entfernung.
- Schaltung aller Geräte u.a. mit Smartphone, Tablet oder PC.
- Einsicht in den aktuellen Energieverbrauch per App.

---

**Geschäftsbereiche**

Die Ablauforganisation der devolo AG ist divisional in vier Geschäftsbereiche (1. Privatkunden, 2. Business Solutions, 3. Operator Solutions und 4. Smart Grid) gegliedert (siehe Abb. 4.3). Die weitere Top-Down-Gliederung der nachfolgenden Hierarchieebenen erfolgt dabei verrichtungsorientiert.

Der Geschäftsbereich der Privatkunden befasst sich mit innovativen Kommunikationslösungen für das Netzwerk und das Internet sowie dem Home Control. Daneben lassen sich drei Bereiche mit Fokus auf Gewerbekunden unterscheiden. Der Geschäftsbereich Business Solutions bietet den Geschäftskunden maßgeschneiderte Netzwerklösungen und die dazu gehörigen Netzwerkprodukte an. Operator Solutions beliefert Internet Service

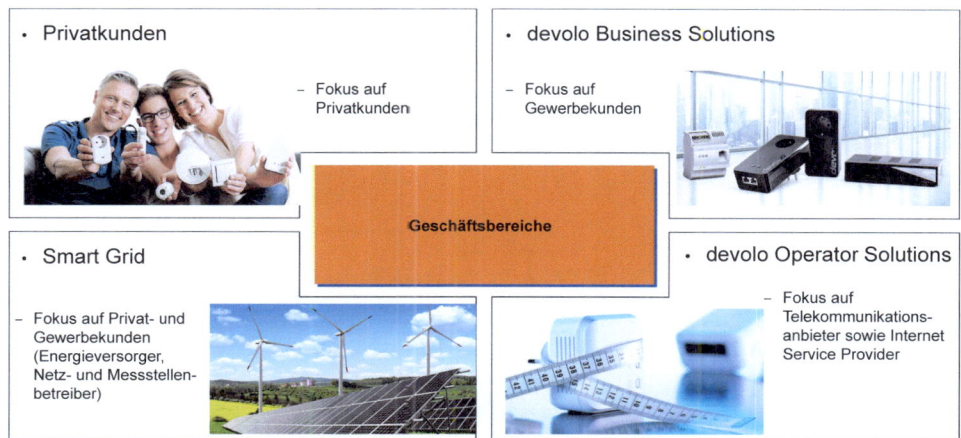

Abb. 4.3 Geschäftsbereiche der devolo AG (Quelle: devolo)

Provider in Europa, welche OEM-Lösungen des Unternehmens nutzen – davon wurden bisher etwa 8 Mio. Powerline-Adapter alleine im OEM (Original Equipment Manufacturer) und ISP-Umfeld (Informationsschwerpunkt) vertrieben. Der Geschäftsbereich Smart Grid vertreibt Produkte für die Kommunikation und Sicherheit des intelligenten Stromnetzes.

**Smart Grid als neuer Wachstumstreiber**
Der Geschäftsbereich Smart Grid liefert Hardware-Lösungen für das intelligente Stromnetz. „*Wir unterstreichen mit dieser klaren Fokussierung unser Bekenntnis zur Energiewende und dem damit einhergehenden europaweiten Umbau des Stromnetzes hin zu einem intelligenten Netz*", beschreibt Heiko Habers, Vorstand der devolo AG. Seit 2008 wird der Geschäftsbereich kontinuierlich ausgebaut. Im Jahr 2015 brachte devolo die ersten Produkte dieser Art an den Start. Das Produktportfolio wird zukünftig weiter ausgebaut, mit dem Ziel zu einem starken Partner für Energieversorger, Netz- und Messstellenbetreiber heranzuwachsen.

Ein Smart Grid kann als intelligentes Energienetzwerk definiert werden, welches die Vernetzung und Steuerung von intelligenten Erzeugern, Speichern, Verbrauchern und Netzbetriebsmitteln durch Informations- und Kommunikationstechnik (IKT) ermöglicht. Devolo liefert Kommunikations- und Sicherheitslösungen aus einer Hand. Besonders aktiv ist das Unternehmen in den Anwendungsbereichen: Netzsteuerung und Überwachung, Einbindung von erneuerbaren Energien im Smart Grid, Steuerung aller Komponenten im Stromnetz aus der Netzleitwarte (Smart Operator) und der E-Mobilität (siehe Abb. 4.4).

**Abb. 4.4** Anwendungsbereiche der devolo AG im Smart Grid (Quelle: devolo)

> **Smart Grid – Lösungsansatz zur Integration von erneuerbaren Energien**
> Die Energiewende ist eine der großen Herausforderungen unserer Gesellschaft. Zentrale Ziele sind u. a. die Verringerung der $CO_2$-Emissionen und die Erhöhung der Ressourceneffizienz. Um diese Ziele zu erreichen ist es zwingend notwendig, die Infrastruktur in Bezug auf Energiebereitstellung und -verteilung anzupassen sowie auf neue Anforderungen abzustimmen. Eine Herausforderung stellen die künftigen Energieversorgungssysteme dar. Denn verschiedene Teilnehmer möchten beispielsweise in variablem Umfang und zu unvorhersehbaren Zeiten Energie einspeisen, entnehmen oder auch verschiedenste Dienstleistungen (z. B. Energieberatung, Hausverwaltung) anbieten und nutzen können. Diese Abstimmungen erfordern einen zuverlässigen und sicheren bidirektionalen Austausch von Informationen für die intelligente Technologien und Dienstleistungen benötigt werden.
> Im Fokus stehen intelligente Netzwerke (Smart Grids), die das Zusammenspiel von Energieangebot und -nachfrage optimieren und eine Integration der erneuerbaren Energien (Wind-, Sonnen-, Bio- und Wellenenergie als auch Geothermie und Wasserkraft) in das Stromnetz ermöglichen. Das bereits angesprochene Energienetzwerk kann zudem als ein ökonomisch effizientes, nachhaltiges Versorgungssystem beschrieben werden. Es optimiert und überwacht zugleich die verbundenen Bestandteile und verfolgt darüber hinaus die Aufgabe, die Energieversorgung auf umweltfreundlicher Basis zu sichern (siehe Abb. 4.5).
> Erste Smart Grid Ansätze zeigten sich bereits im Jahr 1920 – damals noch bekannt unter dem Namen „Trägerfrequenztechnik auf Hochspannungsleitungen (TFH)". Dieses fungierte als Monitoring, um Informationen verschiedener Stationen (u. a. Telefonie über Trafostationen) von Entfernungen von bis zu 900 km zu übertragen. Ein weiterer Ansatz des Smart Grid, die „Tonfrequenzrundsteuertechnik (TRT) entwickelte sich Anfang der 30er Jahre. Die TRT ermöglichte es Straßenlampen zu steuern oder Trafostationen An- und Abzuschalten, um Lastzustände anzupassen.

## 4 devolo – Innovationstreiber Kooperation

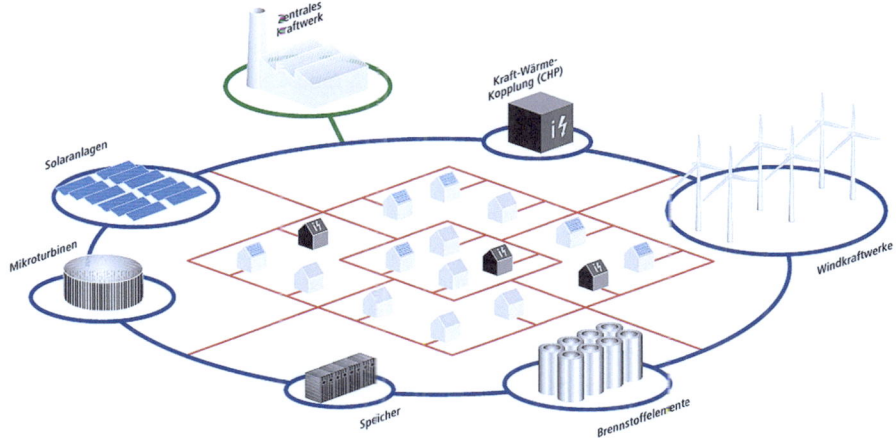

**Abb. 4.5** Smart Grid Grundgedanke (Quelle: devolo)

### devolo AG – Ein Unternehmen, das verbindet

Um den neuen Geschäftsbereich „Smart Grid" kontinuierlich aufzubauen, nutzt devolo gezielt öffentlich zugängliche Förderprogramme, um den Herausforderungen der Zukunft, die an das Smart Grid gestellt werden, zu begegnen. Nachfolgend werden bedeutende ausgewählte Förderprogramme wie das Zentrale Innovationsprogramm Mittelstand (ZIM) sowie das EU-Förderprogramm vorgestellt.

### 1. Zentrales Innovationsprogramm Mittelstand (ZIM)

Das Bundesministerium für Wirtschaft und Technologie fördert mit dem Zentralen Innovationsprogramm Mittelstand (ZIM) marktorientierte, technologische Forschungs- und Entwicklungsprojekte der innovativen mittelständischen Wirtschaft in Deutschland. Mit dem Programm sollen die Innovationskraft und die Wettbewerbsfähigkeit von Unternehmen nachhaltig unterstützt werden.

Unternehmen und weitere kooperierende Forschungseinrichtungen können im Rahmen des ZIM Zuschüsse für anspruchsvolle Forschungs- und Entwicklungsprojekte erhalten. Die Förderung ist in allen Technologiefeldern möglich. Auch die Themenauswahl steht den Unternehmen frei. Der Innovationsgehalt sowie die anschließende potenzielle Marktverwertung sind wichtig für eine Förderungszusage. Das ZIM bietet drei Optionen für eine passgenaue Förderung:

- ZIM-Einzelprojekte – Förderung von einzelbetrieblichen FuE-Projekten von Unternehmen, die diese Vorhaben mit eigenem Personal im Unternehmen durchführen.
- ZIM-Kooperationsprojekte – Förderungen für gemeinsame FuE-Projekte von zwei oder mehreren Unternehmen oder in Zusammenarbeit mit Forschungseinrichtungen.

- ZIM-Kooperationsnetzwerke – Förderungen externer Netzwerk-Managementleistungen von innovativen Netzwerken mit mindestens sechs mittelständischen Unternehmen, die sich zusammenschließen, um gemeinsam eine übergreifende technologische Innovation zu entwickeln.

**2. EU-Förderprogramm**

Im Rahmen der europäischen Kohäsionspolitik fördern die Struktur- und Investitionsfonds (ESI) der EU den Abbau der Ungleichheiten zwischen den einzelnen Regionen in Europa. Nach der Agrarhilfe für die europäische Landwirtschaft stellt der ESI den zweithöchsten Haushaltsposten der EU dar und unterteilt sich in fünf Einzelfonds: Regionalfonds (EFRE inkl. Europäische territoriale Zusammenarbeit/ETZ), Sozialfonds (ESF), Landwirtschaftsfonds (ELER inkl. Leader), Meeres- und Fischereifonds (EMFF) und Kohäsionsfonds.

Die Wirtschaftskraft spielt eine entscheidende Rolle für die Förderung. Es werden drei Regionstypen unterschieden:

1. Weniger entwickelte Regionen: BIP pro Kopf <75 % des EU-Durchschnitts, Budget 164 Mrd. EUR, 27 % der EU-Bevölkerung.
2. Übergangsregionen: BIP pro Kopf 75 bis 90 % des EU-Durchschnitts, Budget 32 Mrd. EUR, 12 % der EU-Bevölkerung.
3. Höher entwickelte Regionen: BIP pro Kopf > 90 % des EU-Durchschnitts, Budget 49 Mrd. EUR, 61 % der Bevölkerung.

Die europäische Kohäsionspolitik verfolgt mit den EU-Förderprogrammen folgende vier strategische Wachstumsprioritäten: „Innovation und Forschung", „Informations- und Kommunikationstechnologie", „Förderung der Wettbewerbsfähigkeit von kleinen und mittleren Unternehmen" (KMU) sowie „CO2-arme Wirtschaft". 50 bis 80 Prozent der EFRE-Mittel sollen insbesondere für Maßnahmen zur Förderung von Forschung und Entwicklung, der digitalen Agenda, der Wettbewerbsfähigkeit von KMU sowie des Übergangs zu einer Wirtschaft mit niedrigem $CO_2$-Ausstoß eingesetzt werden.

Insgesamt werden für die Programme (Laufzeit: 2014–2020) 960 Mrd. Euro veranschlagt. Prinzipiell müssen förderfähige Projekte immer eine „EU-Dimension" aufweisen. Meist sind dazu mehrere Partner aus mehreren Ländern notwendig. Nicht förderbar sind Projekte, die nur nationale oder regionale Bedeutung haben. Es können aber in einigen Programmen Einzelanträge gefördert werden, z. B. dann, wenn die Ergebnisse nach Projektende europaweit verbreitet werden oder der Antragsteller die Ergebnisse nicht für sich selbst nutzen kann. Beispiele hierfür sind Technologien oder Internetdienste, die bereits auf nationaler oder regionaler Ebene genutzt und nun in ganz Europa eingeführt werden oder auch programmbegleitende Aktionen wie Konferenzen, Handbücher, Geschäftspartnersuche etc.

Für derartige Förderprogramme bewerben sich Unternehmen regelmäßig im Verbund mit Kooperationspartnern. In Kooperationsprojekten werden mit nationalen und internationalen außeruniversitären, hochschulbezogenen und wirtschaftsnahen Partnern neue Technologien und Innovationen entwickelt, um Handlungsfelder, die das Smart Grid

# 4 devolo – Innovationstreiber Kooperation

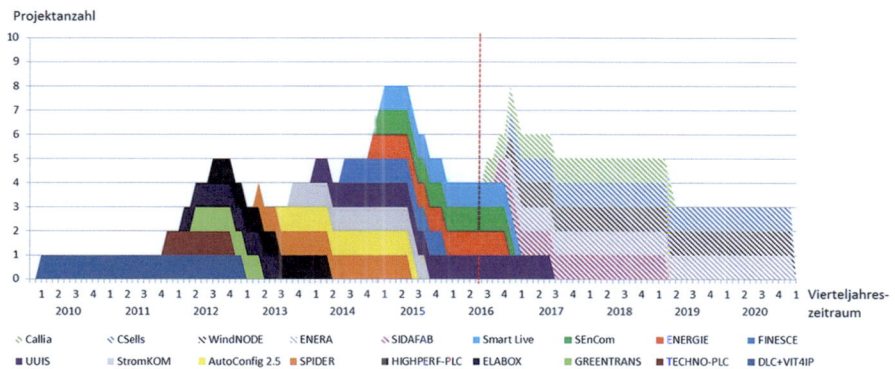

**Abb. 4.6** Strategische Projektplanung im Geschäftsbereich Smart Grid der devolo AG (Quelle: devolo)

betreffen, voranzubringen. Nach Projektende werden die Projektergebnisse (beispielsweise in Form eines Prototyps) aufgegriffen, weiterentwickelt und in Produkt und Prozessinnovationen überführt, welche anschließend zur Marktreife gebracht werden.

Seit 2010 hat die devolo AG neun Kooperationsprojekte erfolgreich umgesetzt. Bis 2017 werden vier weitere Projekte abgeschlossen sein. Weitere Folgeprojekte Callia, CSells, WindNODE, ENERA und SIDAFAB sind ab 2016/17 in Planung (siehe Abb. 4.6). Alle Projekte unterscheiden sich hinsichtlich der Konsortialgröße, Bearbeitungsintensität, Budget und Projektdauer. Die Konsortialgröße reicht je nach Projekt von zwei bis zu 60 Teilnehmern mit einer Laufzeit von einem bis zu max. vier Jahren. Im Jahr 2015 vollbrachte es das Unternehmen erstmals, acht Projekte parallel zu bearbeiten.

> **Kooperationslebenszyklus und -management der devolo AG**
> Durch die langjährige Erfahrung bei der Umsetzung von Kooperationsprojekten hat sich bei devolo ein innerbetrieblicher Kooperationslebenszyklus im Geschäftsbereich „Smart Grid" etabliert.
>
> Zu Beginn jedes Vorhabens stellt sich das Unternehmen die Frage, welche Technologien oder Innovationen zukünftig angestrebt und realisiert werden sollen, um den Geschäftsbereich durch Produkt- oder Prozessinnovationen voranzutreiben. Um eine effiziente Auswahl zu garantieren, sammelt die Geschäftsbereichsleitung Smart Grid stetig relevante Themenfelder und -gebiete mit Potenzial für die anschließende kommerzielle Verwertung. Dazu werden interne aber auch externe Quellen analysiert, gesammelt und anschließend in Form eines Rating-Verfahrens nach Prioritäten sortiert. Dieses ermöglicht es dem Unternehmen stets den Überblick über den benötigten Wissenszuwachs zu behalten. Die bisher bearbeiteten Projekte wurden intern (sieben Projekte) als auch extern (elf Projekte) herangetragen.

Es lassen sich zwei Arten von Ausschreibungen unterscheiden. Als erstes kann das ZIM-Programm (Zentrales Innovationsprogramm Mittelstand) als Beispiel für Förderprogramme mit permanenter Laufzeit genannt werden. Dort können individuelle Projektvorschläge eingereicht werden – bei denen man anschließend eine Förderzusage erhält oder nicht. Als zweite Variante werden konkret spezifizierte Themen ausgeschrieben. Diese sind i.d.R. durch eine nur einmalige Laufzeit charakterisiert. Bei jeder Antragsstellung steht man im Wettbewerb mit außeruniversitären, hochschulbezogenen oder wirtschaftsnahen Institutionen. Daher prüft das Unternehmen vorab, ob sich eine Antragsstellung lohnt und eine realistische Chance einer Zusage besteht. Die Auswahl wird auch durch die nach dem Projektende prinzipielle Verwertbarkeit der Ergebnisse in Form eines Prototyps bewertet. Wenn demnach nach weiterer Forschung ein innovatives Endprodukt aus dem Prototyp entwickelt werden kann, ist eine Antragsstellung sehr gut vorstellbar. Positiv wird dieses Vorhaben begleitet, wenn ebenso potenzielle Kunden im zukünftigen Konsortium anwesend sind, was die anschließende Vermarktung eines möglichen Endproduktes erleichtert. Letztendlich entscheidet Michael Koch, Leiter des Geschäftsbereichs Smart Grid, welche Projekte umgesetzt werden sollen.

Nach Antragsstellung für ein ausgewähltes Forschungsprojekt kann der Fortlauf des Auswahlprozesses entweder durch ein einstufiges oder zweistufiges Verfahren erfolgen. Beim einstufigen Verfahren (Antrag mit 200–400 Seiten aller Konsortialpartner) wird der Antrag mit anderen Konkurrenzanträgen verglichen. Anschließend wird entschieden, ob eine Zusage oder Ablehnung des Antrags erfolgt. Wohingegen beim zweistufigem Verfahren im ersten Schritt eine Projektskizze (ca. 10–20 Seiten) erstellt werden muss. Hat man diese Stufe erfolgreich gemeistert, wird im zweiten Schritt ein Vollantrag vom Projektträger angefordert. In diesem Schritt erfolgt auch meist ein erster Dialog zwischen Projektträger und dem Antragssteller. Erfolg haben demnach nur die Unternehmen, die den Anforderungen der Ausschreibung am besten genügen (Ressourcen in Form von Know-How, Zeit sowie eine entsprechende Budgetierung vorweisen können). Zielvorgaben, die Projektdauer sowie das Gesamtbudget werden vom Projektträger festgelegt und können je nach Ausschreibung stark variieren. Erfolgt anschließend eine Zusage, so wird ein Konsortialvertrag geschlossen.

Nachdem der Projektantrag genehmigt wurde, erfolgt die Partnerauswahl. Je nach Projektinhalt werden situativ potenzielle Partner ausgewählt und angesprochen. Sie können aus außeruniversitären, hochschulbezogenen oder wirtschaftsnahmen Institutionen bestehen. Im ersten Schritt wird analysiert, welches zusätzliche Know-How benötigt wird, um die Projektziele zu erreichen. Anschließend folgt eine Marktanalyse beispielsweise über bestehende Veröffentlichungen oder Produkte. Daraus resultierend werden potenzielle Kooperationspartner ausgewählt und kontaktiert. Die devolo AG kann dabei bereits auf ein gewachsenes Netzwerk zurückgreifen.

Dieses Netzwerk hat sich im Laufe der Zeit durch gemeinsame ehemalige Projekterarbeitungen entwickelt. Ebenso ist eine Projekterarbeitung mit einem direkten Konkurrenten möglich, wenn die Konsortialverträge aufeinander abgestimmt wurden (Integrated Projects sind sogenannte Projekte, die direkte Wettbewerber zusammenbringt, mit dem Ziel einen Wirtschaftszeig zu fördern). „*Viele Unternehmen machen den Fehler die Forschung- und Entwicklung auf eigene Faust umzusetzen und verzichten auf den aktiven Austausch mit Institutionen, was hohe Kosten verursacht*", erläutert Michael Koch seinen strategischen Ansatz. Demnach sieht die devolo AG die Kooperationsvorhaben als wichtigen Treiber, um Netzwerke aufzubauen sowie einen Wissenstransfer zu realisieren, der kosten- und ressourcensparend erreicht werden kann.

Die Ausgestaltung des Bearbeitungsinhalts des Projekts wird in Form des Bottom-Up-Ansatzes verfolgt. Zum zugewiesenen Themenkern werden im ersten Schritt Funktionen zusammengefasst. Beim SPIDER-Projekt (vgl. nachfolgender Abschnitt) waren das beispielsweise die Funktionen: Hardwareentwicklung, Systemdesign, Sicherheitssoftware und die Kundenakzeptanz. Sind die Zuständigkeiten der Funktionsbearbeitung abgestimmt, wird in der Regel ein Geheimhaltungsvertrag (z. B. Letter of Intent oder Memorandum of Understanding) aufgesetzt, welche alle Konsortialpartner unterzeichnen müssen. Weiterhin wird in diesem Vertrag bereits meist die spätere Nutzung der Ergebnisse festgelegt (u. a. die spätere Lizensierung oder die Eigenverwertung). Als nächstes werden aus den einzelnen Funktionen spezifische Arbeitspakete geschnürt, die mit den Partnern abgestimmt werden. Meist werden die Arbeitspakte innerhalb der Partnerschaft nach verfügbaren Ressourcen und Kapazitäten verteilt. In Abhängigkeit des Bearbeitungsumfangs werden die verfügbaren Budgets zur Verfügung gestellt.

In der Realisierungsphase werden die Bearbeitungszeiträume anhand von Gantt-Charts festgehalten, die Funktionen, Arbeitspakete und die bearbeitende Ressource (Unternehmen/Mitarbeiter) des Konsortiums beinhaltet. Um diesen Zeitplan straff zu verfolgen wird mind. ein Koordinator (in Größenabhängigkeit des Konsortiums) bestimmt. Dieser nimmt typische Projektmanagementaufgaben wahr, d. h. er hält den Zeitplan aller Teilnehmer im Auge, schlichtet im Streitfall oder bei Problemen und kann auf Berichtspflicht (u. a. werden Ergebnisse quartalsweise präsentiert) bestehen, falls es im Konsortialvertrag festgelegt wurde. Ein regelmäßig durchgeführter Jour Fixe zeigt dann idealerweise bereits frühestmögliche Zielkonflikte im Erarbeitungsprozess auf. Dazu sind im Konsortialvertrag Abstimmungs- und Deeskalationsmechanismen festzulegen, um Probleme zwischen Konsortialpartnern proaktiv zu lösen.

Die devolo AG verzichtet im Projekterarbeitungsprozess bewusst auf Anreizsysteme für die Mitarbeiter, da die erzielten Ergebnisse schwer vergleichbar sind und zwischenmenschliche Konflikte fördern würden.

> Die erarbeiteten Projektergebnisse werden in der Evaluationsphase in dem sogenannten Delivery Report dargestellt. Der Delivery Report zeigt auf, ob der zuständige Konsorte seine vom Projektträger vorgegebenen Zielvorgaben erreicht hat. Dazu führt der Projektträger einen Soll-Ist-Abgleich durch. Werden die Zielvorgaben als erreicht deklariert, leitet der Projektträger die Auflösung des Kooperationsvorhabens ein. Wurden hingegen die geforderten Leistungen durch einen Konsortialpartner nicht erfüllt, so steht es dem Projektträger frei – Förderbudgets für bestimmte Arbeitspakete nicht zu gewähren. Werden die Zielvorgaben von dem Projektträger insgesamt als unzureichend bewertet, kann es ebenso vorkommen, dass die Projektdauer verlängert oder ergänzend dazu mehr Budget investiert wird, um das Projektziel noch nachträglich zu erreichen.
>
> Der Kooperationserfolg ist für die devolo AG immer dann gegeben, wenn das angestrebte Ziel neue Erkenntnisse zu gewinnen, die in Nachfolgeprojekten zu verwertbaren Innovationen beitragen, erreicht wurde.

### 4.1.3  SPIDER – Sichere Powerline-Datenkommunikation im intelligenten Energienetz

**Sichere Powerline-Datenkommunikation im intelligenten Energienetz**
Im Rahmen eines zweijährigen Verbundprojektes (Laufzeit: 01. März 2013 – 31. Mai 2015; 27 Monate) unter dem Namen „SPIDER" entwickelte ein Konsortium Konzepte zur sicheren Powerline-basierten Datenübertragung in zukünftigen intelligenten Energienetzen. Die Konsortialpartner sind führende kleine und mittelständische Unternehmen (DECOIT GmbH, devolo AG und datenschutz cert GmbH), Forschungseinrichtungen und Hochschulen (Forschungsverbund IS-Bremen, Fraunhofer-Institut für Offene Kommunikationssysteme FOKUS und Universität Siegen) sowie weitere assoziierte Partner wie Maxim Integrated Products, Inc. und RWE Metering GmbH (siehe Abb. 4.7).

Das Projektziel ist demnach die Entwicklung eines Prototyps (SMGW), der den Sicherheitsanforderungen des Bundesamtes für Sicherheit in der Informationstechnik (BSI) genügt. Parallel dazu, wurden die Anforderungen potenzieller Kunden bei der Entwicklung berücksichtigt.

Die Gesamtkosten des Projekts beliefen sich auf ca. 1,2 Mio. Euro, wovon 0,8 Mio. Euro das Bundesministerium für Wirtschaft und Technologie (BMWI) förderte.

**Aufgaben und Herausforderungen bei der Entwicklung eines SMGW**
Die Energieversorgungssysteme stehen einem großen Wandel gegenüber. Teilnehmer dieses Systems können in variablem Umfang und zu unvorhersehbaren Zeiten Energie in das Stromnetz einspeisen und entnehmen, aber auch neue Dienstleistungen (z. B. Energieberatung) anbieten. Um eine Transparenz in diesem komplexen System zu schaffen, ist es unabdinglich einen bidirektionalen Austausch der Informationen zu ermöglichen.

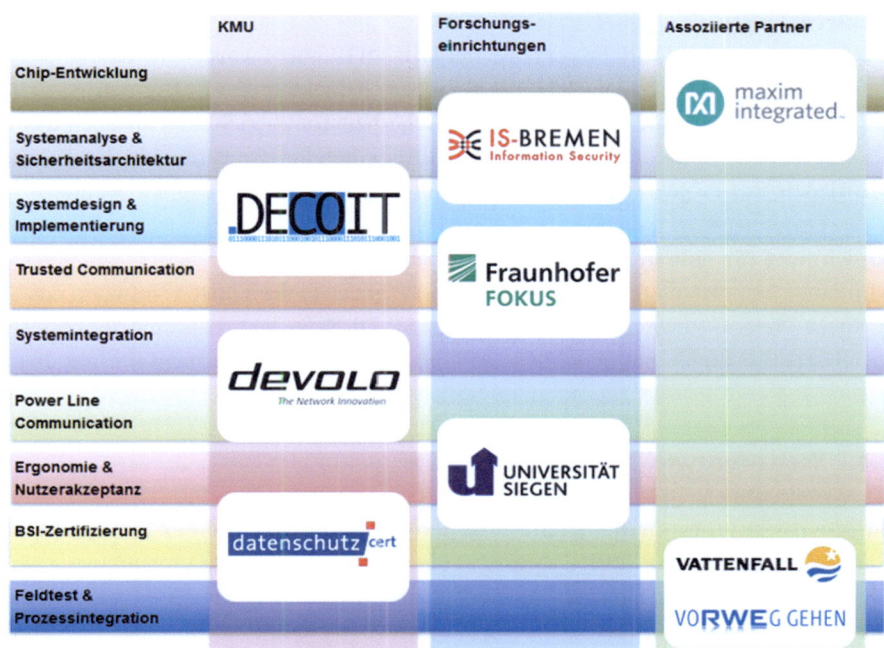

**Abb. 4.7** Aufgaben der Kooperationspartner (Quelle: Spider-SMGW 2016)

Energienetze, die nicht mehr ausschließlich Energie, sondern auch Daten übertragen (engl. Powerline Communication, PLC), kommen dafür als Kommunikationskanal in Frage. Damit kann die vorhandene Infrastruktur unabhängig von anderen Kommunikationsmedien genutzt werden. In diesem Zusammenhang, bedingt durch den Austausch der Daten, gewinnen der Datenschutz und die Datensicherheit an Bedeutung, die vom Bundesamt für Sicherheit in der Informationstechnik (BSI) vorgegeben werden.

**Aufgaben der Kooperationspartner**
Die devolo AG nahm die Rolle des Projektkoordinators ein. Die DECOIT GmbH (KMU), IS-Bremen und das Fraunhofer-Institut für Offene Kommunikationssysteme FOKUS (Forschungseinrichtungen) waren für die Systemanalyse, die Sicherheitsarchitektur, das Systemdesign und die Implementierung sowie Kommunikationssicherheit verantwortlich. Die devolo AG (KMU) entwickelte darüber hinaus die Systemintegration und die Powerline-Datenübertragung. Die Hochschule Siegen (Forschungseinrichtung) war für Aspekte der Ergonomie und Nutzerakzeptanz eingeteilt. Damit ein Smart Meter Gateway Prototyp entwickelt werden konnte, begleitete die datenschutz cert GmbH alle Partner, um eine entwicklungsbegleitende Zertifizierung des Prototypen zu ermöglichen. Beratende Aktivitäten nahmen der Energieversorger Vattenfall und RWE ein. Weiterhin planten sie die Evaluierung der Projektergebnisse im Rahmen von Feldtests.

**Projektergebnisse**
Zum Abschluss des SPIDER-Projekts bei der DECOIT GmbH wurden die Kernergebnisse und der Hardware-Prototyp des SMGW bei einem Projektpartner in Bremen vorgestellt. Der Prototyp verfügte bereits über wichtige Sicherheitsfunktionalitäten als auch das vom BSI vorgeschriebene Sicherheitsmodul. Alle Projektbeteiligten waren mit den Ergebnissen zufrieden, das Projektziel wurde erreicht und die Kooperation geplant beendet.

**Auszeichnung für eine der besten und innovativsten Lösungen**
Die Initiative Mittelstand prämierte im Bereich IT-Security der Trusted Network, das Connect-Smart Meter Gateway (TNC-SMGW) des SPIDER-Projektes als eine der besten und innovativsten Lösungen mit dem höchsten Nutzwert für den Mittelstand im Jahr 2015.

### 4.1.4 Weiterentwicklungen des SMGW

**Produktentwicklungspartnerschaft zwischen der devolo AG und der Kiwigrid GmbH**
Um die Ergebnisse des SPIDER-Projekts in ein marktreifes Produkt umzumünzen, wurde die Kiwigrid GmbH aus Dresden ins Boot geholt. Das Unternehmen ist ausgewiesener Experte von Lösungen für effizientes Energiemanagement. Als führende Energy-IOT-Plattform in Europa ermöglicht Kiwigrid seinen Kunden die Vernetzung und Optimierung von Energie-Erzeugern, -Verbrauchern, -Speichern und E-Mobilität. Die Kiwigrid bietet Software für eine echtzeitfähige, hochskalierbare und hochsichere Plattform, die über einen entsprechenden Software Stack (KiwiOS) in der konnektivierten Hardware im Feld, Erzeuger und Verbraucher in der dezentralen Energieversorgung miteinander vernetzt und den Energiefluss optimiert.

**Innovation nicht nur für einen Markt**
Nicht nur das Smart Metering Szenario wird bei der gemeinsamen Produktentwicklung von den Experten betrachtet. *"Wir denken über den deutschen Anwendungsfall im intelligenten Messsystem hinaus. Neben dem Pflichteinbau, den das Messstellenbetriebsgesetz vorsieht, gibt es zahlreiche weitere Einsatzmöglichkeiten für eine hochsichere Datenkommunikation"*, erklärt Michael Koch, Leiter des Geschäftsbereichs devolo Smart Grid. Dr.-Ing. Carsten Bether, Gründer und Geschäftsführer der Kiwigrid GmbH ergänzt: *"Für den Energieversorger ergeben sich mit unserer Technologie neue Möglichkeiten, die einen positiven Business-Case eröffnen, indem Kunden Energiemanagementlösungen und andere Mehrwertdienste ebenfalls über die regulierte Infrastruktur des Messstellenbetreibers angeboten werden können"*. Diese Entwicklungspartnerschaft (devolo und Kiwigrid) bringt so ein einzigartiges Produkt auf den Markt, das im Gegensatz zu den übrigen Standard SMGWs im Markt zusätzliche Mehrwertdienste anbietet. Die Marktteilnehmer können so von neuen, interessanten Möglichkeiten profitieren, um ihre Infrastruktur intensiver zu nutzen und so Business Pläne attraktiver zu gestalten. Das SMGW bildet dabei die Sicherheits- und Kommunikationsschnittstelle für ganzheitliche Energiemanagement-Lösungen und weitere Datendienste.

## Weitere Produktvarianten in Planung

Geplant sind zunächst drei Varianten des SMGW. Neben einer reinen Ethernet-Variante ohne weitere Kommunikationseinheiten wird es eine Variante mit integriertem LTE-Modem und eine Variante mit integriertem BPL-Modem geben, sodass alle Kommunikationsanforderungen abgedeckt sind.

### 4.1.5 Marktreife des SMGW

#### Funktionsumfang des SMGW-Endprodukts

Das devolo smart meter gateway (SMGW) ist die zentrale Sicherheitskomponente im intelligenten Stromnetz und stellt eine verschlüsselte, BSI-konforme Datenübertragung zwischen Verbrauchszählern und Gateway Administration (GWA) sicher. Es erfasst sowohl kabelgebundene, als auch drahtlos via Wireless M-Bus angebundene Zähler. Das SMGW stellt seine verschlüsselten Daten über die WAN-Schnittstelle (Wide Area Network) der GWA sowie berechtigten externen Marktteilnehmern zur Verfügung. Über die HAN Schnittstelle (Home Area Network) kann der Endkunde seine Verbräuche visualisieren und variable Stromtarife des Versorgers nutzen. Darüber hinaus können über die HAN_CLS (Controllable Local Services) Schnittstelle Verbraucher und Einspeiser vom Netzbetreiber gesteuert werden.

#### Produktportfolio „Green technology for tomorrow"

Das SMGW wird nun eines von sechs Produkten sein, was nun unter dem Produktportfolio „Green technology for tomorrow" (siehe Abb. 4.8) vermarket wird.

Mit dem Portfolio bietet das Unternehmen alle benötigten Produkte für das intelligente Messsystem an. Darüber hinaus stellt devolo PLC-Produkte für sämtliche Smart Grid Szenarien bereit. Der Powerline-Pionier und Weltmarktführer ist davon überzeugt, dass PLC

**Abb. 4.8** Produktportfolio „Green technology for tomorrow" des Smart Grid (Quelle: devolo)

die geeignetste Kommunikationsform für die Energiewirtschaft ist. „*Unser Motto ‚Green technology for tomorrow' beschreibt unsere Zielsetzung perfekt. Wir bieten grüne Technologie für eine grüne Zukunft. Unsere grünen Produkte greifen dieses Motto auch optisch auf und heben sich wohltuend von den bisherigen grauen Produkten im Zählerschrank ab*", erläutert Michael Koch, Leiter devolo Smart Grid.

Auf den Metering Days vom 20.–21. Sep. 2016 in Fulda wurde erstmals das neue Portfolio vorgestellt.

**Transferierbarkeit von Kompetenzen?**

Am nächsten Morgen verfasst Herr Koch die letzten Zeilen der Kernpunkte, die zu der Entwicklung des SMGW beigetragen haben – ihm ist eins klar geworden – Kooperationsprojekte sind Innovationstreiber! So können einzigartige Innovationen geschaffen werden, die nur schwer kopierbar sind. Die Ergebnisse solcher Projektarbeiten können richtungsweisend sein und ganze Branchen verändern, wenn die First-Mover-Möglichkeit genutzt wird. Dazu sind in der Regel weitere Forschungs- und Entwicklungsaktivitäten teilweise unternehmensintern und teilweise -extern notwendig, um aus dem Prototyp ein verwertbares Produkt für den Massenmarkt zu machen.

Bei einem Gespräch mit einem Mitarbeiter aus einem anderen Geschäftsbereich fragt sich Herr Koch, wie die gewonnenen Kompetenzen im Kooperationsmanagement im Geschäftsbereich Smart Grid auch auf andere Geschäftsbereiche des Unternehmens übertragen werden können?

## 4.2 Aufgaben

1. War es aus Sicht der devolo AG sinnvoll in den Home Control Markt sowie dem Smart Grid einzusteigen? Suchen Sie nach empirischen Belegen der Wachstumsmärkte mit Hilfe von Statista.
2. Differenzieren Sie die Begriffe Kooperation und Netzwerk. Wodurch zeichnen sich die Aktivitäten von devolo aus? Wie würden Sie diese einordnen?
3. Zeigen Sie die Vor- und Nachteile auf, die mit Kooperationsvorhaben grundsätzlich einhergehen können. Beziehen Sie sich in Ihrer Erörterung auf den Transaktionskostenansatz.
4. Skizzieren Sie den Kooperationsprozess der devolo AG und vergleichen Sie diese mit theoretischen Ansätzen. Welche Unterschiede und Gemeinsamkeiten liegen vor?
   Literaturhinweis: Niemann (2012).
5. Arbeiten Sie relevante Faktoren und Fragestellungen eines Rating-Systems heraus, die es der devolo AG erleichtert relevante Forschungsprojekte auszufiltern.
   Literaturhinweis: Weber et al. (2006, S. 119).
6. Wie können Geheimhaltungsvereinbarungen nach innen und außen eingehalten werden?
   Literaturhinweis: Zülch et al. (2006).

7. Sie möchten neue Technologien der Elektromobilität (Smart Grid) im Rahmen eines Förderprojekts erschließen. Suchen Sie nach geeigneten EU-Förderprojekten.
8. Welche Maßnahmen könnte Prof. Dr. Koch einleiten, um die gewonnenen Kompetenzen im Kooperationsmanagement anderen Geschäftsbereichen sowie anderen Mitarbeitern weiterzugeben?
   Literaturhinweis: Nonaka und Takeuchi (2008, S. 18).
9. Analysieren Sie das House of Innovation Excellence (HoIE) und ordnen Sie Kooperationsvorhaben einem Treiber zu. Welche weiteren Optionen bietet das HoIE, um der devolo AG zu helfen das Innovationsmanagement weiter zu optimieren?
   Literaturhinweis: Büchler und Faix (2015, S. 13–26).

▶ **Literaturhinweise für die Aufgabenbearbeitung:**
Bachmann R (2000) Die Koordination und Steuerung interorganisationaler Netzwerkbeziehungen über Vertrauen und Macht. In: Sydow J, Windeler A (Hrsg) Steuerung von Netzwerken. Westdeutscher Verlag, Opladen, S 112
BMWi (2016) Europäische Förderprogramme. http://www.foerderdatenbank.de/Foerder-DB/Navigation/Foerderwissen/eu-foerderung.html. Zugegriffen: 15. Sept. 2016
Eschenbach S, Geyer-Haiden B (2006) Wissen & management. Linde Verlag, Wien
Nonaka I, Takeuchi H (1995) The knowledge creation company. How Japanese companies create the dynamics of innovation. Oxford University Press, Oxford
Zülch J, Barrantes L, Steinheuser S (2006) Geheimhaltungsvereinbarungen aus rechtlicher Perspektive. In: Unternehmensführung in dynamischen Netzwerken: Erfolgreiche Konzepte aus der Life-Science-Branche. Springer, Berlin
Zündorf L (1986) Macht Einfluß Vertrauen und Verständigung. In: Seitz R, Mill U, Hildebrandt E (Hrsg) Organisation als soziales System. Springer, Berlin, S 40–41

## Literatur

AGIT (2016) Technologieregion Aachen. Innovationspreis Region Aachen. http://www.agit.de/technologieregion-aachen/beitrag/artikel/pm-0516-ac2-innovationspreis-region-aachen-2016-jury-gibt-nominierte-unternehmen-bekannt.html. Zugegriffen: 15. Mai 2016

Ahlers E, Aniol Y, Scholz B (2013) BDEW-Roadmap Realistic Steps for the Implementation of Smart Grids in Germany, hrsg. von: BDEW Bundesverband der Energie- und Wasserwirtschaft e.V. https://www.bdew.de/internet.nsf/id/E9DB33D6E6784CBBC1257BBB00363F7E/$file/BDEW_Roadmap_Smart_Grids_Executive_Summary_engl.pdf. Zugegriffen: 19. Febr. 2016

Bachmann R (2000) Die Koordination und Steuerung interorganisationaler Netzwerkbeziehungen über Vertrauen und Macht. In: Sydow J, Windeler A (Hrsg) Steuerung von Netzwerken. Westdeutscher Verlag, Opladen, S 112

BMWi (2016) Europäische Förderprogramme. http://www.foerderdatenbank.de/Foerder-DB/Navigation/Foerderwissen/eu-foerderung.html. Zugegriffen: 15. Sept. 2016

Büchler J-P, Faix A (2015) Unternehmenserfolg durch Innovationsexzellenz – das House of Innovation Excellence als Analyse- und Entscheidungsinstrument für ein systematisches

Innovationsmanagement. In: Büchler JP, Faix A, Müller W (Hrsg) Innovationserfolg. Management und Ressourcen systematisch gestalten. Peter Lang Verlag, Frankfurt/Main, S 13–26

CRN (2012) Devolo AG feiert 10-Jähriges Jubiläum. http://www.crn.de/netzwerke-storage/artikel-96575.html. Zugegriffen: 15. Apr. 2016

devolo (2016) Homepage. http://www.devolo.de/. Zugegriffen: 15. Nov. 2016

Dr. Grieger, Cie. Marktforschung (2016) Studie: Smart Home Monitor 2016. https://www.splendid-research.com/Marktforschung/Studienflyer-Smart-Home-Monitor-2016.pdf. Zugegriffen: 16. Dez. 2016

Ebers M, Gotsch W (1995) Institutionenökonomische Theorien der Organisation. In: Kieser A (Hrsg) Organisationstheorien, 2., überarb. Aufl. Stuttgart u.a.: Kohlhammer, S 209

Eschenbach S, Geyer-Haiden B (2006) Wissen & management. Linde Verlag, Wien

Manager Magazin (2010) Deutschlands 1000 Weltmarktführer. http://www.manager-magazin.de/unternehmen/artikel/weltmarktfuehrer-aus-deutschland-die-1000-bedeutendsten-unternehmen-a-718850-9.html. Zugegriffen: 07. Apr. 2016

Niemann B (2012) Analyse und Messung des Zusammenhangs von Vertrauen und Performance in F & E-Kooperationen. Gabler Verlag, Wiesbaden, S 7 ff

Nonaka I, Konno N (1998) The concept of „Ba": Building a foundation for knowledge creation1998. Cal. Manag. Rev. 40(3):40–54

Nonaka I, Takeuchi H (1995) The knowledge creation company. How Japanese companies create the dynamics of innovation oxford. Oxford University Press, Oxford

N-TV (2015) Mittelstandspreis 2015. http://www.n-tv.de/Spezial/mittelstandspreis_2015/. Zugegriffen: 07. Apr. 2016

Pfohl H-C (2004) Grundlagen der Kooperation in logistischen Netzwerken. In: Pfohl HC (Hrsg) Erfolgsfaktor Kooperation in der Logistik: Outsourcing – Beziehungsmanagement – Finanzielle Performance. Erich Schmidt Verlag, Berlin, S 4–5

Picot A (1982) Transaktionskostenansatz in der Organisationstheorie: Stand der Diskussion und Aussagewert. Die Betriebswirtschaft 42(2):269

Picot A, Dietl H (1990) Transaktionskostentheorie. Wirtschaftswissenschaftliches Studium 19(4):178

Spider-SMGW (2016) TNC-SMGW als eine der besten Innovationen für den Mittelstand ausgezeichnet. http://www.spider-smartmetergateway.de/deutsch/news/best-of-2015.html. Zugegriffen: 15. Aug. 2016

VDE-Mitgliedsunternehmen und Hochschullehrer der Elektro- und Informationstechnik (2012) Energiehorizonte 2020 – Stromversorgung der Zukunft. https://shop.vde.com/de/vde-report-energiehorizonte-2020-3. Zugegriffen: 12. Dez. 2016

Weber G, Hedemann GA, Cohausz HB (2006) Patentstrategien. Carl Heymanns Verlag, Köln, S 119

Williamson OE (1985) The economic institutions of capitalism. Firms, markets, relational contracting. Macmillan, New York u.a

Zülch J, Barrantes L, Steinheuser S (2006) Geheimhaltungsvereinbarungen aus rechtlicher Perspektive. In: Unternehmensführung in dynamischen Netzwerken: Erfolgreiche Konzepte aus der Life-Science-Branche, Berlin

Zündorf L (1986) Macht Einfluß Vertrauen und Verständigung. In: Seitz R, Mill U, Hildebrandt E (Hrsg) Organisation als soziales System, Ed. Sigma, Berlin, S 40–41

# Thermomix by Vorwerk – A New Way of Cooking

Andreas Fries, Anne-Wiebke Bergmeister and Marie Spindler

## 5.1 Case Study

### 5.1.1 Disruptive Innovation

*The Thermomix is one of the most important kitchen appliances since the invention of fire*," says *German 3-star chef Dieter Müller. And he is not the only fan of the Thermomix –* everyone" desires it. Although the newest all-rounder machine Thermomix TM5 from Vorwerk is offered at EUR 1.109 in Germany and has two months of production and lead time, this doesn't seem to lessen demand.

Thermomix's outstanding performance has caught the attention of many competitors in the kitchen appliance industry. Competitors are trying to gain market share using different strategies from emulating Vorwerk's leading product with high quality machines at similar prices to offering low end machines with fewer functions at a lower cost.

In early Oct. 2015, Aldi Süd and Lidl, two big German discounters, introduced their low cost alternatives to the Thermomix, each offered at approximately EUR 200. Although

---

A. Fries (✉)
Rheinische Fachhochschule Köln, Schaevenstraße, 1 a – b, 50676 Köln, Deutschland
e-mail: andreas.fries@rfh-koeln.de

A.-W. Bergmeister
Master of Arts in Business Administration (M.A.)
Unternehmen: info-Steuerseminar GmbH
e-mail: aw.bergmeister@gmx.net

M. Spindler
Master of Arts in Business Administration (M.A.)
Unternehmen: Philips Lighting GmbH
e-mail: mariespindler@hotmail.com

© Springer Fachmedien Wiesbaden GmbH 2018
J.-P. Büchler (Hrsg.), *Fallstudienkompendium Hidden Champions*,
https://doi.org/10.1007/978-3-658-17829-1_5

they have fewer functions and an overall lower product quality than the original Thermomix TM5, both products were sold out in minutes.

In addition to the bad news resulting from increasing competition, Vorwerk's Thermomix suffered a drawback resulting from test results which to German customers are of utmost importance. In Nov. 2015, the German foundation for product testing (Stiftung Warentest) tested nine different kitchen appliances. The Thermomix only reached rank four behind the kitchen appliances of Kenwood, KitchenAid and Krups. These kitchen appliances were ranked higher primarily due to the lower noise level compared to the Thermomix. In addition, the Thermomix ranked lower compared to some competitors which showed a facilitated preparation of cold food and hot meals. Furthermore the Kenwood appliance convinced the testers especially through the extensive range of accessories. Nevertheless many customers of the Thermomix criticized these results as the criteria of the product testing don't always fit to the customer needs.

### 5.1.2 Direct Sales – Old-Fashioned or Future Business Model?

Mr. Limbi (the name has been altered as this is a fictitious person), global head of sales for the product segment Thermomix, has received a lot of news in the past years about the recent launches of similar products by global competitors such as Braun and Bosch Siemens Hausgeräte (BSH). He was also always convinced that this sort of competition is rather healthy and further triggers the demand for the Thermomix. Having worked at Vorwerk with Thermomix for several years, he is perfectly aware of the increasing sales volume of the kitchen appliance market and recognizes the trends going towards the use of cooking machines around the world.

The recent news about Aldi and Lidl entering this market with no name products and the negative press about the low ranking in the product testing caught the attention of Vorwerk´s Executive Board of Directors. Sitting at his desk in a snowy Wuppertal in Dec. 2015, Mr. Limbi receives a call from his superior, one of the three Executive Directors. The Director explains that the Board is wondering whether Vorwerk's current direct sales business model for Thermomix will remain competitive against the large-scale indirect distribution models of its competitors and the discounters. Thus, the Board asks him for a critical analysis of the business model, its opportunities and risks and for a recommendation of a sales strategy for the upcoming years. The recommendation has to be presented at the next board meeting in two weeks. Explicitly, he is asked to investigate if complementing your business model by indirect selling via retail stores or digital platforms is a necessity in order to keep up with the new competitors and to retain or even expand market share in this growing market.

Ending the conversation, Mr. Limbi schedules a meeting with his management team right away. In order to prepare the Board presentation, he distributes work packages to all team members in order to get a grasp on the current situation with regards to company background, current company situation and set-up of the Thermomix division, industry specificities and competitors of Vorwerk in the kitchen appliances market which could threaten the Thermomix TM5

### 5.1.3 Company Background

**History and Profile of the Company**

In 1883, Barmer Teppichfabrik Vorwerk & Co. was founded by the brothers Carl and Adolf Vorwerk in Wuppertal, Germany. In the same year, the brothers took separate paths and Carl Vorwerk ran the company, Vorwerk & Co KG, on his own. Initially, the company was a carpet factory that had *grown into a highly diversified global corporate group.*" A turning point for Vorwerk came with new management in 1904. Carl Vorwerks son-in-law, Mr. Mittelsten Scheid, became the new head of the company and under his leadership the Kobold, which became the most popular product at the time, had been invented. Nowadays Vorwerk has got a broad product portfolio including various household appliances. The company's success is characterized by the high quality of their products and their unique strategy to approach customers. By the use of an advisory board, which contains external experts as well as family members, the company can ensure entrepreneurial spirit but also long-term thinking and acting. Vorwerk's vision is to become a global leader in all direct sales activities. Strong principles empower employees across the globe to be successful representing the company's exceptional products and services. Customer focus, entrepreneurship, exceptional quality, thinking and sustainability, as well as openness to change are part of the company's values.

**Development of the Thermomix**

Vorwerk invented the first Mixer in 1960/61 as the VKM5, a universal food processor without heating functions which can be seen as the predecessor of the Thermomix. The idea for the VKM5 came from a mother in Germany who wanted to make her own baby food and needed a machine that was able to both grind and cook food. Vorwerk's VKM5 was a simple machine with seven functions. But, the real success story began a decade afterwards in France, in 1970. Thickened soups (velouté) were very popular in France and the managing director of Vorwerk France wanted to create a machine that was able to blend and cook at the same time. Thus, he reengineered the VKM to the "*VM line*", which is known for its special and integrated heating tool. Vorwerk presented the original Thermomix VM 2000 in 1971 in France. Nowadays Vorwerk´s Thermomix TM5, the latest version, has a more efficient performance and additional functions. It is still sold in customers' homes at organized cooking parties on the basis of personal invitation. It is a high-tech kitchen machine with worldwide presence in countries such as China, Mexico, Australia, Taiwan and its core markets in Europe. Continuous improvements by Vorwerk's engineers have positioned the Thermomix as a product which nowadays is used in millions of households worldwide. In addition, experienced cookers and customers can create new recipes and cookbooks specifically for the Thermomix (see Fig. 5.1).

### 5.1.4 Current Situation and Description of the Company

Vorwerk is a family-owned business with three members on the executive board: Reiner Strecker as Managing Partner since 2010, Frank van Oers since 2013 and Rainer Christian Genes since 2015 (see Table. 5.1).

| | | | | | | | | |
|---|---|---|---|---|---|---|---|---|
| 1961: VKM 5 | 1971: VM 2000 | 1977: VM 2200 | 1980: TM 5000 | 1982: TM 5500 | 1996: TM 21 | 2003: TM 51 | 2014: TM 5 |

**Fig. 5.1** Development of the Thermomix (Source: Vorwerk)

**Table. 5.1** Divisions of Vorwerk

| Division | Product description | Sales Revenue in 2014 (in Mio. €) | Countries of sale |
|---|---|---|---|
| **Kobold** | Vacuum cleaner and other cleaning tools | 898,4 | Italy, Germany, China and 31 other countries |
| **Thermomix** | All-in-one kitchen appliance which combines twelve appliances in one. Functions includes weighing, mixing, chopping, milling, kneading, blending, steaming, cooking, beating, precise heating, stirring and emulsifying | 920,5 | Germany, Italy, France, Spain and 59 other countries |
| **Twercs Tools** | DIY-Tools: Four cordless tools arranged in a charging case: Battery- hot-melt gun, cordless drill, cordless jigsaw and cordless tackers | – | Germany |
| **JAFRA Cosmetics** | Skin and body care products, perfume, decorative cosmetics, and SPA and anti-aging products | 427,5 | Mexico, USA, Brasilia and 14 other countries |
| **Lux Asia Pacific** | Water purifier | 27,9 | Thailand, Indonesia, the Philippines, Singapore, Taiwan and 7 other countries |
| **AKF-Group** | Bank which offers premium products and consulting services: Leasing, credit financing, secure and online financial investment products | 404,6 | Germany, Spain, Poland and Italy |
| **Flooring** | Premium quality carpets | 88,1 | Germany and 34 other countries |
| **Other** | | 26,4 | |
| **Total Revenue** | | **2.793,4** | |

## Divisions

The company operates the following business units as described in Fig. 5.2 (Key figures).

Vorwerk reported another successful year in 2014. The Thermomix division continued to grow very fast and achieved sales of EUR 920 million. Within the Vorwerk Group, the Thermomix division outperformed the Kobold division with the highest sales revenue. Every 30 seconds, a Thermomix is sold somewhere in the world.

Most country markets showed impressive double digit growth. In Germany sales rose up to EUR 225 million. This means that sales increased about 10.2 % compared to the previous year.

You can also find rising sales volumes in many other European countries: Italy EUR 195 million (+14.2 %), France: EUR 193 million (+7.0 %), Spain: EUR 152 million (+11.9 %). All other sales subsidiaries like Taiwan, Great Britain and Czech Republic are also expected to achieve an increase. Business in smaller markets is run by distributors that gained sales of EUR 46 million (+41.2 %), see Appendix 7.

There are many reasons for this increase in sales across the globe. Nowadays consumers are paying more attention to healthy, balanced nutrition and prefer to prepare their own meals while appreciating convenience at the same time. The online recipe platform, the Thermomix community, and their combined digital services play a major role for increasing sales.

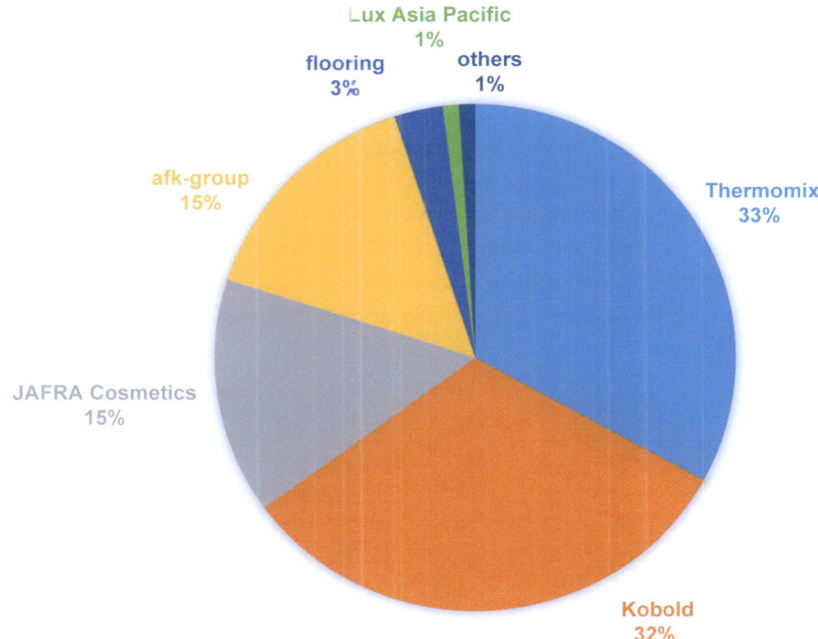

**Fig. 5.2** Sales by division of Vorwerk (Source: Own presentation based on Vorwerk Geschäftsbericht (2014), p.9)

### Thermomix's International Presence

Thermomix is present in more than 60 countries all over the world. There are wholly owned sales subsidiaries (green) in Germany, Italy, France, Spain, Poland, Portugal, Taiwan, Mexico, Great Britain/Ireland, Austria, China and the Czech Republic. Sales in other countries are realized through distributors (grey) which means they are product exporters.

Below is an example of Thermomix's home region Europe with most of Vorwerk's wholly owned subsidiaries (Figure 3) and the growth market Asia where mainly Vorwerk distributors find its place (see Fig. 5.3).

### Sales and Distribution

Vorwerk refrained from traditional advertising until 2001, except for the flooring division. From 2001 to 2011, Vorwerk ran the slogan "*Vorwerk – Our best for your family*" and a broad-based image campaign "*to put a socio-political deficit, namely the lack of recognition of family work back into the public consciousness*" with the objective to increase sympathy values, especially in the target group of housewives. Until today, there is no specific advertisement for Thermomix in TV commercials or print media.

The company's direct sales business model started together with the invention of the Kobold hand-held vacuum cleaner, which was a real technical innovation in 1929. The product was offered in the specialized carpet stores where the Vorwerk flooring products were sold. From the start it was evident that neither the customers nor the retail sellers in the carpet store would understand the complex product. Hence, an appropriate product consultation within the Vorwerk carpet stores could not be guaranteed, resulting in almost zero sales of the Kobold. Not only the vacuum cleaner unit, but the whole company faced dramatic challenges resulting from a strong dip during the time of the economic crisis in the late 1920ies. Back then, the company's CEO already considered closing production facilities in Germany.

At right about this time, Werner Mittelsten Scheid, the son of the company CEO August Mittelsten Scheid, responsible for the Vorwerk business in the United States, returned home for the family Christmas reunion. During a walk in the snowy hills of Wuppertal, he talked to his father about the direct sales model, specifically for complex products, which he had gotten to know in the US. Across the Atlantic, trained sales people with expert knowledge sold products at customer's homes on the basis of before your eye demonstrations, real-life

**Fig. 5.3** Presence of Thermomix in Europe and Asia (Source: Vorwerk)

proof of the underlying concept and personal recommendation. He convinced his father of the large potential of this new selling system for the Kobold vacuum cleaner. Little options remained to keep up the business and soon after the introduction of the new business model the numbers turned black again and pathed the way to a turnaround for the company. According to the company´s experience with the Kobold it is estimated that a regular sales representative has to ring at fifty doors, in order to make approximately twenty contacts, ten intensive conversations, three product demonstrations, eventually resulting in one product sale.

Until today, this general business model of selling directly hasn't substantially changed and was applied to new inventions with high quality and product complexity as well, such as the Thermomix. Nevertheless, it is questionable whether direct sales approaches can be endlessly upscaled without the support of indirect channels. Such multi-channel approaches were already implemented at Vorwerk for the Kobold vacuum-cleaner earlier.

With regards to the Thermomix, a rising number of representatives can benefit from the sales model that includes commissions and good career opportunities. About 34,500 sales representatives are working for the Thermomix division worldwide.

These agents present the product in public at trade fairs or in a smaller setting in private households. In order to purchase a Thermomix, the customer is required to make an appointment with one of the Thermomix agents or has to be invited by friends to a Thermomix party. At one of these parties, a Vorwerk representative stages a real-life cooking event at the house of the person hosting the party while demonstrating the core functions of the product. In the preparation for the cooking event, the sales agent pays particular attention to country and customer specific dishes so that potential customers can identify themselves with the product. Thus, the agents have to complete a specific training for 40 days and attend steady group meetings in order to learn about new applications and share their experience.

Because of dedicated cooking books, apps, communities and online recipe databases, customers develop a distinct Thermomix community sense as displayed in figures below. Users have created one of the world's biggest online culinary community in which they can look-up thousands of recipes created by top chefs or other community members. In forums users can discuss cooking challenges or find answers to any Thermomix related cause. Furthermore they can create individual shopping lists for the recipes with a community app launched by Vorwerk (see Fig. 5.4).

An example for an interaction between customers regarding the development of recipes and also the evaluation of recipes can be seen in the next figure (see Fig. 5.5).

Furthermore, Thermomix users are able to participate in special cooking classes in 70 Thermomix studios or sales shops in Germany. They can call their Vorwerk representatives for an individual consultation or in case of technical problems visit one of the four service centers.

To further strengthen the customer relationships and create touchpoints for Vorwerk's products the company started to open Flagship Stores in Europe. In these locations, potential buyers can have a first impression of the Thermomix and make an appointment for a live cooking demonstration at the customer's home. To complete and dovetail the different

**Fig. 5.4** Thermomix Community (Source: Vorwerk)

Nice soup though next time I will reduce the water to 700g. I also added grated ginger.

> Login or > register to post comments

**Thanks for feedback. Much**
Submitted by ebaquilter on 3. April 2015 - 11:20.

Thanks for feedback. Much appreciated.

**Fig. 5.5** Comments on a Thermomix recipe for a carrot & coriander soup (Source: Vorwerk)

distribution channels, spare parts and accessories (e.g. cookbooks) can be bought online. Nevertheless, the Thermomix itself can only be ordered exclusively after a demonstration. With this multi-channel approach the company tries to adapt its business model to today's market requirements.

**Production**

Vorwerk's production facilities ensure the highest quality standards worldwide. The company regularly receives environmental accreditation. Both the products and their production methods are designed to satisfy the premises of environmental protection. This approach is supported by an internal management system following the guidelines of the ISO 14001 and EMAS (Eco-Management and Audit Scheme).

Research and development as well as the largest production site of the Vorwerk Group, including a large share of the production of the Kobold VK150 and the Thermomix TM5, are centralized in Wuppertal, Germany. All replacement parts of Vorwerk's products are produced in Europe. With a high thrive for continuous improvement and innovation; the company constantly aims to improve the quality of their products. For example, by developing a maintenance-free motor for the Thermomix the longevity of the whole machine has been increased. This passion for invention at the site in Wuppertal and elsewhere is actively communicated to the market and integrated into marketing campaigns with claims such as: "*Invented out of passion and from Wuppertal*".

In order to meet the high customer demand also in the future, the existing TM5 manufacturing capacities in Cloyes, France and Wuppertal, Germany are being extended.

### 5.1.5 Industry and Competitors

**Development of the Kitchen Appliances Industry**

The kitchen appliances industry includes products that are created for an easy and convenient functioning of activities such as cooking, storage utilization or cleaning. They can be grouped in major devices (e.g. refrigerators or dishwashers) and minor devices (e.g. blenders, food processors or coffee makers).

Due to rising incomes, living standards and changing lifestyles as well as advanced technologies, the kitchen appliances market has gained popularity and market growth has increased globally, The global market is expected to reach approximately $ 253.4 billion by 2020 (see Fig. 5.6).

The highest revenues of the kitchen appliances industry are reached in the following markets, see Fig. 5.7.

In Germany, the home market of the Thermomix, stirring, mixing and cooking appliances have become an absolute necessity in the kitchens of private households. According

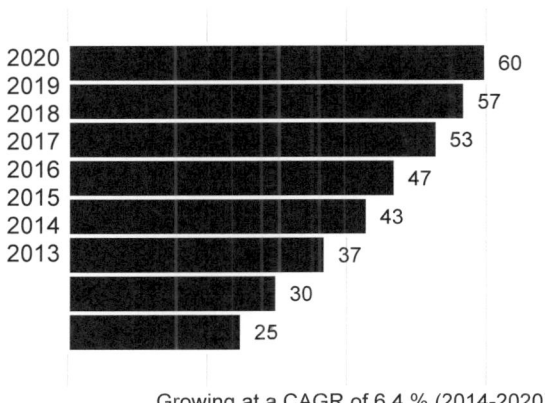

**Fig. 5.6** Global kitchen appliances market 2013–2020 (Source: Vorwerk)

**Fig. 5.7** Global kitchen appliances market by geographic regions (Source: Vorwerk)

to the German electrical and electronic manufactures association (ZVEI), there has been an explosion in demand for this product category. Although kitchen machines are generally quite expensive, they are very popular and show a growing demand. In 2013, sales of cooking machines have increased by about 10 % in Germany.

**Consumer Trends and their Influence on the Kitchen Appliances Industry**

Rising popularity in kitchen appliances can be seen as a result of different trends in consumer behavior. The following consumer trends for 2015 have been analyzed by a global study of Euromonitor International:

- **Green Products**: The attitude of the consumer towards the background of a product has changed. The awareness of where exactly the product is from, how the product was made and if it is fair trade, is gaining importance.
- **Fitness and Health**: A big trend is the increasing importance of health and fitness in society. Consumers want to live sustainably and improve their way of treating their body and soul.
- **New Trendsetter:** The opinion of the community is becoming more important. New technologies, e.g. Video blogs, allow people to constantly share their experiences with products and services. Recommendations are now key criteria in the buying process of a consumer.
- **Share and Exchange:** A new collaborative economy is increasing, where consumers jointly use products and services in order to experience a feeling of community.
- **Community Hubs:** Consumers prefer personal, small, and centralized shopping zones which combine all personal needs, e.g. hair dresser, sports and child care.
- **Top-up Shopping:** Consumers prefer a local store around the corner, with a selected offer instead of a big retailer.
- **Privacy:** As everything becomes more digitalized, consumers are very concerned about their personal data and privacy.
- **Worldwide Online Shopping**: This is a growing trend, where consumers buy products through new technologies and innovative concepts from all over the world.
- **Generation Y:** This generation is characterized by optimism, confidence, improvisation and mistrust of politics. This consumer group grew up in a world with smartphones and stimulus satisfaction and is in need of a different, digital approach.

In general, consumers will focus on products that enable them to simplify their lives as well as to save time. New and advanced technology will have a great impact on purchasing behavior and connect the virtual and real shopping experiences.

With regards to the cooking trends, the German market research agency GfK conducted a survey with 27,000 participants in 22 countries in 2004 asking them about their experience, knowledge and passion for food and cooking. The main results of the study are:

> 50 % of participants cook just for having fun one or more times a week

Italy and South Africa show the highest passion for cooking

India and Ukraine spend the most and Brazil and Germany the lowest time for cooking per week.

> **GfK Study – International Country Comparison of Cooking Habits**
> Taking a closer look at the global cooking behavior in 2014, there are the following differences between countries, see figure.
>
> The GfK surveyed 27,000 consumers, across 22 countries in a survey of 2014, about how much experience, knowledge and passion they have for food and cooking. The main findings include:
>
> - 50 % cook for having fun one or more times a week
> - People from Italy and South Africa have the highest passion for cooking
> - In India and Ukraine, people spend the most and in France, Germany and Brazil the lowest time for cooking per week.
>
> Furthermore, the classic stereotype of women spending more time cooking than men was confirmed by this study. Women answered that in general they cook over seven hours per week and men cook about half an hour per week.
>
> This study combines the GfK's study of sales trends of electric kitchen appliances worldwide and shows that there is a growing demand for electric food preparation in India, Indonesia and Italy and thus these countries offer the greatest commercial opportunities.

A survey of Siemens displays that a kitchen is the second most important belonging of German people. Therefore, a kitchen is a status symbol and cooking has become a lifestyle. Additionally, German consumers wish for products with high quality and a good reputation, e.g. star chef's using certain products. The Thermomix for example is used by three star chefs' in Germany. On the other hand, contrary eating habits developed over time. In a survey from 2011, Euromonitor International estimated that young people and urban customer groups are likely to buy more and more ready meals and consume snack items rather than cooking at home. In the future people will eat what they like when they can and where they want. Younger people rather prefer being *"on the road"* than staying at home. The survey also examined whether people like eating *"out"* or *"in"*. The ratio for people preferring eating *"in"* was higher, but more because of financial reasons. For these people cooking at home is much cheaper than having a meal outside. In many countries, unemployment became a big issue and people do not have money for expensive kitchen aids.

These trends have been recognized by Vorwerk. The company uses new technologies like the digital recipe book and communities in order to reach consumer trends of the future.

**Market Intensity and Competitors**

The market of kitchen appliances is generally characterized by market growth and a growing number of global kitchen appliances manufacturers like Bosch, Samsung or Siemens. An important part of growth in this segment lies in technical advancements to offer customers a more efficient and faster cooking experience. This leads to a dynamic market development and challenges the producers to find a balance between quality and cost.

The rivalry of the kitchen appliances industry is relatively high due to a growing number of intensively competing companies, which will be further explained in the next paragraph. Relatively high barriers for market entry are common because of heavy investments in specialized machines and distribution networks and a high power of buyers, as branding, quality and innovation play a big role for the buying decision, e.g. in Germany. Furthermore, the power of suppliers is relatively low because global kitchen machine manufactures order in large quantities and have exclusive contracts or alliances with their suppliers. Lastly the threat of substitutes is relatively low because there are no real substitutes available on the market yet. Until today, no comparable kitchen appliances are offered covering the multi-functions of the Thermomix product. The only threat for the product could be the revival of conventional cooking with pots and pans which allows a specialization on certain cooking needs and more individual solutions.

As an expression of the growing market intensity, the market leader Thermomix has been attacked by several similar kitchen appliances in recent years and in various price

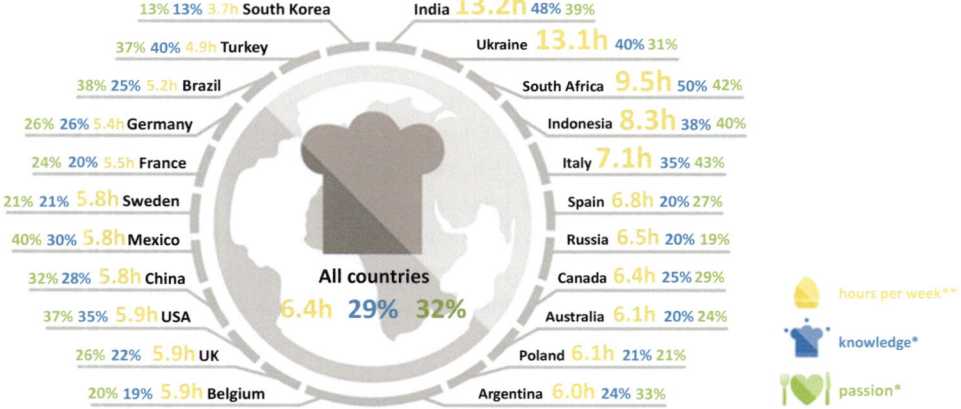

**Fig. 5.8** International country comparison of cooking habits (Source: GfK (2015): Which countries are the top of cooking charts? (Retrieved at 09. Okt. 2015 from: http://www.gfk.com/news-and-events/press-room/press-releases/pages/countries-top-of-the-cooking-charts))

ranges, taking into consideration, that not all of the listed competitors are kitchen appliances with a cooking function.

The Thermomix TM5, Kenwood's Cooking Chef KM070 and the KitchenAid KSM7580 of Artisan belong to the premium price segment. The medium price segment includes the Braun's MaxxiMum XL40G and the Jolta Evolutionsmix. In Oct. 2015, Lidl released the Silvercrest *"Monsieur Cuisine"* cooking machine on the market and Aldi Süd the Studio KM2014DG cooking machine. Both offer less functionalities and attract their customers with a price difference of over 900 Euro less than Vorwerks TM5. These two machines make up the low budget price segment of competitors. Table two is a summary of the Thermomix and its competitors: Table 5.2.

Still, the TM5 defends its market leading position. To distinguish itself from competition, the new Thermomix added one new function, the so-called *"Guided Cooking Concept"*. Here, a programmed chip, the so called *"Cook-Key"*, is regularly updated with attractive recipes and cooking instructions. This leads to an intelligent machine able to guide the user, step-by-step, through the cooking process.

This example demonstrates the special market position of Vorwerk today which has defined the product segment in a new way. Its strong market position makes it hard for new entrants and me-too-products. Over one million households in Germany have been convinced by the TM5.

A Vorwerk representative uses an analogy from the car industry to rate the quality and constant innovation of the Thermomix by saying that the Thermomix is the Mercedes Benz in the cooking machines market. The product has become a status symbol in the kitchen which the owners want to display.

Furthermore the company is proud of having received a higher rate of recommendation with the Thermomix by their customers than Apple could so far achieve. The net promoter score was above 90 %. This KPI measures the amount of customers which would actively recommend a product to families and friends.

### 5.1.6 Concluding Remarks

This case study demonstrates the success story of the high quality product, Thermomix, from the German family-owned business Vorwerk that achieved a powerful market position in the product category of kitchen appliances.

Nowadays organizations need a very strong and sustainable business model which is not easy to copy in order to compete successfully vis-á-vis global competitors. Vorwerk is specializing on a direct sales strategy in order to promote and distribute its complex products. The company focuses on high quality products and value-added services e.g. through its cooking communities or cooking classes.

Due to the growing demand of kitchen appliances and market growth, new competitors especially in the low-end market segment are challenging the Thermomix and its market position with different strategies. As described in the case, competitors such

**Tab. 5.2** Thermomix - Selection of competing products

| Product / Criteria | Thermomix TM5 | Cooking Chef KM070 | Kitchen Aid KSM7580 | Jolta Evolutionsmix | MaxxiMum MUMXL40G | Silvercrest Monsieur Cuisine | Studio KM2014DG |
|---|---|---|---|---|---|---|---|
| Machine | | | | | | | |
| Producer | Vorwerk | Kenwood | Artisan | Jolta | Bosch | Lidl | Aldi Süd |
| Market Entry | 2014 | 2010 | 2012 | 2012 | 2014 | 2015 | 2015 |
| Price | 1109 Euro | 1200 Euro | 805 Euro | 460 Euro | 410 Euro | 199 Euro | 199 Euro |
| Functionalities | • Cooking, steaming, kneading, Grinding, mixing, Chopping, stirring<br>• Heating (up to 120° Celsius)<br>• Touch display and rotary button<br>• Timer (up to 99 min)<br>• 21 speed levels | • Heating (up to 140° Celsius)<br>• Timer<br>• Cooking, kneading, mixing, chopping, stirring<br>• LC display and rotary button<br>• 8 speed levels<br>• Large Quantities | • Mixing, Kneading, stirring<br>• 10 speed level<br>• Large Quantities | • Heating (up to 130° Celsius)<br>• Regular display and rotary button<br>• Cooking, Steaming, mixing, stirring<br>• 7 speed levels | • Mixing, Kneading, Stirring<br>• 7 speed levels<br>• Large Quantities | • Heating (up to 100° Celsius)<br>• LC Display and rotary button<br>• Timer (up to 60 min)<br>• Steaming, Cooking, Mixing, Chopping, Stirring<br>• 10 Speed levels | • Heating (up to 120° Celsius)<br>• Timer (up to 60 min)<br>• LC Display and rotary button<br>• Steaming, Cooking, mixing, chopping, kneading, stirring<br>• 8 Speed levels |
| Additional features | • Dishwasher-safe parts<br>• Integrated Scale<br>• Controlled Heating regulation<br>• Guided cooking<br>• Digital recipe download | • Dishwasher-safe parts<br>• Safety system<br>• Recipe suggestions | • Recipe book and music CD<br>• Dishwasher-safe parts | • Recipe book | • 3D Planetary Mi-xing<br>• Smart dough sensor<br>• Recipe book | • Recipe book<br>• Dishwasher-safe parts | • Integrated Scale<br>• Recipe book and DVD<br>• Dishwasher-safe parts |
| Capacity | 2,2 Liter | 6,7 Liter | 6,9 Liter | 2 Liter | 5,4 Liter | 2 Liter | 2 Liter |
| Wattage | 1500 W | 1500 W | 1000 W | 1500 W | 1600 W | 1000 W | 1000 W |
| Item weight | 7,7 kg | 13,6 kg | 13,1 kg | 8 kg | 13,4 kg | 6,75 kg | |
| Warranty | 2 years | 2 years | 2 years | 3 years | 2 years | 3 years | 3 years |
| Distribution | • Only direct distribution<br>• Thermomix consultants<br>• Vorwerk stores | • Online Retailer | • Online Retailer | • Online | • Online Retailer | • Retailer<br>• Online shop | • Retailer<br>• Online shop |

(Source: Source: Own presentation based on Die Welt (2014 b), N-tv (2015), Kenwood (2015), Chip (2015), Amazon (2015), Xenodu (2015), Lidl (2015), Bosch (2015)

as Aldi are successful as well and their kitchen machines have been sold out in a very short time.

**Direct Sales – Old-fashioned or Future Business Model?**

After collecting and analyzing all relevant information regarding the business model and current situation of the Thermomix division, you as Mr. Limbi call the Head of Communications who looks back at 20+ years of experience within the company. For company-history related questions, he has always proven to be a good source. He confirms your findings and tells you about a study he has just finished about the perspectives of the product Thermomix. Thereby he makes the following statements:

- *Aldi and Lidl are no direct competitors of kitchen appliances compared to Thermomix as they are located in different price and quality segments."*
- *"A direct sales system – or rather the demonstration of products in need of explanation – will continue to play an ever more important role in an increasingly complex world."*
- *"A multi-channel approach will become more important to reach customers because of the rising network between customers and distributers through internet, e.g. online communities."*

Now it is time to call in your team again, discuss the statements and your background research and focus on your sales strategy proposal for the upcoming Board meeting.

## 5.2 Case Analysis – Questions

**Strategic Analysis**

1. Identify the strengths and weaknesses of the company Vorwerk with focus on the product Thermomix TM5 and the advantages and risks it has in the German market. Summarize your results in a TOWS-matrix.
2. Develop a benchmarking profile for the Thermomix TM5 in comparison to the Studio KM2014DG and the MaxxiMum MUMXL40G. Thereby, define criteria of relevance to the company and to the product and evaluate the three products for the chosen criteria.
3. Analyze the strategic development of the company Vorwerk.
4. How did the company expand globally with its Thermomix TM5?
5. Which entry mode did the company choose for Denmark and China? Please state reasons for the chosen approach.

**Marketing Mix and Distribution of the Thermomix TM5:**

6. Describe the marketing mix for the product Thermomix TM5 in Germany.
7. Which types of distribution channels can a company use to sell its products or services and which one uses Vorwerk for the Thermomix TM5?

8. Discuss the advantages and disadvantages of this distribution channel from the perspective of a company and of a customer.
9. Would you recommend Vorwerk to change from a multi-channel to an omni-channel strategy? How can brand communities support the distribution of the Thermomix TM5?

**Business Model:**

10. Please elaborate on the business model of Vorwerk by using the business model canvas of Osterwalder / Pigneur.
11. Please contrast Vorwerk's business model with the "*classic*" retail business model of Kitchen Aid and the discount model of ALDI. Explain the differences.
12. How do you evaluate the need for Vowerk to change the current business model and adapt to the competitive pressures and to the digital world?

▶   **Literaturhinweise zur Aufgabenbearbeitung:**
Büchler J-P (2014) Strategie entwickeln, umsetzen und optimieren. Pearson, München
Cravens DW, Le Meunier-Fitzhugh K, Piery, NF. (2013) The Oxford handbook of strategic sales and sales management (Oxford handbooks in business and management. Oxford University Press, Oxford
Homburg C, Schäfer H, Schneider J (2016) Sales Excellence - Vertriebsmanagement mit System. Springer Gabler, Wiesbaden
Keuper F, Hogenschurz B (2010) Professionelles Sales & Service Management - Vorsprung durch konsequente Kundenorientierung. Springer Gabler, Wiesbaden
Osterwalder A, Pigneur Y (2010) Business model generation: A handbook for visionaries, game changers, and challengers. Wiley, New York
Wirtz B (2011) Business model management. Design – instruments – success factors. Springer Gabler, Wiesbaden
Zott C, Amit R (2012) Creating value through business model innovation; MIT Sloan Management Review, Jg. 53(3)41–49

## Bibliography

Allied market research (2015) World kitchen appliances market – opportunities and forecasts, 2013–2020. https://www.alliedmarketresearch.com/kitchen-appliances-market. Zugegriffen: 09. Okt. 2015
Amazon (2015) Jolta Evolutionsmix. http://www.amazon.de/JOLTA%C2%AE-EVOLUTIONS-MIX-multifunktionale-K%C3%BCchenmaschineKochfunktion/dp/B00XGA3WD8/ref=sr_1_1?s=kitchen&ieUTF8&qid=1444558153&sr=11&keywords=JOLTA%C2%AE+EVOLUTIONS-MIX. Zugegriffen: 10. Okt. 2015

Bosch (2015) Home appliances. MUMXL40G. http://www.bosch-home.com.sg/products/food-preparation/kitchen-machines/maxximum-kitchen-machines/MUMXL40G.html#tab2. Zugegriffen: 10. Okt. 2015

Bosch Annual Report (2014) Annual report 2014. Robert Bosch GmbH, Stuttgart

Bürli R, Friebe P (2012) Distribution. Grundlagen mit zahlreichen Beispielen, Repetitionsfragen, mit Antworten und Glossar, 3. Überarbeitete Auflage, Compendio Bildungsmedien AG, Zürich

Chip (2015) Thermomix-Alternativen. Was kann die Konkurrenz. http://www.chip.de/bildergalerie/Thermomix-Alternativen-Was-kann-die-Konkurrenz-Galerie_79924114.html?show=5. Zugegriffen: 10. Okt. 2015

Die Welt (2014a) Der HP 5031 soll den Thermomix vom Thron stoßen. http://www.welt.de/wirtschaft/article135374160/Der-HP-5031-soll-den-Thermomix-vom-Thron-stossen.html. Zugegriffen: 09. Okt. 2015

Die Welt (2014b) Das können die billigen Konkurrenten des Thermomix. http://www.welt.de/wirtschaft/webwelt/ article132651563/ Das-koennen-die-billigen-Konkurrenten-des-Thermomix.html. Zugegriffen: 09. Okt. 2015

Die Welt (2014c) Die seltsame Liebe der Deutschen zum Thermomix. http://www.welt.de/wirtschaft/article130862926/Dieseltsame-Liebe-der-Deutschen-zum-Thermomix.html. Zugegriffen: 09. Okt. 2015

Die Welt (2015a) Enttäuschendes Testergebnis für den Thermomix. http://www.welt.de/wirtschaft/article149298360/Enttaeuschendes-Testergebnis-fuer-den-Thermomix.html. Zugegriffen: 04. Mai 2016

Die Welt (2015b) Alle 30 Sekunden wird ein Thermomix verkauft. http://www.welt.de/videos/article141366152/Alle-30-Sekunden-wird-ein-Thermomix-verkauft.html. Zugegriffen: 10. Okt. 2015

Euromonitor (2011) Euromonitor International 2011: Home cooking and eating habits: Global survey strategic analysis. http://blog.euromonitor.com/2012/04/home-cooking-and-eating-habits-global-survey-strategic-analysis.html. Zugegriffen: 19. Juli 2016

GfK (2015) Which countries are the top of cooking charts? http://www.gfk.com/news-and-events/press-room/press-releases/pages/countries-top-of-the-cooking-charts. Zugegriffen: 09. Okt. 2015

Handelsblatt (2015a) Thermomix-Klone mischen den Markt auf. http://www.handelsblatt.com/unternehmen/mittelstand/aldi-und-lidl-thermomix-klone-mischen-den-markt-auf/12448948.html. Zugegriffen: 23. Okt. 2015

Handelsblatt (2015b) Thermomix überholt den Kobold. http://www.handelsblatt.com/unternehmen/mittelstand/Vorwerk-freut-sich-thermomix-ueberholt-den-kobold/11809408.html. Zugegriffen: 10. Okt. 2015

Hollensen S (2011) Global marketing, Fifth aufl. Harlow. Pearson, Essex

Kenwood (2015) Cooking Chef KM070. http://www.kenwoodworld.com/en-int/products/kitchen-machines/cooking-chef/km070-cooking-chef?TabSegment=specifications#specifications. Zugegriffen: 10. Okt. 2015

Kreikebaum H, Gilbert DU, Behnam M (2011) Strategisches management, 7. Aufl. Kohlhammer Verlag, Stuttgart

Lidl (2015) Silvercrest Küchenmaschine. Monsieur Cuisine SKMH1100 A1. http://www.lidl.de/de/silvercrest-kuechenmaschine-monsieur-cuisine-skmh-1100-a1/p203161. Zugegriffen: 10. Okt. 2015

MBA Posts (2012) Porter's five forces model of global home appliance industry. http://mba-posts.blogspot.de/2012/06/porters-five-forces-model-of-global.html. Zugegriffen: 09. Okt. 2015

Merkur (2015) Aldi vs. Lidl: Wer hat den besseren Thermomix-Klon? http://www.merkur.de/wirtschaft/aldi-lidl-besseren-thermomix-5632049.html. Zugegriffen: 23. Okt. 2015

Mila (2015) Top 10 globale Konsumententrends 2015. http://blog.mila.com/2015/01/29/top-10-globale-konsumententrends-2015/. Zugegriffen: 09. Okt. 2015

N-TV (2015) Thermomix-Ersatz von Aldi und Lidl. Was taugen die Discount-Küchenmaschinen? http://www.n-tv.de/ratgeber/Was-taugen-die-Discount-Kuechenmaschinen-article16102831.html. Zugegriffen: 09. Okt. 2015

Research and markets (2013) Global Kitchen Appliances Industry 2013–2018: Trend, profit, and forecast analysis. http://www.researchandmarkets.com/reports/2523212/global_kitchen_appliances_industry_20132018. Zugegriffen: 09. Okt. 2015

RP Online (2015) Was taugen die Thermomix-Kopien von Aldi und Lidl? http://www.rp-online.de/leben/ratgeber/verbraucher/thermomix-geraete-auch-bei-aldi-und-lidl-aid-1.5455256. Zugegriffen: 09. Okt. 2015

Stiftung Warentest (2015) Küchenmaschinen mit Kochfunktion: Drei von neun sind gut. https://www.test.de/Kuechenmaschinen-mit-Kochfunktion-Drei-von-neun-sind-gut-4947836-4947841. Zugegriffen: 04. Mai 2016

Videos

Vorwerk Corporate Movie (2015) Corporate movie. https://www.youtube.com/watch?v=i6pj6v-MaQRo. Zugegriffen: 13. Okt. 2015

Xenudo (2015) KitchenAid 5KSM7580 EMS silver. http://www.xenudo.de/kitchenaid-5ksm7580x-ems-silver/detail.html?utm_medium=psm&utm_campaign=kitchenaid-5ksm7580x-ems-silver&utm_source=ideal. Zugegriffen: 10. Okt. 2015

# BioGenius – Flexibilität als Handlungsgrundlage

Axel Faix und Werner Frese

## 6.1 Fallstudie

### 6.1.1 Ist ein kundenzentrierter Innovationsansatz noch ausreichend?

Die BioGenius GmbH ist ein relativ kleines, junges und „*wissensgetrieben*" arbeitendes Unternehmen, das seinen Kunden spezialisierte Lösungen im Bereich der Analyse und Prüfung von Biozid- und Pflanzenschutzprodukten sowie übergreifende Dienstleistungen zur Unterstützung ihrer Innovationsprozesse bietet. Mit etwa 25 Mitarbeitern wird ein Umsatz von etwa 3 Mio. Euro im Jahr erzielt (2015). Das Unternehmen mit Sitz in Bergisch Gladbach bei Köln, das im Jahre 2004 als Ausgründung eines großen US-amerikanischen Unternehmens entstand, verzeichnet seit seiner Gründung ein kontinuierliches Wachstum und ist potenziell als Hidden Champion zu verstehen (vgl. Simon 2012).

Gegenwärtig erbringt BioGenius einerseits innovationsorientierte Dienstleistungen für ihre Kundenunternehmen, die – wie z. B. Wirkstoff- und Materialprüfungen – relativ klar definierte Problemstellungen der Kunden adressieren und auf vorhandene naturwissenschaftliche/technische Kompetenzen und Ressourcen (insbesondere eine umfassende Insektenzucht) zurückgreifen. Andererseits bietet BioGenius seinen Kunden breitere Unterstützungsleistungen für ihre Innovationsvorhaben an: So übernimmt BioGenius beispielsweise die strategische Zielbestimmung und Planung von Innovationsprojekten auf Basis einer näheren Präzisierung und Strukturierung der Probleme; hierbei greift BioGenius nachdrücklicher in die innovationsgerichteten Prozesse der Kundenunternehmen ein.

---

A. Faix (✉) · W. Frese
FH Dortmund, Emil-Figge-Str. 44, 44227 Dortmund, Deutschland
e-mail: axel.faix@fh-dortmund.de; werner.frese@fh-dortmund.de

© Springer Fachmedien Wiesbaden GmbH 2018
J.-P. Büchler (Hrsg.), *Fallstudienkompendium Hidden Champions*,
https://doi.org/10.1007/978-3-658-17829-1_6

Beide Aufgaben sind für BioGenius mit unterschiedlichen Gewichtungen anbieter- und nachfragerinitiierter Elemente sowie Komplexitäten verbunden, wobei in der Regel die Kundeninitiative als auslösendes Moment der Aktivitäten dominiert. Die Kernfähigkeit von BioGenius ist vor diesem Hintergrund in dem Vermögen zu verstehen, mit rascher Auffassungsgabe ein treffsicheres Einstellen auf die zu erbringenden Leistungen für den Kunden zu gewährleisten – sie stellt (neben ihrer hohen naturwissenschaftlichen Expertise und leistungsstarken Ressourcen) einen zentralen Erfolgsfaktor für das Unternehmen dar.

Nach ihrer Gründung vor etwas mehr als einer Dekade und der Etablierung des Unternehmens im Markt tritt BioGenius nunmehr in eine neue Phase der Unternehmensentwicklung ein. Das Unternehmen wägt ab, sich von einem primär auf Kundenwünsche bzw. -initiativen *reagierenden* Unternehmen hin zu einem stärkeren *Impulsgeber* und Entwickler neuer Produkte für ihre Kunden zu verändern und nach Möglichkeit auch in stärkerem Umfang eigene Innovationsvorhaben bzw. Produktangebote zu realisieren.

Der vorliegende Case behandelt nach der Beurteilung der aktuellen Konstellation und der maßgeblichen Handlungsgrundlagen für das Unternehmen die Frage, wie das Unternehmen die künftige Entwicklung auf Basis einer angepassten strategischen Ausrichtung erfolgreich gestalten kann, ohne die aktuelle Konstellation zu gefährden bzw. aus dieser maximale Vorteile für die weitere Entwicklung abzuleiten.

### 6.1.2 BioGenius als innovationsorientierter Dienstleister

Eine nähere Charakterisierung der Aktivitäten und unternehmensinternen Voraussetzungen des Unternehmens BioGenius setzt zunächst eine Betrachtung des Branchenhintergrundes voraus, der in starkem Maße durch den Rechtsrahmen im Kontext biologisch-chemischer Analysen und Prüfungen bestimmt wird.

**Rechtlich-institutioneller Hintergrund**

Gemäß europäischer Biozid-Richtlinie BPD ist es für innovierende Unternehmen aus der Chemie-, Pharmaindustrie oder der Medizin, die als Kunden für BioGenius in Betracht kommen, notwendig, für neu entwickelte Produkte (z. B. Insektenschutzmittel) eine Registrierung bzw. Zulassung bei der zuständigen Behörde zu erzielen. Diese Zulassung wird – im Erfolgsfall – auf der Grundlage verschiedener Schritte erteilt, die sich zwei Phasen zuordnen lassen:

In einer ersten Phase muss ein Unternehmen zunächst den neu entwickelten Wirkstoff registrieren lassen, damit er anschließend in einer sog. Unionsliste (Anhänge der Richtlinie 98/8/EG) aufgenommen wird. Sobald dies erfolgt ist, kann in einer zweiten Phase die Zulassung für ein neues Produkt, das auf diesem Wirkstoff basiert, beantragt werden.

Diesem zweistufigen Ablauf des Zulassungsverfahrens müssen nicht nur neu entdeckte Wirkstoffe unterzogen werden. Auch wenn das in den Markt neu einzuführende Produkt Wirkstoffe enthält, die bereits registriert wurden, muss dieser Prozess durchlaufen werden. Denn die Kombination bereits registrierter Wirkstoffe kann zu einem neuen Wirkstoff führen oder neue oder bislang unentdeckte Folgen für Menschen oder Natur hervorrufen. Der (vereinfachte) Prozess der Zulassung ist in Abb. 6.1 veranschaulicht.

# 6 BioGenius – Flexibilität als Handlungsgrundlage

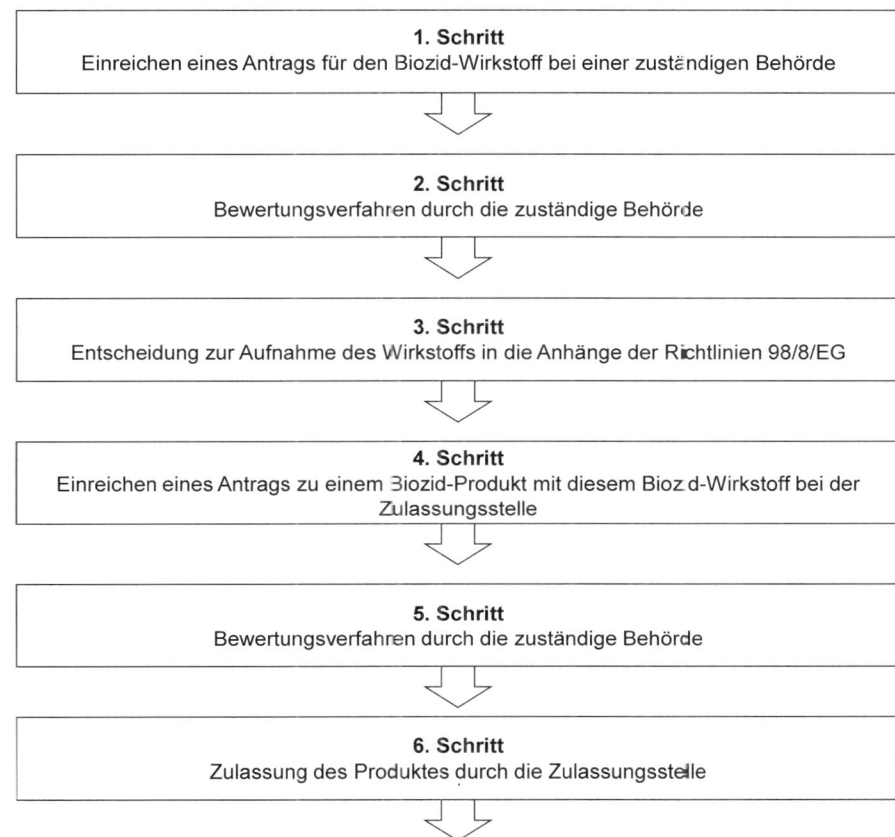

**Abb. 6.1** Prozess der Zulassung von neuen Produkten (Quelle: o.V. 2009, S. 9)

Die für den ersten Schritt im Zulassungsablauf notwendigen Voruntersuchungen und Dokumentationen sind in der Regel sehr umfangreich und können je nach Inhaltsstoff oder Produktverwendung längere Zeit – bis zu mehreren Jahren – in Anspruch nehmen, sodass Unternehmen mit einer ausgedehnten Vorlaufzeit bis zur Markteinführung ihres Produktes rechnen müssen.

Die nachfolgende Abb. 6.2 gibt einen grundsätzlichen Überblick über die notwendigen Untersuchungen, Tests bzw. Dokumentationen im Rahmen von Zulassungsverfahren.

**Leistungs- und Aktivitätsspektrum von BioGenius**

BioGenius unterstützt auf der Grundlage eines breiten naturwissenschaftlichen Knowhows Unternehmen bei der Entwicklung neuer Wirkstoffe und Produkte, der Erarbeitung der erforderlichen Registrierungsgrundlagen als Basis der Zulassung sowie bei der Entwicklung und Umsetzung innovativer Produktangebote.

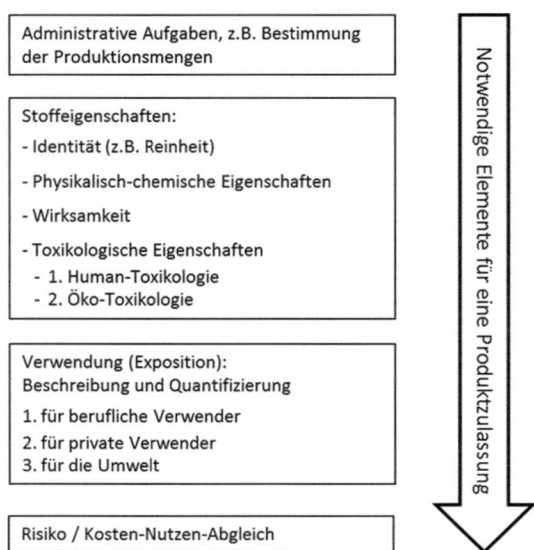

**Abb. 6.2** Prüfanforderungen im Rahmen der Zulassung (Quelle: In Anlehnung an Krause 2014)

Das Leistungsspektrum des Unternehmens ist aktuell durch drei Schwerpunkte gekennzeichnet, zwischen denen indessen verschiedene Verbindungen herrschen:

- In der *Biologischen Produktprüfung* steht die Erbringung von Wirknachweisen von Insektenschutzprodukten im Mittelpunkt. Die fraglichen Tests (Feld-, Labor- oder Screening-Tests) werden von BioGenius durchgeführt oder ihre Kunden bei der Durchführung dieser Tests unterstützt. Ein großer Vorteil ist, dass hierfür bei BioGenius eine umfassende Insektenzucht zur Verfügung steht, in der fortwährend Hygieneschädlinge, Materialschädlinge und Lästlinge aufgezogen werden und größtenteils kurzfristig verfügbar sind.
- Als weiterer Schwerpunkt richtet sich die *GLP-Analytik* auf die Gehaltsbestimmung, Materialprüfung oder auch Haltbarkeits- und Kompatibilitätsprüfungen von Produkten bzw. Wirkstoffen. Maßgeblich für den Markterfolg des Unternehmens ist in diesem Zusammenhang die Sicherstellung einer *Guten Laborpraxis* (Good Laboratory Practice, GLP), die die Einhaltung definierter Grundsätze im Rahmen der einschlägigen und regelmäßigen Prüfungen gemäß Chemikaliengesetz bzw. Richtlinie 2004/9/EG bedeutet.
- Schließlich zielt das Unternehmen im Rahmen der *Anwendungstechnik* auf die Unterstützung ihrer Kunden bei der Formulierung der Produktrezeptur und der Produktentwicklung. Das Leistungsangebot im Produktentwicklungsprozess der Kunden beinhaltet z. B. die Projektplanung sowie die Bestimmung der Projektziele, die Ausarbeitung von Umsetzungskonzepten für Produktideen, Machbarkeitsstudien oder auch diverse Informationsleistungen.

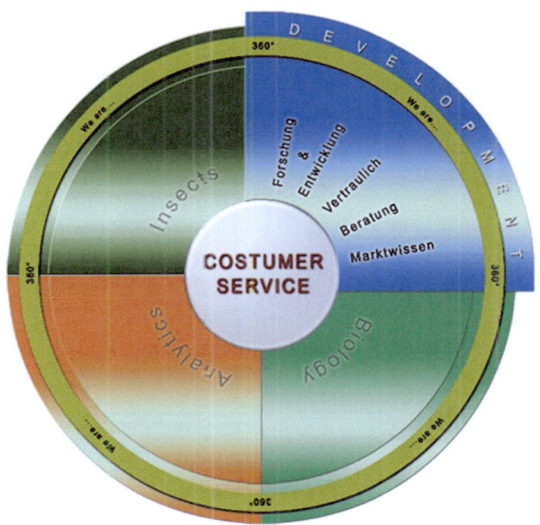

**Abb. 6.3** 360° Perspektive (Quelle: BioGenius)

Ein wesentlicher Baustein für den Erfolg des Unternehmens ist die Möglichkeit, im Rahmen einer ganzheitlichen Sichtweise („360°-Perspektive") alle für das Verständnis und die erfolgreiche Lösung von Kundenproblemen notwendigen Know-How-Elemente kurzfristig zusammenzuführen (siehe Abb. 6.3).

Vor diesem Hintergrund versteht sich BioGenius als ein hochkompetenter, kundenorientiert und flexibel handelnder Kooperationspartner für „Unternehmerkollegen", die in den angeführten Bereichen Innovationsprobleme zu lösen haben. Im Einzelnen stehen eine strikte Zielorientierung und die Einhaltung höchster Qualitätsstandards bei der Bearbeitung von Kundenproblemen, eine hohe Kundennähe und Serviceorientierung sowie der Anspruch, auf Basis hoher wissenschaftlicher Kompetenz zu jedem für Kunden relevanten Problem zeitnah Stellung beziehen zu können, im Mittelpunkt der Positionierungsaussage (vgl. o.V. (2014). S. 246 f.).

Wie angeführt, ist eine bedeutende institutionelle Grundlage für den Erfolg von BioGenius in den ersten Jahren der Unternehmensentwicklung die europäische Biozid-Richtlinie BPD. Hiernach müssen alle Biozide, die auf dem Markt eingeführt sind, bei den zuständigen Behörden registriert bzw. zugelassen werden, wobei Toxikologie, Wirkstoffe und Wirkung der Produkte offenzulegen sind. BioGenius bietet Unternehmen umfassende Dienstleistungen zur Erfüllung der Anforderungen in diesem Bereich an (z. B. Erstellung von „*Datenpaketen*" zu Wirkstoffen und Produkten, Durchführung von Analysen, Tests und Erstellung von Prüfberichten (vgl. Glaser 2007)). Konsequenterweise galt lange Zeit somit der Service von BioGenius, Unternehmen bei ihrer Umsetzung der europäischen Biozid-Richtlinie BPD behilflich zu sein, als der Hauptumsatzträger.

In jüngerer Zeit nehmen allerdings die Anreize für Unternehmen zur Entwicklung neuer Wirkstoffe angesichts hoher Entwicklungskosten ab. Wenn daraufhin Prüfungen, Tests usw. nach Maßgabe der BPD in nur noch geringerem Umfang anfallen, könnte diese Richtlinie für BioGenius in absehbarer Zeit an Bedeutung verlieren und damit auch ein Teil ihres Hauptumsatzes zurückgehen. Allerdings trifft diese Entwicklung nicht alleine BioGenius, sondern auch die Wettbewerber.

### 6.1.3 Wettbewerbsumfeld von BioGenius

Der Markt für Analyse-, Prüf- und Beratungsleistungen für Biozid- und Pflanzenschutzprodukte, in dem BioGenius agiert, weist im Jahre 2014 allein in Deutschland ein geschätztes Volumen von ca. 270 Mio. Euro auf.

Weltweit tritt eine Vielzahl an Anbietern in Erscheinung, die den GLP Standard aufweisen und sich auf Biozid-Tests spezialisiert haben. Auf nationaler Ebene werden auf Basis von Informationen der List of GLP Test Facilities, Germany, des Bundesinstituts für Risikobewertung, BfR, insgesamt 155 Labore mit GLP Standard identifiziert. Die Hauptuntersuchungsbereiche stellen die Segmente Biozide, Chemie, Pharma, Medizin, Kosmetik und Lebensmittel dar. Obwohl im Bereich Biozide ca. zehn Laboratorien, darunter auch BioGenius, ihre Dienste anbieten, sind nicht alle diese Unternehmen als direkte Wettbewerber von BioGenius zu betrachten. Da der Begriff „*Biozid*" in erster Linie als Oberbegriff aus Sicht der Behörden verstanden wird und zudem schwierig abzugrenzen ist, weisen einige der erfassten Unternehmen tatsächlich keine oder nur geringe inhaltliche Überschneidungen mit BioGenius auf. Dabei werden die Produkte der Unternehmen, die dem Feld „*Biozid*" zugeordnet werden können, in vier Hauptgruppen unterteilt: Desinfektionsmittel, Schutzmittel für Materialien, Schädlingsbekämpfungsmittel (u. a. BioGenius) sowie Sonstige Stoffe (Antifouling, Taxidermie). Entsprechend lassen sich im nationalen Raum folgende direkte Mitbewerber identifizieren:

- Currenta GmbH & Co. OHG, Areas of Expertise[1]: 1-4-5-6-8
- Eurofins Agroscience Services EcoChem GmbH, Areas of Expertise: 1-4-5-6-7-8
- IBACON Institut für Biologische Analytik und Consulting GmbH, Areas of Expertise: 1-4-5-6
- LAUS GmbH, Areas of Expertise: 1-3-4-5-6-8-9
- Spectral Service AG, Areas of Expertise: 1.

Das Unternehmen BioGenius wird in Area 1 eingestuft.

---

[1]Erläuterung zu den "Areas of expertise": 1 - physical-chemical testing; 2 - toxicity studies; 3 - mutagenicity studies; 4 - environmental toxicity studies on aquatic and terrestrial organisms; 5 - studies on behaviour in water, soil and air; bioaccumulation; 6 - residue studies; 7 - studies on effects on mesocosms and natural ecosystems; 8 - analytical and clinical chemistry testing; 9 - other studies (specify).

| Unternehmen | Sektoren | Leistungsangebot | Zertifizierungselemente |
|---|---|---|---|
| BioGenius GmbH | Biozide / Schädlingsbekämpfung | Analysen, Tests, Inhaltsdokumentation | Von Mengen- und Inhaltsanalysen bis zur vollständigen Begleitung zur Zertifizierung |
| Currenta GmbH | Biozide, Chemie, Umwelt | Life Science / GMP-Analytik Toxische Prüfungen Komplett-Consulting Umweltemissionsschutz | Von Mengen- und Inhaltsanalysen bis zur vollständigen Begleitung zur Zertifizierung |
| Eurofins Agroscience Services EcoChem GmbH | Biozide, Chemie, Pharma, Lebensmittel, Kosmetik, Medizin, Umwelt | Analysen, Tests, Inhaltsdokumentation | Von Mengen- und Inhaltsanalysen bis zur vollständigen Begleitung zur Zertifizierung |
| IBACON GmbH | Biozide, Chemie | Analysen, Tests, | Analysen, Rückstandsbestimmungen, Freilandstudien |
| LAUS GmbH | Biozide, Chemie, Pharma, Kosmetik, Medizin | Analysen, Tests, Inhaltsdokumentation | Analysen, Identitätstests, Stabilitätsstudien, Prüfungen von Eigenschaften, Stabilitäts- und Langzeitstudien |
| Spectral Service GmbH | Biozide, Pestizide, Pharma Lebensmittel, Kosmetik | Analysen, Tests, Inhaltsdokumentation | Analysen, Identitätstests |

**Abb. 6.4** Leistungsangebote von BioGenius und der direkten Wettbewerber

Abb. 6.4 verdeutlicht, welche Dienstleistungen die jeweiligen Unternehmen im Einzelnen anbieten.

Einen umfassenden Ansatz zur aggregierten Konkurrenzanalyse stellt die Erarbeitung und Auswertung einer Karte Strategischer Gruppen dar (vgl. Porter 1980). Strategische Gruppen werden allgemein als Gruppen von Anbieterunternehmen in einem Markt verstanden, die sich in strategischer Hinsicht ähnlich sind und von denen daher in bestimmten Situationen (mit höherer Wahrscheinlichkeit) ähnliche Verhaltensweisen erwartet werden können.

Im vorliegenden Kontext eignen sich zur *marktorientierten Bildung Strategischer Gruppen* unterschiedliche Ansätze. Eine an der Erzeugung von *Produkt-Markt-Kombinationen* ausgerichtete Vorgehensweise verwendet die *Zahl der anvisierten Marktsegmente* (Angebot an Kunden in vielen unterschiedlichen Abnehmerbranchen vs. spezialisierter Zuschnitt auf die Anforderungen weniger Branchen) und die *Breite des Leistungsangebotes* (vollumfängliches vs. spezialisiertes Leistungsangebot, insbesondere im Hinblick auf den Zulassungsprozess) als Kriterien, um auf diese Weise eingehend die Marktbearbeitungsschwerpunkte der Wettbewerber auf der Produkt- und der Kundenebene in die Analyse einzubeziehen.

Abb. 6.5 verdeutlicht das in dieser Hinsicht erzeugte Wettbewerbsumfeld von BioGenius, wobei die Kreisdurchmesser der einbezogenen Unternehmen proportional zum jeweiligen Jahresumsatz der Unternehmen gewählt sind[2].

Insgesamt ist dieser Markt nicht (wie häufig in anderen Fällen) durch eher wenige Strategische Gruppen gekennzeichnet, die jeweils einige Unternehmen umfassen; vielmehr sind die Unternehmen allesamt durch recht unterschiedliche Ausrichtungen gekennzeichnet.

---

[2]Folgende (teilweise geschätzte) Umsatzwerte [€] werden berücksichtigt: Spectral Service: 5 Mio.; Laus: 5 Mio.; Eurofins 17,8 Mio.; Currenta: 48,1 Mio.; IBACON 12,8 Mio.; BioGenius: 3 Mio.

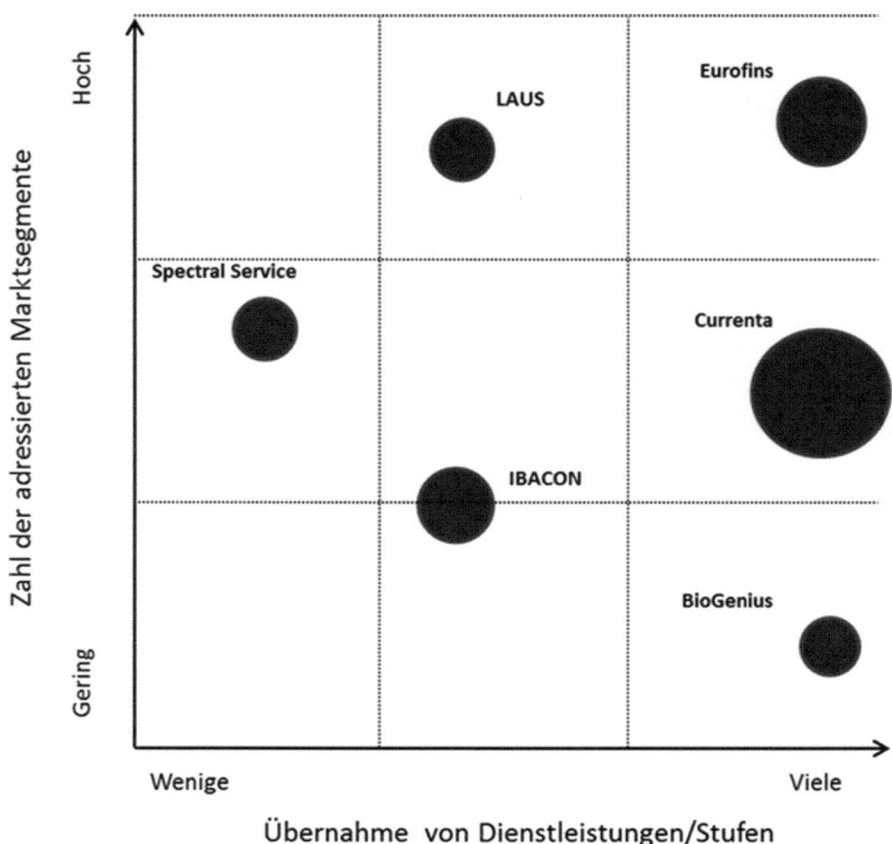

**Abb. 6.5** Strategische Gruppen auf Basis von Produkt-Markt-Kombinationen im Markt für Analyse-, Prüf- und Beratungsleistungen für Biozid- und Pflanzenschutzprodukte

BioGenius nimmt unter dem Gesichtspunkt der realisierten Produkt-Markt-Kombinationen eine Nischenstellung ein, in der ein sachlich breites Angebot einer eher geringen Zahl von Abnehmerbranchen unterbreitet wird.

Ein zweiter, übergreifender Ansatz zur Bildung Strategischer Gruppen rekurriert zusammenfassend auf die beiden oben verwendeten Dimensionen, die nunmehr im Kriterium „*Breite des Leistungsspektrums*" (umfassendes Leistungsangebot, das einer größeren Anzahl von Kundenbranchen unterbreitet wird vs. eng gefasstes Leistungsspektrum mit Zuschnitt auf spezielle Branchenerfordernisse) zusammengeführt werden. In Kombination mit dem Kriterium „*Initiative zum Kundenauftrag*" (Kundenunternehmen als Impulsgeber eines Auftrags vs. Anbieterunternehmen als initiierender Akteur) entsteht so eine mehr an unterschiedlichen *Verhaltensaspekten* der Unternehmen orientierte Strukturierung

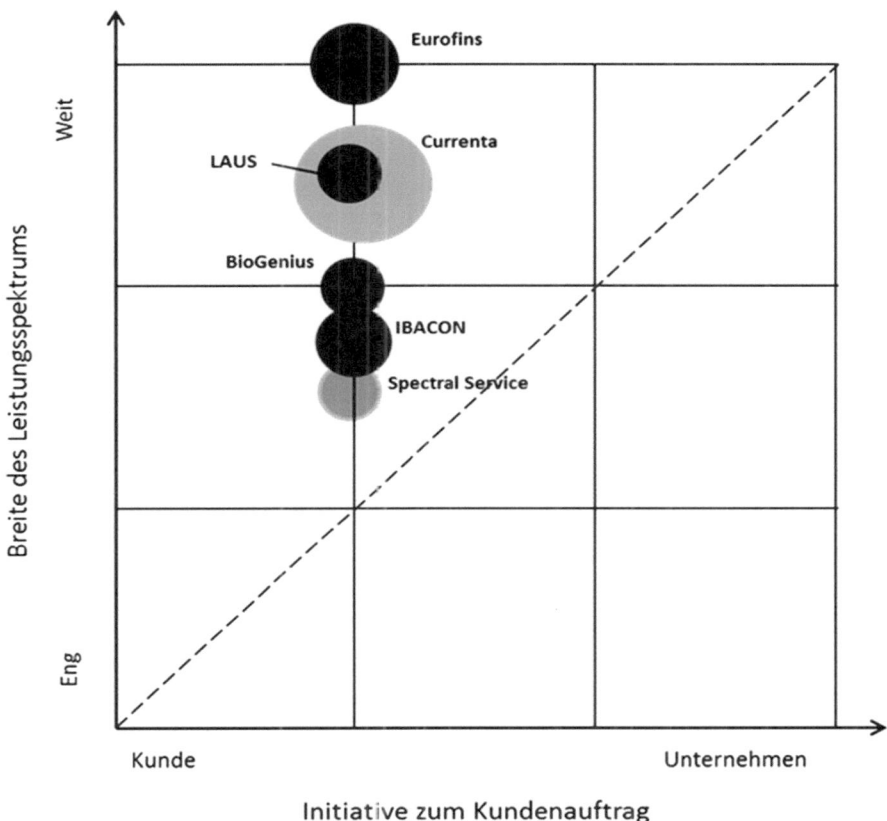

**Abb. 6.6** Verhaltensorientierte Strategische Gruppen

Strategischer Gruppen im Markt für Analyse-, Prüf- und Beratungsleistungen für Biozid- und Pflanzenschutzprodukte (siehe Abb. 6.6)[3].

In Bezug auf diese Beurteilungsdimensionen wird deutlich, dass die Konzentration an Mitbewerbern für BioGenius tatsächlich nicht gering ist und dass das Unternehmen mit mehreren anderen Mitbewerbern (IBACON, Spectral Service) eine Strategische Gruppe bildet (sofern man LAUS, Currenta und Eurofins als eigene Gruppe auffasst).

Das strategische Marketing von BioGenius ist vor allem darauf gerichtet, die oben angeführten Positionierungsmerkmale glaubwürdig gegenüber den Kunden zu vermitteln und im Wettbewerbsgleich eine deutliche Profilierung zu erreichen. Hierbei spielt die Marke „Bio-Genius" (die aus den Elementen „*Genius*" und „*Bio*" – als Hinweis auf das zentrale

---

[3]Die Positionsbestimmung in Bezug auf diese Achse in der folgenden Abbildung erfolgt nach Maßgabe einer Indexbildung, bei der die mit „1" (Gering/Wenige), „2" oder „3" (Hoch/Viele) bewerteten Ausprägungen der Unternehmen der vorherigen Abbildung additiv zusammengefasst werden.

Kompetenzfeld des Unternehmens – zusammengesetzt ist) eine wichtige Rolle, da sie als zentraler Identifikationspunkt für die Nachfrager und als Gütesiegel für ein glaubwürdiges Qualitätsversprechen etabliert werden soll.

### 6.1.4 Organisation und Unternehmenskultur von BioGenius

Die Umsetzung einer unternehmens- bzw. marketingstrategischen Konzeption im Unternehmen setzt regelmäßig – im Einklang mit dem Situativen Ansatz – die Entsprechung interner Größen mit den externen Anforderungen voraus. Der Konsistenzansatz richtet sein Hauptaugenmerk – als Fortentwicklung zum Situativen Ansatz, der die Beziehungen zwischen Unternehmens- und Umweltfaktoren betont – auf das Verhältnis *unternehmensinterner Größen* (z. B. Struktur, Strategie, Kultur, Technologie, Personalentwicklung) zueinander. Es wird davon ausgegangen, dass Konstellationen von Unternehmensvariablen existieren, welche in einem konsistenten, harmonischen Verhältnis (Fit) zueinander stehen, und gegenüber „unpassenden" Konfigurationen (Misfits) eine höhere Effizienz aufweisen. Die weiteren Ausführungen fokussieren die Abstimmung der Organisation und der Kultur des Unternehmens und ihre Zweckmäßigkeit im Zeichen der marktlichen Anforderungen.

Die Organisation stellt ein System von Regeln dar, das vom Management primär zur Bewältigung des Koordinationsproblems gestaltet wird. Mit der Zuordnung von Aufgaben und Kompetenzen zu Aufgabenträgern, ihrer Zusammenführung in Gruppen, Abteilungen, Bereiche (z. B. Divisionen) etc. wird die Aufbauorganisation (Struktur) des Unternehmens bestimmt. Die Gestaltung der Abfolge von Aktivitäten (Prozesse) legt die Ablauforganisation fest. Grundsätzlich besteht ein enger Zusammenhang zwischen der Organisation und der Kultur eines Unternehmens, die in der Regel ebenfalls Koordinationswirkungen entfaltet. Wesentliche Elemente der Unternehmenskultur sind Werte (Vorstellungen über angestrebte Zustände des Unternehmens), Normen (erwartete Verhaltensweisen von Unternehmensmitgliedern), Grundannahmen (z. B. Vorstellungen über die Grundlagen des Unternehmenserfolgs) und die hierdurch beeinflussten Verhaltensweisen.

Die grundlegende organisatorische Gestaltung von BioGenius ist in erster Linie durch die Aufteilung in die beiden Bereiche „Biology/breeding" und „Analysis/application technology" gekennzeichnet (vgl. o.V. (2014), S. 246). Unter dem Blickwinkel der diesen Bereichen zugeordneten Aktivitätsschwerpunkte – siehe oben – bedeutet dieser Organisationsansatz eine objektorientierte (produktbezogene) Spezialisierung, da jeweils die Aufgabenzuständigkeiten und Kompetenzen für unterschiedliche Teile des Leistungsprogramms zusammengefasst werden (siehe Abb. 6.7).

Die Charakteristika der zu bearbeitenden Aufgaben und Projekte bringen es mit sich, dass dieser organisatorische Grundansatz zweckmäßig durch teamorientierte Organisationselemente (z. T. auf Basis einer Selbstorganisation) ergänzt bzw. überlagert wird, um die reibungslose – auch bereichsübergreifende – Zusammenführung der erforderlichen Kompetenzen und Expertisen sowie den anforderungsgerechten Ablauf der Projekte bzw. Studien für die Kunden zu gewährleisten. In diesem Kontext wird auf eine kooperative

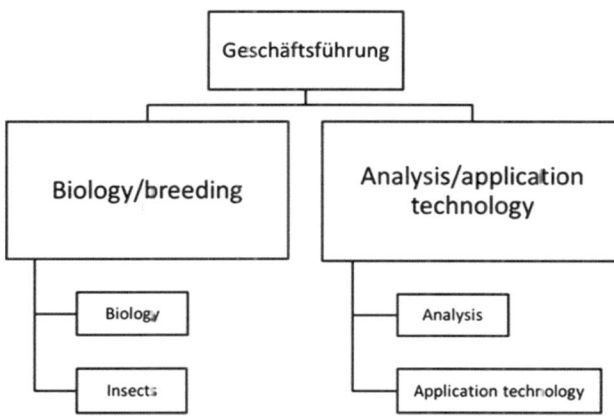

**Abb. 6.7** Organisationstruktur von BioGenius

Arbeitsweise Wert gelegt „*which moves beyond the classical vertical and horizontal, to the more effective diagonal. They support, complement and consult one another in small teams, across all boundaries: indeed the team´s only concern is the matter at hand. They are driven by the desire to provide perfect service to their global customer base – no matter whether they are individual entrepreneurs or large corporations – the service is very personal.*" (o.V. (2014), S. 246 f.).

Die Geschäftsführung von BioGenius wird durch eine Person mit Unterstützung eines Prokuristen ausgeführt, die ihre Leitungsaufgaben funktional aufgeteilt haben (Marketing & Vertrieb vs. Personal und kaufmännische Verwaltung (einschließlich Controlling)).

Die grundsätzlich objektgerichtete Spezialisierung der Organisationsstruktur unterstützt eine wichtige Erfolgsvoraussetzung von BioGenius – ihre GLP-Zertifizierung. Diese Zertifizierung befähigt BioGenius, sich neben der Spezialisierung auf Schädlingsbekämpfung von vielen anderen Laboren abzuheben und ist einer der Gründe für ihren Erfolg am Markt. Um dieser Zertifizierung gerecht zu werden, bedarf es einer Reihe von Maßnahmen, die auch die Organisationsstruktur von BioGenius mitprägt. So gibt die GLP-Richtlinie nicht nur z. B. personelle, räumliche und gerätespezifische Anforderungen vor, sondern fordert auch die klare Zuordnung von prüfungsbezogenen Aufgabenzuständigkeiten und Verantwortlichkeiten (Leitungs- und Ausführungsaufgaben, Aufgaben im Kontext der Qualitätssicherung etc.), die in der Organisation von BioGenius konsequent etabliert sind.

Gleichfalls nimmt die GLP auch auf die organisationalen Prozesse Einfluss. So verlangt die GLP, dass Labore explizite, detaillierte Arbeitsanweisungen verfassen, die bindend für das prüfende Personal sind. Hierbei sind die acht folgenden Bereiche abzudecken:

- Prüf- und Referenzgegenstände
- Geräte, Materialien und Reagenzien
- Führen von Aufzeichnungen, Berichterstattung, Aufbewahrung und Wiederauffindung
- (Biologische) Prüfsysteme

- Qualitätssicherungsverfahren
- Vorgehensweise bei Prüf-/Analysemethoden
- Computergestützte Systeme
- Arbeit an den „*Schnittstellen*" mit internen und externen Institutionen[4].

Die Unternehmenskultur von BioGenius ist recht stark durch Werte und Normen gekennzeichnet, die die Gründer in ihrer Vergangenheit bei der Bayer AG geprägt haben. So kennzeichnen eine hohe Ziel- sowie Qualitäts- und Serviceorientierung nachdrücklich die Kultur des Unternehmens, das auf Basis hoher wissenschaftlicher Kompetenz anstrebt, zu jedem für Kunden relevanten Problem in den verschiedenen Arbeitsfeldern zeitnah eine Lösung anbieten zu können. Eine wesentliche Voraussetzung hierfür ist die – im Rahmen der organisatorischen Überlegungen bereits angesprochene – Teamorientierung, die als Wert aufgefasst werden kann.

Neben der Unternehmenskultur werden bei BioGenius weitere Elemente der Unternehmensführung unter Rückgriff auf die positiven beruflichen Erfahrungen der Gründer gestaltet (Führungsstil, Entlohnungssysteme etc.). So wird bei BioGenius der Mitarbeiter als wichtigste Ressource im Unternehmen angesehen, dessen Bedürfnisse und Wünsche z. B. im Rahmen von regelmäßigen Zielvereinbarungsgesprächen erfasst werden; die enge Interaktion der Unternehmensleitung mit den Mitarbeitern ist wiederum die Grundlage, um durch geeignete Maßnahmen (z. B. Ausrichtung der Beurteilungssysteme, Gewährung von Boni) die bereits intensiv gelebte Qualitäts- und Serviceorientierung weiter zu vertiefen.

Abgesehen von der Charakterisierung der Unternehmenskultur anhand einzelner Merkmale ist für die strategische Analyse der Ausgangssituation ihre verdichtete, *gesamthafte* Darstellung von Bedeutung. Hierzu lässt sich das folgende Diagramm verwenden, das zu einer kulturbezogenen Einstufung eines Unternehmens zwei grundsätzlich als bipolar charakterisierte Dimensionen einsetzt: Während bei der Ausrichtung der internen Prozesse eine Einordnung im Spektrum zwischen mechanischen und organischen Prozesscharakteristika möglich ist, wird die Grundrichtung der Orientierung der Mitarbeiter auf einem Kontinuum zwischen interner und externer Orientierung erfasst (vgl. Cameron/Quinn 1999).

In der Ausgangskonstellation des vorliegenden Falles ergeben sich zwei grundsätzliche Einordnungen von BioGenius und den jeweils relevanten Teilbereichen/Akteuren: Einerseits entspricht die Position des Unternehmens im Falle von Kundenaufträgen, deren Bearbeitung auf den bewährten Routinen des Unternehmens basiert, der Stellung im linken unteren Quadranten. Andererseits verfügt BioGenius über die Fähigkeiten, neue, risikoreichere bzw. eigengetriebene Aufträge mit größerer Flexibilität und Kreativität zu bewältigen, sodass in diesem Kontext die Position im rechten oberen Quadranten maßgeblich ist, wie Abb. 6.8 zeigt:

Vor dem Hintergrund dieser grundsätzlichen, an den aktuellen Gegebenheiten orientierten Darstellung von BioGenius können nun Überlegungen zur künftigen Ausrichtung des Unternehmens angestellt werden.

---

[4]Vgl. http://www.laborpraxis.vogel.de/labortechnik/articles/404973/index2.html.

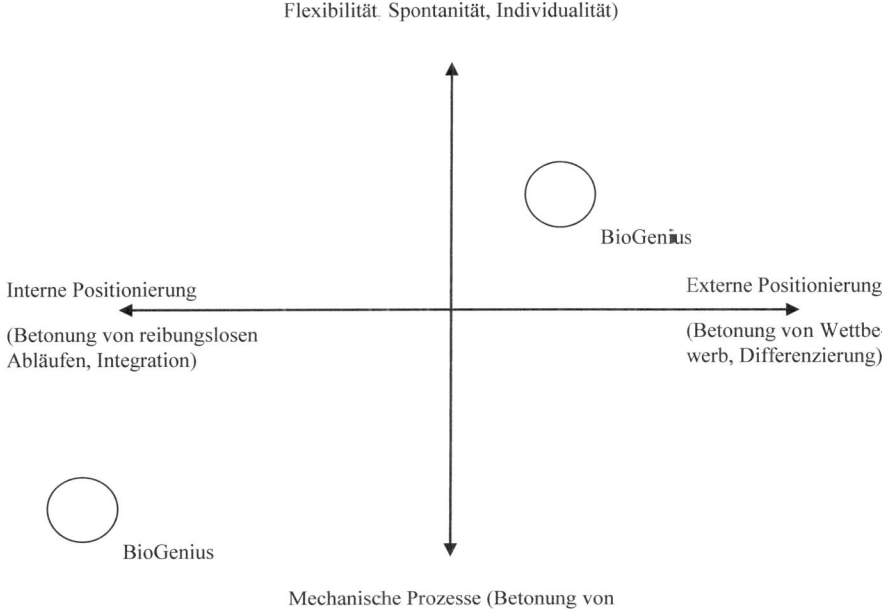

**Abb. 6.8** Charakterisierung der Unternehmenskultur von BioGenius (Quelle: In Anlehnung an Cameron/Quinn 1999)

### 6.1.5 Künftige Entwicklungstendenzen und marktgerichtete Konsequenzen

Gegenwärtig zeichnet sich für BioGenius ein Wandel der Rahmenbedingungen ab, die zu Überlegungen über die künftige Ausrichtung des Unternehmens Anlass geben.

So wird im Laufe der Zeit die Umsetzung der Biozid-Richtlinie bei den Unternehmen abgeschlossen sein. Das heißt, dass die von Unternehmen in Umlauf gebrachten Produkte hinsichtlich ihrer Inhaltsstoffe alsbald über Registrierungen/ Zulassungen verfügen werden und die Nachfrage nach diesbezüglichen Leistungen von BioGenius in mittelfristiger Zukunft zurückgeht. In diesem Kontext registriert das Management des Unternehmens, dass die Kunden Produktinnovationen auf Basis neuer Inhaltsstoffe immer mehr scheuen, da diese Produktentwicklungen zu kostspielig geworden sind. Vielmehr zeichnet sich ab, dass die Unternehmen vermehrt auf neue Kombinationen von bereits zugelassenen Inhaltsstoffen zurückgreifen, um umfangreiche, langwierige und nicht zuletzt auch kostenintensive Neuzulassungen zu vermeiden.

Aus Diskussionen von BioGenius mit Kundenunternehmen lässt sich ableiten, dass diese verstärkt die Dienstleistungen eines kompetenten, markterfahrenen Anbieters in

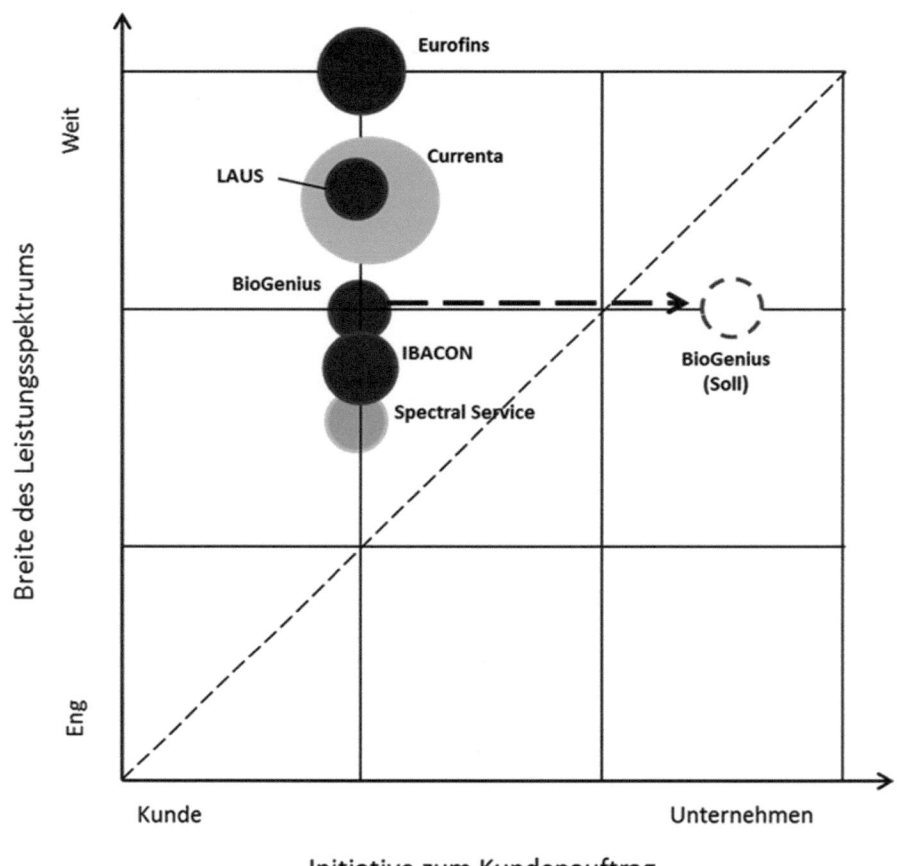

**Abb. 6.9** Veränderte strategische Position von BioGenius im Gefüge (verhaltensorientiert gebildeter) Strategischer Gruppen

Anspruch nehmen würden, der ihnen bei der strategischen Positionierung von Innovationsvorhaben und konkreteren Produktentwicklungsvorhaben zur Seite steht.

Vor diesem Hintergrund erwägt das Management, eine veränderte strategische Ausrichtung des Unternehmens im Markt anzustreben; der Bezugspunkt dieser nachfolgend gekennzeichneten Überlegungen ist das auf verhaltensorientierter Grundlage gebildete Gefüge Strategischer Gruppen (siehe Abb. 6.9).

Die erwogene künftige strategische Stellung von BioGenius ist in Abb. 6.9 mit „Soll" bezeichnet. Während die Breite des Leistungsangebotes hiernach – mehr oder weniger – unverändert bleibt, wird die Absicht deutlich, stärker als aktivinitiierender Akteur im Markt aufzutreten.

## 6.1.6 Ableitung interner Konsequenzen

Nach der Etablierung des Unternehmens in den letzten zehn Jahren bietet sich für BioGenius eine veränderte strategische Ausrichtung an: Das Unternehmen soll nicht nur auf Kundenwünsche reagieren, sondern stärker als Entwickler und Impulsgeber für neue Produkte ihrer Kunden agieren und nach Möglichkeit auch eigene Innovationsvorhaben realisieren. Die nachdrückliche Übernahme einer Rolle als ein aktivinitiierend auftretender Problemlösungsanbieter mit einem umfassenderen Lösungsangebot für Innovationsprojekte unterschiedlicher Ausrichtung erfordert vom Unternehmen nach innen gerichtete Anpassungsmaßnahmen.

Die Herausforderung, der sich BioGenius zukünftig stellen muss, liegt paradoxerweise in ihrer Stärke begründet. So haben die Produktspezialisierung der Organisation und die nachdrücklich verankerten GLP-Vorgaben (Formulierung und Einführung von fest etablierten Arbeitsprozessen usw.) nachdrücklich gefördert, dass sich die Mitarbeiter von BioGenius über den Zeitraum ihres Bestehens zu expliziten, stringent arbeitenden Spezialisten im Sinne der Analyse-, Prüf- und Beratungsanforderungen entwickelt haben. Demgemäß spielte bislang eine Erwartung an die Mitarbeiter, kreativinitiierend tätig zu sein, nur eine geringe Rolle.

Nunmehr verlangt die Neupositionierung von BioGenius von den Mitarbeitern einen „Wechsel im Denken". Um als Unternehmen zukünftig eine aktivere Rolle im obigen Sinne einzunehmen, sind nunmehr interne Rahmenbedingungen zu schaffen, damit die Mitarbeiter diese mentale Neuorientierung bewerkstelligen und sich letztlich zu „Unternehmern im Unternehmen" entwickeln können. Um diese Anforderung erfolgreich zu gestalten, erörtert das Management von BioGenius mögliche „Hebel", die sich einerseits organisatorischen und andererseits personalpolitischen Aktionsfeldern zuordnen lassen; es ist zu beachten, dass die diskutierten Ansätze in einem engen Zusammenhang zur Unternehmenskultur stehen:

- Organisatorische Maßnahmen: Installation eines Innovationsmanagers, Umstellung der herkömmlichen Projektarbeit auf stärker flexibilisierte Ansätze (z. B. SCRUM).
- (Längerfristige) Ausrichtung der Personalpolitik des Unternehmens auf innovationsgerichtete Erfordernisse durch Umgestaltung des Entlohnungssystems, Berücksichtigung managementorientierter Kriterien bei der Personaleinstellung und – beurteilung sowie Ausarbeitung mittel- und längerfristiger Pläne zur Personalentwicklung.

Die Einführung von *Innovationsmanagern* in einem Unternehmen zielt grundsätzlich darauf, Änderungen im Leistungsprogramm und die notwendigen internen Veränderungsprozesse im Unternehmen durch gesonderte Organisationseinheiten zu fördern. Die Entscheidungskompetenzen und Ressourcenausstattungen derartiger Stellen können variieren und von reinen „Impulsgebern", die Anregungen und methodisches Know-How vermitteln, über Liaison-Einheiten, die institutionalisierte Verbindungen zwischen existierenden

Stellen herstellen, bis hin zu (Projekt-)Leitungsstellen reichen, die die Entscheidungsgewalt und Verantwortung für komplexere Innovationsvorhaben übernehmen.

Die Erwägung, im Rahmen des Projektmanagements stärker auf flexible Ansätze wie z. B. SCRUM zu setzen, basiert auf der Annahme, dass eine weniger rigide, stattdessen schrittweise Planung von Projektstufen günstiger für die Entfaltung und Stärkung der Kreativitäts- bzw. Innovationspotenziale der Mitarbeiter eines Unternehmens ist. Werden Innovationsprojekte mit dem Anspruch geplant, die grundlegenden Schritte mehr oder weniger detailliert vorzubestimmen, kann das die Kreativität der Betroffenen hemmen (und zu recht aufwendigen Umstrukturierungen im Projektablauf führen).

Die Ausrichtung der Personalpolitik des Unternehmens auf innovationsgerichtete Erfordernisse kann mehrere Elemente einbeziehen. Zu erwägen ist eine Umgestaltung des Entlohnungssystems durch Berücksichtigung finanzieller Anreize für Innovationsbemühungen oder -erfolge der Mitarbeiter, die Berücksichtigung managementorientierter Kriterien bei der Personaleinstellung und -beurteilung (neben biologischtechnischen Kompetenzen kann z. B. das Vorhandensein kaufmännischer Qualifikationen einbezogen werden) sowie die Ausarbeitung und Umsetzung mittel- und längerfristiger Pläne zur Personalentwicklung (Stärkung der motivationalen und fähigkeitsbezogenen Eigenschaften von Mitarbeitern).

> **SCRUM als Alternative zum traditionellen Projektmanagement**
> Scrum stellt einen neuen Projektmanagementansatz dar, der sich zunehmend in der Praxis durchsetzt. Das herkömmliche Projektmanagement zeichnet sich vor allem dadurch aus, dass das Erreichen eines Projektziels durch die Planung von verschiedenen Prozessphasen mit individuellen und spezifischen Unterzielen vom Projektleiter in einem Projektplan ausgiebig vorausgeplant wird.
> 
> Es wird speziell erwartet, dass durch diese detaillierte Vorausplanung insbesondere der Erfolg des Projektes gewährleistet wird, da die in den einzelnen Projektphasen erzielten Meilensteine dann durch eine „einfache" Soll-Ist-Analyse kontrolliert werden und bei Abweichungen dann Gegenmaßnahmen ergriffen werden können. Doch trotz dieser umfangreichen Vorausplanungen birgt der traditionelle Projektmanagementansatz – zumindest im Zusammenhang mit kreativen Innovationslösungen – allerdings auch massive Nachteile. Denn eben diese Detailgenauigkeit verlangt nicht nur eine zeitintensive Vorabplanung vom Projektleiter, wobei Projektendergebnis und Etappenziele häufig zeitlich weit in der Zukunft liegen können, sondern schränkt zugleich auch die Projektteilnehmer in ihrer Kreativität ein, da nach der Festlegung des Projektplans lediglich der Fokus auf die „Abarbeitung" der einzelnen Projektphasen gelegt wird, ungeachtet möglicher zwischenzeitlicher Veränderungen von „außen". Aus diesen Gründen etabliert sich in der Praxis immer mehr die Auffassung, dass der herkömmliche Projektmanagementansatz, insbesondere bei der Entwicklung von innovativen Produkten, als wenig geeignet erscheint. Genau diese Nachteile versucht der SCRUM-Ansatz zu vermeiden.
> 
> SCRUM als „neue" Form der Projektarbeit hat ihren Ursprung in der Softwaretechnik. Das Besondere an diesem Ansatz ist, dass er im Gegensatz zum herkömmlichen Projektmanagement eine weitaus einfachere Struktur und weniger Regeln besitzt und damit größere Flexibilitätspotenziale bietet, was der Softwareprogrammierung weitaus mehr entgegenkommt.

So lässt sich das Programmieren von Softwareprogrammen oftmals als „flickenteppichhaft" beschreiben. Das heißt, dass mehrere Personen zeitgleich an mehreren Programmteilen schreiben, die am Ende des Projektes zu einem einzigen Softwareprogramm zusammengefügt werden.

Zu Beginn eines SCRUM-Projektes werden nur die notwendigsten Eckdaten des Softwareprojektes, wie z. B. gewünschte Funktionen des Programms, in Form von so genannten Story Cards vorgegeben, die anschließend in einem Produkt-Backlog (Pflichtenheft) konkretisiert und priorisiert werden. Des Weiteren bestehen die Projektteilnehmer aus einem Product Owner (Vertritt die Anwender, die am Ende die Software verwenden), Project-Master (Übernimmt die Rolle eines Moderators und versucht die notwendigen Ressourcen bereitzustellen) und dem Projektteam (Programmierer). Zwar werden bei einer Softwareentwicklung, wie beim normalen Projektmanagement, ebenfalls bestimmte Arbeitspakete (Sprint-Planung) mit spezifischen Ergebnissen (Sprint-Backlog) vordefiniert, jedoch nicht in der Präzision wie beim normalen Projektmanagement. Was den SCRUM-Ansatz zusätzlich vom regulären Projektmanagement unterscheidet ist, dass weitaus mehr Wert auf Kommunikation zwischen den SCRUM-Mitgliedern gelegt wird. So treffen sich die Projektmitglieder nicht erst nach längeren Zeitintervallen, was beim normalen Projektmanagement üblich ist, sondern halten täglich ein ca. 15-minütiges Meeting ab. Diese tägliche Abstimmung zwischen allen Projektmitgliedern fördert ungemein die Kreativität, da neue Perspektiven, Gedanken, Lösungswege und dergleichen sofort in den weiteren Schritten berücksichtigt werden können. Zusätzlich sorgt das so genannten Sprint Review Meeting, dass mit Abschluss eines jeden Projektmeilensteins (Sprint) einberufen wird, dass die Ergebnisse erneut dem Produkteigner präsentiert werden, der dadurch die frühzeitige Chance bekommt, noch Einfluss auf das Produkt zu nehmen und die Teammitglieder darüber hinaus reflektieren können, ob noch Verbesserungspotenzial bei der Zusammenarbeit besteht.

Auf diese Weise bietet der SCRUM-Ansatz mehr Flexibilität und fördert gleichermaßen kreativere Lösungen, die vor allen Dingen bei der Entwicklung von neuen Produktlösungen notwendig sind. Diese Vorteile sind folglich auch der Grund, weshalb der SCRUM-Ansatz auch in Unternehmen außerhalb der Softwarebranche vermehrt Anwendung findet, die sich mit ihrer Unternehmensstrategie insbesondere auf die Entwicklung neuer Produktinnovationen konzentrieren.

### 6.1.7 Herausforderungen für die Unternehmensentwicklung

Das Unternehmen BioGenius blickt als ein recht kleines und wissensgetrieben arbeitendes Unternehmen insgesamt auf eine erste sehr erfolgreiche Dekade der Unternehmensgeschichte zurück, die zu einer einträglichen Positionierung im Markt und darauf abgestimmten internen Vorkehrungen und Prozessen geführt hat.

Nunmehr stellt sich bei der Festlegung der künftigen Unternehmensentwicklung die Aufgabe, die unterschiedlichen Aktivitäten, die sich einerseits auf innovationsorientierte Dienstleistungen für die Kundenunternehmen mit klar definierten Anforderungen beziehen und andererseits breitere, stärker von Kreativität und Offenheit getragene

Unterstützungsleistungen für die Innovationsvorhaben der Kunden betreffen, neu auszubalancieren. Hierbei kommt es darauf an, künftige Chancenfelder zu erkennen und konsequent zu bearbeiten, ohne die gegenwärtigen Erfolgspotenziale (über Gebühr) zu gefährden. Die Fähigkeit zur Planung und Realisation dieser veränderten Balance kann als Meta-Fähigkeit der Unternehmensführung verstanden werden, die in hohem Maße den künftigen Erfolg und auch Wert des Unternehmens beeinflusst.

## 6.2 Aufgaben

1. Stellen Sie die Erfolgspotenziale von BioGenius in der Ausgangskonstellation des Falles heraus und beurteilen Sie ihre weitere Entwicklung!
2. Analysieren Sie das Gefüge Strategischer Gruppen im relevanten Markt (Produkt-Markt-Kombinationen, verhaltensorientierter Blickwinkel) und beurteilen Sie etwaige Handlungsbedarfe für BioGenius! Welche Rolle spielt die Markenpolitik für BioGenius?
3. Beurteilen Sie, ob bzw. inwieweit die Organisation von BioGenius in der Ausgangskonstellation zur strategischen Grundausrichtung passt! Welche Probleme können sich gegebenenfalls im Rahmen des aktuellen Organisationsgefüges ergeben?
4. Welche Merkmale charakterisieren die Unternehmenskultur von BioGenius? Beurteilen Sie die zusammenfassende Einschätzung im zweidimensionalen Raster (gemäß Cameron/ Quinn)! Passt die Kultur von BioGenius in der Ausgangskonstellation zur strategischen Grundausrichtung?
5. Angesichts der in der Ausgangskonstellation erkennbaren Entwicklungstendenzen erwägt BioGenius die Veränderung der strategischen Orientierung im Markt (siehe Abb. 6.8). Wie beurteilen Sie diese strategische Änderung und welche veränderte Positionierungsaussage wäre in diesem Kontext passend? Welche Alternativen bestehen hierzu und wie fällt Ihr diesbezüglicher Vergleich aus?
6. Welche intern gerichteten Maßnahmen könnten vom Unternehmen eingesetzt werden, um die intendierte strategische Veränderung in Bezug auf die Mitarbeiter von BioGenius umzusetzen?

▶ **Literaturhinweise für die Aufgabenbearbeitung:**
Büchler J-P (2014) Strategie entwickeln, umsetzen und optimieren. Pearson, München
Cameron KS Quinn RE (1999) Diagnosing and changing organizational culture, John Wiley & Sons, Chichester
Porter ME (2013) Wettbewerbsstrategie. Methoden zur Analyse von Branchen und Konkurrenten. 12. Aufl. Campus, Frankfurt/Main

## Literatur

Cameron KS, Quinn RE (1999) Diagnosing and changing organizational culture. John Wiley & Sons, Chichester

Foegen M (2014) Der Ultimative Scrum Guide 2.0. Wibas, Darmstadt

Glaser U (2007) BioGenius als Gütesiegel. http://www.uteglaser.de/arbw_heft_4_2007.htm#BioGenius%20als%20G%C3%BCtesiegel. Zugegriffen: 16. Juni 2016

Krause M (2014) baua: Bundesanstalt für Arbeitsschutz und Arbeitsmedizin, Vortrag-Biozid-Produkte, 19.05.2014

Laborpraxis (2016) QS-System, Was steckt hinter der „Guten Laborpraxis"?; http://www.laborpraxis.vogel.de/labortechnik/articles/404973/index2.html. Zugegriffen: 28. Apr. 2016

o.V. (2009) Biozid-Info 1: Einführung in das Zulassungsverfahren, Bundesanstalt für Arbeitsschutz und Arbeitsmedizin, Dortmund

o.V. (2014) Company profile: BioGenius – anything but nine to five. International Pest Control, 56(5):246–247

Poppendieck M, Poppendieck T (2003) Lean Software Development: An Agile Toolkit, Addison-Wesley. Upper Saddle River, Boston

Porter ME (1980) Wettbewerbsstrategie. Campus, Frankfurt/Main.

Preußig J (2015) Agiles Projektmanagement: SCRUM, Use Cases, Task Boards & Co., Haufe, Freiburg

Roock S, Wolf H (2016) Scrum – verstehen und erfolgreich einsetzen, 1. Aufl. dpunkt, Heidelberg

Simon H (2012) Hidden Champions – Aufbruch nach Globalia. Campus Verlag, Frankfurt/Main

#  Teil II

# Internationalisierung

# 7  Plötzlich Hidden Champion? Erklärungsansätze für die Internationalisierung mittelständischer Weltmarktführer

Jan-Philipp Büchler und Axel Faix

## 7.1 Hidden Champions als Vorbild für Wachstum durch Innovation und Internationalisierung

Die Managementforschung ist bestrebt, Theorien und praktisch anwendbare Modelle zu entwickeln, die Unternehmen eine Anleitung für die Erzielung betrieblicher Erfolge und nachhaltiges Wachstum liefern. Hidden Champions sind dabei ein besonders reizvolles Untersuchungsobjekt, stellen sie doch viele etablierte Planungsansätze und renommierte Strategiekonzeptionen in Frage oder setzen diese oft in stark modifizierter Weise ein. Mit ihrem unkonventionellen Vorgehen erreichen sie nicht nur häufig dauerhafte und überdurchschnittliche Erfolge, sondern erringen sogar Spitzenposition in ihren – oftmals global dimensionierten – Märkten. Daher wundert es nicht, dass immer mehr kleine und mittelständische Unternehmen (KMU) nach den Erfolgsrezepten und Entwicklungspfaden der Hidden Champions fragen. Mit dem Interesse der Unternehmen geht eine beachtliche wissenschaftliche Rezeption der Hidden Champions Hand in Hand. Der von Hermann Simon im Jahr 1996 in die Managementforschung eingebrachte Ansatz erfreut sich einer lebhaften und weiter steigenden Forschungsintensität. Das Interesse an Hidden Champions hat inzwischen – wie dieser Unternehmenstyp selbst – globale Dimensionen erreicht. So finden sich inzwischen empirische Analysen in und mit Bezug auf zahlreiche Länder und Regionen wie z. B. Hidden Champions in CEE & Turkey (vgl. McKiernan und

---

J.-P. Büchler (✉) · A. Faix
FH Dortmund, Emil-Figge-Str. 44, 44227 Dortmund Deutschland
e-mail: jan-philipp.buechler@fh-dortmund.de; axel.faix@fh-dortmund.de

© Springer Fachmedien Wiesbaden GmbH 2018
J.-P. Büchler (Hrsg.), *Fallstudienkompendium Hidden Champions*,
https://doi.org/10.1007/978-3-658-17829-1_7

Purg 2013) oder der Transfer des Konzeptes auf den chinesischen Markt als sogenannte Hidden Dragons (vgl. Zeng und Williamson 2003).

Dieser faszinierende Unternehmenstyp gilt als Vorbild für viele Unternehmen aller Größenklassen. Die wesentlichen Eckpfeiler des Erfolgs der mittelständischen Weltmarktführer scheinen verstanden zu sein und doch fällt es der überwiegenden Anzahl an mittelständischen Unternehmen alles andere als leicht, diese prinzipiell einleuchtenden Merkmale zu kopieren und entsprechende Maßnahmen umzusetzen. Abgesehen davon, dass Differenzierungsmerkmale, die von einem größeren Unternehmenskreis übernommen werden, allmählich ihre Fähigkeit zur Abgrenzung vom Wettbewerb verlieren, nehmen wir den vorgetragenen Befund als Anlass, bei der Suche nach den Gründen für den Erfolg von Hidden Champions verstärkt nach den tiefer verwurzelten Fähigkeiten- und (Kern-)Kompetenzmustern als Grundlage für spezifische Entwicklungspfade Ausschau zu halten, die als „Blaupause" nicht ohne weiteres von Dritten verwendet werden können. Denn bei genauerem Hinschauen beschäftigt sich eine Vielzahl der empirischen Untersuchungen mit dem recht „offensichtlichen" Status und den erkennbaren Managementpraktiken von Hidden Champions, ohne die Frage nach der innigen Verzahnung von ressourcen-, markt- und managementorientierten Faktoren, die im Ergebnis zu den angesprochenen Entwicklungsmustern führt, beantworten zu können. Nebenbei bemerkt stellt unsere diesbezügliche Ausgangsdiagnose auch ein nachdrückliches Plädoyer für eine enge Verzahnung qualitativer (einzelfallorientierter) und quantitativer (größerzahliger) Forschung dar, deren gebündelte Stärken in einem abgestimmten Forschungsprogramm für bessere Antworten sorgen können.

Der folgende Beitrag behandelt zunächst Grundlagenfragen zu Hidden Champions in begrifflicher Hinsicht und thematisiert eine Basis zur dynamischen Betrachtung des Unternehmensverhaltens und der diesbezüglich zu treffenden Entscheidungen in Unternehmen (Abschn. 7.2). Die Diskussion möglicher Erklärungsbeiträge im folgenden Kapitel präsentiert zunächst einen geeigneten Bezugsrahmen, in dem unterschiedliche Argumente zur Hidden Champion-Entwicklung eingeordnet werden können (Abschn. 7.3.1). Vor diesem Hintergrund werden marktbezogene (Abschn. 7.3.2) und an Fähigkeiten und Kompetenzen (Abschn. 7.3.3) orientierte Erklärungsansätze erörtert und gewürdigt. Ein kurzes Fazit beschließt den Beitrag (Abschn. 7.4).

## 7.2 Internationalisierung von Hidden Champions – Grundlagenfragen

### 7.2.1 Begriffliche Annäherung an Hidden Champions: Strukturelle Merkmale und Orientierungsmuster

Der Unternehmenstypus „Hidden Champion" wird unter Bezugnahme auf mehrere strukturelle und verhaltensbezogene Merkmale beschrieben. Die strukturellen und eindeutig messbaren Merkmale sind durch die Unternehmensgröße und die Wettbewerbsposition

**Tab. 7.1** Entwicklung der strukturellen Kriterien für die Definition eines Hidden Champion

| Periode Merkmal | 1997 | 2007 | 2012 |
|---|---|---|---|
| Marktposition | Nr. 1 / Nr. 2 Weltmarkt Nr. 1 in Europa | TOP 3 Weltmarkt Nr. 1 auf ihrem Kontinent | TOP 3 Weltmarkt Nr. 1 auf einem Kontinent |
| Unternehmensgröße | Bis zu 1,5 Mrd. DM | Bis zu 3 Mrd. € | Bis zu 5 Mrd. € |

Quelle: In Anlehnung an Simon 1996, 2007, 2012.

bestimmt. Hidden Champions sind hiernach Mittelständler und damit relativ kleine Unternehmen. In ihren eng abgegrenzten Märkten (Marktnischen) sind sie Marktführer oder gehören weltweit zumindest zu den TOP 3 in ihrem Markt. Sie werden daher auch häufig synonym als mittelständische Weltmarktführer bezeichnet (vgl. Meffert und Klein 2007). Seit dem Beginn der Forschungsarbeiten in den 1990er Jahren wurden die quantitativen Grenzen für die Einordnung eines Unternehmens als Hidden Champions leicht verändert (vgl. Tab. 7.1).

Dieser Umstand trägt der nachhaltig erfolgreichen Entwicklung der Hidden Champions insgesamt Rechnung, da diese Unternehmen inzwischen – auch aufgrund ihrer geografischen Expansion – in neue Umsatzdimensionen gewachsen sind, ohne aber dabei ihre (sichtbaren) charakteristischen Erfolgsfaktoren zu verändern. Die gegenwärtigen Kriterien berücksichtigen dabei, dass die Marktführerschaft eines Hidden Champion nicht zwangsläufig im Heimatmarkt bzw. -kontinent bestehen muss, sondern aufgrund der Exportstärke und internationalen Orientierung vielmehr auf einem beliebigen Kontinent bestehen kann.

Neben den dargestellten strukturellen Kriterien lässt sich eine Vielzahl an verhaltens- und einstellungsbezogenen Merkmalen identifizieren, die weniger den Unternehmenserfolg durch Umsatzgröße oder Marktposition abbilden, als vielmehr tiefer liegende Erklärungsargumente für den Unternehmenserfolg der Hidden Champion beinhalten. Hierzu zählen vor allem die folgenden wesentlichen strategischen Haltungen und Verhaltensweisen:

- *Innovationsorientierung*: Technologische Führerschaft, die sich einer intensiven Forschungs- und Entwicklungsarbeit sowie im Setzen von Standards und Benchmarks ausdrückt, stellt die Basis für überlegene Produktinnovationen dar, mit denen sie ihre Branche prägen (vgl. Simon 2012, S. 259 ff.; Meffert und Klein 2007, S. 83). Dies kann beispielhaft in der Fallstudie **Dolezych** studiert werden.
- *Kundenorientierung*: Intensive und langfristige Kundenbeziehungen, die sich durch eine hohe Interaktion, regelmäßigen Austausch und sogar gemeinsame kundenspezifische Entwicklungen auszeichnen, prägen die gesamte Unternehmensstruktur (vgl. Simon 2012, S 21. ff.). Inwieweit der Zielkonflikt zwischen starker Kundenorientierung – z. B. bei individueller Auftragsfertigung – und wirtschaftlicher Wertschöpfung – insbesondere auf Basis von Skaleneffekten – aufgelöst werden kann, zeigt die Fallstudie **Faymonville**.

- *Internalisierung*: Auf der Basis geschützter (Kern-) Kompetenzen führen sie im Regelfall – nahezu – sämtliche wertschaffende Aktivitäten vor allem in Forschung und Entwicklung, Produktion und Vertrieb (auch im Zuge der Internationalisierung) selbst durch (vgl. Simon 2012, S. 168 ff.). Der gezielte Aufbau oder Erwerb von Kompetenzen und Fähigkeiten kann in der Fallstudie **GEA** nachvollzogen werden.
- *Weltmarktorientierung*: Die globale Marktbearbeitung ermöglicht den Hidden Champions die Realisierung von Skaleneffekten bei gleichzeitiger Nischenstrategie und ist daher strategisch von höchster Bedeutung. Die konsequente und kontinuierliche Internationalisierung, die in der Regel durch Direktinvestitionen in ausländische Tochtergesellschaften und damit autark erfolgt, ist daher eine zentrale Führungsaufgabe (vgl. Simon 2012, S. 190). Die Fallstudien **Hark** und **Vaillant** beschäftigen sich mit den Herausforderungen von Markteintritten und den Markteintrittsformen in wichtige ausländische Märkte.
- *Leistungsorientierung*: Ein ausgesprochener Führungswille und hoher Leistungsanspruch stellen einen wesentlichen Teil des kulturellen Fundaments von Hidden Champions dar (vgl. Pittroff 2011, S. 101 ff.). Dies kann in der Fallstudie **Autoneum** nachverfolgt werden.
- *Diversifikation*: Die sukzessive Ausweitung des bestehenden Kerngeschäfts in angrenzende Geschäftsfelder kann neue komplementäre Leistungsangebote umfassen, die z. B. im Rahmen von Systemführerschaftsstrategien zur Kundenakquisition und -bindung genutzt werden, oder bestehende Wachstumsbarrieren aufgrund bereits hoher Penetration des (heimischen) Nischenmarktes überwinden helfen (vgl. Simon 2012, S 326 ff.). Die Fallstudie **HUF** untersucht diese weiche Art der Diversifikation, die in sog. *Adjacencies* – nahe am Kerngeschäft liegend – erfolgt.

Zusammenfassend handelt es sich also um einen Unternehmenstyp, der in einem sachlich eng definierten Markt mit einem sehr hohen Leistungs- und Arbeitsethos in besonderem Maße kundenorientierte Innovationen auf Basis führender Technologien hervorbringt. Die Geschäfte werden auf Basis eines globalen Führungsanspruchs kontinuierlich internationalisiert, wobei die zentralen Wertaktivitäten (insbesondere Forschung, Entwicklung von Kundenbeziehungen) im Rahmen einer Internalisierung selbst realisiert werden. Bei Erreichen von Wachstumsgrenzen findet tendenziell eine weiche Form der Diversifikation statt.

Allerdings stellt sich die Frage, wie diese strategischen Verhaltensweisen (und die passenden Voraussetzungen dazu) im Internationalisierungsprozess auszugestalten sind, welche strategischen Prioritäten zu welchem Zeitpunkt gesetzt und wieder verändert werden müssen und wie etwaige Wachstumshemmnisse beseitigt werden können. Dazu sollen nachfolgend die wesentlichen Internationalisierungstheorien vorgestellt und vor dem Hintergrund ihres Erklärungsgehaltes für die Entstehung von Hidden Champions kritisch diskutiert werden. Zur Vorbereitung wird zunächst die Internationalisierung unter einem dynamischen Blickwinkel vertieft.

## 7.2.2 Dynamische Betrachtung der Internationalisierung

Die weiteren Überlegungen zeichnen die grundsätzlichen Verhaltensmuster von Hidden Champions im internationalen Kontext nach. Vor dem Hintergrund einer grundlegenden Konzeption zur Beschreibung des Unternehmensverhaltens und einer Analyse der Bausteine von Internationalisierungsstrategien wird ein Phasenmodell für die Internationalisierungsmuster von Hidden Champions präsentiert, das wesentliche Anknüpfungspunkte für die nachfolgend erörterten Erklärungsansätze liefert.

### 7.2.2.1 Grundmodell der Unternehmensentwicklung als konzeptionelle Basis

Die Entwicklung eines Unternehmens verläuft nicht (ausschließlich) zufällig, sondern wird durch die zumindest subjektiv rationalen – oder im Nachhinein rational deutbaren – Entscheidungen des Managements gelenkt, das auf tatsächliche oder vermutete Zustände und Entwicklungen der Unternehmensumwelt (mit globalen und marktlichen Komponenten) eingeht. Die Umsetzung der Managemententscheidungen führt zum geplanten Unternehmensverhalten in einem bestimmten Zeitraum, das den Zustand des Unternehmens (Ressourcenkonfiguration, Kompetenzen, Leistungsangebote etc.) verändert. Da ein Unternehmen mitunter auch auf nicht vorhergesehene Faktoren reagiert, entsteht die neue Position des Unternehmens in seiner Umwelt aus dem Verbund geplanter und – mehr oder weniger – spontan initiierter Reaktionen auf Handlungserfordernisse, die sich kurzfristig und emergent ergeben. Auf Basis dieses Grundverständnisses von Veränderungsprozessen kann ein generisches Phasenmodell für die Unternehmensentwicklung konstruiert werden, in dem interne und externe Situationsfaktoren die – logischen – Phasenanfänge und -enden darstellen (vgl. Abb. 7.1).

„Da sich die interne und externe Situation zu Beginn einer Phase als Ergebnis aller vorherigen Phasen ergibt und das Management bei seinen Entscheidungen auch die externe und interne Situation einbezieht, wird in diesem Modell der Einfluss der Unternehmensgeschichte auf die Unternehmenszukunft explizit berücksichtigt" (Hutzschenreuter 2001, S. 107). Insofern kann das Modell im Sinne eines „history matters" für die Erklärung von Entwicklungsmustern und Pfadabhängigkeiten herangezogen werden (vgl. Teece et al. 1997). Explizit wird die Rolle des Managements erfasst, das mit der Fähigkeit der Antizipation zukünftiger Entwicklungen strategisches Verhalten plant und im Zeitablauf anpasst, sodass auch (anfänglich) ungeplantes Verhalten und emergente Strategien entstehen (vgl. Mintzberg und McHugh 1985). Das Herausbilden von strategischen Handlungsmustern durch ein „Management by Options" ist charakteristisch für Hidden Champions, wie stellvertretend in der Fallstudie Dolezych gezeigt wird. Neben der Fähigkeit zur Antizipation ist dabei vor allem die Fähigkeit, überhaupt zu wachsen und dabei die Erfordernisse und Restriktionen der internationalen Märkte zu beachten, die Grundvoraussetzung für jede internationale Expansionsstrategie. Im Rahmen eines Internationalisierungsprozesses eines Unternehmens ist dabei ein spezifischer Umgang mit den grundlegenden

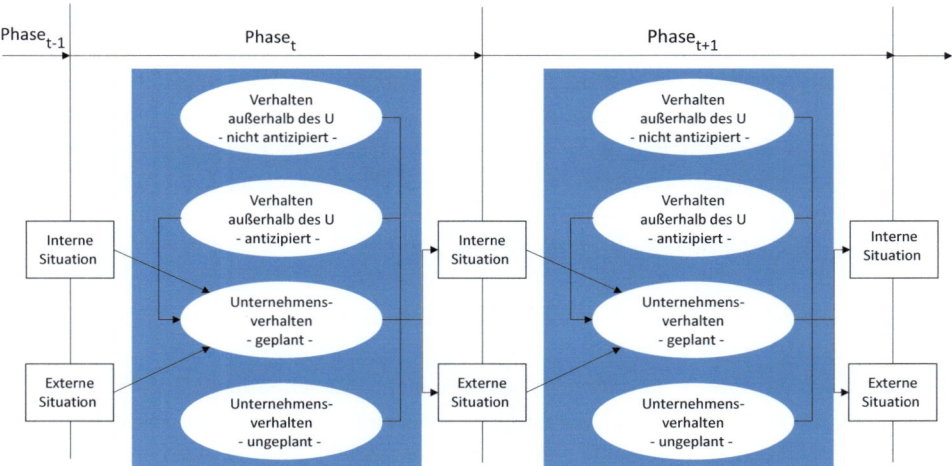

**Abb. 7.1** Grundmodell der Unternehmensentwicklung (Quelle: in Anlehnung an Hutzschenreuter 2001, S. 107)

inhaltlichen Möglichkeiten gegeben, die zum Eintritt in und zur Bearbeitung von internationalen Märkten bestehen.

### 7.2.2.2 Bausteine von Internationalisierungsstrategien: Markteintritts- und -bearbeitungsformen

Die Erschließung von ausländischen Zielmärkten umfasst sowohl die Entscheidung zum Markteintritt als auch – nachgelagert – die Auswahl geeigneter Instrumente zur Marktbearbeitung. Der Eintritt in einen ausländischen Zielmarkt bezieht sich unmittelbar auf den Zeitpunkt und eventuell die zeitliche Abfolge mehrerer Markteintritte sowie die rechtlich-organisationale Form des internationalen Engagements. Nach dem Markteintritt ist im Rahmen der Marktbearbeitung über den Einsatz von Instrumenten zur Ausschöpfung der Erfolgspotenziale von internationalen Märkten im Rahmen eines Arrangements, das die Zugänge zu Ressourcen und Ergebnissen des Ressourceneinsatzes (unter Einbeziehung von Partnern) regelt, zu entscheiden. Hierbei sind fortlaufende Anpassungen erforderlich, die gegebenenfalls auch Veränderungen der rechtlich-organisationalen Form im Zeitablauf bedeuten.

Das Spektrum der Markteintrittsformen reicht von verschiedenartig ausgestalteten Exportformen über internationale Verträge, die ohne eine Kapitalbeteiligung mit externen und lokalen Partnern in einem ausländischen Zielmarkt geschlossen werden, bis hin zur Gründung von Auslandsgesellschaften mit Kapitalbeteiligung, die sowohl durch Kooperation als auch durch die Gründung einer Tochtergesellschaft oder Akquisition erfolgen kann (vgl. Morschett et al. 2015, S. 323 ff.). Die Markteintritts- und Marktbearbeitungsformen unterscheiden sich dabei in vielfältiger Hinsicht. Ein grundlegender Unterschied besteht in der Wahl des Ortes der Leistungserstellung, d. h. ob diese im Heimatmarkt und/oder im Auslandsmarkt erfolgt (siehe Abb. 7.2). In Abhängigkeit vom Ort der Leistungserstellung

# 7 Plötzlich Hidden Champion?

**Abb. 7.2** Markteintrittsformen (Quelle: in Anlehnung an Morschett et al. 2015, S. 324)

verändern sich die Höhe der erforderlichen Investitionen im Auslandsmarkt sowie das damit verbundene Investitionsrisiko aber auch die Stärke der Kontrolle über die Aktivitäten.

Hidden Champions haben offensichtlich eine starke Präferenz für solche Formen der Markterschließung, die regelmäßig eine hohe Kontrolle über die Leistungserstellung bieten, wie die hervorgehobenen Erschließungsformen in Abb. 7.2 zeigen. Dabei scheint die Abfolge überwiegend darin zu bestehen, dass zunächst ein relativ risikoarmer Proof of Concept des Leistungsangebots mittels direktem Export bei bestehender Leistungserstellung im Heimatmarkt angestrebt wird und bei ausreichender Marktgröße und zufriedenstellenden Erfolgen eine Direktinvestition im Zielmarkt erfolgt (vgl. Simon 2012, S. 168 ff.).

### 7.2.2.3 Intensität der Marktbindung und geografische Expansion im Fokus einer Phasenbetrachtung des Verhaltens von Hidden Champions

Die Internationalisierung mittelständischer Weltmarktführer wird von Haussmann / Holtbrügge / Rygl 2009 durch ein dreigliedriges Phasenschema beschrieben. Die Phasen werden durch die Hauptfaktoren geografische Reichweite der internationalen Geschäftsaktivität und Marktbindungsintensität sowie das damit verbundene Marktrisiko abgegrenzt. Die geografische Reichweite wird in regional, kontinental, global differenziert. Die Marktbindung und das eingegangene Marktrisiko steigen mit zunehmender Reichweite. Die Autoren finden in ihrer Studie keine Belege für mittelständische Weltmarktführer, die sofort globale Reichweite aufbauten, und schließen damit den Unternehmenstyp der sogenannten Born Globals (vgl. Oviatt und Mc Dougall 1994; Knight und Cavusgil 1996) explizit aus.

Die Abfolge der Internationalisierung in Phasen unterstellt (neben einer gewissen Internationalisierungsdauer), dass in jeder Phase ein bestimmter Erfolgsfaktor entscheidend für das Behaupten in dieser und das Erreichen der nächsten Phase ist (vgl. Haussmann et al. 2013, S. 576). In einer qualitativen Studie ermitteln die Autoren entlang des dreistufigen Internationalisierungsprozesses vier wesentliche Erfolgsfaktoren, die größtenteils mit den oben beschriebenen strategischen Haltungen korrespondieren (siehe Abb. 7.3).

**Phase 1 (regional):** Die Technologieführerschaft ist die zentrale Antriebskraft und Erfolgsfaktor der sogenannten *Visionäre*. Darunter wird das Hervorbringen marktorientierter Innovationen, d. h. die Verwirklichung technologisch überlegener, aber stets an den Kunden angepasster Produkte verstanden (vgl. Simon et al. 2002, S. 17). Erst nachdem auf dem Heimatmarkt weltklassefähige Produkttechnologien etabliert worden sind, wird die Bearbeitung von Auslandsmärkten angestrebt. Die Internationalisierung erfolgt daher ausgehend von einer Position der Stärke und des Wettbewerbsvorteils. Eine Strategie zur Internationalisierung ist regelmäßig kein Mittel, um Misserfolge auf dem Heimatmarkt zu kompensieren. Die Autoren schlussfolgern, dass die Erfolgsgrundlage daher in der Fähigkeit besteht, überdurchschnittliche Marktleistungen im Heimatmarkt zu erbringen (vgl. Haussmann et al. 2013, S. 578).

Die Internationalisierung ist in dieser frühesten Phase auf unmittelbare Grenzregionen konzentriert, um das bestehende Leistungsangebot einer ersten Marktreifeprüfung im

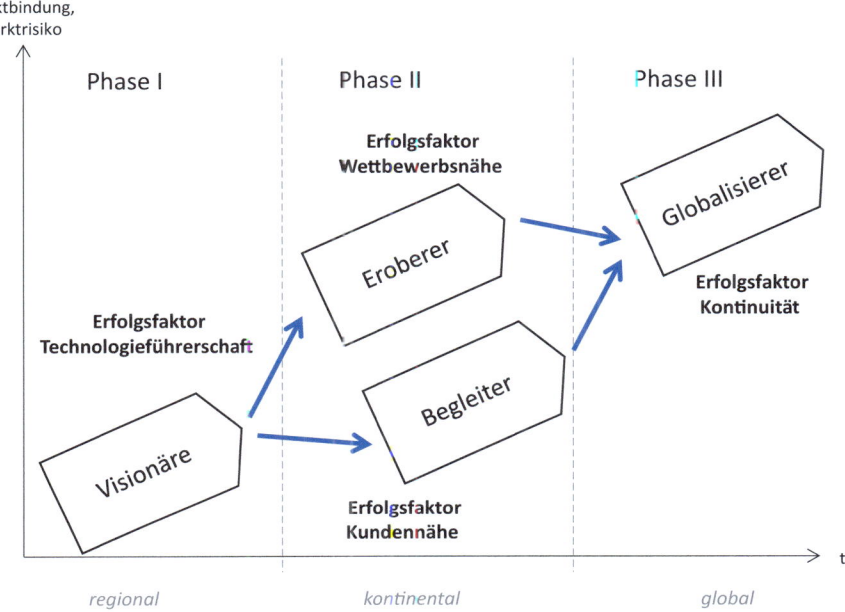

**Abb. 7.3** Internationalisierungsphasen von mittelständischen Weltmarktführern (Quelle: Haussmann et al. 2009, S. 118)

Ausland bei gleichzeitig relativ geringem Risiko zu unterziehen. Beispielhaft sind Markttests in der Region DACH oder BeNeLux für deutsche Hidden Champions. Hierbei spielt selbst die bundesländerspezifische Herkunft von Hidden Champions eine Rolle. So wird festgestellt, dass Unternehmen aus Rheinland-Pfalz und Nordrhein-Westfalen tendenziell in den BeNeLux-Staaten aktiv werden, während bayerische Unternehmen Richtung Österreich, Schweiz und Tschechien tendieren (vgl. Haussmann et al. 2013, S. 579.) Für diese Markttests werden Markteintritts- und -bearbeitungsformen mit geringer Bindungsintensität gewählt wie Exportstrategien und Vertriebsgesellschaften. Die zentrale Herausforderung ist die Schaffung einer internationalen Vision als zukünftiges Leitbild, welches die langfristige Ausrichtung des Unternehmens prägt und durch die Führungskräfte kontinuierlich vorgelebt und vermittelt wird.

**Phase 2 (kontinental):** Nach der ersten Phase können erfolgreiche Visionäre bereits ansatzweise als europäische Champions bezeichnet werden und richten ihre Geschäftsaktivitäten nun geografisch auf neue Kontinente aus, was mit einer höheren Marktbindung und entsprechenden Risiken einhergeht. Zwei unterschiedliche Typen von entstehenden Hidden Champions werden in dieser Phase unterschieden, wobei externe Faktoren jeweils einen großen Einfluss haben:

Die sogenannten *Eroberer*, die sich vor allem durch eine „*Going-Alone-Strategie*" auszeichnen, orientieren sich langfristig an ihren wichtigsten (lokalen und internationalen) Wettbewerbern. Innovationen und Entwicklungen der Wettbewerber sind Ansporn und

Aufforderung zu noch besseren eigenen Leistungen. „Weltklasse kann man nur erreichen, wenn man gegen die Besten kämpft, und nicht, indem man in der 2. Liga spielt" (Simon 1996, S. 123). Die Internationalisierung unterstützt das Primat eigener Leistungssteigerung durch die Intensivierung aktiven Wettbewerbs. Die Intensität der lokalen Wettbewerbssituation wird damit zum Entscheidungskriterium bei der Zielmarktauswahl. In der Zielmarktauswahl stehen meist technologische und nachfrageseitig anspruchsvolle Märkte mit starken lokalen Wettbewerbern wie z. B. USA oder Japan. Das Internationalisierungsmuster folgt damit nicht mehr dem risikobegrenzenden Testen in der Nähe zum Heimatmarkt, sondern dem gezielten Sprung in fordernde und weit entfernte Märkte. Die angestrebten Lerneffekte hängen von der Markterschließungsform ab. Hierbei werden ausschließlich eigentumsbasierte Formen, d. h. Direktinvestitionen in die ausländischen Zielmärkte gewählt, da diese eine alleinige Verfügungsgewalt über das Auslandsengagement zulassen und die Absorption von lokalem Wissen und Erfahrungen ermöglichen sowie eine Wissensdiffusion verhindern.

Die große Herausforderung hierbei ist es, die Managementkapazitäten insbesondere auf der obersten Führungsebene zu balancieren und das Auslandsengagement mit regelmäßiger Präsenz vor Ort zur gelebten Chefsache zu machen. Daraus folgen weit reichende Konsequenzen für den Führungsstil hinsichtlich des Delegierens und der Eigenverantwortlichkeit. Ebenfalls gilt es, die Balance zwischen Lerneffekten und Umsatzwachstum in der internationalen Marktbearbeitung zu finden, um den nachhaltigen Fortbestand des Unternehmens zu gewährleisten.

Die sogenannten *Begleiter* koppeln ihre Internationalisierung an ihre wichtigsten Kunden. Die Basis hierfür ist eine langfristige und tiefe Partnerschaft mit Schlüsselkunden, die durch eine wechselseitige Abhängigkeit geprägt sein kann. Diese Kooperation setzt sich auf den Auslandsmärkten fort und ist Zeichen einer global gelebten Kundennähe. Die Abfolge weiterer Internationalisierungsschritte ist damit ähnlich wie bei den Eroberern weitestgehend vorgegeben. Der entstehende Internationalisierungspfad zeigt, dass die ausländischen Standorte denen der wichtigsten Kunden entsprechen. Um die Kundennähe bei gleichzeitig räumlich weit auseinanderliegenden Regionen zu bewältigen und der Internationalisierungsgeschwindigkeit der Kunden zu entsprechen, wird mit diesen meist intensiv kooperiert. Die daraus entstehende Abhängigkeit einerseits und das mit der Kooperationsintensität verbundene Risiko der Wissensdiffusion andererseits sind die großen Herausforderungen, die Begleiter meistern müssen.

**Phase 3 (global):** Die *Globalisierer* sind weltweit präsent und sehen sich der Aufgabe gegenüber, das Leistungsangebot zu diversifizieren (also an die Vielzahl der Anforderungen aus ganz unterschiedlich entwickelten Märkten anzupassen), um international wettbewerbsfähig zu sein. Die Diversifikation erfordert eine Rekonfiguration der Geschäftsaktivitäten im Sinne einer strategischen Neuorientierung unter Wahrung der eigenen Stärken, wobei insbesondere die Flexibilität und Innovationsfähigkeit im Fokus stehen. Hierzu zählen auch die Entwicklung eines global ausgerichteten Führungssystems und die Orchestrierung der vielschichtigen Informationsflüsse im Unternehmen, sodass

Innovationen auch zunehmend dezentral auf Basis lokal erworbenen Wissens und durch lokal rekrutierte Führungskräfte entstehen können. Dies erfordert außerdem die Entwicklung und Etablierung geeigneter Koordinations- und Kommunikationsinstrumente, die einerseits nicht zu bürokratisch sind und andererseits Struktur sowie Kontinuität in die komplexen Interaktionen und wechselnden Projektteams bringen.

Das vorgestellte Phasenmodell zeigt grundsätzliche Internationalisierungspfade von Hidden Champions ohne den Anspruch zu erheben, jedes Detail in ausreichender Tiefe zu behandeln. Im Ergebnis zeigt sich, dass unterschiedliche Pfade existieren, die aber allesamt erfolgversprechend sein können. Jeder Pfad bzw. jede auf einem Pfad erreichte Etappe verlangt besondere Fähigkeitenmuster, die technologische, wettbewerbsstrategische, kundengerichtete oder koordinative Stärken betreffen. Zudem konstituieren unterschiedliche marktliche Impulse weitere Anforderungen, wie das Einhalten von Wettbewerbsnähe (enge Anlehnung an bedeutende Konkurrenten im Rahmen eines aktiv initiierten Innovations- bzw. Leistungswettbewerbs) oder von Kundennähe (hohes Verständnis der aktuellen und künftigen Bedarfe und Vermögen, auf diese eingehen zu können sowie Bereitschaft und Fähigkeit zur engen Kooperation mit Kunden). Vor diesem Hintergrund werden im Weiteren verschiedene Theorieansätze erörtert, die zumindest spezifische Facetten des Internationalisierungsverhaltens von Hidden Champions erklären können.

## 7.3 Erklärungsansätze für die Internationalisierungsmuster von Hidden Champions: Gesamtsicht und Einzelargumente

In der internationalen Managementforschung gibt es unterschiedliche Theorien für die Erklärung von Internationalisierungsstrategien und den daraus entstehenden Pfaden. Diese theoretischen Ansätze entspringen verschiedenen Denkschulen und verfolgen teilweise unterschiedliche Erklärungsziele. So bestand in der frühen Internationalisierungsforschung der Anspruch einer einheitlichen Theoriebildung. Insbesondere die industrieökonomischen Ansätze und auch der lerntheoretische Ansatz nach Johanson und Vahlne 1977 (vgl. Abschn. 7.3.3.1) verfolgten diese Idee (vgl. Gruber-Mücke 2011, S. 214 ff.). In der Forschung hat sich hierzu eine kritische Gegenposition herausgebildet, die anstelle einer einheitlichen und allgemeingültigen Theorie ein grundsätzlich eklektisches Vorgehen vorschlägt (vgl. Wright und Dana 2003). Diese Position vertritt die Auffassung, dass (mittelständische) Internationalisierungsstrategien stets unternehmensspezifisch und im Wesentlichen individuell auf der Basis von Wettbewerbsvorteilen und deren Transferierbarkeit zu erklären sind. Vor diesem Hintergrund gelten die weiteren Überlegungen einem integrierend angelegten, beide Positionen aufgreifenden Bezugsrahmen, der zwar die für das Erklärungsziel zentralen Schlüsselvariablen erfasst, aber auf Basis einer managementorientierten Perspektive durchaus unterschiedliche Deutungen und Argumentationsführungen zulässt.

## 7.3.1 Bezugsrahmen zur managementorientierten Betrachtung von Internationalisierungsansätzen

Der Ausgangspunkt für den vorzustellenden Bezugsrahmen bildet der Ansatz von Chetty und Campbell-Hunt 2003, die ihre Konzeption zur Erklärung von Internationalisierungsentscheidungen auf den Grundlagen des strategischen Managements aufbauen und zudem Wirkungsbeziehungen zwischen Faktoren berücksichtigen, die von vorhandenen Internationalisierungstheorien erfasst werden. Im Kontext globaler Umweltfaktoren, welche die technische, soziale, ökonomische oder politische Umwelt betreffen, sind es hiernach unternehmensspezifische Charakteristika wie z. B. Unternehmensgröße (gemessen an Umsatz oder Mitarbeitern), Managementorganisation und Führungsprinzipien sowie Ressourcen und Kompetenzen, die entscheidend für den Erklärungsbeitrag der Internationalisierungstheorien in Bezug auf die Strategieentwicklung sind. Im Spannungsfeld von Unternehmenscharakteristika und theoretischen Ansätzen lassen sich Erklärungen und Empfehlungen für strategische Entscheidungen der internationalen Markterschließung ableiten. Diese Entscheidungen betreffen die Marktauswahl und –eintrittsform sowie die Gestaltung von Produktstrategien und Wertaktivitäten. Im Zeitablauf entwickelt sich aus den sukzessiven Entscheidungen bezüglich der Erschließung ausländischer Zielmärkte ein Pfad der Internationalisierung.

In dem von uns vorgelegten Ansatz sind zwei Faktorengruppen für die Erklärung der Internationalisierung- und Innovationspfade der Hidden Champions von Bedeutung: Faktoren der marktlichen und globalen Umwelt sowie Merkmale des Unternehmens. Während die Umweltfaktoren Eigenschaften der prinzipiell betretbaren Märkte (z. B. Marktgröße und –wachstum, Anforderungen der Kunden) sowie globale Umweltmerkmale (z. B. rechtlich-politische Charakteristika, technologische Opportunitäten) betreffen, sind als Schlüsselmerkmale des Unternehmens insbesondere die Orientierungsmuster des Managements sowie Ressourcen und Fähigkeiten zu verstehen. Die Rolle der Orientierungsmuster ist darin zu sehen, dass sie ganz wesentlich die Wahrnehmung von Umweltchancen und -risiken und damit maßgeblich das „Set" von prinzipiell für tauglich gehaltenen Entscheidungsalternativen beeinflussen. Konzeptionell wird hierbei auf die sog. mentalen Modelle der handelnden Personen rekurriert (wobei die Vielfalt der Forschungen in diesem Bereich durch eine größere Zahl von Begriffen wie „*Cognitive Maps*", „*Interpretative Schemes*", „*Cognitive Frameworks*" oder „*Dominant Logic*" (vgl. Prahalad und Bettis 1986) zum Ausdruck gebracht wird). Jede spezifische Konstellation von Umweltfaktoren und Unternehmenseigenschaften generiert bestimmte (wahrgenommene) *strategische Optionen*, die (rational) unter dem Aspekt bewertet werden, die Unternehmensziele zu realisieren – und dabei die strategiespezifischen Erfolgsfaktoren (z. B. Kundennähe, Fähigkeit zur raschen Koordination oder Rekonfiguration der Wertkette) in ausreichendem Maße zu berücksichtigen. Inhaltlich können in diese Argumentationen potenziell vielfältige Erklärungsbeiträge unterschiedlicher Theorieansätze eingebracht werden. Das Resultat einer größeren Zahl von Entscheidungsetappen (siehe das Grundmodell der Unternehmensentwicklung, Abschn. 7.2.2.1) ist ein *realisierter strategischer Pfad*, der Periode für Periode auf die

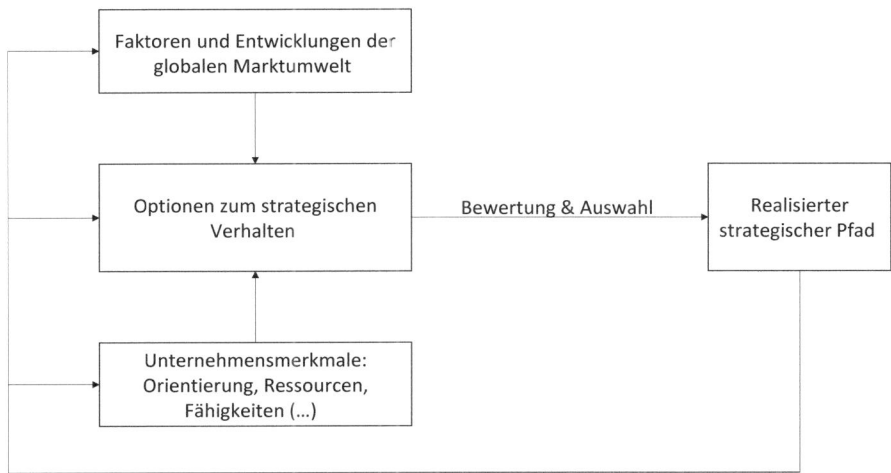

**Abb. 7.4** Bezugsrahmen zur Erklärung der Internationalisierung mittelständischer Unternehmen

Unternehmenssituation zurückkoppelt und dessen Ergebnisse die Potenziale zur Bildung und Bewertung strategischer Optionen verändern. Abb. 7.4 zeigt diesen folgerichtig rekursiv angelegten Bezugsrahmen in der Übersicht.

Die wesentlichen Internationalisierungstheorien sollen im Folgenden in ihren Aussagen und in ihrem Erklärungsbeitrag zur Entstehung von Hidden Champions kritisch reflektiert werden.

### 7.3.2 Marktliche Argumente im Fokus der Erklärung

Mit der Theorie des monopolistischen Vorteils und der Theorie des oligopolistischen Parallelverhaltens werden zunächst zwei Ansätze thematisiert, die durch Märkte begründete Anreize und Möglichkeiten zur Internationalisierung fokussieren.

#### 7.3.2.1 Theorie des monopolistischen Vorteils

Der Markteintritt mit strategischem Kapitaltransfer kann auf der Basis industrieökonomischer Modelle erklärt werden. Die zentrale Annahme besagt, dass Unternehmen in ihren Heimatmärkten grundsätzlich Wettbewerbsvorteile gegenüber ausländischen Wettbewerbern haben (vgl. Kindleberger 1969, S. 12 f.). Diese heimischen Wettbewerbsvorteile können durch Informationsvorsprung etablierter Unternehmen, Kundenpräferenzen für nationale Produkte oder Markteintrittskosten begründet werden (vgl. Hymer 1976, S. 32 ff.).

Wenn Unternehmen im Rahmen der internationalen Markterschließung derartige Heimvorteile von im Auslandsmarkt ansässigen Unternehmen (über-) kompensieren wollen, müssen sie spezifische Wettbewerbsvorteile und Fähigkeiten herausbilden, die als „monopolistische" Vorteile bezeichnet werden. Die Quelle derartiger Vorteile liegt in der Unvollkommenheit von Faktor- und Gütermärkten begründet. Auf einem Gütermarkt ergibt sich ein Wettbewerbsvorteil durch Ressourcen- und Kompetenzvorteile wie z. B. die höhere Innovationsfähigkeit eines Unternehmens (vgl. Posner 1961). Auf einem Faktormarkt kann dies z. B. durch günstigere Beschaffungskosten für Produktionsfaktoren sowie Qualitätsunterschiede eines Produktionsfaktors, insbesondere des Faktors Arbeit begründet sein. Ebenso können Patente, die technologisches Wissen schützen, als Quelle von Unvollkommenheiten bei der Beschaffung oder Nutzung von Technologien betrachtet werden (vgl. Kindleberger 1969, S. 14 f.). Schließlich liegen Unvollkommenheiten in Bezug auf Skalen- und Erfahrungskurveneffekte vor, die vor allem von Unternehmen realisiert werden können, die auf mehreren ausländischen Märkten gleichzeitig mit identischen oder überwiegend gleichen Produkten aktiv sind (vgl. Lynch 2006, S. 479 ff.).

Dieser Erklärungsansatz empfiehlt Markteintrittsformen, die den Schutz dieser monopolistischen Vorteile bestmöglich absichern helfen. Dies legt eine Direktinvestition, d. h. die Gründung (oder der Kauf) einer Auslandsgesellschaft nahe, da durch die Internalisierung der Auslandsaktivitäten größtmögliche Kontrolle über diejenigen Ressourcen und Kompetenzen besteht, die einen strategischen Wettbewerbsvorteil begründen (vgl. Meckl 2014, S. 74). Ein weiteres Ziel der Direktinvestition besteht darin, über die Auslandsinvestition Wettbewerb auf den Auslandsmärkten zu reduzieren oder auszuschalten, z. B. durch Mergers & Acquisitions (vgl. Kutschker und Schmid 2011, S. 414).

Die Theorie des monopolistischen Vorteils erklärt Wettbewerbsvorteile somit in einer Kombination aus ressourcen- und kompetenzbasierten sowie marktlichen Argumenten unter Bezugnahme auf empirische Beobachtungen. Für viele Hidden Champions ist diese Markteintritts- und -bearbeitungsform typisch; sie kann sowohl durch Schaffung einer eigenen Institution (*„Greenfield Investment"*) oder durch eine Akquisition (*„Brownfield Investment"*) erfolgen. In ihrem Erklärungsgehalt ist die inhärente Kontrolllogik der Aktivitäten im ausländischen Zielmarkt charakteristisch für Hidden Champions.

Einschränkend muss festgestellt werden, dass dieser Ansatz ausschließlich Direktinvestitionen (und zwar unabhängig vom Unternehmenstyp) erklärt und die Exportstrategie von Hidden Champions unberücksichtigt lässt. Außerdem kann die Transferierbarkeit von Wettbewerbsvorteilen in andere Märkte durch gegenläufige Effekte zunichtegemacht werden, wenn z. B. der technologische Vorsprung durch Produktanpassung im Rahmen eines Downgrading von Hochtechnologieprodukten für den Markteintritt in ein Schwellenland überkompensiert wird. Ebenso fehlt die systematische Bewertung, wann ein heimischer Wettbewerbsvorteil auch einen Vorteil in einem ausländischen Markt darstellt, wie ein Transfer von Ressourcen erfolgt bzw. welche Voraussetzungen erfüllt sein müssen und welche Fähigkeiten erforderlich sind.

### 7.3.2.2 Theorie des oligopolistischen Parallelverhaltens

Dieser Erklärungsansatz beschreibt Internationalisierungsmuster im Kontext wettbewerblicher Aktionen und Reaktionen in oligopolistisch strukturierten Märkten. In derartigen Marktkonstellationen bestimmen wechselseitige Abhängigkeiten die Strategien der recht wenigen Unternehmen, da initiale Verhaltensweisen im Regelfall Gegenmaßnahmen provoziert, die darauf gerichtet sind, das alte (oligopolistische) Gleichgewicht (mindestens) wiederherzustellen. Die aus dieser industrieökonomischen Einsicht und spieltheoretisch modellierbaren Situation abgeleitete Erkenntnis für die Internationalisierung lautet, dass die Erschließung von Auslandsmärkten durch ein Unternehmen von seinen Wettbewerbern in Form eines Follow-the-Leader-Verhaltens oder eines Cross-Investments beantwortet wird (vgl. Knickerbocker 1973)

Bei der Follow-the-Leader-Reaktion versuchen die Wettbewerber, die angestrebten Vorteile des in einen Auslandsmarkt investierenden Oligopolisten – die z. B. auf Erfahrungstransfer, Größenvorteilen, Reputationseffekten basieren – zu neutralisieren. Dies geschieht durch eigene Direktinvestitionen der Wettbewerber in denselben Markt, um die Aufrechterhaltung der relativen Wettbewerbsposition sicherzustellen. Ein Cross-Investment hingegen beschreibt eine Maßnahme für den umgekehrten Fall. Die Wettbewerbsbalance eines nationalen Oligopols kann ebenso gefährdet werden, wenn ein ausländischer – weltweit führender – Wettbewerber den Markt betritt. Der „Eindringling" profitiert von den oben genannten Vorteilen und sorgt für Verwerfungen auf dem nationalen Markt. Als Gegenmaßnahmen kommen sodann „Gegeninvestitionen" in den Heimatmarkt des Eindringlings in Betracht, welche die vermeintlichen Vorteile, die er in der Auslandsmarkterschließung seinerseits sucht, wieder aufzuheben vermögen. Die Folge dieses Wettbewerbsverhaltens ist die Verlagerung des Oligopols auf die internationale Ebene.

Diese Oligopoltheorie, die auch empirisch untersucht wurde (vgl. Knickerbocker 1973 und Graham 1978) und von der Spieltheorie unterstützt wird, liefert durchaus Erklärungsbeiträge für das Phänomen der Hidden Champions, erscheint aber gleichwohl diskussionswürdig. So wird die Auslandsinvestition als prinzipiell defensive Antwort im marktlichen (Re-) Aktionsprozess verstanden, ohne das initiative Verhalten des Leader zu erklären. Darüber hinaus werden nicht-oligopolistische Motive, wie marktstrategische Ursachen oder verhaltensorientierte Wirkungsmechanismen, vernachlässigt. Damit ist angedeutet, dass in diesem Zusammenhang interne Faktoren der Unternehmen weit gehend vernachlässigt werden.

### 7.3.3 Fähigkeiten im Fokus der Erklärung

Die weiteren Überlegungen rücken in verstärktem Maße die internen Voraussetzungen der Internationalisierung von Hidden Champions in den Mittelpunkt der Betrachtung. Im Kern geht es um die Institutionalisierung eines Lernprozesses, der Fähigkeiten und Kompetenzen auf verschiedenen Ebenen des Unternehmens betrifft.

#### 7.3.3.1 Fähigkeit zur lernenden Orientierung an Märkten und Faktoren des Unternehmens

Die Internationalisierung eines Unternehmens kann nur erfolgreich betrieben werden, wenn dieses über ein Mindestmaß an Marktorientierung verfügt. Day erfasst die Marktorientierung auf Basis von Fähigkeiten, die mit bestimmten Prozessen korrespondieren. Wesentlich ist die Annahme, dass ein Unternehmen „can become more market oriented by identifying and building the special capabilities that set market-driven organizations apart" (Day 1994, S. 38). Drei Gruppen von Fähigkeiten verantworten letztlich die Entwicklung, Durchsetzung und Transferierbarkeit von Wettbewerbsvorteilen durch das Unternehmen: Fähigkeiten mit einer Outside-In Perspektive, Spanning Capabilities sowie Fähigkeiten mit einer Inside-Out Perspektive.

Unter dem Aspekt einer von den Absatzmärkten her gesteuerten Strategieentwicklung haben für die Marktorientierung Fähigkeiten mit einer *Outside-In Perspektive*, vor allem die Market-sensing und Customer-linking capability (vgl. Day 1994, S. 40 ff.) hohe Bedeutung. Im Hinblick auf Market-sensing (systematische Erfassung, Verteilung, Interpretation und Nutzung von Marktinformationen) zeichnen sich leistungsfähige Unternehmen durch offene Prozeduren, wechselseitigen Austausch von Informationen im Unternehmen, das Vorhandensein angemessener Interpretationsgrundlagen sowie für alle relevanten Mitarbeiter zugängliche „Speicher" aus. Die Customer-linking capability, die enge Beziehungen zu Kunden aufbauen und pflegen hilft, beinhaltet eine intensive Kommunikation im Unternehmen und koordinierende Aktivitäten (z. B. bezüglich Informationssysteme); hierbei spielt z. B. der Vertrieb eine wichtige Rolle. Market-sensing und Customer-linking capability sind wesentliche Bedingungen, wenn Hidden Champions im oben dargestellten Phasenschema den Erfolgsfaktor „Kundennähe" adressieren. Die Outside-In Capability „Technology Monitoring" gewinnt dagegen für die Rolle des „Visionärs" an Stellenwert.

*Spanning Capabilities* verbinden in horizontaler Sicht – etwa durch eine geeignete Gestaltung der Wertkette und organisatorische Vorkehrungen – unterschiedliche Aktivitäten und Fähigkeiten des Unternehmens und zielen auf die antizipierten oder aktualisierten Bedürfnisse der Kunden. Hierzu gehören Auftragsabwicklung, Neuproduktentwicklung und Service (vgl. Day 1994, S. 42). Auch die von innen nach außen laufenden Prozesse (z. B. unternehmensübergreifende Logistikvorgänge und Technologieentwicklung) bieten Ansätze, um die Marktorientierung zu stärken.

Die Internationalisierung kann vor diesem Hintergrund als konsequent geförderter Lernprozess zur Vertiefung und Ausweitung der Marktorientierung aufgefasst werden, der die Ergebnisse der Handlungen einer Periode unter Berücksichtigung der eingesetzten Kompetenzen und Fähigkeiten erfasst, reflektiert und versucht, für eine neuerliche Etappe der Unternehmensentwicklung (vgl. Abschn. 7.2.2.1) schlussfolgernd die Weichen in Bezug auf eine Fortentwicklung der Fähigkeiten (Verbesserung vorhandener, Aufbau neuartiger Ansätze) im bestmöglichen Maße zu stellen. Dies schließt im Regelfall die vor dem Hintergrund der erwarteten Situationsänderungen erfolgende Analyse und Rekonfiguration der (zum Teil mit Partnern betriebenen) Wertkette des Unternehmens im internationalen Maßstab mit ein, die auf neu auftauchende oder neu gewichtete Erfolgsfaktoren (Kundennähe, Wettbewerbsnähe, technologische Leistungsfähigkeit etc.) eingeht. Damit ist der Vorgang des organisationalen Lernens angesprochen, der im Internationalisierungsansatz nach Johanson/Vahlne eine zentrale Rolle spielt.

Johanson und Vahlne 1977, 1990 formulieren in der Logik des Produktlebenszyklus (vgl. Vernon 1966, 1979) mehrere Phasen eines systematischen Prozesses zur Ausweitung von Geschäftsaktivitäten auf ausländische Märkte. Im Unterschied zu Vernon legen sie jedoch nicht Innovationen und externe Parameter als Triebkräfte der Internationalisierung zu Grunde, sondern nehmen Lernprozesse an, welche Unternehmer während der Entwicklung ihrer internationalen Geschäftstätigkeit durchlaufen. Diese Lernerfahrungen werden mit jedem internationalen Entwicklungsschritt gemacht. Daher wird der Internationalisierungsprozess insgesamt als in der Regel evolutionär aufgefasst und in inkrementalen, d. h. kleinen und gut planbaren Schritten beschrieben.

Dieser Ansatz enthält sowohl statische als auch dynamische Erklärungskomponenten. Als statische Komponenten werden der erreichte Grad der Marktbindung und die erworbene (erlernte) Marktkenntnis zugrunde gelegt. Die Marktbindung wird durch den Aufbau von Beziehungen in ausländische Zielmärkte (insbesondere auch durch eine Customerlinking capability) sowie den damit verbundenen Transfer von Ressourcen in eben diese Märkte beschrieben (vgl. Kutschker und Schmid 2011, S. 466 ff.). Der Beziehungsaufbau in ausländische Märkte vollzieht sich in diesem Ansatz graduell und beginnt regelmäßig mit Exportbeziehungen, intensiviert sich durch Kooperationen und verstetigt sich schließlich durch die Gründung einer Tochtergesellschaft. Diese Abfolge einer sich schrittweise intensivierenden Einbindung des Unternehmens in den ausländischen Markt beschreiben die Autoren als *Establishment Chain* (vgl. Johanson und Vahlne 1977, S. 24 f.). Die Marktkenntnis (als wesentliche Voraussetzung für Market-sensing) ist eng verbunden mit der Intensität der Marktbindung, da eine zunehmende Bindungsintensität zu einem tieferen Verständnis über wesentliche Markt- und Wettbewerbsparameter wie z. B. Marktstruktur, Wettbewerbsverhalten oder Kundenpräferenzen führt. Während objektives Wissen durch die systematische Sammlung von Marktdaten z. B. über Marktvolumina, Preisentwicklungen oder Marktanteile generiert wird, ist der Erwerb von Erfahrungswissen vor allem durch spezifische Beziehungen im ausländischen Zielmarkt begründet. Die *dynamische* Erklärungskomponente beschreiben Johanson/Vahlne mit den Managemententscheidungen über die nächsten Internationalisierungsschritte und die daraus resultierenden laufenden Geschäftsaktivitäten nach einem jeden Internationalisierungsschritt. Auf der Grundlage der zu einem Entscheidungszeitpunkt erreichten Marktbindung und der damit verbundenen Marktkenntnis entscheidet das Management, ob und wie das Auslandsengagement ausgebaut werden soll. Dieser Ausbau kann typischerweise in der Umwandlung eines Exportgeschäfts in eine Kooperation oder in eine Beteiligung an einem ausländischen Partner bestehen und beeinflusst fortan die laufenden Geschäftsaktivitäten.

Der zentrale Gedanke dieses Ansatzes liegt in dem Zusammenspiel der statischen und dynamischen Faktoren in einer Art *Internationalisierungsspirale* von Lernprozessen und Ausbauentscheidungen (vgl. Meckl 2014), die mit den Überlegungen zur Marktorientierung gut verträglich sind. Während die schrittweise Abfolge von Marktbearbeitungsformen, d. h. Export, Kooperation, Auslandsniederlassung für alle Branchen und Länder entlang dieser Internationalisierungsspirale angenommen wird, unterstellen Johanson/Vahlne für die zeitliche Abfolge der Ländermarktauswahl mit der psychischen Distanz einen weiteren Entscheidungsfaktor, der ohne Umschweife zu den oben angeführten mentalen Modellen der handelnden Akteure führt. „The psychic distance is defined as the sum of factors preventing the flow of information from and to the market. Examples are language, education, business practices, culture and industrial development" (Johanson und Vahlne 1977, S. 24). Der Ansatz unterstellt, dass regelmäßig zuerst solche Märkte mit geringerer psychischer Distanz, d. h. dem Heimatmarkt möglichst ähnliche Märkte bearbeitet werden. Erst auf der Basis gesammelter Erfahrung im Auslandsmarkt bzw. von Marktwissen werden schrittweise weiter entfernte Auslandsmärkte adressiert. Die Analyse psychischer Distanzfaktoren ist mit dem CAGE-Modell umfangreich erweitert und branchenspezifisch operationalisiert worden (vgl. Ghemawat 2001).

Der lerntheoretische Ansatz ist der wohl meist zitierte Erklärungsansatz für die Internationalisierung von Unternehmen. Seine Stärke liegt in der Entwicklung einer in sich logischen und konsistenten Theorie auf der Basis empirisch beobachtbarer und regelmäßig auftretender Internationalisierungsmuster (vgl. Meckl 2014, S. 59). Insbesondere die Berücksichtigung von Erfahrungswissen und dessen organisationaler Verarbeitung sowie der psychischen Distanz als Entscheidungsparameter leisten aus einer verhaltensorientierten Perspektive einen wertvollen Erklärungsbeitrag von internationalen Managemententscheidungen. Dabei scheinen insbesondere organisationale Lernprozesse für die Hidden Champions von zentraler Bedeutung zu sein (vgl. Simon 2012, S. 105 sowie S. 208). Im Hinblick auf die obigen Ausführungen ist positiv zu werten, dass sowohl die unterschiedlichen Erfolgsfaktoren (oder ihre Gewichtungen) der Stufen des Phasenmodells der Internationalisierung (Abschn. 7.2.2.3) sowie die erörterten inhaltlichen Bausteine der Marktorientierung in diesem Analyserahmen Platz finden.

Allerdings ist die nachlassende Erklärungskraft mit zunehmendem Internationalisierungsgrad des Unternehmens bzw. der Branche ein Nachteil des Ansatzes (vgl. Vahlne und Nordström 1993, S. 545). Dieser Umstand reduziert den Erklärungsgehalt insbesondere für die Hidden Champions, die nicht nur in eng definierten und globalen Märkten operieren, sondern auch selbst einen überdurchschnittlich hohen internationalen Umsatzanteil aufweisen, erheblich. Ein weiterer Kritikpunkt liegt in der Linearität der Markteintritts- und Marktbearbeitungsform, wobei allerdings der genaue Zeitpunkt des Übergangs von einer zur nächsten Marktbearbeitungsform nicht thematisiert wird, sodass die Ableitung konkreter Empfehlungen für die Entwicklung von Auslandsstrategien, d. h. wann welcher Auslandsmarkt in welcher Form erschlossen werden soll, stark eingeschränkt ist (vgl. Ietto-Gillies 2005, S. 128). Die postulierte Linearität der Markteintritts- und Marktbearbeitungsformen ist ebenfalls für die Erklärung des Internationalisierungsmusters von Hidden Champions nicht hilfreich, da sie überwiegend Exportstrategien oder den Alleingang via Direktinvestition wählen und die kooperativen Markteintrittsformen überwiegend bewusst vermeiden (vgl. Simon 2012, S. 168 ff.). Vor diesem Hintergrund ist es zweckmäßig, mit der Wachstumsfähigkeit eine Metaebene in die Analyse aufzunehmen, deren Ausprägung manche der oben angedeuteten „Brüche" erklären kann.

### 7.3.3.2 Wachstumsfähigkeit als Metafähigkeit

Im Rahmen der bisherigen Ausführungen wurde an verschiedenen Stellen deutlich, dass international erfolgreiche KMU besondere Fähigkeiten mit dynamischen Charakter herausbilden, die darauf gerichtet sind, grundlegende organisationale Kompetenzen auf Basis systematisch gewonnener Einsichten über den Pfad der Unternehmensentwicklung zu gestalten und einzusetzen. Diese sog. *Meta-Fähigkeiten* sind mehrdimensional in dem Sinne, dass sie „einfachere" Fähigkeiten und Kompetenzen miteinander verbinden (vgl. Klein et al. 1991, S. 4 ff.). Sie bilden die Spitze einer Hierarchie von Fähigkeiten: *„Moving up the hierarchy of capabilities, the span of specialized knowledge being integrated broadens: task-specific capabilities are integrated into broader functional capabilities – marketing, manufacturing, R&D, and financial. At higher levels of integration are capabilities which require wide-ranging cross-functional integration […]"* (Grant 1996, S. 377). Vor diesem Hintergrund stellen sich folgende Fragen: Lässt sich eine „typische" Meta-Fähigkeit als maßgeblicher Erklärungsansatz für die Entwicklung von Hidden Champions ausmachen? Und wie wäre diese Fähigkeit gegebenenfalls näher zu charakterisieren?

Eine Rückschau auf die obige Diskussion – insbesondere zum Phasenmodell zur Internationalisierung (vgl. Abschn. 7.2.2.3) – legt den Schluss nahe, dass die Fähigkeit zum Wachstum die gesuchte Meta-Fähigkeit ist. Die angestellten Analysen begründen die Beurteilung, dass es sich bei den typischen Wachstumsverläufen von Hidden Champions nicht um ein Wachstum „um jeden Preis", sondern um ein „bedachtes", gezielt die bedeutenden Chancen nutzenden, treffsicher angelegtes Wachstum handelt, bei dem diese Unternehmen systematisch die Erfolgsfaktoren der fraglichen Pfadetappe erkennen und mit eigenen Stärken nachhaltig wirkungsvoll aufgreifen können. Wir nennen diese besondere Eigenschaft: *Fähigkeit zum stringenten Wachstum*. Diese Fähigkeit scheint interessanterweise grundsätzlich unabhängig von strukturellen Merkmalen wie Unternehmensgröße oder –branche zu sein (vgl. in diesem Zusammenhang auch die Beobachtung von Simon 2012, S. 113 ff.).

Hutzschenreuter operationalisiert die Wachstumsfähigkeit eines Unternehmens anhand der Managementkapazitäten und der Entwicklungsfähigkeit der Ressourcen (vgl. Hutzenschreuter 2001, S. 108). Managementkapazitäten werden durch den Umfang und die Qualität der Leistungen bestimmt, die diejenigen Personen erbringen, welche legitimiert sind, über die Art und den Umfang der Unternehmenstätigkeit zu entscheiden und diese Entscheidungen durchzusetzen (Hutzschenreuter 2001, S. 110). Hierzu zählen Planungs-, Steuerungs- und Kontrollleistungen einerseits zur Gestaltung (*Entrepreneurial Services*) und andererseits zur Nutzung (*Administrative Services*) des Unternehmens (in Anlehnung an Penrose 1959, S. 31 ff.). Um (internationale) Wachstumsentscheidungen vorbereiten, treffen und realisieren können, werden die gestalterischen Entrepreneurial Services benötigt, währenddessen für die Nutzung der hierdurch entstehenden Marktmöglichkeiten sowie für deren Kombination mit den bestehenden Geschäftsfeldern des Unternehmens im Rahmen der Marktbearbeitung operativ angelegte Administrative Services gebraucht werden. Als weiterer prägender Faktor der Qualität der Managementkapazitäten wird die Leistungsbereitschaft, das sog. Ambition Level, angeführt. Hierin spiegelt sich der Wille zu wachsen wider, d. h. die Entschlossenheit und zur Wahrnehmung von (internationalen) Wachstumsoptionen.

Die Entwicklungsfähigkeit der Ressourcen hängt von internen (Aktivitäten, Kompetenzen, Fähigkeiten) und externen (Ökosystem) Rahmenbedingungen ab. Sie ist umso stärker, je stärker bereits entwickelte Aktivitäten und Kompetenzen zu einem Wettbewerbsvorteil und entsprechender Marktposition beitragen und je attraktiver bzw. anspruchsvoller die Umwelt des Unternehmens ist, in der diese Marktposition besteht. Simon (2012, S. 318) sieht in den Ökosystemen der deutschen Hidden Champions eine besondere „Trainingsmöglichkeit" für die internationale Wettbewerbsfitness, da in vielen Fällen Industriecluster bestehen, die durch wettbewerbssuchende Unternehmen gekennzeichnet sind, und außerdem eine fordernde Nachfragesituation nach technologisch anspruchsvollen Lösungen im deutschen Heimatmarkt besteht. Ausgehend von einer starken Ressourcen- und Marktposition lassen sich Wachstumsmöglichkeiten durch Transfer und Variation von Ressourcen und Kompetenzen in ausländische Märkte schaffen (Hutzschenreuter 2001, S. 109). Hier wird mit dem Transfer und der Variation von Ressourcen auf die dynamischen Fähigkeiten der Replikationsfähigkeit und Rekonfigurationsfähigkeit nach Teece et al. 1997 rekurriert. Replikationsfähigkeit stellt die organisationale Fähigkeit zur Multiplikation operativer Prozessfähigkeiten des laufenden Geschäftsbetriebs dar und wird als eine Voraussetzung für schnelleres und effizienteres Unternehmenswachstum betrachtet (vgl. Burmann 2005, S. 39). Rekonfigurationsfähigkeit beschreiben Teece et al. 1997 als dynamische Fähigkeit *„to sense the need to reconfigure the firm's asset structure, and to accomplish the necessary internal and external transformation"* (Teece et al. 1997, S. 520). Dies setzt wiederum Managementkapazitäten voraus, die durch einen flankierenden Lernprozess (d. h. eine Lern- und Transferfähigkeit) die entwickelten Wettbewerbspotenziale zu implementieren bzw. in der Organisation kumulierte Erfahrung oder Wissen zu aktivieren suchen.

Wir greifen eine Reihe der vorgestellten Argumente auf und konzeptualisieren die Fähigkeit zum stringenten Wachstum als mehrdimensionale Meta-Fähigkeit, die im Kern aus zwei Komponenten besteht: Erstens der Fähigkeit, Lernprozesse zur Ausweitung und Vertiefung der Marktorientierung zu realisieren und zweitens der Fähigkeit zur Integration der neu entwickelten und bereits betriebenen Geschäfte (in unterschiedlichen regionalen Märkten).

Die Lernprozesse zur Ausweitung und Vertiefung der Marktorientierung des Unternehmens vollziehen sich, in dem Phasen der Analyse und Reflektion (über Ressourcen, die Struktur der Wertkette, das Verhalten der Kunden in nationalen und internationalen Märkten etc.) einerseits und der Entscheidungsfindung und –umsetzung zur Ausnutzung sich bietender Optionen andererseits abwechseln, sodass ein planvoller strategischer Pfad der internationalen Unternehmensentwicklung beschritten werden kann, auf dem die im Heimatmarkt bestehenden Wettbewerbsvorteile ausgebaut und transferiert werden. Inhaltlich werden die strategischen Pfade durch die mentalen Modelle der Entscheidungsträger geprägt, die ihre Erfahrungen und verfügbaren Informationen zielsicher benutzen, um auf Basis eines adaptiven Lernens – bei dem bestimmte Handlungsbahnen (und damit z. B. die Wege zur Berücksichtigung der aktuellen Anforderungen an Erfolgsfaktoren) nicht verlassen werden – sowie auch eines generativen Lernens – das etablierte Bahnen bewusst in Frage stellt, gegebenenfalls verlässt und insofern risikoreicher ist – stringent die bestmöglichen Chancenfelder für die Unternehmensentwicklung identifiziert und nutzt. Im Zeitablauf zeigen Hidden Champions ihr hohes Vermögen, genau im richtigen „Takt" zwischen adaptiven und generativen Lernmustern zu wechseln, also einmal in einem vorgezeichneten Handlungskorridor die angewendeten Verhaltensweisen noch effizienter zu gestalten, wie auch im richtigen Moment „*Neuland*" (Erschließen neuer Ländermärkte, aber auch Vornahme von Innovationen und Diversifikationen) zu betreten, weil z. B. ein attraktives Ökosystem ausgemacht wurde, das zu den Kompetenzen des Unternehmens passt oder in einer oligopolistischen Aktions-Reaktions-Spirale ein interessantes strategisches Fenster ausgemacht wurde. Weniger erfolgreiche Unternehmenstypen verharren entweder zu lange in den etablierten Handlungsbahnen (und vernachlässigen die Chancen in den folgenden Etappen eines an sich möglichen Entwicklungsprozesses) oder begeben sich zu früh auf neuartiges Terrain (und überschätzen ihre Fähigkeiten zum generativen Lernen). Grundsätzlich benötigt das Lernen zur Vertiefung und Ausweitung der Marktorientierung sowohl die Replikationsfähigkeit zur Vermehrung operativer Prozessfähigkeiten des Geschäftsbetriebs (zur mehr oder weniger unveränderten Anwendung eines Geschäftsmodells in einem neuen Markt) als auch die Rekonfigurationsfähigkeit zur Neujustierung bzw. Anpassung von Geschäftsmodellen an neuartige Verhältnisse.

Zudem bedeutet Fähigkeit zum stringenten Wachstum, auf Basis geeigneter Analyse-, Koordinations- und Führungsfähigkeiten sowie ausschöpfender Maßnahmen dafür zu sorgen, dass die bestehenden Aktivitäten des Unternehmens (insbesondere im Heimatmarkt, aber auch in den zunächst eroberten Auslandsmärkten) angemessen und erfolgreich weiter betrieben werden, sodass die ökonomische Grundlage für die Expansion des Unternehmens erhalten bleibt und nicht etwa vernachlässigt wird. Mit dieser im Wesentlichen als Integrationsfähigkeit zu charakterisierenden Komponente ist die Fähigkeit zum stringenten Wachstum im Spannungsfeld zwischen Exploration und Exploitation (vgl. March 1991, S. 72 ff.) einzuordnen. Auch die Integrationsfähigkeit setzt voraus, dass in dieser Hinsicht ausreichende Replikationsfähigkeit (Anwendung etablierter Prozesse zur Integration) wie auch Rekonfigurationsfähigkeit (Neuentwicklung von Prozeduren und Strukturen) vorhanden sind, um qualitativ und kapazitativ passend gestaltete „Brücken" zwischen dem aktuellen und dem neuen Geschäft schlagen zu können. Eine solchermaßen verstandene Wachstumsfähigkeit als komplexe organisationale Meta-Fähigkeit wird von uns als wesentlicher Treiber für den internationalen Geschäftserfolg verstanden.

## 7.4 Fazit

Der vorliegende Beitrag charakterisiert den zunehmend in den Fokus des praktischen und wissenschaftlichen Interesses gerückten Unternehmenstyp „Hidden Champion" und greift Erklärungsbeiträge unterschiedlicher Theorien auf, um dem Erfolgsprinzip dieser Unternehmen auf die Spur zu kommen. Im Ergebnis zeigt sich, dass das Zusammenspiel marktlicher und fähigkeitenbezogener Argumente einen Ansatz bildet, um zu aussagekräftigen Erfolgsbegründungen zu gelangen. Wir ordnen der Fähigkeit zum stringenten Wachstum den wesentlichen Erklärungsbeitrag für den Erfolg von Hidden Champions zu, die als Meta-Fähigkeit eine treffsicher gesteuerte Kombination aus Lernfähigkeiten über Märkte und den Möglichkeiten zur Ausschöpfung ihrer Potenziale einerseits sowie Fähigkeiten zur permanenten Integration aktueller und neuer Aktivitäten andererseits bedeutet. Es ist die Aufgabe weiterer qualitativer und quantitativer Forschung, die konkrete Rolle dieser Fähigkeit für den internationalen Erfolg von Hidden Champions weiter zu ergründen und Handlungsoptionen (z. B. organisatorischer und personalpolitischer Art) zu ihrer zielgerichteten Beeinflussung aufzuzeigen.

## Literatur

Burmann C (2005) Strategische Flexibilität und der Marktwert von Unternehmen. In: Kaluza B, Blecker T (Hrsg) Erfolgsfaktor Flexibilität – Strategien und Konzepte für wandlungsfähige Unternehmen. ESV, Berlin, S 29–54

Chetty S, Campbell-Hunt C (2003) Paths to internationalization among small to medium-sized firms. A global versus a regional approach. Eur J Mark 37(5):796–820

Day GS (1994) The capabilities of market-driven organizations. J Mark 58(4):37–52

Ghemawat P (2001) Distance still matters. The hard reality of global expansion. Harvard Bus Rev 79(8):137–147

Graham EM (1978) Transatlantic investment by multinational firms: A rivalistic phenomenon? J Post Keynes Econ 1(1):82–99

Grant TM (1996) Prospering in dynamically-competitive environments: Organizational capability as knowledge integration. Organ Sci 7(4):375–387

Grazia Ietto-Gillies (2005) Transnational corporations and international production. concepts, theories and effects. E. Elgar, Cheltenham

Gruber-Mücke T (2011) Internationalisierung in frühen Unternehmensphasen. Eine empirische Analyse der Wachstumsdynamik von Jungunternehmen. Gabler, Wiesbaden

Hausmann H, Rygl D, Holtbrügge D (2009) Internationalisierung mittelständischer Weltmarktführer: Eine empirische Studie der Erfolgsfaktoren, Internationalisierungsmuster und Herausforderungen. In: Moser R (Hrsg) Internationale Unternehmensführung – Entscheidungsfelder und politische Aspekte, Management International Review (mir), Gabler, Wiesbaden, S 113–134

Hutzschenreuter T (2001) Wachstumsstrategien: Einsatz von Managementkapazitäten zur Wertsteigerung. Springer, Wiesbaden

Hymer SH (1976) On multinational corporation and foreign direct investment. MIT Press, Cambridge, MA

Ietto-Gillies G (2005) Transnational corporation and international production. Concepts, theories and effects. E. Elgar, Cheltenham

Johanson J, Vahlne JE (1977) The internationalization process of the firm – a model of knowledge development and increasing foreign market commitments. J Int Bus Stud 8(1):23–32

Johanson J, Vahlne JE (1990) The mechanism of internationalization. Int Mark Rev 7(4):11–24

Kindleberger CP (1969) American business abroad. Six lectures on direct investment. Yale University Press, New Haven und London

Klein JA, Edge GM, Kass T (1991) Skill-based competition. J Gen Manage 16(4):1–15

Knickerbocker FT (1973) Oligopolistic reaction and multinational enterprise. Harvard University Press, Boston, MA

Knight G, Cavusgil ST (1996) The born global firm: A challenge to traditional internationalization theory. Adv Int Mark, 8(1):11–27

Kutschker M, Schmid S (2011) Internationales management, 7. Aufl. Oldenbourg, München

Lynch R (2006) Corporate strategy, 4. Aufl. Prentice Hall, Harlow
March JG (1991) Exploration and exploitation in organizational learning. Organ Sci 2(1):71–87
McKiernan P, Purg D (2013) Hidden champions in CEE & Turkey. Carving out a global Niche. Springer Gabler, Wiesbaden
Meckl R (2014) Internationales management, 3. Aufl. Vahlen, München
Meffert J, Klein H (2007) DNS der Weltmarktführer. Erfolgsformeln aus dem Mittelstand. Redline Wirtschaft, Heidelberg
Merchiers A, Brudek G, Dammers M (2015) Advantages and Applications of Rail Haulage Systems in Underground Hard Rock Mining Operations; in: Glückauf Mining Report, Gesamtverband Steinkohle e.V., Herne.
Merchiers A, Mavroudis F, Pütz M (2016) Industrie-4.0-Champion - Hoch automatisierte Systeme im untertägigen Bergbau; in: GeoResources Zeitschrift 2-2016.
Mintzberg H, McHugh A (1985) Strategy formation in adhocracy. Admin Sci Quart 30(2):160–197
Morschett D, Schramm-Klein H, Zentes J (2015) Strategic international management. Text and cases, 3. Aufl. Springer Gabler, Wiesbaden
Oviatt B, McDougall P (1994) Towards a theory of International new ventures. J Bus Res Stud 25(1): 45–64
Penrose E (1959) The theory of the growth of the firm. John Wiley and Sons, New York
Pittroff M (2011) Die Bedeutung der Unternehmenskultur als Erfolgsfaktor für Hidden Champions. Springer Gabler, Wiesbaden
Posner MV (1961) International trade and technical change. Oxford Econ Pap 13(3):323–341
Prahalad CK, Bettis RA (1986) The dominant logic: A new linkage between diversity and performance. Strategic Manage J 7(6):485–501
Rygl D, Haussmann H, Holtbrügge D (2013) Internationalisierungsphasen mittelständischer Weltmarktführer. In: Kisgen S, Dresen A, Faix WG (Hrsg) International Management, Steinbeis-Edition, Stuttgart, S 567–598
Simon H (1996) Die heimlichen Gewinner. Campus, Frankfurt am Main/
Simon H (2007) Hidden Champions des 21. Jahrhunderts: Die Erfolgsstrategien unbekannter Weltmarktführer. Campus, Frankfurt am Main
Simon H (2012) Hidden Champions – Aufbruch nach Globalia. Campus, Frankfurt am Main
Teece DJ, Pisano G, Shuen A (1997) Dynamic capabilities and strategic management. Strategic Manage J 18(7):509–533
Vahlne JE, Nordström KA (1993) The internationalization process. Int'l Trade J 7(5):529–548
Vernon R (1966) International investment and international trade in the product cycle. Q J Econ 80(2):190–207
Vernon R (1979) The product cycle hypothesis in a new international environment. Oxf Bull Econ Stat 41(4):255–267
Wright R, Dana LP (2003) International entrepreneurship research: What scope for international business theories. J Int'l Entrepreneurship 1(1):31–42
Zeng M, Williamson PJ (2003) Hidden dragons. Harvard Bus Rev 81(10):92–99

# 8  Dolezych – Management by Options als Leitlinie internationaler Expansion

Gregor Brüggelambert, Jan-Philipp Büchler und Alexander Krosta

## 8.1  Fallstudie

**Heimspiel in Dortmund**

Udo Dolezych trommelt ungeduldig mit den Händen auf dem Lenkrad seiner Limousine, während sein Sohn Tim auf seinem Smartphone mit den Verkehrsdaten in Echtzeit nach Alternativrouten sucht. Wie immer bei Heimspielen sind die beiden Vollblutunternehmer und Borussiafans gemeinsam auf dem Weg in den Signal Iduna Park. Doch Stau und Stillstand können sie partout nicht leiden. Sie sind es gewohnt, in Alternativen und Optionen zu denken – erst recht, wenn die Zeit drückt oder ein wichtiger Geschäftspartner wartet. Ihr Unternehmen Dolezych GmbH & Co. KG spielt, wie die Borussia, seit vielen Jahren in der Königsklasse und ist Weltmarktführer für Ladungssicherung sowie Seil- und Hebetechnik. Die Heimspiele sind für die beiden Unternehmer immer eine gute Gelegenheit, wichtige Entscheidungen vorzubereiten, Beziehungen zu Geschäftspartnern zu vertiefen oder neue Mitarbeiter kennenzulernen. Heute treffen sie amerikanische Geschäftsfreunde im Stadion, um mit ihnen die Strategie für den amerikanischen Markt zu diskutieren und die bestehende Partnerschaft zu vertiefen. Auf dem Weg ins Stadion erörtern Udo und Tim Dolezych die bisherige Internationalisierung des Unternehmens.

---

G. Brüggelambert (✉) · J.-P. Büchler
FH Dortmund, Emil-Figge-Str. 44, 44227 Dortmund, Deutschland
e-mail: gregor.brueggelambert@fh-dortmund.de; jan-philipp.buechler@fh-dortmund.de

A. Krosta
Dolezych, Hartmannstr. 8, 44147 Dortmund, Deutschland
e-mail: alexander.krosta@dolezych.de

© Springer Fachmedien Wiesbaden GmbH 2018
J.-P. Büchler (Hrsg.), *Fallstudienkompendium Hidden Champions*,
https://doi.org/10.1007/978-3-658-17829-1_8

**Tim**: *Was hat Dich damals eigentlich zum Aufbau der Niederlassung in Polen bewogen? Sicher nicht Lewandowski, Kuba oder Piscek ... nein, also im Ernst, wann und wo haben wir uns eigentlich entschieden, so etwas wie eine Auslandsstrategie zu entwickeln, und wer hat diese dann so festgelegt?*

**Udo**: *Irgendwann brauchten wir einen Produktionsstandort, der geeignet war, einen Teil unserer Produkte in sehr guter Qualität bei gleichzeitig niedrigeren Produktionskosten als in Dortmund herzustellen.*

**Tim**: *Warum dann nicht gleich China?*

**Udo**: *So schnell schießen die Preußen nicht. Traditionell ganz und gar auf den deutschen Markt konzentriert, haben wir zunächst sogar befürchtet, dass der Aufbau einer Produktionsstätte in Polen zu Irritationen oder gar Abwanderung bei unseren deutschen Kunden führen könnte. Ein Unternehmen wie das Unsrige muss hier hochsensibel sein. Eine Expansion nach China wäre zur damaligen Zeit aus vielen Gründen nicht der richtige Schritt gewesen. Die Situation, die sich uns heute darstellt, lag damals einfach noch nicht vor.*

**Tim**: *Und die Niederlassung in der Schweiz? Hier kann man doch kaum von einem Standortvorteil sprechen. Außerdem interessiert mich die zugrundeliegende Strategie. Folgen wir da einem bestimmten Pfad?*

**Udo**: *Gute Frage! Bedenke aber, dass gute Geschäfte schon immer aus guten Gelegenheiten bestanden haben, die man zum richtigen Zeitpunkt nutzt. „Strategien" und „Pfade" sind nicht selten schlaues Gerede, das an der Realität des Geschäftslebens vorbeigeht, mitunter sogar dafür sorgt, dass Gelegenheiten nicht gesehen werden. Beim Fall Schweiz sind die Beweggründe relativ leicht nachzuvollziehen. Wir hatten und haben dort wichtige Kunden, die wir durch unsere Präsenz vor Ort besser und zu geringeren Kosten erreichen können. Du musst zudem sehen, dass der Zugang zum schweizerischen Markt gewisse Schwierigkeiten wie Zölle und Formalitäten mit sich bringt, auch wenn zwischen der Schweiz und der EU besondere Abkommen bestehen. Allgemeiner betrachtet ist die Historie unserer internationalen Expansion davon geprägt, dass wir zu einer geeigneten Zeit, in einer ganz bestimmten Situation eine auf unser Unternehmen zugeschnittene Entscheidung getroffen haben.*

**Tim**: *Das hört sich aber sehr spontan und wenig strategisch an!*

**Udo**: *Ja und Nein. Herr Keisewitt (stellvertretender Geschäftsführer der Firma Doleych) und ich haben uns schon oft darüber unterhalten, dass der nach Möglichkeit professionelle Umgang mit Gelegenheiten unsere eigentliche Strategie ist. Die zentralen Komponenten, die dann noch hinzukommen müssen, sind Risikobereitschaft und der Wille, die Sache auch in dem Rahmen anzugehen, der nötig ist, um erfolgreich zu sein. Ich bin daher auch der Meinung, dass sich unser konkretes Konzept nicht einfach auf andere Unternehmen übertragen lässt, wenngleich es einigen Prinzipien folgt, die grundsätzlich jedes Unternehmen beachten sollte, das sich mit dem Gedanken trägt, ins Ausland zu gehen.*

**Tim**: *War auch die Expansion nach China von solchen Gelegenheiten geprägt? Ich meine, China ist heutzutage doch nahezu ein Muss, gerade für ein Unternehmen wie das Unsrige. Der Markt ist riesig und wächst, gleichzeitig sind die Produktionskosten* *vergleichsweise niedrig. Warum sollte man dort nicht von einer Mega-Gelegenheit sprechen oder auf eine solche erst warten?*

**Udo**: *Auch ein solch scheinbar offensichtlicher Schritt muss vor den spezifischen Begebenheiten betrachtet werden, durch die sich unser Unternehmen, unsere Branche und unser Geschäft auszeichnen. Hinzu kommt der Faktor Zeit, da all diese wichtigen Komponenten einem permanenten Wandel unterliegen. Jede größere Fehlinvestition kann ein Unternehmen in eine schwierige Lage bringen. Eine Investition in einem Land zu tätigen, nur weil es ein großes Potenzial aufweist, nicht aber die spezifischen Hürden und Fallstricke zu beachten, hat schon manches Unternehmen an den Rand der Existenz geführt. Das gilt vor allem für kleine und mittlere Unternehmen. China ist geradezu ein Musterbeispiel für einen abgestimmten Umgang mit Gelegenheiten. So war die Hauptmotivation, einen Produktionsstandort in China einzurichten, weniger kostengetriebener sondern, zumindest perspektivisch, eher wachstumsgetriebener Natur. Wir wollen langfristig von den Potenzialen des Marktes profitieren. Dieser Teil ist natürlich leicht zu verstehen und lässt sich recht einfach als übergeordnete Strategie verstehen. Wie aber nun konkret in China vorgehen? Wie groß, in welcher Form, mit welchen Personen, wann, mit welcher Unterstützung usw.? Das sind die Fragen, die konkretisiert werden müssen. Da gibt es keine allgemein gültige Blaupause, die stets funktioniert.*

**Tim**: *Ich erinnere mich noch sehr gut daran, dass die Gründung in China damals für uns ein sehr großer Schritt war. Das hat bestimmt ein paar „Nerven" gekostet, oder?*

**Udo**: *Natürlich, ich sagte ja bereits, dass man so etwas nicht einfach nebenbei machen kann. Es bedarf Personen, welche die Angelegenheit mit ganzem Herzen in die Hand nehmen, und es bedarf der Rückendeckung durch die Unternehmensleitung.[1] Ein Unternehmen wie das Unsrige benötigt vor allem „Macher vor Ort". Unsere Expansion basierte immer auf den richtigen Köpfen. Wir hatten zwar gewisse Vorkenntnisse über das Land und den Markt, aber ohne Insiderkenntnisse wären wir nie zum Ziel gekommen. Gleichzeitig müssen diese Personen aber auch zu uns passen. Wir sind ein Dortmunder Unternehmen, mit über Jahrzehnte gewachsenem Geist und einer mittelständischen Seele. Das ist eine Stärke, die sich aber auch durch eine gewisse Sensibilität auszeichnet, wenn Änderungen anstehen. Falsche Entscheidungen in einem Bereich können sehr schnell auf andere Bereiche im Unternehmen ausstrahlen.*

**Tim:** *Sicher, so lange ein Mitarbeiter oder Geschäftspartner das BVB-Stadion nicht während eines Spiels von innen kennengelernt hat, weiß er nicht, wie wir funktionieren!*

**Udo:** *Da ist was dran! Die Ausdauer beim Vollgasfußball und die Leidenschaft unserer Borussia stehen einem Unternehmer nicht schlecht zu Gesicht! Lass uns mal sehen, was unsere amerikanischen Freunde zur feinen Spielkultur unserer Borussia sagen.*

---

[1]Siehe z. B. Nummela et al. (2004) hinsichtlich der tragenden Rolle eines ‚global mindsets' für die internationale Leistungsfähigkeit eines Unternehmens. Motivation und Erfahrung des leitenden Managements sowie die Charakteristika des Marktes sind ihrerseits die treibende Kräfte dieses ‚global mindsets'.

*Endlich fahren sie auf den Parkplatz und eilen zur Business Lounge, wo sie ihre amerikanischen Geschäftspartner erwarten.*

### 8.1.1 Unternehmensprofil

Über einen Zeitraum von mehr als 80 Jahren hat sich das Unternehmen Dolezych zu einer der ersten Adressen in der Seil-, Hebe-, Anschlag- und Ladungssicherungstechnik entwickelt. Das *„Lexikon der deutschen Weltmarktführer"* führt Dolezych als innovationsstarkes Unternehmen, das kontinuierlich an Verbesserungen seiner Kernprozesse arbeitet und sich durch eine starke Reputation unter seinen Kunden auszeichnet (siehe Langenscheidt und Venohr 2010). Die Auszeichnung als einer von achthundert Weltmarktführern erfolgte durch einen renommierten Beirat. Mit rund 600 Mitarbeitern ist Dolezych grundsätzlich überall dort tätig, wo Lasten in Unternehmen, in Baustellen, auf der Straße, der Schiene, zu Wasser und in der Luft zu heben, transportieren oder zu sichern sind. Diese Mitarbeiter kümmern sich im Dortmunder Mutterhaus und in acht ausländischen Tochterunternehmen um ein Vollsortiment mit mehr als 20.000 Artikeln (siehe Abb. 8.1). Zu den Produkten gehören u. a. Hebebänder, Rundschlingen, Ladungssicherungsmittel, Anschlagseile, Anschlagketten und Hebezeuge.

Eine für ein Unternehmen dieser Größenordnung erstaunlich umfangreiche Palette. Die enorme Vielfalt im Produktsortiment ist ein Abbild der Kundenbedürfnisse des Unternehmens. Dolezych erhebt den Anspruch, seinen Kunden neben universell einsetzbaren Produkten auch Speziallösungen anzubieten, die individuell auf die besonderen Anwendungen der Kunden aus allen Bereichen der Industrie zugeschnitten sind. In sämtlichen Bereichen kommt es deshalb auch zu einem intensiven Austausch mit den Kunden des Unternehmens, um für spezifische Probleme gemeinsam optimale Lösungen zu finden.

**Abb. 8.1** Auswahl aus dem Produktsortiment (Quelle: Dolezych)

Darüber hinaus bietet Dolezych seinen Kunden ein umfangreiches Dienstleistungspaket an, das vor allem in der Beratung, Prüfung, Wartung und Reparatur von Hebe-, Anschlag-, und Ladungssicherungsmitteln des Unternehmens besteht. Ein Online-Shop und ein deutschlandweiter 24-Stunden-Lieferservice für Lagerartikel erweitern dieses Bild. Abgerundet wird es von den Fachseminaren und Schulungen, die das Unternehmen seit mehr als 20 Jahren durchführt, um seinen Kunden Wissen zur Hebe- und Ladesicherungstechnik zu vermitteln. Dazu zählen auch weiterführende Qualifizierungen für Sicherheitsingenieure, Versandleiter, Meister und Führungskräfte.

Dolezych verfolgt in Produktion und Handel eine Premiumstrategie. Kundenspezifische Lösungen und der Einsatz modernster Materialien und Techniken sind dabei sehr bedeutsam. In seinem Kerngeschäft strebt das Unternehmen die Technologieführerschaft an. Im Entwicklungsbereich arbeitet Dolezych eng mit anderen Unternehmen (Zulieferer) und Forschungspartnern (z. B. Hochschulen) zusammen, um am Markt mit innovativen und besonders leistungsfähigen Lösungen aufwarten zu können. Das Unternehmen ist im Besitz von mehr als 100 Patenten und hebt sich auch damit von seinen Wettbewerbern ab. Sicherheit, Technik und Standards sowie ein institutionelles Netzwerk sind auch die Motive für die große Zahl an Mitgliedschaften, die Dolezych pflegt. Neben Mitgliedschaften in deutschen Verbänden zählt dazu beispielsweise die Mitgliedschaften im CEN (European Committe for Standardisation), im AWRF (Associated Wire Rope Fabricators, USA) und im WSTDA (Web Sling and Tie Down Association, USA).

Als Anbieter eines Vollsortiments, gehören aber auch Standardprodukte und -lösungen zum Produktprogramm des Unternehmens. Vor allem in diesem Bereich herrscht dabei ein hoher Preisdruck durch die Konkurrenz. Entsprechend sind in diesem Segment kostengünstige Produktionsformen zu finden, ohne dabei die hohe Reputation des Unternehmens hinsichtlich des Angebots sicherer und zuverlässiger Produkte aufs Spiel zu setzen. Offensichtlich erwarten aber die Kunden des Unternehmens, ein breites Sortiment aus einer Hand angeboten zu bekommen, sodass dieses Segment nicht anderen Anbietern überlassen werden kann. Dennoch lässt sich leicht vorstellen, dass der Druck zur kosteneffizienten Produktion in diesem Bereich sehr hoch ist und diese aufgrund positiver Skalenerträge dort nur über große Produktionsvolumina erreicht werden kann. Als Unternehmen mit einer langen Tradition ergeben sich daraus Entwicklungslinien und Verhaltensmuster, deren Kenntnis maßgeblich ist, um die organisatorischen Herausforderungen und Besonderheiten einschätzen zu können.

### 8.1.2 Unternehmensentwicklung und Internationalisierungsprozess

Das Unternehmen Dolezych wurde 1935 von Franz Dolezych in Dortmund gegründet. Wichtige Ereignisse der Unternehmensgeschichte wurden in der Abb. 8.2 zusammengetragen. Als Drahtseilverkaufsgesellschaft gegründet, waren die Abnehmer vor allem Unternehmen der Montanindustrie in Dortmund und im Ruhrgebiet. Nachdem das Unternehmen im 2. Weltkrieg zerstört wurde, begann im Jahr 1949 sein Wiederaufbau. Im Jahr

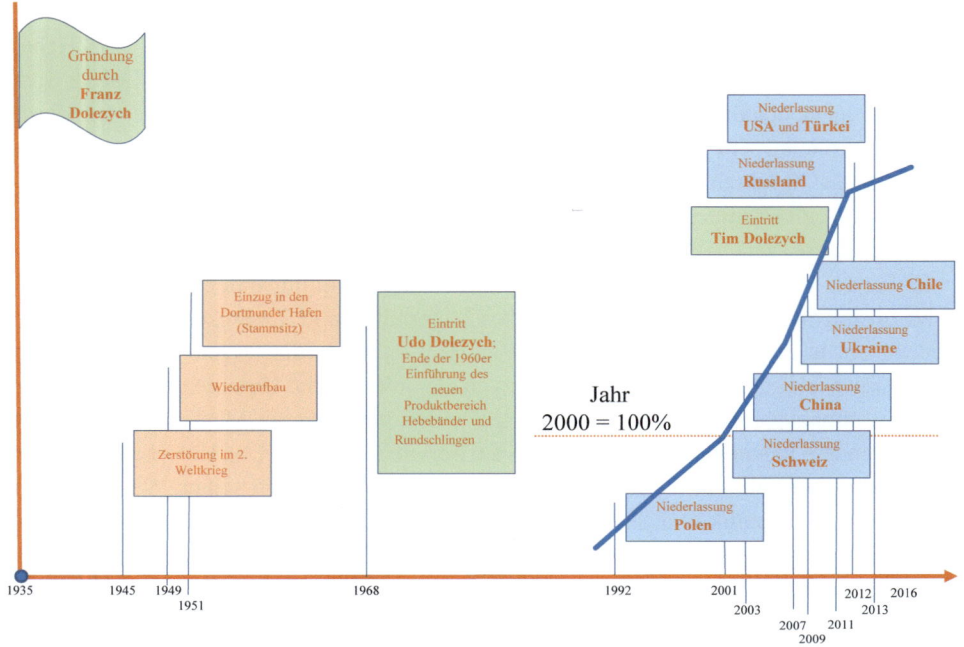

**Abb. 8.2** Wichtige Ereignisse in der Unternehmensgeschichte (Quelle: Dolezych)

1951 zog das Unternehmen in das Dortmunder Hafengebiet, in welchem sich auch heute noch der Stammsitz der Dolezych GmbH & Co. KG befindet.

Der Stammsitz wurde in den Folgejahren fortwährend ausgebaut und erweitert. Im Jahr 1968 trat Udo Dolezych, Sohn des Gründers, in das Unternehmen ein. Ein Auszug aus der Unternehmenshistorie hält folgendes fest: „*Der Rückgang der wichtigen Absatzbereiche Bergbau und Stahl, aber auch der technologische Wandel hat dabei großen Einfluss auf die Entwicklung des Unternehmens. Mit der Einführung synthetischer Fasern entsteht ab Ende der 1960er-Jahre der neue Produktbereich Hebebänder und Rundschlingen.*"

Bis in die 1980er Jahre konzentrierte sich das Unternehmen nahezu ausschließlich auf den deutschen Markt, wobei dieser für das Unternehmen Dolezych vor allem von den Industrieunternehmen des Ruhrgebiets bestimmt war. Über einen Zeitraum von mehr als 50 Jahren wurde das Unternehmen also von nahezu rein nationalen Aktivitäten geprägt. Im Jahr 1990 übernahm Udo Dolezych das Geschäft des Unternehmens. Relativ zeitgleich kam es zu einer deutlichen Intensivierung der internationalen Aktivitäten. Als Folge entstanden eine Reihe von Unternehmensgründungen:

- Dolezych Sp z o.o, Kattowitz/Polen 1992,
- Doleco International Beteiligungs GmbH, Balsthal/Schweiz 2001,
- Doleco Kunshan Lifting and Lashing Ltd., Kunshan/China 2003,
- Dolezych Ukraine – NFCI L.t.d., Kiev/Ukraine 2007,

- Dolezych Chile Ltda., Santiago/Chile 2008,
- Dolezych Russia Voronezh/Russland 2012,
- Doleco USA Inc., Hauppage/USA 2013
- Dolezych Limited, Istanbul/Türkei 2013 (siehe Abb. 8.3).

Der Beginn der Internationalisierung mit der Gründung einer Niederlassung in Polen war zwar einerseits kostengetrieben, aber man hielt sich schon damals eine Wachstumsperspektive für den osteuropäischen Raum als weiteres zentrales strategisches Motiv für eine Gründung offen. Dass diese Rechnung inzwischen aufgegangen ist, zeigen die späteren Gründungen von Auslandsniederlassungen in der Ukraine und in Russland, die als Vertriebsniederlassungen insbesondere von Polen aus gesteuert werden.

Für die Gründung in China standen die bei der Gründung in Polen gemachten Erfahrungen Pate, wenngleich diese sicherlich einer landes-, markt- und kulturtypischen Anpassung bedurften. Inzwischen konnte über die chinesische Niederlassung sowohl das nationale Geschäft als auch das Japan-, ja sogar das USA-Geschäft weiter ausgebaut werden. Der Leser sei an dieser Stelle noch einmal auf das obige Gespräch zwischen Udo und Tim Dolezych verwiesen. Treibendes Moment für das Engagement in Chile ab 2008 war die Tatsache, dass sich dort ein externer Vertriebspartner für die Produkte der Firma Dolezych besonders stark und verdient gemacht hatte. Über die reziproke Einbindung des Managements beider Unternehmen bot es sich an, diese Verbindung als Einstieg in die Produktion und den Vertrieb für den südamerikanischen Raum zu nutzen und perspektivisch auszubauen.

Mit dem Eintritt von Tim Dolezych, Sohn von Udo Dolezych, befindet sich seit 2011 nunmehr die dritte Generation der Familie Dolezych in leitender Funktion im Unternehmen. Mit den Gründungen der Niederlassungen in der Türkei und den USA, die er mitverantwortet, setzt er auf weitere Expansion und baut die Internationalisierung aus.

Als Dortmunder Urgestein hat das Unternehmen Dolezych also erst nach mehr als einem halben Jahrhundert seine Auslandsaktivitäten auch in der Form von eigenen Auslandsniederlassungen ausgeweitet. Offensichtlich geschah dieses zwar sukzessiv, nicht aber konzentrisch, und ebenfalls nicht in regelmäßigen Abständen. Unternehmen und Unternehmensleitung sind nach wie vor tief in der Region verwurzelt. So wurde Udo Dolezych beispielsweise am 14. Apr. 2016 nach zehnjähriger Amtszeit als Präsident der IHK zu Dortmund verabschiedet. Gleichzeitig sind Unternehmen und Leitung aber auch national und international vernetzt, was unter anderem ein Blick auf die Liste der Partner des Unternehmens verdeutlicht. Dem den Case einleitenden Gespräch zwischen Udo und Tim Dolezych ist auch zu entnehmen, dass dem Internationalisierungsprozess des Unternehmens Dolezych sowohl strategische als auch verhaltenstheoretische Elemente anhaften.[2] Dabei nahm die Unternehmensentwicklung von Dolezych einen höchst individuellen Verlauf an, der keinem festen theoretischen Pfad präzise folgte. Bell et al. (2003, S. 349) weisen darauf hin, dass international erfolgreiche Unternehmen nicht zwingend Stereotypen folgen. In der Praxis seien Internationalisierungsprozesse höchst individuell, situationsabhängig und häufig einzigartig.

---

[2]Vertiefende Literaturempfehlung: Bell et al. (2013).

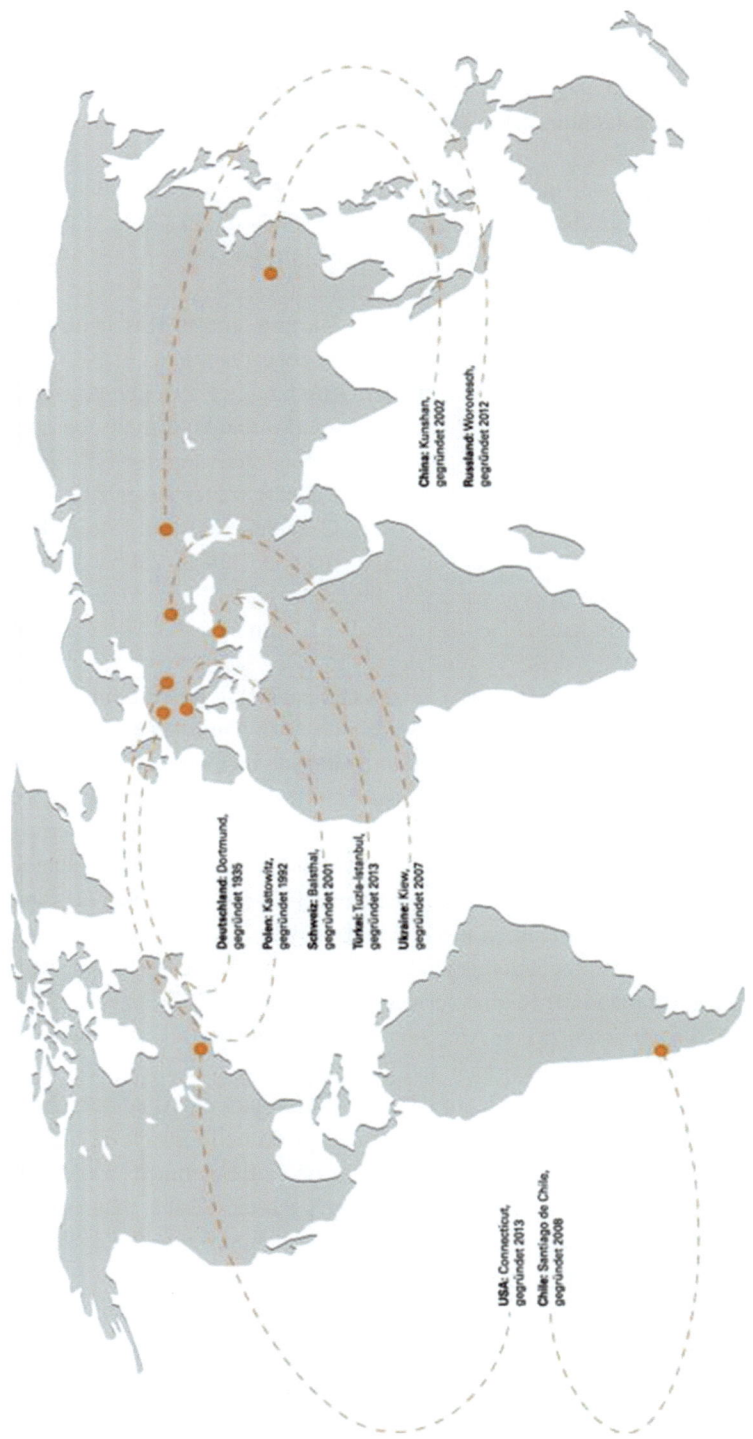

**Abb. 8.3** Internationalisierung im Jahr 2016 (Quelle: Dolezych)

## 8.1.3 Internationalisierungsgrad und internationales Netzwerk

Die in Abb. 8.2 eingefügte blaue Funktion gibt den Verlauf der Auslandsumsätze des Unternehmens wieder. Die zugrunde gelegte Zeitreihe wurde dabei auf den Umsatz des Jahres 2000 indexiert. Es zeigt sich eine rasante Entwicklung. So haben sich die Auslandsumsätze von 2000 bis 2015 mehr als verdreifacht. Trotz dieser Entwicklung muss aber bedacht werden, dass über das Dortmunder Stammhaus nach wie vor der weit überwiegende Teil der Außenumsätze getätigt wird und Europa immer noch der Hauptmarkt des Unternehmens ist. Das wird auch in Abb. 8.4 zum Ausdruck gebracht. Darin geben die blauen Linien die organisatorische Verflechtung zwischen den Niederlassungen wieder. Die Größe der Kreise ist dabei ein Ausdruck der wirtschaftlichen Bedeutung der einzelnen Niederlassungen, hier gemessen an den von dem jeweiligen Unternehmen erzeugten Gesamtumsätzen (intern, d. h. mit verbundenen anderen Niederlassungen, und extern).

Da im Ausland weniger kapitalintensiv produziert wird, hat sich der Anteil der im Ausland beschäftigten Arbeitnehmer im Unternehmen aber von ca. 17 % im Jahr 1992 auf ca. 70 % im Jahr 2016 erhöht. Es ergibt sich somit aus der Personalperspektive ein hoher Internationalisierungsgrad, der noch nicht deckungsgleich mit dem Anteil der Außenumsätze der einzelnen Niederlassungen ist. Abb. 8.4 versucht diesen Aspekt optisch stärker zu gewichten, indem sie auch die internen Umsätze in die Betrachtung einbezieht. Dort zeigt sich, dass vor allem Polen und China eine wichtige Rolle dabei spielen, das Stammhaus mit (qualitativ hochwertigen) Standardprodukten zu versorgen, um dem bei diesen Produkten herrschenden Preiswettbewerb begegnen zu können. Erwartungsgemäß wird dieser Markt am heißesten umkämpft und sind dort kostenorientierte Motive für eine internationale Expansion vorrangig. Abb. 8.5 zeigt aber zudem, dass auch die Wachstumspläne

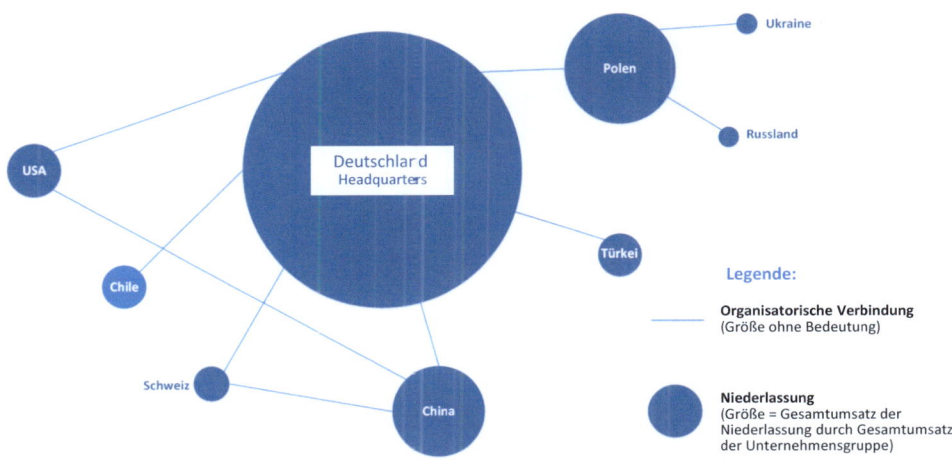

**Abb. 8.4** Internationales Netzwerk im Jahr 2016 (Quelle: Dolezych)

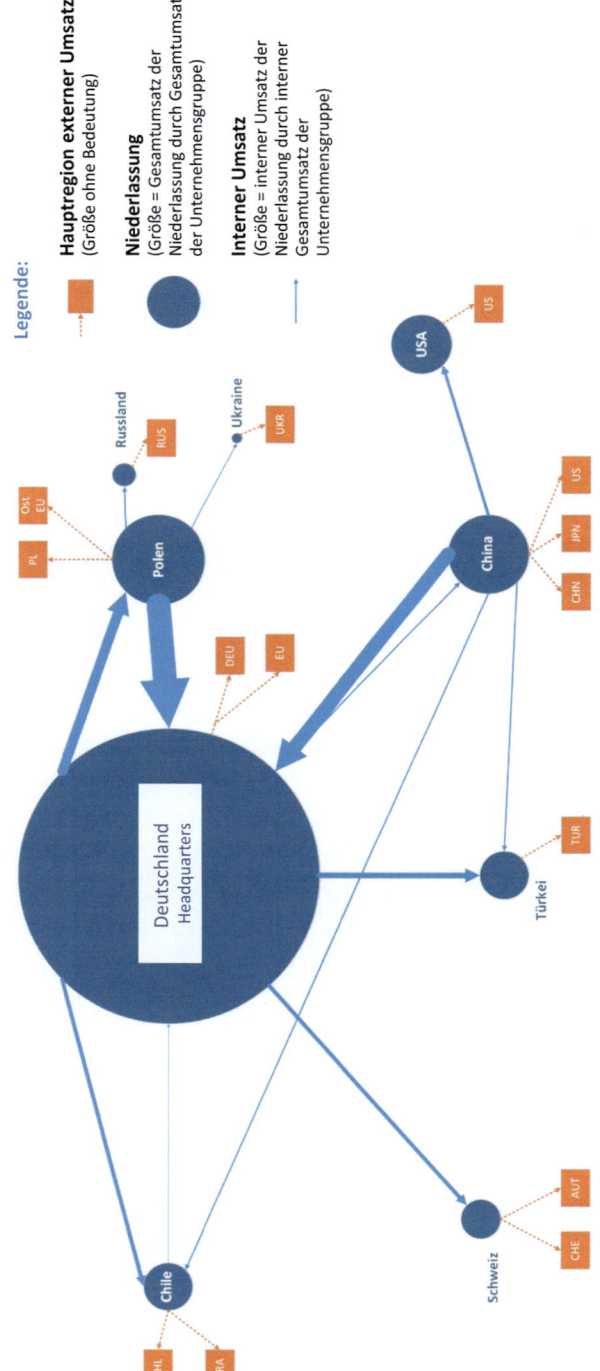

**Abb. 8.5** Bedeutsame internationale Waren und Dienstleistungsströme im Jahr 2015 (Quelle: Dolezych)

des Unternehmens nicht im Sande verlaufen sind, sondern die in diesen Ländern gegründeten Unternehmen regional expandieren.

Die Größe der in Abb. 8.5 wiedergegebenen blauen Pfeile verhält sich proportional zum Wert der internen Umsätze, die zwischen den jeweiligen Niederlassungen im letzten Berichtsjahr erzielt wurden. Demgegenüber wurden die jeweils von den Niederlassungen erzielten Außenumsätze nicht eigens dimensioniert, sondern stets mit gleich großen (orangenen) Pfeilen versehen. Auch hier zeigt sich, dass das Unternehmen Dolezych zwar einen intensiven Internationalisierungsprozess durchlaufen hat, dabei aber die Stellung des europäischen Marktes und die Bedeutung des Stammhauses immer noch zentral sind. Ein Bild, das für einen erfolgreichen deutschen Mittelständler nicht untypisch ist. Ohne eine nähere Betrachtung der Historie, der strategischen Ausrichtung, der Unternehmenskultur, der Führungspersönlichkeiten, und der spezifischen Entwicklung der Branche ist jedoch nicht nachvollziehbar, warum sich im Zeitverlauf gerade das obige Bild der internationale Verflechtung ergeben hat. Um mit den Worten der Geschäftsführung des Unternehmens zu sprechen, ist das Element Zufall bzw. strategische Gelegenheit unerlässlich, um zu einem möglichst vollständigen Erklärungsansatz zu kommen. Auch in dieser Hinsicht befindet sich das Unternehmen aber in guter Gesellschaft mit anderen mittelständischen Weltmarktführern.

### 8.1.4 Organisationsstruktur und Unternehmenskultur

Das Unternehmen ist in folgende organisatorische Einheiten untergliedert:

- Geschäftsführung und Zentrale
- Technik
- Produktion
- Verkauf (Hebebänder/Rundschlingen; Ladungssicherung; Seile/Ketten; Hebezeuge)
- Export
- Außendienst
- Auftragsservice
- Versand
- Seminarorganisation

Wie das gesamte Unternehmen, sind auch diese Teilbereiche das Ergebnis eines längeren organischen Wachstums. Hinsichtlich der in der Organisationstheorie geläufigen Unterscheidung zwischen einer mechanistischen und einer organischen Organisation, bewegt sich das Unternehmen eher in Richtung einer organischen Organisation.[3] In diesen Unternehmen ist die Organisation zumeist weniger eng und weniger hierarchisch, eher fließend

---

[3]Vertiefende Literaturempfehlung: Daft (2015) Organization Theory and Design.

und lernend. Regeln und Richtlinien sind nicht schriftlich fixiert oder werden flexibler gehandhabt, sollten sie doch schriftlich niedergelegt sein. Mitarbeiter müssen in das Unternehmen hineinwachsen und ihre Rolle dort finden. Entscheidungskompetenzen sind dezentralisiert, sodass das Unternehmertum im Unternehmen eine bedeutende Rolle einnimmt. Das Unternehmen Dolezych wird zwar von starken leitenden Persönlichkeiten geprägt, diese überlassen ihren leitenden Managern dennoch einen Handlungsspielraum, der über die streng hierarchische Struktur einer rein mechanistischen Organisation hinausgeht. Um die Strukturen dieses Unternehmens besser erfassen zu können, ist es hilfreich, sich näher mit der historischen Entwicklung der Firma Dolezych zu befassen (Abb. 8.6).

Die besondere Bedeutung des Stammhauses in Dortmund wird noch einmal durch das Organigramm der funktionalen Struktur deutlich. Lediglich das Stammhaus und die Niederlassung in Polen zeichnen sich dadurch aus, dass sie sämtliche Funktionen ausüben. Nur in diesen rechtlich selbständigen Einheiten wird beispielsweise die für die Innovationsfähigkeit des Unternehmens wichtige F&E-Funktion ausgeübt, wobei, was aus dem Diagramm nicht unmittelbar deutlich wird, das Stammhaus in Dortmund für sämtliche Funktionen die strategische und weitgehend auch operative Richtung vorgibt. Die Ländergesellschaften werden in der Regel vor Ort von Geschäftsführern mit „*Macher*"-Eigenschaften geführt, diese stehen aber in enger und direkter Verbindung mit der Geschäftsführung in Dortmund. Eine länderübergreifende Organisation mit Leitungen in den Funktions- und/oder Produktkategorien besteht im eigentlichen Sinne nicht. Vielmehr werden in der Regel zwischen der Geschäftsführung in Dortmund und den jeweiligen lokalen Geschäftsführern in den Auslandsniederlassungen lokale Problembereiche identifiziert, diskutiert und dann Lösungsansätze unter Konsultation und Einbindung der Spezialisten im Dortmunder Stammhaus erarbeitet und schließlich entsprechend lokal angepasst. Als Beispiel mag hier das Warenwirtschaftssystem gelten, bei dem es sich in den jeweiligen Ländergesellschaften um auf die lokalen Begebenheiten angepasste Klone des Warenwirtschaftssystems des Stammhauses handelt.

Es lässt sich leicht denken, dass das Unternehmen durch die jahrzehntelange nahezu rein nationale Präsenz eine Unternehmenskultur aufgebaut hat, die ebenfalls sehr stark vom Stammhaus in Dortmund am Tor zu Westfalen geprägt wird. Sämtliche internationale Aktivitäten wurden nicht nur unter Einbindung der Dortmunder Geschäftsführung vorbereitet und durchgeführt, sondern auch von der dortigen Belegschaft konsequent begleitet. Für den Aufbau der Niederlassungen im Ausland ist es zu intensivem Know-How-Transfer im Rahmen von Auslandsentsendungen, Beratungen und Schulungen gekommen. Dieser setzt sich auch im laufenden Betrieb fort, insbesondere wenn es um die Lösung spezieller Probleme geht. Zudem zeichnet sich das Unternehmen, ebenfalls durchaus typisch für ein mittelständisches Unternehmen, durch ein starkes „*Wir-Gefühl*" aus. Organisationstheoretisch wird diese Eigenschaft insbesondere der sogenannten „*Kollektivitäts*"-Phase eines Unternehmens zugerechnet.[4] Das daraus resultierende Maß an *Identifikation* der

---

[4]Siehe zu Organisationsdesign und Organisationslebenszyklen Daft (2015, S 29 f., 156 ff.).

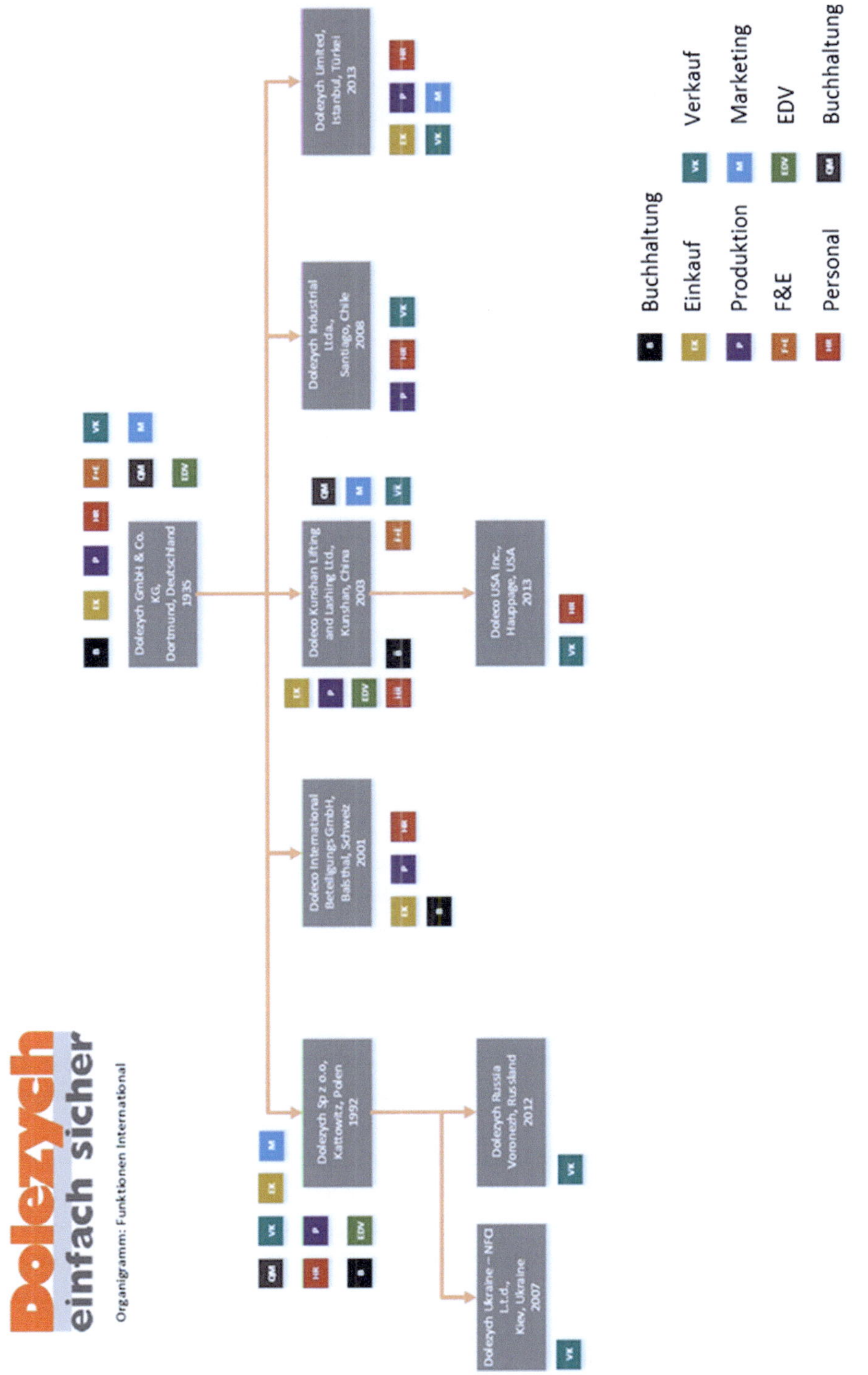

# 8 Dolezych – Management by Options als Leitlinie internationaler Expansion

**Abb. 8.6** Funktionen International im Jahr 2016 (Quelle: Dolezych)

Belegschaft mit dem Unternehmen ist eine besondere Ressource, die es zu pflegen gilt und die z. B. durch aggressives externes Wachstum oder bei Überschreitung bestimmter Unternehmensgrößen leicht auf dem Spiel steht. Die Leitung des Unternehmens Dolezych ist sich dieser Ressource bewusst und geht daher pfleglich damit um.[5] Es gilt den „*Geist*" des Unternehmens zu schützen, dennoch aber den Wachstumsnotwendigkeiten in der Branche nachzukommen. Das führt uns zu den Herausforderungen des Unternehmens.

### 8.1.5 Starke Heimserie als Basis für internationalen Erfolg

Nach einem torreichen Fußballabend und intensiven Gesprächen mit den amerikanischen Geschäftspartnern begeben sich Udo und Tim Dolezych zufrieden auf den Heimweg und rekapitulieren den Abend.

**Udo:** *Mich fasziniert unsere Mannschaft. Die Jungs können einfach nicht langweilig. Die spielen aus Überzeugung, Freude und Leidenschaft. Das sind Tugenden, die sich ein Unternehmer zum Vorbild machen kann!*

**Tim:** *Absolut! Die Amerikaner waren von unserem Fußball ja auch vollkommen begeistert. Was hältst Du von ihnen? Meinst Du, sie passen langfristig zu uns?*

**Udo:** *Erfolg geht vor allem über die richtigen Köpfe und eine starke Basis zu Hause. Das haben wir ja heute auch wieder auf dem Platz gesehen. Internationaler Geschäftserfolg benötigt eben auch die richtigen Macher und den Geist des Stammhauses. Ich habe ein gutes Bauchgefühl mit den Amerikanern und das nicht nur weil wir heute gegen die Königlichen aus Madrid bestanden haben! Die können und wollen anpacken – das finde ich gut. Ich glaube, dass wir unsere internationalen Wachstumsziele mit ihnen erreichen können und der US-Markt ist eine große strategische Gelegenheit für uns. Marktpotenzial und Köpfe passen zueinander und zu uns.*

**Tim:** *Das bringt mich nochmal zu unserer Strategiediskussion zurück. Unsere Auslandsstrategie ist vor allem durch unseren Wachstumshunger getrieben. Gehen wir mit einer Produktion in einen neuen Markt, dann wollen wir die Nachfragepotenziale dieses Marktes beziehungsweise der Region erschließen und nicht nur kostengünstig produzieren. Für einen Ersteintritt bedarf es dazu keiner sehr großen Investition, sondern einer zunächst fast auf Manufakturgröße beschränkten Produktion. Das zentrale Motiv ist jedoch das Wachstumspotenzial des Marktes, das wir uns mit einem neuen Kopf bzw. Partner erschließen wollen, der den Markt kennt und dennoch starken Bezug zum Stammhaus in Dortmund hat.*

**Udo**: *Ja, das ist der Weg, den wir bislang recht erfolgreich gegangen sind, wenngleich dieser Weg nie leicht ist und geradlinig verläuft. Wir wachsen organisch, wir schauen nach Potenzialen und warten den Moment ab, zu dem wir mit den richtigen Personen in den Markt einsteigen können, ohne uns zu verheben. Als wir damals nach China gegangen*

---

[5] Siehe dazu auch Dolezych (2006).

sind, kam noch hinzu, dass sich in China inzwischen auch viele deutsche Unternehmen befinden, die mit unseren Produkten vertraut sind. Zudem befanden sich auch unsere Lieferanten bereits in China. Wieder ein günstiger Umstand. „Local sourcing" der Rohmaterialien ging daher nicht mit Qualitätseinbußen einher. Es bedurfte dann nur noch deutscher Produktionsmaschinen und einer intensiven Ausbildung vor Ort durch unsere Dortmunder Ingenieure und Betriebsleiter, um in China mit nahezu identischen Bedingungen produzieren zu können. Wir haben da ja im Prinzip eine kleine Kopie der Dortmunder Produktion hingesetzt. Schließlich ist der hohe Qualitätsstandard zentral für den Verkaufserfolg unserer Produkte. Auch das hört sich aber leichter an als es in der Umsetzung dann tatsächlich ist. Es heißt „Flagge zeigen", ohne echte Initiative vor Ort bleibt man in diesem Land fremd.

**Tim:** Und das erfordert „Commitment" von beiden Seiten.

**Udo:** Ja, genau so heißt das neudeutsch. Ich verbuche das unter Unternehmertum. Dabei geht es für mich um die klassischen Kaufmannstugenden – Ehrbarkeit, Vertrauen, Verantwortung ... Das zählt nicht nur in Westfalen. Das Aufbauen und Nutzen eines Netzwerkes in China ist bekanntlich an persönliche Beziehungen geknüpft, die nachhaltig gepflegt werden müssen – Guanxi eben. So sehr verschieden sind da andere Länder nämlich auch nicht.

**Tim:** Das stimmt, für die USA und die Türkei konnte ich das ja bereits selbst feststellen. Ich sehe auch, dass es nicht ohne dynamische Personen im Unternehmen geht, denen ein gewisser Freiraum zur Entfaltung gegeben werden muss, ohne dass sie dabei den Kontakt zur Basis verlieren. Die USA werden inzwischen ja aus China beliefert. Deutsches Design bei chinesischer Fertigung ist für den amerikanischen Kunden eine reizvolle Kombination.

**Udo:** Auch ansonsten haben sich über China weitere strategische Handlungsoptionen ergeben. So haben sich die Absatzchancen für Japan und andere asiatische Länder deutlich erhöht. Durch unsere Anwesenheit schaffen wir weitere Voraussetzungen für den Erfolg unserer Produkte, denn das beste Produkt nutzt nichts, wenn es falsch eingesetzt wird. Häufig wird den Anwendern beim Umgang mit Fracht- und Ladungsgut gar nicht wirklich bewusst, dass Schäden und Risiken vermeidbar gewesen wären, sogar ohne das Prinzip der Wirtschaftlichkeit zu verletzen. Daher verkaufen wir über das reine Produkt hinaus auch das Wissen um die korrekte Anwendung, Prüfung und Wartung sowie weitere Services durch entsprechende Schulungen, Workshops etc.

**Tim:** Daher auch unser Engagement in den normgebenden Institutionen. EU- und US-Standards wie z. B. zu Anschlagmitteln oder zur Ladungssicherung werden häufig in den sogenannten „emerging markets" adaptiert, um dort auch in den Punkten Sicherheit und Effizienz schnell international akzeptierte Lösungen anbieten zu können. Sind wir hier vorne und vor Ort dabei, dann erhöht das natürlich auch die Absatzchancen unsere Produkte im Vergleich mit unseren Wettbewerbern vor Ort. Warum aber dann nicht Indien? Ist Indien nicht ein Muss?

**Udo:** Im Fall China haben wir mal folgendes gesagt: „Zu einer ganz bestimmten Zeit, in einer ganz bestimmten Situation und in einer speziellen Branche haben wir uns *zu diesem Schritt entschlossen. Das „Abenteuer" ist aus heutiger Sicht und bis jetzt geglückt. Indien haben wir schon auf dem Radar, schließlich wollen wir unsere Weltmarktposition weiter ausbauen. Indien ist aber ein ganz besonderer Fall. Viele Mittelständler sind dort bereits gescheitert. Die richtige Situation hat sich einfach noch nicht ergeben. Wir sind hier eher chancengetrieben. Du wirst mehr und mehr sehen, dass es mit einer Gründung von Auslandsniederlassungen nicht getan ist. Eine potenzielle Goldgrube kann ihr Versprechen hartnäckig verweigern, wenn sie nicht mit den richtigen Personen besetzt wird. Das zu erkennen und bei geglückter Umsetzung dann wirklich zu kontrollieren und zu steuern ist eine große Herausforderung. Da hast Du ja auch bereits Deine Erfahrungen machen können. Hier wartet meiner Ansicht nach noch eine große Aufgabe auf Dich.*

**Tim**: *Die Herausforderung ist riesig und ich frage mich, wie lange wir unsere Strategie beibehalten können und inwiefern wir Anpassungen in unserer Organisation vornehmen müssen, um den neuen und alten Märkten gerecht zu werden? Mehr Märkte und vor allem mehr große Märkte wie die USA, bedeuten mehr Aufmerksamkeit dafür und weniger für andere Märkte … Bislang sind wir gewachsen und haben die Struktur nachgezogen. Es gibt schon heute Produktbereiche, in denen unsere Marge durch effizienzsteigernde Maßnahmen erheblich verbessert werden könnte. Konsolidierung und so etwas wie operative Exzellenz im internationalen Geschäft sind nach dem erfolgreichen Expansionsprozess umso mehr geboten, je größer die Zahl der Niederlassungen ist.*

**Udo**: *Dann mach Dir doch bis zum nächsten Heimspiel Gedanken hierzu. Ich bin gespannt auf Deine Vorschläge.*

## 8.2 Aufgaben

### A: Bachelorstudierende (2.–4. Semester)

1. Beschreiben Sie den Internationalisierungspfad von Dolezych. Diskutieren Sie dabei die Übertragbarkeit der drei bei Bell et al. (2003) skizzierten Entwicklungspfade internationaler Unternehmen („traditioneller"-Pfad, „born global"-Pfad und „born-again global"-Pfad) auf das Unternehmen Dolezych.
2. Beschreiben Sie die Ressourcen- und Kernkompetenzen von Dolezych und nehmen Sie eine Kernkompetenzanalyse nach der VRIO-Methode vor.
3. Positionieren Sie das Unternehmen vor dem Hintergrund der internationalen Strategieentwicklung zwischen den Extremen einer polyzentrischen und einer zentralistischen Organisationsstruktur. Nehmen Sie im Anschluss eine Typisierung des Unternehmens nach dem IR-Modell von Bartlett und Ghoshal (2002) vor. Begründen Sie Ihre Positionierungen.
4. Skizzieren Sie nun unter Zuhilfenahme der in den Aufgaben 1-3 erzielten Ergebnisse die Strategie des Unternehmens Dolezych. Nehmen Sie dabei explizit zu den Merkmalen Maßnahmen (Plan), Positionierung (Position), Schwerpunkt der Unternehmensaktivität

(Core Business), Ort des Wettbewerbs (Arena), temporären und langfristigen Wettbewerbsvorteilen (Competitive Advantage), bestehenden oder weiterzuentwickelnden Unternehmensressourcen (Distinctive Competence), Regeln, Taktiken (Ploy) und Mustern (Pattern) Bezug. Suchen Sie in der Fallstudie nach Hinweisen für bewusste und emergente Strategien.
5. Der sogenannte „*Organisational Life Cycle*" verdeutlicht die organisatorischen Herausforderungen, die sich bei Unternehmenswachstum ergeben. Das Modell kann selbstverständlich nur einen typischen Verlauf stilisieren. Versuchen Sie dennoch, das Unternehmen Dolezych in dem dort skizzierten Verlauf einzuordnen. Begründen Sie Ihre Positionierung.

**B: Bachelorstudierende (Endphase), Masterstudierende und Führungskräfte**

1. Die Literatur zur organisatorischen Dynamik von Unternehmen im Wachstumsprozess unterscheidet vier Phasen, die typischerweise mit bestimmten Führungsstrukturen und jeweils mit besonderen kritischen Situationen einhergehen bzw. von diesen bestimmt werden. Versuchen Sie, das Unternehmen Dolezych in dieser Systematik einzuordnen und analysieren Sie kritisch mögliche neuralgische Punkte, die sich heute oder in naher Zukunft aus der gegenwärtigen organisatorischen Struktur des Unternehmens ergeben können. Beurteilen Sie das Unternehmen vor allem auch vor dem Hintergrund des Ausmaßes an Flexibilität, das es benötigt, um erfolgreich am Markt agieren zu können und wägen Sie diese mit den Größenvorteilen ab, die es durch Wachstum generieren kann.
2. Erweitern Sie die Systematik der Führungsstrukturen nach dem „Organisational Life Cycle"-Ansatz um wichtige internationale Komponenten und Einflussfaktoren, die in der genannten Systematik nicht explizit abgebildet werden. Als Beispiele seien hier die kulturelle Diversität (intern/Belegschaft extern/Kundenwünsche) und Besonderheiten in der Kommunikationsstruktur genannt, mit denen sich international operierende Unternehmen auseinandersetzen müssen. Welche Herausforderungen werden dadurch an das Unternehmen Dolezych gestellt?
3. Beurteilen Sie die Eignung des Organisationsdesign (siehe Organigramm) und der Entscheidungsstrukturen des Unternehmens Dolezych (Abschnitt V. in dieser Fallstudie) vor dem Hintergrund der internationalen Herausforderungen, vor denen das Unternehmen steht. Tun Sie dies aber nicht abstrakt, sondern beziehen Sie kritisch auch die Spezifitäten des Unternehmens ein.
4. Wie beurteilen Sie die Wachstumsstrategie des Unternehmens vor dem Hintergrund, dass der Zeitfaktor für die Eroberung und Durchdringung von Märkten einen immer wichtigeren Einfluss bekommen hat? Reflektieren Sie auch hier jedoch wieder die Spezifitäten des Unternehmens.
5. In welchen Bereichen sehen Sie die operativen Herausforderungen des Unternehmens? Arbeiten Sie bitte wenigstens 4 heraus und fertigen Sie für jeden Bereich aufeinander abgestimmte Lösungsskizzen an.

▶ **Literaturhinweise für die Aufgabenbearbeitung:**
Bell J, McNaughton R, Young S, Crick D (2003) Towards an integrative model of small firm internationalisation. Journal of International Entrepreneurship, 1(4):339–362
Büchler J-P (2014) Strategie entwickeln, umsetzen und optimieren. Pearson, München
Cavusgil ST, Knight GA, Riesenburger JR (2014) International business. The new realities, 3. Aufl. Pearson, Harlow
Holtbrügge D, Welge MK (2010) Internationales Management – Theorien, Funktionen, Fallstudien, 5. Aufl. Schäffer-Poeschel, Stuttgart
Morschett D, Schramm-Klein H, Zentes J (2015) Strategic international management. Springer Gabler, Wiesbaden
Söllner A (2009) Einführung in das Internationale Management – Eine institutionenökonomische Perspektive. Gabler, Wiesbaden
Porter ME (2013) Wettbewerbsstrategie. Methoden zur Analyse von Branchen und Konkurrenten, 12. Aufl. Campus, Frankfurt/Main

## Literatur

Bartlett CA, Ghoshal S (2002) Managing across borders: the transnational solution, 2. Aufl. Harvard Business School Press, Boston
Bell J, McNaughton R, Young S, Crick, D (2003) Towards an integrative model of small firm internationalisation. Journal of International Entrepreneurship, 1(4): 339–362
Daft RL (2015) Organization theory and design, 12. Aufl. Cengage Learning, Mason
Dolezych U (2006) Auf nach China – Motivation eines deutsche Mittelständlers; In: Fritz EG (Hrsg) China – Partner oder Angstgegner? Forum Internationale Politik, Reihe „Brückenschlag", Bd 4, Athena Verlag, S 127–135
Langenscheidt F, Venohr B (2010) Lexikon der deutschen Weltmarktführer: Die Königsklasse deutscher Unternehmen in Wort und Bild, Deutsche Standards – Gabal Verlag
Nummela N, Saarenketo S, Puumalainen K (2004) A Global Mindset — A Prerequisite for Successful Internationalization? Canadian Journal of Administrative Sciences, 21(1): 51–64

# GEA Farm Technologies – Kernkompetenzausbau durch M&A

Jan-Philipp Büchler und Axel Faix

## 9.1 Fallstudie

### 9.1.1 Weltmarktführer aus Westfalen

GEA Farm Technologies (FT) ist ein führender Lösungs- und Systemanbieter für die Milchproduktion und Nutztierhaltung, der Landwirte rund um den Globus befähigt, die Zukunft ihres Unternehmens in Bezug auf Nachhaltigkeit und Wirtschaftlichkeit zu gestalten. Das Unternehmen ist ein Geschäftssegment der GEA Group und in Bönen (Westfalen) beheimatet mit Geschäftsaktivitäten in über 60 Ländern. Es beschäftigt weltweit mehr als 2.300 Mitarbeiter in 22 Produktionsstätten sowie 9 Forschungszentren. Darüber hinaus unterstützen mehr als 2.200 Verkaufsberater und 3.000 Servicetechniker sämtliche betriebliche Abläufe der Milchbauern vor Ort und aus einer Hand – unabhängig von der Herdengröße oder Betriebsform. Dazu hat GEA FT seine Geschäftsaktivitäten in drei Business Units (BU) gegliedert, die ihrerseits mehrere Kompetenzfelder aufweisen (siehe Abb. 9.1).

Die Kompetenzfelder unterscheiden sich durch verschiedene Prozesstechnologien und decken insgesamt sämtliche Anwendungsbereiche auf einem Milchbauernhof ab. Diese Kompetenzfelder hat GEA FT im Rahmen seiner grundlegenden Strategie „*Total Solutions*" definiert. Auf der Basis umfangreicher Marktforschung hat das Unternehmen dazu das Konzept „*Farm of the Future*" entwickelt. Diese ist in zwölf Funktionsbereiche aufgeteilt, die sich auf die wichtigsten Herausforderungen der heutigen Milchlandwirtschaft beziehen. Dabei sind solche interdependenten Problemfelder identifiziert worden, die

---

J.-P. Büchler (✉) · A. Faix
FH Dortmund, Emil-Figge-Str. 44, 44227 Dortmund, Deutschland
e-mail: jan-philipp.buechler@fh-dortmund.de; axel.faix@fh-dortmund.de

© Springer Fachmedien Wiesbaden GmbH 2018
J.-P. Büchler (Hrsg.), *Fallstudienkompendium Hidden Champions*,
https://doi.org/10.1007/978-3-658-17829-1_9

**Abb. 9.1** Geschäftseinheiten der GEA Farm Technologies (Quelle: GEA)

durch ein ganzheitliches Prozess- und Technologiemanagement gelöst werden können. Abbildung 9.2 stellt die Problemfelder für eine Modellfarm dar.

Die Problemfelder umfassen das Ressourcenmanagement (Energie, Wasser, Futtermittel), Entsorgungsmanagement (Gülle), Fütterungsmanagement, Milchproduktion und

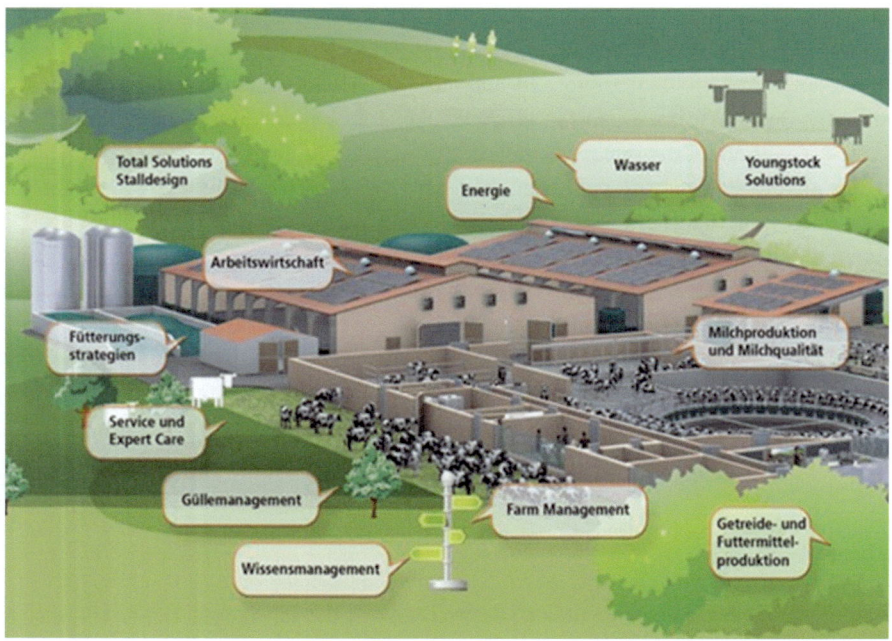

**Abb. 9.2** Farm of the Future (Quelle: GEA)

Qualitätsmanagement (inkl. Hygiene und Pflege) und vor allem die Optimierung aller Schnittstellen durch Wissensmanagement, intelligente Stallsysteme und effizientes Farm Management. GEA FT hat als erstes Unternehmen in der Branche einen integrierten Ansatz für die Milchwirtschaft erarbeitet, in dem die Schnittstellen durch geeignete Prozesstechnologien, Produktionsanlagen und Servicelösungen optimiert werden.

Allerdings verfügte GEA FT zunächst nicht über sämtliche erforderlichen Technologien und Kompetenzen, sondern musste diese erst langfristig selbst aufbauen oder durch Kooperationen erlernen bzw. durch Akquisitionen erwerben. Die Umsetzung dieser Strategie war daher ein sehr langfristiger Prozess.

---

**Konzernstruktur und Unternehmenshistorie**

Die GEA Group AG ist ein börsennotierter Konzern (M-DAX) im Spezialmaschinen- und Anlagenbau sowie der Verfahrens- und Prozesstechnik mit Kunden in unterschiedlichen Endmärkten. Die komplexe Konzernstruktur, die mehr als 250 verbunden Unternehmen und Gesellschaften umfasst, ist im Laufe der Konzerngeschichte durch zahlreiche Restrukturierungen entstanden und hat ihre Wurzeln im Metallhandel. Daher firmierte das Unternehmen vor dem Jahr 2000 als Metallgesellschaft und in der Zeit von 2000 bis 2005 als mg technologies.

Die seit dem Jahr 2006 bestehende GEA Group AG beschäftigt über 18.000 Mitarbeiter und realisierte im Jahr 2014 (2013) bei einem Auftragseingang von 4.519,6 (4.627,9) Millionen Euro und einem Umsatz von 4.515,7 (4.320,0) Millionen Euro einen Konzerngewinn von 320,6 (336,4) Millionen Euro.

Die GEA Farm Technologies hat ihre Ursprünge in dem mittelständischen Unternehmen Westfalia Separator im westfälischen Oelde, das erst im Jahr 1994 in die damalige Metallgesellschaft durch Akquisition integriert wurde. Westfalia Separator hat Kompetenzen in der Verfahrens- und Prozesstechnik von Separatoren zur mechanischen Klärung und Trennung von Flüssigkeiten für unterschiedliche Abnehmerindustrien, insbesondere die Nahrungsmittelindustrie, Chemie, Pharmazie, Biotechnologie aufgebaut. Der Unternehmensbereich Landtechnik wurde 1996 ausgegliedert und zu einer eigenständigen Gesellschaft im GEA-Konzernverbund und firmiert heute als eines von fünf Geschäftssegmenten als GEA Farm Technologies (siehe Abb. 9.3).

---

| Segmente | | Geschäftsbereiche (BU) |
|---|---|---|
|  | GEA Farm Technologies | **Milch**<br>Melktechnik, Tierhygiene, Kühltechnik, Melkanlagenreinigung und Zubehör, Stalleinrichtungen, Gülletechnologie und Farm Services |
|  | GEA Heat Exchangers | **Wärmetauscher**<br>Rippenrohrwärmetauscher, Rohrbündelwärmetauscher, Plattenwärmetauscher, Nass- und Trockenkühlsysteme, Systeme der Klimatisierung und Lufthandlung in Gebäuden |
|  | GEA Mechanical Equipment | **Spezialkomponenten**<br>Seperatoren, Dekanter, Membranfilter, Homogenisatoren, Pumpen und Ventile |
|  | GEA Process Engineering | **Prozesstechnik**<br>Konstruktion und Installation von Prozesslinien für Nahrungsmittel und Getränke, Chemie, Pharma und Kosmetik sowie Gasreinigungsanlagen |
|  | GEA Refrigeration Technologies | **Gefrier- und Kältetechnik**<br>Kolben- und Schraubenverdichter, Gefriersysteme, Chiller etc. sowie Entwicklung, Konstruktion und Wartung von industriellen Kältetechnikanlagen |

**Abb. 9.3** Geschäftssegmente GEA Group (Quelle: GEA)

## 9.1.2 Geschäftsmodellentwicklung als langfristiger Prozess

Die Strategie „*Total Solutions*" bietet ein integriertes Leistungsangebot für sämtliche Prozesse und Arbeitsschritte in einem Milchbetrieb. Dieses Leistungsangebot ist langfristig in mehreren Entwicklungsschritten erarbeitet worden. Zunächst hat GEA FT die landwirtschaftliche Wert- bzw. Prozesskette und die jeweils erforderlichen Technologien und Kompetenzen nach Verfahrensschritten gegliedert (siehe Abb. 9.4).

In der Ausgangssituation für die langfristige Portfoliostrategie beherrschte GEA FT die verfahrenstechnischen Prozessabläufe rund um das bisher definierte Kerngeschäft Melk- und Kühltechnik. In einem ersten Schritt hat GEA FT in der Zeit von 1998 bis 2000 die bereits bestehenden technologischen Kompetenzen im Kerngeschäft systematisch ausgebaut und durch selektive Akquisitionen im internationalen Marktumfeld gestärkt (siehe Abb. 9.5). Dabei wurden keine grundlegend neuen Technologien erworben, sondern v. a. die geografische Marktabdeckung erweitert. Im Mittelpunkt stand die Erschließung relevanter ausländischer Milchmärkte wie z. B. USA und Frankreich durch die Akquisition lokaler/regionaler Unternehmen mit starken Marktpositionen und bestehendem Vertriebsnetz. In dieser Zeit hat GEA FT bereits begonnen, die Automatisierung der Melktechnik voranzutreiben.

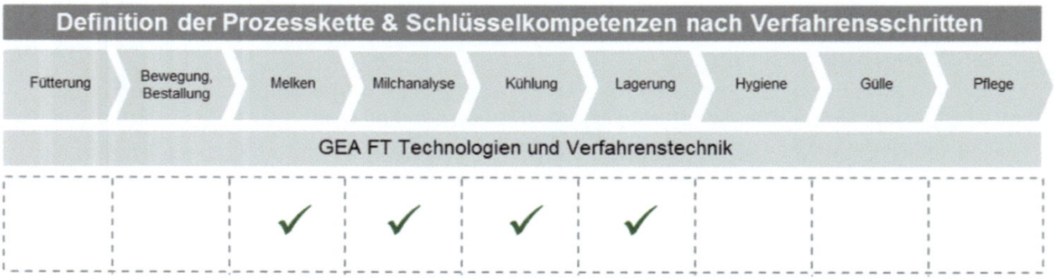

**Abb. 9.4** Prozesskette und Kompetenzen nach Verfahrensschritten (Quelle: GEA)

| Jahr | Logo | Beschreibung |
|---|---|---|
| 2000 | AgroB | Akquisition von AgroB, Kanada (Anlagen- und Tierhygiene) |
| 1999 | ORION | Joint Venture mit Orion Ltd, Japan (Nr. 1 im japanischen Markt) |
| 1999 | SURGE | Akquisition Babson Brothers Inc., USA (Melktechnik) |
| 1998 | JAPY | Akquisition Hugonnet S.A., France (Milchkühltechnik) |

**Abb. 9.5** Akquisitionen im Kerngeschäft Melken&Kühlen (Quelle: GEA)

### 9.1.3 Automatisierung des Melkens

GEA FT hat frühzeitig mit der technologischen Entwicklung für die Automatisierung des Melkprozesses begonnen. Die Kernargumente dafür waren Lohnkostensenkungen für die Milchbetriebe durch reduziertes Personalmanagement bei gleichzeitiger Qualitätssteigerung, d. h. gleichmäßige Behandlung der Tiere und verbesserte Hygienestandards. Während konventionelle Melktechnik die Automatisierung vor allem auf das Stimulieren, Melken, den Milchtransport, die Abnahme und die Zitzenpflege beschränkt, perfektioniert GEA FT mit den Automatischen Melksystemen (AMS) und vollautomatisierten Melkständen den Melkprozess und versucht den Faktor Mensch nahezu vollständig zu ersetzen. Die Melkroutinen werden vollständig automatisiert, da die Kühe am vollautomatisierten Melkstand individuell erkannt werden und der Melkvorgang an die Kuh angepasst werden kann. Dabei wird eine kontinuierliche Qualitätsüberwachung und Analyse der Milch über eine IT-Schnittstelle gewährleistet, die mit den Systemen der abnehmenden Milchgenossenschaften sowie der Lebensmittelindustrie und dem Handel vernetzt ist. Weitere Techniken können im Melkstand angegliedert werden, so kann z. B. die Futtermischung an die Zusammensetzung der Milch angepasst werden. Außerdem können hygienische Standards und medizinische Untersuchungen regelmäßig und einfach durchgeführt werden bzw. Krankheiten verhindert werden, sodass weniger Milchverluste und höhere Milchqualität entsteht. Damit diese Vorteile von Melksystemen zum Tragen kommen, müssen das Stallkonzept und das Herdenmanagement angepasst werden, d. h. eine integrierte Lösung für die unterschiedlichen Verfahrensschritte ist maßgeblich durch die Stalleinrichtung bestimmt. Je mehr Automatisierung den landwirtschaftlichen Betrieb erfasst, desto stärker ist der Bedarf einer Verzahnung der verschiedenen Verfahrensschritte.

Eine derartige Konzeption erfordert individuelle Beratung durch die Techniker und Berater von GEA FT beim Landwirt vor Ort. Mindestens genauso wichtig ist allerdings der kontinuierliche Service, denn je mehr Arbeiten automatisiert werden, desto wichtiger ist regelmäßige Wartung und Pflege der Anlagen. Dazu ist ein qualifiziertes Händlernetzwerk mit einer 24/7-Erreichbarkeit erforderlich. Damit der Service allerdings im Idealfall präventiv handelt, werden insbesondere die vollautomatischen Melksysteme im Rahmen eines Online-Monitorings fortlaufend anhand von Leistungskennzahlen kontrolliert, sodass bereits geringe Schwankungen oder ein schleichender Druck- oder Temperaturabfall so frühzeitig erkannt werden, dass kein Milchverlust oder gar Melkausfall eintritt (siehe Abb. 9.6).

In einem zweiten Entwicklungsschritt hat das Unternehmen sukzessive unter der Leitidee der „*Farm of the Future*" ein vollumfängliches Angebot von Maschinen und Technologien entlang des gesamten Bewirtschaftungsprozesses entwickelt. Ausgehend von der bestehenden Kompetenz im Maschinen- und Anlagenbau, insbesondere im Hinblick auf die Konstruktion und Produktion von Melkanlagen und Separatoren, akquiriert GEA

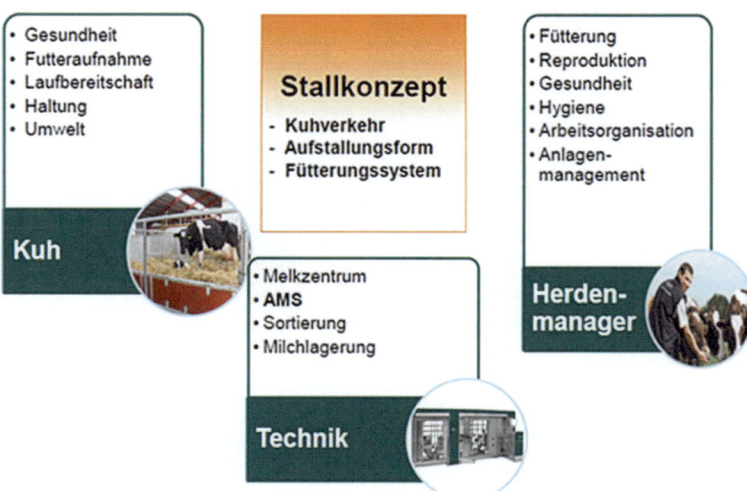

**Abb. 9.6** Stallkonzept (Quelle: GEA)

FT ab dem Jahr 2004 eine Reihe von profitablen, eigentümergeführten Unternehmen mit spezifischem Wissen aus dem Maschinen- und Anlagenbau zum Aufbau eines umfassenden Prozessleistungsangebots in Geschäftsfeldern, die das Kerngeschäft ergänzen (siehe Abb. 9.7).

Für die Umsetzung dieser Akquisitionsstrategie hat GEA FT mehrere Akquisitionskriterien entwickelt, die von den Zielunternehmen erfüllt werden müssen.

| Jahr | Logo | Beschreibung |
|---|---|---|
| 2010 | FIL | Akquisition Farmers Industries Limited; NZ (Hygiene/Verbrauchsmaterialien) |
| 2010 | MULLERUP | Akquisition SKIOLD MULLERUP A/S; DK (Automatische Fütterung) |
| 2009 | DE BOER | Akquisition DB Wilaard Holding BV; NL (Stalleinrichtung) |
| 2008 | NORBCO | Akquisition Norbco Inc.; USA (Stalleinrichtung) |
| 2007 | HOULE | Akquisition J. Houle & Fils, Inc; Kanada (Gülletechnik) |
| 2004 | agroserve | Akquisition von Agroserve Ltd., UK (Hygieneprodukte und Nachmarktartikel) |

**Abb. 9.7** Akquisitionen in der Geschäftseinheit Melken&Kühlen (Quelle: GEA)

## 9.1.4 Akquisitionsstrategie

Im Rahmen der Akquisitionsstrategie hat das Management von GEA FT eine Reihe von Kriterien definiert, die durch mögliche Akquisitionsziele erfüllt werden müssen (siehe Abb. 9.8).

Mit der Verwendung dieser Kriterien strebt GEA FT vor allem an, die Erfolgspotenziale für das Gesamtunternehmen zu sichern. Es wird demnach beabsichtigt, spezialisierte Unternehmen zu akquirieren, die in ihren lokalen oder regionalen Märkten fest etabliert sind und mit ihren Leistungsangeboten und Fähigkeiten das Geschäftsmodell sowie die Kompetenzbasis von GEA FT zielgerichtet erweitern.

Um ins Auge gefasste Transaktionen zügig bewältigen zu können, werden in diesem Zusammenhang in erster Linie inhabergeführte Unternehmen adressiert, die langwierige Verhandlungsprozesse und unter Umständen weniger einträgliche Verhandlungsergebnisse mit Investoren vermeiden helfen.

Dazu zählen vor allem die technologische Kompetenz im Bereich der Nahrungsmittelanwendungen und die gemeinsamen bzw. sich ergänzenden Kunden und Absatzkanäle in Bezug auf GEA FT. Beide Kriterien begünstigen die Realisierung von Synergieeffekten – sowohl hinsichtlich der gemeinsamen Kosten- und Kompetenzbasis als auch hinsichtlich der absatzmarktbezogenen Vermarktung. Insofern hat GEA FT mit seiner Akquisitionsstrategie einen konsequenten Ausbau seines Kerngeschäfts verfolgt. Sämtliche akquirierte Unternehmen werden in die Business Units der GEA FT integriert. Dabei bleiben die lokalen Marken der akquirierten Unternehmen erhalten, da sie nicht nur eine hohe Bekanntheit bei Landwirten aufweisen, sondern auch aufgrund von langfristig aufgebauten und vertrauensvollen Vertriebskontakten präferenzbildend sind. Die akquirierten Unternehmen stellen dabei stets eine hohe Kompatibilität zur bestehenden Kompetenz im Maschinen- und Anlagenbau dar. GEA FT vervollständigt mit den Akquisitionen schrittweise die Technologien und Kompetenzen entlang der gesamten Prozesskette und kann den Landwirten alle Anlagen und Technologien zur professionellen Bewirtschaftung aus einer Hand anbieten, inklusive der Wartung und Pflege.

Die Akquisitionen haben nicht nur das Technologie- und Kompetenzportfolio erweitert, sondern auch das regionale Geschäftsportfolio erheblich ausgedehnt. GEA FT besitzt im Jahr 2013 Geschäftsaktivitäten mit eigenen Niederlassungen in allen relevanten Milchwirtschaftsräumen und setzt weltweit mehr als eine halbe Milliarde Euro um (siehe Abb. 9.9).

**Kriterien für Akquisitionen**

- Aktivitäten in sich ergänzenden Märkte, Produkten oder Prozesstechnologien
- Fokus auf Prozesstechnologien für Nahrungsmittelanwendungen
- Operativer Ertrag über dem erwarteten Durchschnitt von GEA
- Integrationsfähigkeit in die bestehenden Geschäftssegmente
- Signifikantes Synergiepotenzial
- Kaufpreis im Rahmen des Marktniveaus

**Abb. 9.8** Akquisitionskriterien (Quelle: GEA)

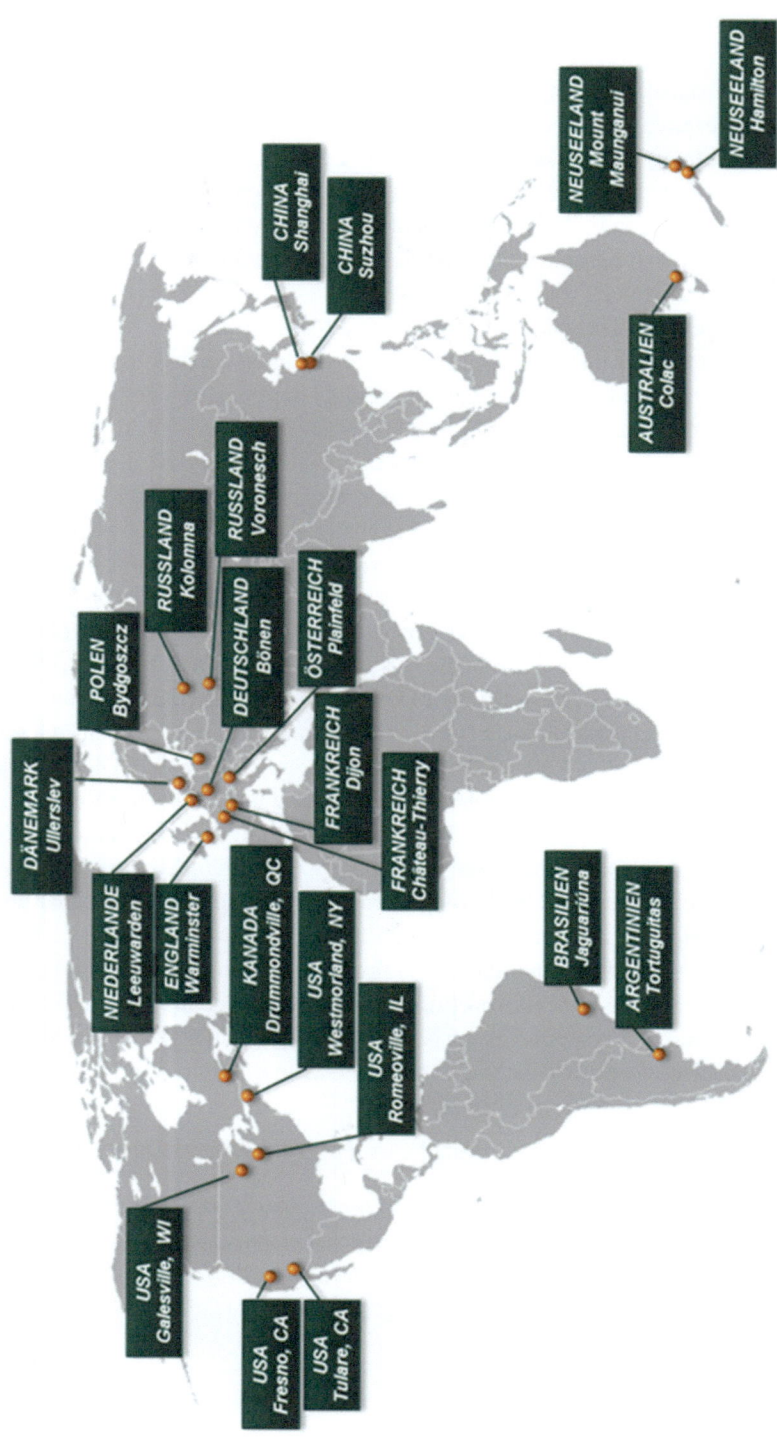

**Abb. 9.9** Weltweite Geschäftsaktivitäten von GEA FT (Quelle: GEA)

Mit den weltweiten Geschäftsaktivitäten insbesondere in der USA, Brasilien und Argentinien sowie in Australien, Neuseeland und China sowie Russland versucht GEA FT bestmöglich von den Megatrends Bevölkerungswachstum und Urbanisierung sowie Umwelt- und Ressourcenschonung zu profitieren.

> **Megatrends**
>
> Die Weltbevölkerung wächst zunehmend und eine immer größere Anzahl von Menschen wünscht sich ein Leben in der Stadt. Nach Schätzungen der Vereinten Nationen werden im Jahr 2050 mehr als zwei Drittel der Weltbevölkerung in Städten leben. Die Urbanisierungsentwicklung führt zu anderen Lebens- und Essgewohnheiten sowie einem veränderten Ressourcenumgang. Diese Entwicklungen sind bereits besonders gravierend in Süd- und Ostasien sowie in Lateinamerika und werden sich zukünftig auch in Afrika verstärken. Hierdurch nimmt die Nachfrage nach Ressourcen insbesondere Energie, Wasser und Nahrungsmittel erheblich zu. Die Urbanisierung, d. h. Herausbildung von großen Agglomerationen und v. a. im asiatischen Raum von sog. Mega-Cities, die mehr als fünf Millionen Einwohner umfassen, verstärkt sich zunehmend. Steigende Löhne und Gehälter fördern in vielen Schwellenländern die Entstehung oder Ausdehnung einer Mittelklasse, deren steigende Qualitätsansprüche an Nahrungsmittel und Medikamente mit einer höheren Ausgabenbereitschaft einhergeht. Hierbei spielen höhere Hygiene- und Qualitätsstandards eine zentrale Rolle. Diese Entwicklung bietet ein attraktives Marktpotenzial für die Nahrungsindustrie in Form von veredelten Nahrungsmittel und Fertiggerichten. Gleichzeitig wächst das Bewusstsein für den notwendigen Schutz lebenswichtiger Rohstoffe und Ressourcen, da in vielen Schwellenländern Anbau- bzw. Abbauflächen knapp werden. Somit steigt die Nachfrage nach energieeffizienten Produktionsanlagen und schonenden Produktionsprozessen z. B. mit energiesparenden und wärmerückgewinnenden Maschinen.
>
> Diese sog. Megatrends haben vielfältige Bedeutung für die mittelbare und unmittelbare Nachfrage in den für GEA relevanten Märkten (siehe Abb. 9.10).

| Megatrend | Bedeutung für die Nachfrage | GEA relevante Nachfrage |
|---|---|---|
|  Bevölkerungswachstum | Stetig wachsender Bedarf an Nahrungsmitteln und Energie  | • Volumenzuwachs<br>• Nachholpotenzial |
|  Urbanisierung | Steigende Qualitätsansprüche an Nahrungsmittel und Medikamente  | • Veredelte Nahrungsmittel<br>• Fertiggerichte<br>• Aseptische Abfüllung<br>• Medikamente |
|  Umweltbewusstsein | Steigendes Interesse an effizienten und ressourcenschonenden Produktionsverfahren  | • Ressourcenschonende Technologien<br>• Trockenkühlung<br>• Energiesparende Maschinen<br>• „Intelligente" Engineering-Lösungen |

**Abb. 9.10** Megatrends mit Auswirkung auf GEA (Quelle: GEA)

## 9.1.5 Integriertes Leistungsangebot schafft Kundennutzen

Der einzigartige Kundennutzen bei GEA FT besteht in einem kompatiblen Angebot von Maschinen und Anlagen, das durch die erfahrenen Berater und Servicetechniker individuell auf die Betriebsform der Landwirte abgestimmt wird – inklusive Design und Planung des Stall- und Betriebskonzeptes bis hin zum täglichen Herden- und Betriebsmanagement. Die Maschinen und Anlagen sind dabei sowohl auf die Bedienungs- und Wartungsfreundlichkeit für den Landwirt als auch auf die Bedürfnisse der Kühe ausgelegt. GEA FT hat dazu eine umfassende Studie zur Untersuchung des Zusammenhangs zwischen Milchqualität, -quantität und Kuhgesundheit durchführen lassen: Höherer *„Kuhkomfort"* erhöht die Milchqualität und -quantität.

## 9.1.6 Differenzierung durch Kuhkomfort

GEA Farm Technologies betrachtet nicht nur den Landwirt, sondern vor allem die Kuh als „Kunden" der Melktechnologieprodukte. Dazu hat das Unternehmen die Bedürfnisse von Kühen analysiert und spezielle Produkte entwickelt, die den Komfort für Kühe erhöhen. So genießen Kühe es förmlich, sich an Dingen zu reiben – es gehört zu ihrer Natur. Dabei tragen saubere Kühe erheblich zur allgemeinen Stallhygiene bei. Ein sauberes Fell, insbesondere auf dem Rücken der Kuh, unterstützt die Wärmeableitung über die Haut und Durchblutung. GEA Farm Technologies hat daher unterschiedliche Typen von Kuhbürsten mit verschiedenartiger Bürstenmechanik entwickelt, die derart stabil und widerstandsfähig sind, dass Kühe sich dagegen drücken können, ohne dass sich die Bürste außer ihrer Reichweite bewegt. Eine auf die durchschnittliche Höhe der Kühe einer Herde abgestimmte Montageposition ist die Gewähr für eine optimale Funktion, das Wohlergehen und den Komfort der Kühe (siehe Abb. 9.11). Ein höherer Kuhkomfort führt zudem zu einer verbesserten Milchleistung, da gesunde und entspannte Kühe mehr und qualitativ bessere Milch geben.

Die angebotenen Anlagen sind dabei konsequent auf die natürlichen Bedürfnisse des Milchviehs ausgelegt und gewährleisten individuelle Bewegungstherapien, spezielle automatisierte und ausgewogene Futterkonfigurationen, optimale und individuelle Melkzeiten sowie natürliche Pflegeaktivitäten und Ruhezeiten. Dabei kommt dem Landwirt zunehmend die Rolle des *„Managers"* zu, der die Abläufe optimal konfiguriert, Melkzeiten, Fütterung und Futterzusammensetzung automatisiert und gleichzeitig an die Bedürfnisse der individuellen Kuh anpasst. Die „glücklicheren" Kühe geben bessere und vor allem mehr Milch. Nach Angaben des Deutschen Bauernverbandes stieg die Produktivität der deutschen Landwirtschaft zwischen 1991 und 2011 um 123 Prozent. Das

**Abb. 9.11** Kuhkomfort (Quelle: GEA FT)

heißt: Während die Zahl der Landwirtschaftsbetriebe stetig sinkt, nehmen ihre Erträge zu. 2007 gab es noch rund 321.600 landwirtschaftliche Betriebe in Deutschland, 2012 rund 10,6 Prozent weniger. Dafür wachsen die wirtschaftlichen Flächen und Zahl der gehaltenen Tiere pro Betrieb und deren Leistung. 1995 gab eine Milchkuh im Schnitt rund 5.400 Kilogramm Milch pro Jahr. Rund 20 Jahre später liegt die Milchleistung bei gut 7.200 Kilogramm.

Diese Verbesserungen bei Ertrag und Qualität sind allerdings mit Kosten verbunden. Die erheblichen Investitionen für derartige Anlagen sind derzeit immer wieder ein kontrovers diskutiertes Thema auf den Vertriebskonferenzen von GEA FT. Viele Milchbauern – gerade traditionelle Betriebe – sehen sich für die Finanzierung nicht gerüstet. Die Servicemitarbeiter und Techniker werden zunehmend mit Anfragen zur Finanzierung kontaktiert. In der Regel können die Milchanlagen leider nicht wie große Erntemaschinen im Verbund von Agrarerzeugergemeinschaften gemeinsam genutzt und geteilt werden. An flexiblen und geteilten Finanzierungsformen mangelt es daher noch.

Die Digitalisierung ist für die Bauern hingegen kein Problem, denn die Industrie 4.0 ist auch in der Landwirtschaft angekommen; so werden optimale Erntezeitpunkte bereits standardmäßig per GPS und Sonden bestimmt, die Fahrgeschwindigkeit der Erntemaschinen von der Bodenbeschaffenheit quadratmetergenau angepasst und die Kommunikation der Erntemaschinen mit dem Bauernhof, dem Hersteller wie auch untereinander optimieren den Maschineneinsatz. Landwirtschaftliche Produkte werden bereits ab dem Zeitpunkt der Ernte digital erfasst und im Sinne der *„Traceability"* für Produzenten, Handel und Konsumenten bis zum Erzeuger rückverfolgbar gemacht. Die Wertschöpfungskette von Nahrungsmittelerzeugung, -verarbeitung und -vertrieb wird daher durch den digitalen

Informationsaustausch über Wertschöpfungsstufen hinweg zunehmend integriert. In der Vorbereitung für die kommende Strategietagung wollen die Leiter der Geschäftseinheiten der GEA FT das Geschäftsmodell auf den Prüfstand stellen und die Zukunftsfähigkeit angesichts der Marktentwicklungen diskutieren. Dazu haben sie mehrere Aufgabenpakete definiert.

## 9.2 Aufgaben

1. Bitte arbeiten Sie die Probleme der im Jahr 2004 bestehenden strategischen Positionierung der GEA Farm Technologies heraus. Welche strategischen Positionierungsempfehlungen können Sie für GEA Farm Technologies zu diesem Zeitpunkt begründet empfehlen? Bitte argumentieren Sie auf der Basis der Kerngeschäftskonzeption von BAIN.
2. Zu welchen Normstrategien aus dem Marktattraktivitäts-Wettbewerbsvorteils-Portfolio können Sie die strategischen Maßnahmen von GEA Farm Technologies im Zeitraum von 2004–2014 zuordnen?
3. Bitte beschreiben Sie den erfolgten Kompetenzaufbau, den die GEA Farm Technologies im Zuge der selektiven Akquisitionsstrategie realisiert hat. Welche Kernkompetenzen besitzt GEA Farm Technologies? Bitte begründen Sie anhand des Ressourcenorientierten Ansatzes.
4. Beschreiben Sie die Grundstruktur des Geschäftsmodells, das unter dem Begriff „*Total Solutions*" zusammengefasst wird, differenziert in seinen zentralen Dimensionen und Elementen.
5. Welche Veränderungen im Markt beeinflussen das bestehende Geschäftsmodell? Wie kann GEA Farm Technologies die erworbenen Kompetenzen nachhaltig absichern und weiterentwickeln? Welche strategischen Optionen hat die GEA Farm Technologies zur Anpassung ihres Geschäftsmodells? Bitte nehmen Sie in Ihrer Antwort Bezug auf die aktuellen Marktentwicklungen.

▶ **Literaturhinweise zur Aufgabenbearbeitung:**
Büchler J-P (2014) Strategie entwickeln, umsetzen und optimieren; Pearson Studium, München
Faix A, Kupp M (2002) Kriterien und Indikatoren zur Operationalisierung von Kernkompetenzen; In: Bellmann K, Freiling J, Hammann P, Mildenberger U (Hrsg) Aktionsfelder des Kompetenz-Managements. Ergebnisse des II. Symposiums Strategisches Kompetenz-Management, September 2001, Deutscher Universitätsverlag, Wiesbaden, S 59–83
Kim WC, Mauborgne R (2005) Blue ocean strategy. Harvard Business Review Press, Boston, MA
McGrath RG (2010) Business models: A discovery driven approach. Long Range Planning, 43(2–3):247–261

Osterwalder A, Pigneur Y (2010) Business model generation, Hoboken. Wiley, NJ
Roland B (2011) Geschäftsmodellinnovation als Schlüssel zu neuen Wettbewerbsvorteilen, Think: Act, München
Wirtz B (2011) Business model management. Design – instruments – success factors, Gabler Verlag, Wiesbaden
Zott C, Amit R (2012) Creating value through business model innovation. MIT Sloan Management Review, 53(3):41–49

# Hark – Wachstumsstrategie für die Orchideenzucht: Wird das Geschäft auch in den USA florieren?

Yvonne Mitschka und Jan-Philipp Büchler

## 10.1 Fallstudie

### 10.1.1 Strategische Herausforderungen zwischen Korallenwurzen und Zwergstendeln

Lippstadt, Nordrhein-Westfalen, Mai 2013. Es ist hell, die Temperatur beträgt 27 °C und die Luft duftet süßlich. Anja Hark-Borrmann schaut auf ihre Topfblume, eine Phalaenopsis amabilis (siehe Abb. 10.1). Sie studierte Gartenbau und beschäftigt sich mit der Vermehrung von Orchideen. Dabei trägt sie weder einen Strohhut noch wohnt sie in den Tropen. Vielmehr steht sie gerade im sterilen High-Tech-Labor ihrer Firma Hark Orchideen, die sich im beschaulichen Lippstadt (Westfalen) befindet. Das Unternehmen ist Weltmarktführer in der Vermehrung von Orchideen. Unterstützt von ihrem Mann Oliver Borrmann leitet sie als geschäftsführende Gesellschafterin das Familienunternehmen in vierter Generation.

Normalerweise nutzt sie ihren täglichen Gang durch das Labor um die Gedanken schweifen zu lassen. Heute jedoch beschäftigt sie ihr gestriges Gespräch mit ihrem Vertriebsleiter Karl-Heinz Lapornik. Der Markt für Orchideen gilt in Deutschland und Europa als weitestgehend gesättigt. Dies geht einher mit einem Preisdruck, auf den Harks Wettbewerber – Orchideen-Kloner aus Niedriglohnländern in Asien – entsprechend reagieren. Folglich denken die Verantwortlichen bei Hark darüber nach wie sie durch eine weitere

---

Y. Mitschka (✉)
Frankfurt/Main, Deutschland
e-mail: yvonne.mitschka@googlemail.com

J.-P. Büchler
FH Dortmund, Emil-Figge-Str. 44, 44227 Dortmund, Deutschland
e-mail: jan-philipp.buechler@fh-dortmund.de

© Springer Fachmedien Wiesbaden GmbH 2018
J.-P. Büchler (Hrsg.), *Fallstudienkompendium Hidden Champions*,
https://doi.org/10.1007/978-3-658-17829-1_10

**Abb. 10.1** Topfblume Phalaenopsis amabilis (Schmetterlingsorchidee) (Quelle: Floricultura 2017)

Internationalisierung ihrer Geschäftstätigkeit Harks Umsatzvolumen halten oder gar vergrößern können. In dieser Hinsicht haben die USA noch Potenzial. Aktuell bedient Hark den US-amerikanischen Markt durch Exporte aus Deutschland. Gleichzeitig ist Karl-Heinz Lapornik davon überzeugt, dass dieses Vorgehen unzureichend ist, um das Marktpotenzial in den USA bestmöglich zu nutzen. Er plädiert für den Aufbau eines Produktionsstandortes in Übersee.

Sollte Anja Hark-Borrmann die Investitionen wagen und das Risiko eingehen, ein Labor und einen Produktionsstrandort in den USA zu eröffnen, um die dortigen Marktchancen zu nutzen? Würde auf diese Weise das Bestehen und der Erfolg des Familienbetriebs Hark Orchideen langfristig gesichert?

### 10.1.2 Einblicke in den Markt für Zierpflanzen

Die Wertschöpfungskette der Zierpflanzen-Industrie[1] ist mit ihren Produktionsschritten Kreuzung, Vermehrung, Wachstum und Handel hochfragmentiert und internationalisiert. Entsprechend sind an der Wertschöpfungskette einer Zierpflanze oftmals Vermehrer, Gärtnereien, Groß- und Einzelhändler aus verschiedenen Ländern beteiligt. Im Jahr 2012 verkauften Erzeuger[2] an Händler über die weltweit größte Zierpflanzenvermarktungsorganisation Floraholland aus den Niederlanden Pflanzen im Wert von 4,3 Milliarden Euro. Davon wurden 55 % – oder 8,4 Milliarden Stück – mit Hilfe von Auktionsuhren gehandelt (Floraholland

---

[1] Zierpflanzen beinhalten Schnittblumen, Zimmerpflanzen und Gartenpflanzen. Zu Letzteren wiederum gehören Beet- und Balkonpflanzen, Zwiebel- und Knollenpflanzen, Zierstauden, Ziergräser und Ziergehölze (Wikipedia 2017a).

[2] Mit Erzeugern sind hier diejenigen Partner in der Wertschöpfungskette gemeint, welche die Zierpflanzen bis zum Zeitpunkt des Verkaufs an (Groß-) Händler halten. Je nach Zierpflanzenart gibt es Akteure, die gleichzeitig als Vermehrer und Gärtner agieren; bei anderen Zierpflanzenarten veräußern die Vermehrer Jungpflanzen an Gärtner, welche die Pflanzen dann bis zur Verkaufsfähigkeit halten.

2013). Der verbleibende Teil resultiert aus bilateralen Verhandlungen zwischen Erzeugern und Händlern. In Geldwerten gemessen stammten 2012 bei Floraholland die meisten Zierpflanzen aus Kenia, Äthiopien und Israel während Deutschland, das Vereinigte Königreich und Frankreich die größten Abnehmerländer darstellten (Floraholland 2013).

Zierpflanzen können unterteilt werden in Gartenpflanzen, Zimmerpflanzen und Schnittblumen. In der Kategorie Gartenpflanzen erzielten im Jahr 2012 bei Floraholland Pelargonien, Hortensien und Buchsbäume die höchsten Umsatzzahlen. Die beliebtesten Schnittblumen waren Rosen, Chrysanthemen und Tulpen. Schließlich stellte die Schmetterlingsorchidee („*Phalaenopsis*") die beliebteste Zimmerpflanze dar, gefolgt von der Kalanchoe und der Flamingoblume (Floraholland 2013).

Übliche Einzelhändler für den Verkauf von Zierpflanzen sind beispielsweise Floristen, Supermärkte und Gartencenter. Neben klassischen Vertriebskanälen gewinnt das Internet zunehmend an Bedeutung. In Deutschland betrug das auf Basis von Einzelhandelspreisen geschätzte Marktvolumen im Jahr 2012 rund 8,6 Milliarden Euro (Statista 2017). In den USA beliefen sich die Umsätze im Einzelhandel auf umgerechnet rund 19,9 Milliarden Euro (Society of American Florists 2017).[3]

Verbraucher kaufen Schnittblumen und andere Zierpflanzen als traditionelles Geschenk zum Geburts- und Namenstag, zum Muttertag und Valentinstag, zu Hochzeiten und Beerdigungen sowie zu einer Vielzahl weiterer nationaler und internationaler Festtage (siehe Abb. 10.2). Darüber hinaus werden Zierpflanzen zu Dekorationszwecken in Wohnräumen, Büros sowie auf Balkonen und in Beeten verwendet.

| Month | Day | Event/Holiday | Country/community |
|---|---|---|---|
| March | 3 | Dolls/Girls Festival Day | Japan |
| | 4 | Grandmother Day | Belgium, France |
| | 8 | International Woman's Day | |
| | 14 | White Day | Japan |
| | 15 | National Day | Hungary |
| | 17 | Saint-Patrick's Day | UK, Northern Ireland, Ireland, USA |
| | 18 | Mother's Day | UK, Ireland |
| | 19 | Father's Day | Italy, Portugal, Spain |
| | 19 | San Jose Day | Spain |
| | 19-21 | Carnival | |
| | 21 | Spring Equinox Day | Japan |
| | 25 | Independence Day | Greece |
| | 25 | Mother's Day | Slovenia |
| April | 1 | Palm Sunday | Denmark, Norway, Portugal, USA |
| | 3 | Mother's Day | Northern Ireland |
| | 6 | Good Friday | |
| | 7 | Jewish Passover | Israel, USA |
| | 8-9 | Easter | |
| | 15 | Orthodox Easter | Greece, Russia, Ukraine |
| | 19 | Secretary's Day | Belgium, France, Netherlands |
| | 23 | St. George's Day | UK, Romania, Spain |
| | 25 | Liberation Day | Italy, Portugal |
| | 25 | Administrative Professional's Day | USA |
| | 27 | Liberation Day | Slovenia |
| | 29 | Showa Day | Japan |
| | 30 | Queen's Birthday | Netherlands |
| May | 1 | International Labour Day | |

**Abb. 10.2** Auswahl für internationale Anlässe zum Zierpflanzenkauf (Quelle: International Trade Center 2012)

---

[3] Der Betrag wurde mit dem Euro-Dollar Umrechnungskurs vom 31. Dezember 2012 ermittelt.

### 10.1.3 Phalaenopsis: Geschichte und Entwicklung einer Industrie

Die aus Taiwan stammende Phalaenopsis, eine spezielle Gattung der Familie der Orchideen, hat mit ihren gelben, weißen, pinken und lila Blüten weltweit Beliebtheit erlangt (siehe Abb. 10.3) (Dou 2013). Diese Beliebtheit lässt sich mindestens bis ins 19. Jahrhundert zurückverfolgen, als in England Adlige Orchideen in Gewächshäusern zu züchten begannen (Terpitz 2014). Die erfolgreiche Vermehrung von Orchideen war jedoch lange Zeit ein Mysterium. In der freien Natur gedeihten Orchideen schließlich am besten zwischen Gesteinen und Bäumen in den Urwäldern Südostasiens und Südamerikas (Dou 2013).

Aufgrund des Interesses an der Entwicklung neuer Arten wurden Phalaenopsis zuerst generativ (geschlechtlich) vermehrt. Bei der generativen Vermehrung entsteht aus einem Pflanzensamen ein Keim und aus dem Keim eine neue Pflanze. Weil der Pflanzensamen das Resultat einer zuvor stattgefunden Befruchtung ist, ist die Tochtergeneration genetisch von der Muttergeneration verschieden (Wikipedia 2017c). Durch künstliche Befruchtung kreierte der Engländer John Seden im Jahr 1875 Hybridsamen, die er neben der Mutterpflanze platzierte. Lediglich aus einem Samen wuchs eine Jungpflanze heran, die im Jahr 1886 – und damit elf Jahre später – blühte. Die Bemühungen von John Seden spiegelten die Schwierigkeiten wider, die seinerzeit in Bezug auf die Keimung und Aufzucht von Jungpflanzen existierten (Griesbach 2002).

Im Jahr 1909 entdeckten der französische Noel Bernard und der deutsche Hans Burgeff unabhängig voneinander, dass Orchideensamen am besten in Anwesenheit eines Symbiosepilzes keimten. Fortan wurden Samen der Phalaenopsis auf einer Torf-Sand-Pilz-Mischung zur Keimung gebracht. Diese symbiotische Keimung war effektiver als Sedens Methode. Gleichzeitig war eine kommerzielle Produktion von Hybriden weiterhin undenkbar, weil viele Jungpflanzen an Pilzinfektionen starben (Griesbach 2002).

Der Amerikaner Lewis Knudson legte im Jahr 1922 den Grundstein für die Massenvermehrung von Phalaenopsis. Knudson entdeckte, dass die zuvor verwendeten Symbiosepilze durch einen Nährboden ersetzt werden konnten, der auf bestimmten Salzen und Zuckern basierte. Mit dieser Nicht-symbiotischen Keimung konnten schließlich tausende

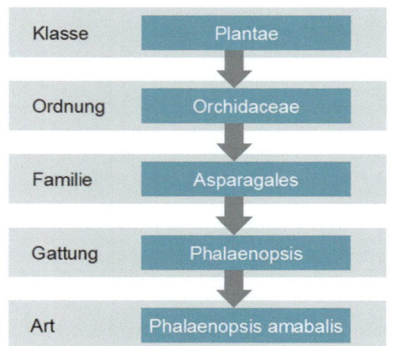

**Abb. 10.3** Botanische Klassifizierung (Quelle: Wikipedia 2017b)

Orchideen-Samen zur Keimung gebracht und verschiedene Hybrid-Pflanzen erfolgreich herangezogen werden. Knudsons Entdeckung war nicht nur für die Heranzüchtung neuer Orchideenarten, sondern auch für Klonung von Pflanzen durch vegetative (ungeschlechtliche) Vermehrung von großer Bedeutung. Bei der vegetativen Pflanzenvermehrung wachsen nicht aus Samen, sondern aus Pflanzenteilen mittels Zellteilung neue Pflanzen heran. Diese gleichen genetisch der Muttergeneration (Wikipedia 2017d). Im Jahr 1949 demonstrierte Gavino Rotor in Knudos Labor an der Cornell Universität, dass durch die keimfreie Platzierung von Wachstumsknoten aus den Blütenständen auf einem Nährmedium Jungpflanzen entstehen können (Griesbach 2002). Dass die Umsetzung dieser Erkenntnis vorerst schwierig blieb, zeigt das hohe Preisniveau in Deutschland, das für Orchideen noch in den 1970er Jahren herrschte. Damals betrug der Preis für eine Orchidee bis zu 1000 Mark (Macho 2014).

Unter anderem durch die Pionierarbeit der Firma Hark bezüglich der Technik zur Orchideenvermehrung (siehe 10.1.6) handelt es sich bei der Phalaenopsis heutzutage um eine sehr erschwingliche Zierpflanze mit Einzelhandelspreisen zwischen 5,99 Euro und 9,99 Euro für eine Pflanze im 12-cm-Topf (Terpitz 2014). Die wenigsten Pflanzen für diesen Massenmarkt werden in ein und demselben Land gezüchtet, vermehrt, aufgezogen und verkauft. Stattdessen ist die Wertschöpfungskette fragmentiert und internationalisiert um Konsumenten ganzjährig und preisgünstig mit einer Vielzahl an qualitativ hochwertigen Pflanzen zu versorgen. So kommt es beispielsweise vor, dass eine Phalaenopsis in den USA gezüchtet, in Deutschland vermehrt, in den Niederlanden aufgezogen und schließlich in den USA verkauft wird (Griesbach 2002).

### 10.1.4 Ein Abriss über den amerikanischen Orchideenmarkt

Bereits im Jahr 2003 wurden in den USA mehr als 16 Millionen Orchideen verkauft. Der dortige Einzelhandel setze mit Orchideen mehr als 120 Millionen US Dollar um (Woods 2004). Gemessen am Umsatz war die Orchidee damit bereits im Jahr 2003 nach dem Weihnachtsstern die zweitbeliebteste blühende Zimmerpflanze. Gut zehn Jahre später drehte sich der Sachverhalt um und die Orchidee findet sich seit dem an der Spitze der Beliebtheitsskala (Dou 2013). Der Trend der steigenden Popularität von Orchideen in den USA begann Ende der 1990er Jahre. Grund dafür sind vor allem nationale wie internationale Innovationen im Bereich der Vermehrungs- und Kultivierungstechniken, die den Preis für Orchideen haben sinken lassen. Darüber hinaus üben heutzutage auch Einzelhandelsketten wie Trader Joe's oder Home Depot Druck auf die Preisentwicklung von Orchideen aus (Dedesma 2010). Gemäß der Erfahrungen von Hark sind US-Amerikaner nicht zwangsläufig für ihren „grünen Daumen" bekannt. Neben erschwinglichen Preisen und dem faszinierenden Aussehen tragen daher sicher auch originelle Marketingstrategien zur steigenden Beliebtheit von Orchideen bei. Ein Züchter in den USA vermarktete seine Orchideen sehr erfolgreich mit dem Slogan „Just add ice!". Die Hinzugabe von Eiswürfeln auf die Erde der Pflanzen lässt diese prächtig gedeihen (Terpitz 2014).

Bis in die frühen 2000er Jahre war die Orchideenproduktion in den USA zu einem beträchtlichen Teil inländisch geprägt. Im Jahr 2003 waren Betriebe in Kalifornien für 40 % aller in den USA produzierten Orchideen verantwortlich, gefolgt von Hawaii und Florida mit 34 % bzw. 18 % (Woods 2004). Seit die USA im Jahr 2004 die Importrestriktionen für Orchideen lockerten, verlagerten sich große Teile der Wertschöpfungskette ins Ausland (Dou 2013). Orchideenklone von ausländischen Vermehrern wie Hark gewinnen bei US-amerikanischen Züchtern und Gartenbaubetrieben zunehmend an Bedeutung. Neben Hark in Deutschland und einigen niederländischen und belgischen Konkurrenten sind es jedoch vor allem Betriebe aus Südostasien, die Jungpflanzen in die USA liefern. Taiwan produziert in Zahlen gemessen bereits heute die meisten geklonten Jungpflanzen. Dem Umsatz nach sind jedoch die Niederlande der größte Produzent. Dies liegt vor allem daran, dass sich dort viele Gärtnereien und Großhändler befinden, die traditionell den lukrativsten Teil des Geschäfts mit Orchideen ausmachen. Kennzeichnend für die Orchideenvermehrung in Asien ist, dass die Jungpflanzen bereits vor dem Verkauf an (ausländische) Gärtner nacheinander von verschiedenen, meist kleinen familiengeführten Betrieben gehalten werden. Die durchschnittliche Haltedauer beträgt vier bis sechs Monate. Die asiatische Vermehrungsindustrie übt einen starken Preisdruck auf die Klon-Konkurrenz in Europa und den USA aus. Dies liegt vor allem in den niedrigeren Betriebskosten begründet (Dou 2013). Jedoch warnt Hark die Gärtner vor unkalkulierbaren Risiken, die von solcher Billigware ausgehen können (Terpitz 2014).

### 10.1.5 Die Geschichte von Hark

Wenngleich das Unternehmen Hark seit seiner Gründung für die Produktion von Pflanzen steht, so hat es seine Wurzeln dennoch nicht in der Vermehrung von Orchideen. Vielmehr gründete Fritz Hark im Jahr 1904 einen Betrieb um die Region in und um Lippstadt in Westfalen mit Schnittblumen und Gemüse zu versorgen. Im Jahr 1949 kaufte der Gründersohn – der ebenfalls den Namen Fritz Hark trug – seine erste Orchidee. Fritz Harks Enthusiasmus und Spürsinn für Orchideen sowie seine guten Kontakte zu Botanikern resultierten in einer Entdeckung, die schließlich die Grundlage für den Familienbetrieb in seiner heutigen Form bildete: Fritz Hark entwickelte seine eigenen keimfreien Methoden inklusive spezifischer Nährböden für die herausfordernde Tätigkeit der Orchideen-Vermehrung. Dabei handelt es sich damals wie heute um einen mehrschrittigen in-vitro-Klonprozess. Zu Beginn wird die zu klonende Mutterpflanze unter sterilen Bedingungen verletzt um auf einem puddingähnlichen Nährboden Seitentriebe auszubilden. Später werden die Stammzellen aus den Wachstumsknoten der Blütentriebe genutzt um Klone der Mutterpflanze heranzuziehen. Der Erfolg von Fritz Hark führte zu einer Weiterentwicklung des Familienbetriebs. So fokussierte sich das Unternehmen bis zu den 1980er Jahren als Orchideengärtner ausschließlich auf die Orchideenzucht und alle dazugehörigen Schritte. Seitdem entwickelte sich der ehemalige Gartenbaubetrieb zum führenden Orchideen-Kloner mit einem High-Tech-Labor, das heutzutage das weltweit Größte seiner Art ist (siehe Abb. 10.4). Es misst 1,75 Hektar und hat damit die Größe von zweieinhalb Fußballfeldern

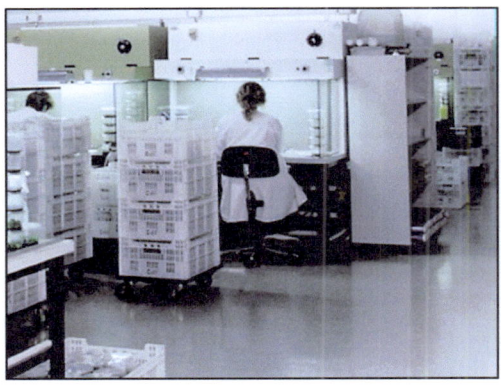 

**Abb. 10.4** Labor von Hark (Quelle: Hark Orchideen 2017a)

(Macho 2014, Terpitz 2014). Bereits in den 1980er Jahren war Hark durch seine Gattungen „Paphiopedilum" und „Phalaenopsis" international bekannt, wobei Letztere rund 30 Jahre später zur beliebtesten blühenden Zimmerpflanze in Europa und den USA werden sollte (Hark Orchideen 2017a) (Terpitz 2014).

Während Hark im Jahr 2001 noch 30 Mitarbeiter beschäftigte sind es aktuell über 700 Angestellte. Dabei handelt es sich in der Mehrzahl um Laborangestellte, die in zwei Schichten 6000 verschiedene Orchideensorten vermehren und pro Jahr mehr als 50 Millionen Jungpflanzen an Gärtnereien, Jungpflanzenbetriebe und Züchter ausliefern (Terpitz 2014). Das Unternehmen weist einen Jahresumsatz in zweistelliger Millionenhöhe auf (Macho 2014).

## 10.1.6 Die Betriebsabläufe bei Hark

Die Produktion von Orchideen ist verglichen mit anderen Zierpflanzen sehr aufwändig. Kreuzung und Vermehrung dieser exotischen Pflanzen sind zeitintensiv und bedürfen viel Fachexpertise. Basierend auf der Pionierarbeit des Gründersohnes Fritz Hark verfügt die Unternehmerfamilie über jahrzehntelange Erfahrung in der Orchideen-Vermehrung. Diese Erfahrungen werden genutzt um die in-vitro-Kulturtechnik, die Logistik sowie die Interaktion mit den Kunden stetig weiterzuentwickeln.

Harks interne Betriebsabläufe sind hoch technologisiert und gekennzeichnet durch eine strategische Passgenauigkeit (siehe Abb. 10.5): Zuerst werden in der Laborküche verschiedene Sorten eines breiartigen Nährmediums nach streng geheimen Rezepten produziert, sterilisiert und in sterile Becher abgefüllt. Die befüllten Becher werden unter kontrolliert klimatisierten Bedingungen gelagert bis sie bei der Orchideen-Vermehrung im Labor angewendet werden.

Im Labor werden aus den Wachstumsknoten der Blütenrispen gewonnene Pflanzenzellen an sterilen Arbeitsplätzen – den clean benches – manuell auf die Nährmedien

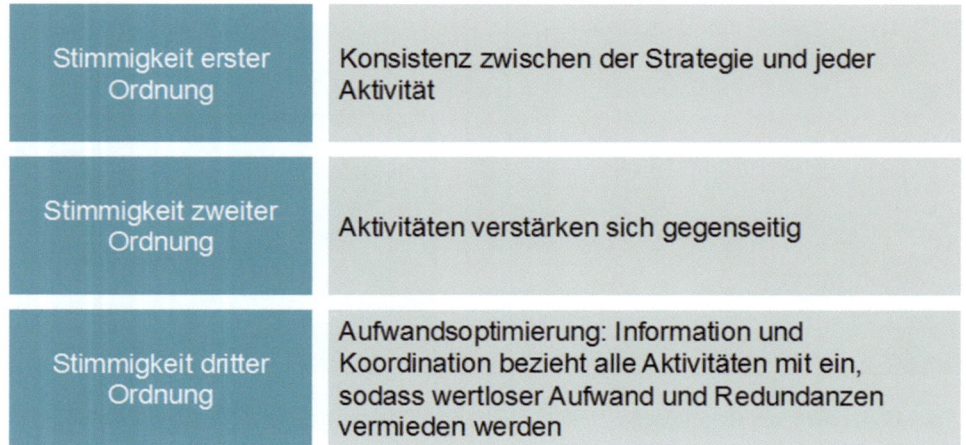

**Abb. 10.5** Typen von strategischer Stimmigkeit (Quelle: Porter 1996)

in den Bechern übertragen.[4] Dazu wird ein zuvor aufgebauter Mutterpflanzenbestand verwendet. Die Becher mit den sich durch Zellteilung entwickelnden Pflanzenklonen werden in Klimalagern gehalten. Die Klimalager werden durch 58 Watt-Leuchtstoffröhren auf 27 °C erwärmt und 12 Stunden täglich belichtet (Terpitz 2014). Je nach zu klonender Orchideenart wird mit einer Flüssigkultur in sogenannten Schüttlern zuerst auf die undifferenzierte Zellvermehrung gesetzt, bevor die Zellklumpen in Bechern differenzierte Zellen ausbilden und zu Jungpflanzen heranwachsen. Frühestens zwei Jahre nach Auftragserteilung erhalten die Kunden ihre Jungpflanzen in sterilen Bechern. Je nach Art befinden sich zwischen 26 und 42 Pflanzen in einem Becher (Hark Orchideen 2017a; Hark Orchideen 2017b; Hark Orchideen 2017c). In den Gärtnereien vergehen weitere ein bis zwei Jahre bis die Orchideen blühen und damit an den Einzelhandel weiterverkauft werden können. Hark vermehrt sowohl eigene als auch Fremdzüchtungen und kann aus einer Orchidee bis zu drei Millionen Klone produzieren (siehe Abb. 10.6) (Macho 2014).

Ein selbstentwickeltes digitales barcode-basiertes System stärkt die strategische Passgenauigkeit und operative Effektivität der einzelnen Schritte in der komplizierten Orchideenproduktion (siehe Abb. 10.7). Eine typische Gefahr geht von der Verwechslung von Klonen aus. Daneben erschweren mühsam zu erfassende Vermehrungsraten und lange Vermehrungszyklen die Produktionsplanung. Dabei kommt es gerade im dynamischen Orchideenmarkt darauf an, die richtige Art in der richtigen Menge zur richtigen Zeit zu verkaufen. Das sogenannte Hark Safety System macht die Laborproduktion von Orchideen effizienter. Die eindeutige Kennzeichnung jedes Bechers durch einen Barcode bietet

---

[4] Der Vollständigkeit halber sei erwähnt, dass Hark im Auftrag von Züchtern auch Aussaaten durchführt (Hark Orchideen 2017a).

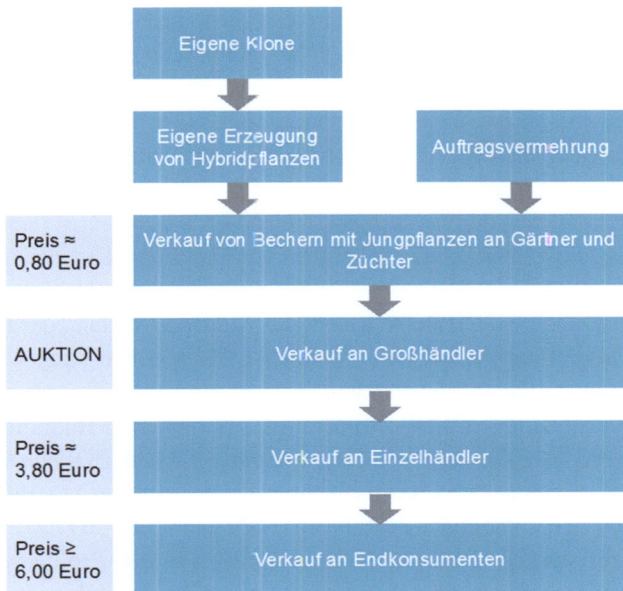

**Abb. 10.6** Orchideen-Wertschöpfungskette (Quelle: Terpitz 2014)

**Abb. 10.7** Hark Safety System (Quelle: Hark Orchideen 2017a)

Verwechslungssicherheit. Darüber hinaus können alle Arbeitsschritte überwacht und Zellteilungsraten erfasst werden. An dieser Qualitäts- und Mengenüberwachung lässt Hark auch seine Kunden teilhaben. Denen wiederum ermöglichen diese Informationen die Entwicklung ihrer eigenen präzisen Produktions- und Verkaufsplanung (Hark Orchideen 2017a). Hark exportiert rund 80 % seiner Jungpflanzen ins Ausland. Eine Mehrheit davon richtet sich an niederländische Großgärtnereien. Diese produzieren jährlich – überwiegend für den europäischen Markt – rund 145 Millionen blühende Orchideen. In Deutschland sind es nur 3,5 Millionen. Ein weiteres wichtiges Exportland sind die USA, wo Hark bereits einen Marktanteil zwischen 25 % und 30 % hat (Macho 2014; Terpitz 2014).

Die Verwendung des Hark Safety Systems illustriert die vertrauensvolle Zusammenarbeit von Hark mit seinen Kunden und das Interesse an langfristigen Geschäftsbeziehungen. Die Unternehmerfamilie ist sich darüber bewusst, dass neben transparenten Labordaten auch die Eigenschaften der Jungpflanzen die Zufriedenheit von Harks qualitätsorientierter Kundschaft beeinflusst. Harks Orchideen sind gesund, haben einen kräftigen Habitus und ein einheitliches Aussehen.[5] Dies garantieren eine dauerhafte Weiterentwicklung der Klonungstechnik sowie spezielle Sortierschritte und eine zweimalige Testung auf Viren während der Produktion. Durch eine direkte, offene Zusammenarbeit mit seinen Kunden erlangt Hark ein genaues Verständnis über deren Herausforderungen. Daraus kann Hark die Anforderungen an seine eigenen Produkte, Prozesse und Dienstleistungen ableiten. Offenheit, Vertrauen und Loyalität beschreiben schließlich ebenso die Firmenkultur und den Mitarbeiterumgang von Hark als traditionsreiches Familienunternehmen (Hark Orchideen 2017a).

Im Kontrast zur starken Einbindung seiner Kunden in den Produktionsprozess legt Hark viel Wert auf Unabhängigkeit wenn es um die wesentlichen Inputfaktoren der Produktion geht. Beispiele sind neben dem Hark Safety System weitere eigene technologische Innovationen wie der patentierte infektionsdichte Becher. Eine Ausnahme bildet Harks enge Kooperation mit einem anderen Hidden Champion in Lippstadt namens Hella. Bei Hella handelt es sich um ein Familienunternehmen mit Technologieführerschaft bei der Produktion von Fahrzeugelektronik und innovativen Lichtsystemen für die Automobilbranche (Hella 2017). Hark und Hella arbeiten derzeit gemeinsam an der Entwicklung von energieeffizienten LED-Leuchten für die Orchideenproduktion (Terpitz 2014). Neben den verhältnismäßig hohen Lohnkosten machen die Kosten für Wärme und Strom einen Großteil der Fixkosten von Harks energieintensivem Geschäft aus.

### 10.1.7 Die Entscheidung

Zurück von ihrem Labor-Rundgang sortiert Anja Hark-Borrmann ihre Gedanken in ihrem Büro. Bei der Entscheidung über den Aufbau eines Labors in den USA hat sie eine Vielzahl an Faktoren zu berücksichtigen.

Der Orchideenmarkt in den USA gilt im Allgemeinen als attraktiv. Im Gegensatz zum deutschen Orchideenmarkt weist der Markt für Orchideen in den USA noch Wachstumspotenzial auf. Hark könnte daher durch den Aufbau einer lokalen Orchideenproduktion in den USA neben der Vergrößerung seines Marktanteils durch Kundennähe auch vom dortigen Marktwachstum profitieren. Ebenfalls positiv zu bewerten ist ein Subventionsangebot,

---

[5] Das einheitliche Aussehen beim Klonen von Phalaenopsis durch vegetative Vermehrung auf Nährböden war lange Zeit keine Selbstverständlichkeit (Griesbach 2002).

mit dem der Gouverneur von Michigan kürzlich auf das Unternehmen zukam, nachdem er von Harks Überlegungen erfuhr. Sein Staat würde den Aufbau einer Fabrik in der Gegend um Kalamazoo mit einem Zuschuss in Höhe von 750.000 US Dollar unterstützen (Herald 2012). „Während wir uns in der Vergangenheit auf die idealen mikro-klimatischen Bedingungen und reichhaltigen Böden als Standortvorteile verlassen haben, ist es heute die hervorragende Infrastruktur und die Expertise im Bereich Biotechnologie, die den Standort attraktiv für Unternehmen machen" warb Rick Snyder, der Gouverneur von Michigan, für seinen Standort. Gleichzeitig erwartet Anja Hark-Borrmann langfristig bessere Chancen für die erfolgreiche Replikation von Harks Wertschöpfungsarchitektur in Kalifornien und Florida, wo einige der größten Orchideengärtnereien und -Züchter angesiedelt sind. Sicher ist, dass Hark mit einer Produktionsstätte in den USA mittelfristig Kosten einsparen würde, die derzeit durch den Transport von Jungpflanzen zu den amerikanischen Kunden entstehen. Schließlich würden weitere handelswirtschaftliche Risiken wie Währungsrisiken bei Eröffnung einer Orchideen-Vermehrungsstätte in den USA entfallen.

Kann Hark mit der Eröffnung eines Labors in den USA seine Identität aufrechterhalten? Wie viel Anpassung kann, soll oder muss sich Hark in seiner Wertschöpfungsarchitektur leisten um einerseits das Marktpotenzial in den USA zu nutzen und andererseits seine derzeitigen Wettbewerbsvorteile nicht zu gefährden?

## 10.2 Aufgaben

1. Bitte beschreiben Sie das Geschäftsmodell von HARK auf der Basis einer geeigneten Systematik.
2. Arbeiten Sie die strategische Positionierung und die internationale Strategie von HARK heraus. Welche Stärken und Schwächen identifizieren Sie?
3. Bitte analysieren Sie umfassend das externe Marktumfeld im Zielland auf der Basis einer geeigneten Konzeption. Welche Chancen und Risiken sind mit einem möglichen Markteintritt in den USA verbunden?
4. Welche strategischen Optionen können Sie aus der Analyse externer und interner Erfolgsfaktoren ableiten? Können die identifizierten Risiken durch geeignete Maßnahmen entschärft werden?
5. Welche Markteintrittsform sehen Sie als am besten geeignet an für die Marktbearbeitung im Zielmarkt USA? Welche Implikationen hat dies für Kontrolle, Ressourcenallokation, Steuerungsprinzipien und Investitionsvolumina?

▶ **Literaturhinweise für die Aufgabenbearbeitung:**
Büchler J-P (2014) Strategie entwickeln, umsetzen und optimieren. Pearson, München
Cavusgil ST, Knight GA, Riesenburger JR (2014) International business. The new realities, 3. Aufl. Pearson, Harlow

Kühlmann T, Haas H-D (2009) Internationales Risikomanagement – Auslandserfolg durch grenzüberschreitende Netzwerke. De Gruyter Oldenbourg, München

Kutschker M, Schmid S (2011) Internationales management. De Gruyter Oldenbourg, München

Osterwalder A, Pigneur Y (2010) Business model generation: A handbook for visionaries, game changers, and challengers. Wiley, New York

Söllner A (2009) Einführung in das Internationale Management – Eine institutionenökonomische Perspektive. Gabler, Wiesbaden

Wirtz B (2011) Business model management. Design – instruments – success factors. Springer Gabler, Wiesbaden

## Literatur

Dedesma C (2010) The orchid (market) thief: How to challenge an industry. http://miter.mit.edu/articleorchid-market-thief-how-challenge-industry/. Zugegriffen: 01. Juli 2015

Dou E (2013) How the precious orchid got so cheap (The Wall Street Journal); http://www.wsj.com/articles/SB10001424052702304330904579137460770908586. Zugegriffen: 29. Juni 2015

FloraHolland (2013) Facts and Figures 2013. Market Information & Market Analysis

Floricultura (2017) Sortiment. http://www.floricultura.nl/Home/Main/4. Zugegriffen: 02. Febr. 2017

Griesbach R (2002) Development of Phalaenopsis Orchids for the Mass-Market; in J. Janick, & A. Whipkey: Trends in new crops and new uses, S 458-465; Alexandria, VA: ASHS Press

Hark Orchideen (2017a). Katalog-Download; http://www.hark-orchideen.de/Katalog/katalog.php?lang=de&navID=9. Zugegriffen: 3. Febr. 2017

Hark Orchideen (2017b) Betriebsrundgang. http://www.hark-orchideen.de/Unternehmen/betriebsrundgang.php?lang=de&navID=1&subID=1. Zugegriffen: 3. Febr. 2017

Hark Orchideen (2017c). FAQ. http://www.hark-orchideen.de/Faq/faq.php?lang=de&navID=8. Zugegriffen: 3. Febr. 2017

Hella (2017) Hella im Überblick. http://www.hella.com/hella-com/de/HELLA-im-Uberblick-723.html. Zugegriffen: 5. Febr. 2017

Herald S (2012) Hark orchids to bring jobs to kalamzoo area (WKZO). http://wkzo.com/news/articles/2012/mar/23/hark-orchids-to-bring-jobs-to-kalamazoo-area/. Zugegriffen: 01. Juli. 2015

International Trade Center (2012) Cut Flowers and Ornamental Plants. International Trade Center, Market Development

Macho A (2014) Weltmarktführer. Klein, clever, König (Wirtschaftswoche Online). http://www.wiwo.de/unternehmen/mittelstand/weltmarktfuehrer-praesenz-vor-ort/9378414-3.html. Zugegriffen: 24. Juni. 2015

Porter M (1996) What Is Strategy? Harvard Business Review, 74(6):61–78

Society of American Florists (2017) Flower Industry Overview. http://aboutflowers.com/about-the-flower-industry/industry-overview.html. Zugegriffen: 2. Febr. 2017

Statista (2017) Umsatz im Gesamtmarkt Blumen und Pflanzen in Deutschland in den Jahren von 2005 bis 2015 (in Milliarden Euro) https://de.statista.com/statistik/daten/studie/206256/umfrage/umsatz-mit-blumen-und-pflanzen/. Zugegriffen: 2. Febr. 2017

Terpitz K (2014) Die Orchideen-Kloner, Handelsblatt Online http://www.handelsblatt.com/unternehmen/mittelstand/hidden_champions/hidden-champion-hark-die-orchideen-kloner/11007582.html. Zugegriffen: 24. Juni 2015

Wikipedia (2017a) Zierpflanze. https://de.wikipedia.org/wiki/Zierpflanze. Zugegriffen: 2. Febr. 2017
Wikipedia (2017b) Orchideen. https://de.wikipedia.org/wiki/Orchideen. Zugegriffen: 3. Febr. 2017
Wikipedia (2017c) Saatgut. https://de.wikipedia.org/wiki/Saatgut. Zugegriffen: 5. Febr. 2017
Wikipedia (2017d) Vegetative Vermehrung. https://de.wikipedia.org/wiki/Vegetative_Vermehrung Zugegriffen: 2. Febr. 2017
Woods C (2004) Orchid mania: exotic plant now the fastest growing segment of nation's $13 billion floriculture industry. http://news.ufl.edu/archive/2004/08/orchid-mania-exotic-plant-now-the-fastest-growing-segment-of-nations-13-billion-floriculture-industry.html. Zugegriffen: 1. Juli. 2015

# Vaillant – Markteintritt und Marktbearbeitung in Russland

## 11

Jan-Philipp Büchler, Markus Tandel und Carsten Voigtländer

## 11.1 Fallstudie

### 11.1.1 Nur profitables Wachstum ist gutes Wachstum

Oliver Nehring freute sich auf seine Präsentation vor der Geschäftsführung der Vaillant Gruppe über die Geschäftsentwicklung in Osteuropa im Geschäftsjahr 2011. Als Regionalverantwortlicher der stärksten Wachstumsregion konnte er viele Erfolge verzeichnen. Die guten Nachrichten von zweistelligem Umsatzwachstum und führenden Marktpositionen in den meisten Ländermärkten wurden mit viel Zustimmung seitens der Geschäftsführung aufgenommen. Erst bei den Ergebnissen der russischen Tochtergesellschaft ergab sich eine kritische Rückfrage des Vorstandsvorsitzenden, Dr. Carsten Voigtländer: „*Zweistelliges Umsatzwachstum ist erfreulich, aber vollkommen normal in einem Wachstumsmarkt. Wann schreiben wir endlich schwarze Zahlen in Russland und wie wollen Sie das erreichen? Wir benötigen eine Strategie für profitables Wachstum – nur profitables Wachstum ist gutes Wachstum!*" Im Anschluss an eine kurze Diskussion erhielt Oliver Nehring den Auftrag, eine Strategie für profitables Wachstum in Russland zu erarbeiten und auf der nächsten Geschäftsführungssitzung zu präsentieren. Noch am gleichen Tag arrangierte er ein Managementmeeting mit der Geschäftsführung des russischen Tochterunternehmens für die folgende Woche und stellte zur Vorbereitung alle Informationen über den Markt und die Geschäftsentwicklung zusammen.

---

J.-P. Büchler (✉)
FH Dortmund, Emil-Figge-Str. 44, 44227 Dortmund, Deutschland
e-mail: jan-philipp.buechler@fh-dortmund.de

M. Tandel; C. Voigtländer
Vaillant Group, Berghauser Straße 40, 42859 Remscheid, Deutschland
e-mail: markus.tandel@vaillant.de; carsten.voigtlaender@vaillant.de

© Springer Fachmedien Wiesbaden GmbH 2018
J.-P. Büchler (Hrsg.), *Fallstudienkompendium Hidden Champions*,
https://doi.org/10.1007/978-3-658-17829-1_11

## 11.1.2 Unternehmensentwicklung Vaillant Gruppe

Die Vaillant Gruppe ist ein international führender Hersteller von Heiz-, Lüftungs- und Klimatechnik. Das im Jahr 1874 gegründete Familienunternehmen mit Sitz in Remscheid gehört zu den *„Hidden Champions"* des deutschen Mittelstandes und erzielt mit weltweit mehr als 12.000 Mitarbeitern einen Jahresumsatz von rund 2,3 Milliarden Euro. Die Vaillant Gruppe ist damit das zweitgrößte Unternehmen seiner Branche und im Marktsegment wandhängende Heizgeräte sogar Weltmarktführer.

Die Vaillant Gruppe führt ein Portfolio von acht internationalen Heiztechnikmarken, die größtenteils im Rahmen selektiver Akquisitionen erworben wurden und einen wesentlichen Beitrag zur internationalen Wachstumsstrategie leisten.

Die Marke Vaillant ist als Premiummarke positioniert und wird weltweit vermarktet. Unter dem Markendach wird das technologisch anspruchsvollste und umfangreichste Produktsortiment an Heiz- und Klimatechnik angeboten. Sie ist die umsatzstärkste Marke im Portfolio und bietet konsequent die höchsten Leistungs- und Qualitätsmerkmale. Produkte der Marke Vaillant überzeugen regelmäßig als Testsieger z. B. bei Stiftung Warentest. Vaillant ist in der Regel die teuerste Marke in ihren Marktsegmenten.

Die Markengruppe (Duval, Bulex, Glow-worm) ist im Jahr 2001 durch die Akquisition des Unternehmens Hepworth PLC in Großbritannien in das Portfolio der Vaillant Gruppe aufgenommen worden. Die neuen Marken behielten ihre regionale Positionierung in den zentral- und nordeuropäischen Märkten bei und läuteten den Beginn einer beschleunigten Internationalisierung ein. Die französische Marke Saunier Duval besteht bereits seit 1907 und bietet ein universelles Produktsortiment der Heiz-, Lüftungs- und Klimatechnik mit hoher Markenbekanntheit in Frankreich. Die belgische Marke Bulex umfasst seit mehr als 80 Jahren ein Sortiment hochwertiger Geräte für Heizung, Warmwasseraufbereitung und Klimatisierung und dient in Belgien sogar als generische Produktbezeichnung für Geräte in diesem Marktsegment. Glow-worm blickt auf eine ebenso lange und erfolgreiche Geschichte in Großbritannien zurück. Die Marken werden seit der Akquisition weiterhin vertrieblich getrennt geführt.

Im Jahr 2004 erwarb die Vaillant Gruppe die Mehrheit am italienischen Heiztechnikhersteller Hermann und baute damit die Präsenz im südeuropäischen Markt aus.

Im weiteren Zuge der Internationalisierung wurde im Jahr 2005 das Unternehmen Protherm vollständig akquiriert und leistet seitdem mit der in mehreren osteuropäischen Ländern führenden gleichnamigen Marke einen wesentlichen Beitrag zur internationalen Marktbearbeitung in Osteuropa sowie darüber hinaus in Asien und Nordafrika.

Die Internationalisierungsstrategie ist mit der Übernahme der Mehrheitsanteile am türkischen Heiz- und Klimatechnikunternehmen Türk DemirDöküm im Jahr 2007 weiter vorangetrieben worden. DemirDöküm wurde bereits 1954 gegründet und ist seitdem der führende Heiz- und Klimatechnikspezialist in der Türkei und eine der bekanntesten Marken auch in angrenzenden Ländern (siehe Abb. 11.1).

Die Vaillant Gruppe hat die Vielfalt der erworbenen Marken aufgrund ihrer regionalen Bekanntheit und Marktdurchdringung weitgehend erhalten und gleichzeitig ihren

# 11 Vaillant – Markteintritt und Marktbearbeitung in Russland

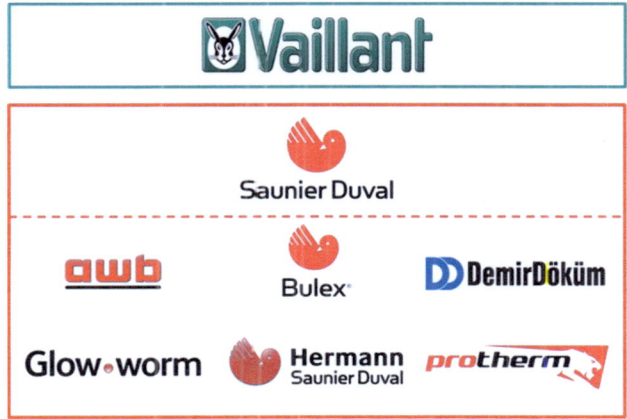

**Abb. 11.1** Markenportfolio Vaillant Gruppe (Quelle: Vaillant)

Auftritt unter dem Markendach Saunier Duval – gekennzeichnet durch die gestrichelte Linie in Abb. 11.1 – gebündelt, um Synergien in Produktion und Vertrieb im Rahmen einer Markenplattformstrategie international zu realisieren (vgl. Aaker 2004, S. 65 ff.). Der Kernmarke Vaillant der Unternehmensgruppe wurde die Rolle einer internationalen Flaggschiffmarke zugesprochen und im Premiumsegment positioniert; sie wird vertrieblich getrennt geführt.

## 11.1.3 Wachstumsregion Osteuropa

Der osteuropäische Markt ist für die Vaillant Gruppe seit mehr als zwei Jahrzehnten ein wichtiger Wachstumsmarkt. Das Unternehmen ist seit den frühen neunziger Jahren mit eigenen Tochtergesellschaften in Polen, in der Slowakei sowie in Tschechien und in Ungarn vertreten, wobei teilweise die Anfänge der Marktbearbeitung bereits in den sechziger und siebziger Jahren durch eine indirekte Exportstrategie erfolgten. Aufgrund der frühen Markteintritte ist Vaillant in diesen Ländern Marktführer in den relevanten Märkten. In zwei weiteren Schritten sind in den Jahren 1999 die Ukraine und 2004 Rumänien mit eigenen Tochtergesellschaften systematisch erschlossen worden.

Die historische Entwicklung des russischen Geschäfts reicht ebenfalls bis in die frühen neunziger Jahre zurück und begann in Form einer Zusammenarbeit mit unabhängigen Vertriebsvertretern ab dem Jahr 1994 in St. Petersburg und einem ersten Vertriebsbüro in Moskau im Jahr 1996, gefolgt von einem ersten Schulungszentrum für Vertriebspartner im Jahr 1999. Das Servicegeschäft für Reparaturen und Instandhaltung wurde ab 2002 mit einem externen Servicepartner im Rahmen einer Kooperation durchgeführt. Im Zuge der schrittweisen Akquisition des Unternehmens Protherm wurden bereits 2004 die Vertriebsstellen von Vaillant und Protherm zusammengelegt, um Synergien in der Marktbearbeitung zu realisieren, wie in Abb. 11.2 dargestellt.

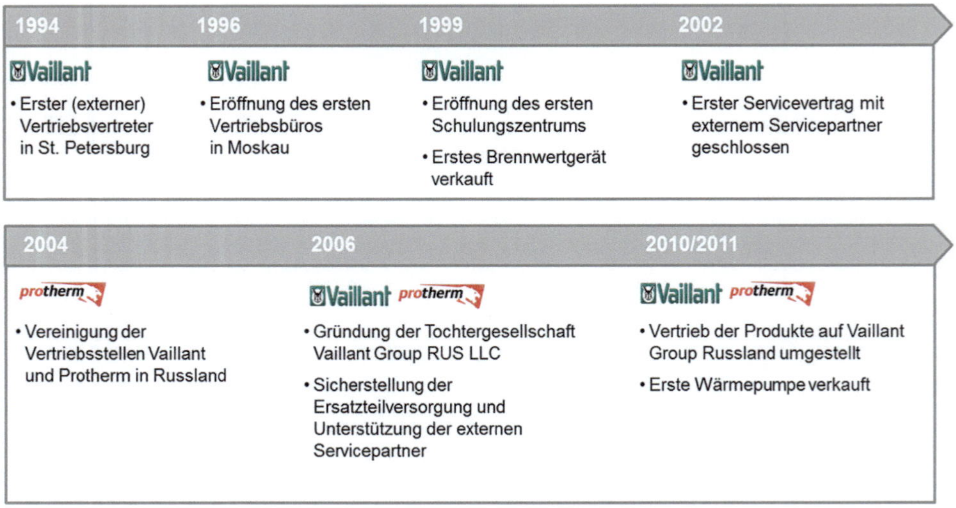

| 1994 | 1996 | 1999 | 2002 |
|---|---|---|---|
| ⓥVaillant | ⓥVaillant | ⓥVaillant | ⓥVaillant |
| • Erster (externer) Vertriebsvertreter in St. Petersburg | • Eröffnung des ersten Vertriebsbüros in Moskau | • Eröffnung des ersten Schulungszentrums<br>• Erstes Brennwertgerät verkauft | • Erster Servicevertrag mit externem Servicepartner geschlossen |

| 2004 | 2006 | 2010/2011 |
|---|---|---|
| protherm | ⓥVaillant protherm | ⓥVaillant protherm |
| • Vereinigung der Vertriebsstellen Vaillant und Protherm in Russland | • Gründung der Tochtergesellschaft Vaillant Group RUS LLC<br>• Sicherstellung der Ersatzteilversorgung und Unterstützung der externen Servicepartner | • Vertrieb der Produkte auf Vaillant Group Russland umgestellt<br>• Erste Wärmepumpe verkauft |

**Abb. 11.2** Markteintritt Vaillant Gruppe in Russland (Quelle: Vaillant)

Die Landesgesellschaft Vaillant Group Russland LLC ist 2006 aufgrund des inzwischen gewachsenen Geschäftsvolumens gegründet worden und stellt neben der Marktbearbeitung und Ersatzteilversorgung die Unterstützung externer Servicepartner sicher. Im Jahr 2010 ist der Vertrieb auf die Landesgesellschaft umgestellt worden. Der russische Markt entwickelt sich zunehmend in die Richtung technologisch anspruchsvoller und ökologischer Produktlösungen und erlaubt inzwischen auch den Verkauf von Wärmepumpen.

### 11.1.4 Wachstumsperspektiven in Russland

Die attraktive Wachstumsperspektive des russischen Marktes ist durch die Größe des Landes, den Wärmebedarf und mehrere langfristige Entwicklungen im Neubau- und Austauschgeschäft sowie durch den Systemwechsel von Fernwärme zur Gasifizierung gegeben.

Die zunehmende Anzahl an Neubauprojekten in Russland zeigt, dass der Wohnungsmarkt noch nicht gesättigt ist. Die Wohnfläche je Einwohner liegt bei ca. 23 m² in Russland und damit deutlich unter dem europäischen Durchschnitt (33 m²) bzw. Deutschland (45 m²). Verbunden mit dem steigenden durchschnittlichen Pro-Kopf-Einkommen ist ein genereller Trend zu höherem Wohnkomfort festzustellen, der insbesondere in Großstädten und Ballungszentren zu umfangreichen Bauprojekten mit entsprechend moderner Ausstattung führt.

Das Austauschgeschäft stellt einen weiteren Wachstumstreiber dar. Die Anzahl an Modernisierungsprojekten alter Gebäude hat sich seit dem Jahr 2000 mehr als vervierfacht und erfordert meist den Austausch maroder Geräte, wobei ein vermehrter Einsatz von Gas- und Elektrokesseln – dem Kerngeschäft der Vaillant Gruppe – festzustellen ist.

Die Gasifizierung stellt einen grundsätzlichen Systemwechsel in der Wärmeversorgung dar. Die umfangreiche Modernisierung der Heiztechnik löst zunehmend das veraltete und ineffiziente Fernwärmesystem ab und führt vor allem in den östlichen Regionen (Ural, Sibirien und Ferner Osten) zu erheblichen Investitionen, wobei häufig individuelle Heizlösungen aufgrund ihrer Wirtschaftlichkeit, die auf den Gebäudetyp und die Nutzungsart abgestimmt sind, gewählt werden. So hat sich der Anteil von Haushalten mit Gasanschluss in Russland von 48 % auf rund 60 % im Jahr 2011 erhöht – während gleichzeitig der Anteil an Fernwärmehaushalten sinkt. Eine ähnliche Entwicklung haben die osteuropäischen Märkte wie z. B. Polen, Slowakei und Tschechien bereits vollzogen. In diesen Märkten hat sich seit den neunziger Jahren der Fernwärmeanteil von 65 % auf rund 40 % reduziert. Die Versorgung von Haushalten mit Fernwärme in der EU liegt im Vergleich dazu bei lediglich 12 % und zeigt damit das langfristige Wachstumspotenzial für den osteuropäischen Markt.

### 11.1.5 Geschäftsentwicklung in Russland

Die Vaillant Gruppe hat von diesen langfristigen Wachstumstreibern in besonderer Weise profitiert und konnte in den vergangenen Jahren ein Umsatzwachstum, das deutlich über dem durchschnittlichen Marktwachstum von ca. +4 % p. a. liegt, realisieren (siehe Abb. 11.3).

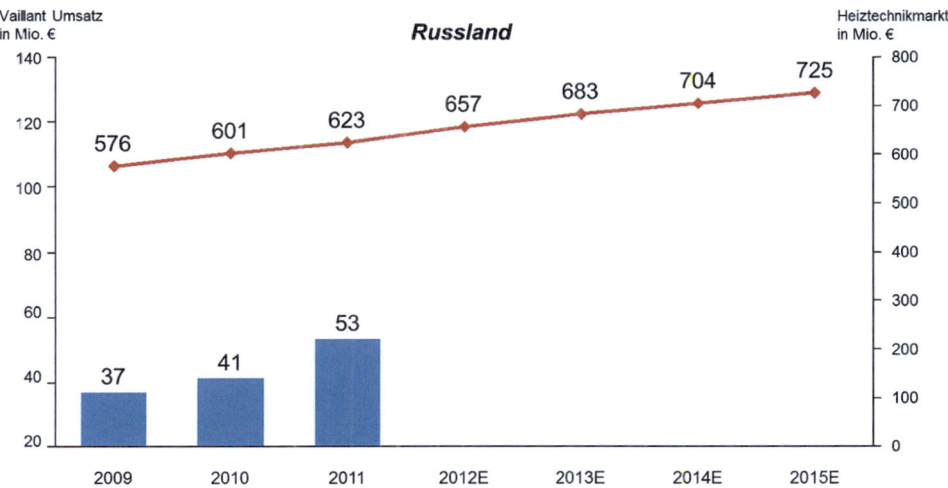

**Abb. 11.3** Umsatzentwicklung Vaillant Gruppe in Russland (Quelle: Vaillant)

**Abb. 11.4** GuV (schematisch) Vaillant Gruppe in Russland (Quelle: Vaillant)

| GuV - Russland (schematisch) | 2010 | 2011 | 2012 |
|---|---|---|---|
| **Bruttoumsatz** | 102 | 104 | |
| *- Rabatte, Werbekostenzuschüsse* | 2 | 4 | |
| **Nettoumsatz (normiert 100)** | 100 | 100 | |
| *- Herstellkosten* | 88 | 83 | |
| *- Garantieleistungen* | 1 | 1 | |
| **Deckungsbeitrag** | 11 | 16 | |
| *- Vertrieb* | 19 | 21 | |
| *- Marketing* | 1 | 1 | |
| *- Saldo SBE/SBA* | 1 | 0 | |
| **Ergebnisbeitrag** | -10 | -6 | |

Die Planungsannahmen für die nächsten Jahre unterstellen weiterhin ein Marktwachstum in einem Korridor von +3 % bis +5 % p. a. wie in Abbildung 11.3 anhand des roten Kurvenverlaufs erkennbar. Vor diesem Hintergrund gehen die allgemeinen Erwartungen in der Geschäftsführung der Vaillant Gruppe von einer Fortsetzung der Umsatzentwicklung in Russland aus, sodass in naher Zukunft eine ausreichende Geschäftsgröße erreicht werden sollte, um ein positives operatives Vorsteuerergebnis (EBIT) zu realisieren.

Die russische Landesgesellschaft realisiert aktuell vor allem aufgrund hoher Herstell- und Vertriebskosten einen negativen Ergebnisbeitrag. Die Herstellkosten sind u. a. durch die erheblichen Transportkosten der Produkte aus den zentral- und osteuropäischen Produktionsstätten zu den russischen Großhändlern belastet. In den Vertriebskosten spiegeln sich die Investitionen in den Aufbau eines ausreichend dichten und zunehmenden regionalen Vertriebsnetzes wider, um den weiträumigen Markt besser abdecken zu können (siehe Abb. 11.4).

Die schematische Gewinn- und Verlustrechnung in Abb. 11.4 ist auf den Nettoumsatz (=100) normiert. Neben den hohen Herstell- und Vertriebskosten, die das Ergebnis belasten, zeigt sich zusätzlich eine Entwicklung zunehmender Rabatte und Werbekostenzuschüsse.

### 11.1.6 Markenportfolio in Russland

Die Vaillant Gruppe ist mit zwei Marken im russischen Markt vertreten, wie in Abb. 11.5 dargestellt. Die Premiummarke Vaillant ist wie in allen internationalen Märkten im höchsten Preissegment des Marktes positioniert und bietet die effizienteste Heiztechnik verbunden mit dem höchsten Bedienkomfort. Die Marke Vaillant wird vor allem an individuelle Abnehmer im Rahmen von Einzelaufträgen mit meist spezifischen Anforderungen vertrieben und gilt als stärkste Marke im russischen Premiumsegment. Die Marke Protherm ist als leistungsstarke Marke im Performancesegment positioniert und bietet eine etwas günstigere und effektive Alternative zur Premiummarke Vaillant. Die Produkt- und Servicelösungen unter der Marke Protherm werden schwerpunktmäßig im Rahmen umfangreicher geplanter Neubauvorhaben oder größerer Modernisierungsprojekte eingesetzt (siehe Abb. 11.5).

**Abb. 11.5** Markenpositionierung Vaillant Gruppe in Russland (Quelle: Vaillant)

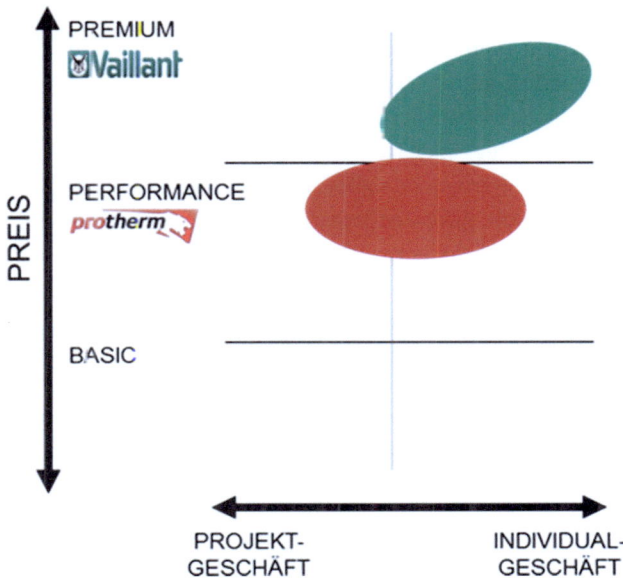

Die Vaillant Gruppe besitzt keine Marken im Preiseinstiegssegment (Basic), welches insbesondere von lokalen Wettbewerbern bedient wird.

### 11.1.7 Vertriebsstruktur in Russland

Der Vertrieb für beide Marken erfolgt stets über ein mehrstufiges indirektes Vertriebssystem (vgl. Cravens et al. 2013). Die Vaillant Gruppe verkauft ausschließlich an Distributoren bzw. Großhändler. Vorwiegend nationale und zu einem geringeren Teil regionale Großhändler vertreiben die Produkte beider Marken an niedergelassene Händler und teilweise auch direkt an Installateure. Nationale Großhändler verfügen zwar über eine größere Preismacht gegenüber der Vaillant Gruppe im Vergleich zu regionalen Großhändlern, bieten dafür aber auch eine größere Marktabdeckung und vor allem in der Phase der Markterschließung einen schnelleren Marktzutritt (siehe Abb. 11.6).

**Abb. 11.6** Distributionskette Russland (Quelle: Vaillant)

Architekten und Planer sind insbesondere bei größeren Neubau- und Modernisierungsprojekten zentrale Entscheider und beziehen ihre entscheidungsrelevanten Informationen für den Einsatz von Heiz- und Klimatechnik in der Regel von den Händlern und verplanen die ausgewählten Marken bzw. Produkte in ihren Projekten.

In der Regel beziehen Installateure die Heiz- und Klimatechnik bei lokalen bzw. regionalen Händlern, selten aber auch bei Großhändlern. Sofern es sich um größere Bauprojekte handelt, wird den Installateuren meist durch die Planer und Architekten eine Marke oder ein Produkt vorgeschrieben. Bei Einzelaufträgen insbesondere durch private Endkunden werden Installateure entweder beratend tätig und bieten ihre bevorzugte Marke an oder erhalten in einigen Fällen auch genaue Vorgaben der Endkunden aufgrund spezifischer Ansprüche.

### 11.1.8 Managementmeeting in Russland

In der folgenden Woche traf sich Oliver Nehring mit der Geschäftsführung der russischen Tochtergesellschaft, um die strategischen Optionen für eine profitable Wachstumsstrategie zu prüfen. Im Managementmeeting wurden unterschiedliche Vorschläge von den Mitgliedern der lokalen Geschäftsführung mit anschließender lebhafter Diskussion präsentiert.

Der Geschäftsführer der russischen Tochtergesellschaft betonte in seinem einführenden Beitrag, dass es sich in Russland um eine nachhaltige Investition in einen der attraktivsten Zukunftsmärkte handelt und daher mehr Zeit und Geduld erforderlich ist: *„Wir realisieren eine langfristig angelegte Strategie in einem sehr großen und wachsenden Markt. Unser Umsatzwachstum und unsere Marktposition sind sehr positiv zu bewerten. Wir haben allerdings aufgrund der Transportkostensituation einen Nachteil gegenüber anderen Tochtergesellschaften. Daher benötigen wir einfach mehr Zeit bis zum Break-Even."* Oliver Nehring fragte nach den geplanten Maßnahmen zur Begrenzung der Herstell- und Transportkostenentwicklung. *„Wir müssen einen Produktionsstandort in Russland aufbauen"* forderte der Logistikleiter prompt und führte fort, dass *„ein so großer und so schnell wachsender Markt nicht aus Zentraleuropa beliefert werden könne, da man schlichtweg nicht wettbewerbsfähig ist."* Oliver Nehring hatte dieses Thema bereits in mehreren Diskussionsrunden mit dem lokalen Managementteam erörtert und musste erneut für Verständnis werben, dass die Zeit für derartige Investitionen noch nicht reif war.

*„Wie sieht es denn mit der Optimierung der bestehenden Lagerstruktur aus?"* versuchte er die Diskussion zu drehen. *„Alle relevanten operativen Kennzahlen haben wir verbessert. Unsere Planungsgenauigkeit liegt bereits jetzt über unseren vereinbarten Zielwerten und unser Lagerbestandsmanagement ist implementiert. Uns fehlt allerdings eine sinnvolle und realistische Planungsgrundlage für die Optimierung der Lagerstruktur, die ohne Zweifel von einem Produktionsstandort abhängig ist!"* führte der Logistikleiter aus. Oliver Nehring merkte, dass er an dieser Stelle nicht weiterkommen würde.

*„Gut. Wie sehen denn die Möglichkeiten aus, die Vertriebskosten zu reduzieren?"* fragte er den Vertriebsleiter. Er hatte den Vertrieb erst vor kurzer Zeit übernommen und war für die Marken Protherm und Vaillant gleichzeitig verantwortlich.

„Wir bauen aktuell die geplanten Vertriebsteams für beide Marken weiter aus und konzentrieren uns neben den zentralen Verkaufsregionen und der Wolgaregion zunehmend auf die östlichen Regionen mit starkem Wachstumspotenzial und Nachholbedarf. Aus meiner Sicht wäre es fatal für die Wachstumsstrategie, hier den Rotstift anzusetzen. Die geplanten neuen Standorte in Wolgograd und Novosibirsk werden sehr schnell unser Geschäft skalieren" führte er aus.

Oliver Nehring wollte die Wachstumseuphorie und Expansionspläne zwar nicht bremsen, wusste aber um die Bedeutung einer profitablen Wachstumsstrategie und fragte kritisch: „Denis, kann denn vielleicht ein neuer Zuschnitt der Vertriebsregionen helfen?"

Er wusste selbst, dass die Veränderungen in der Vertriebsorganisation und der weitere schnelle Aufbau neuer Teams sich erst verstetigen mussten und so konnte er die Antwort von seinem Vertriebsverantwortlichen bereits erahnen. „Das Marketingbudget ist zwar ohnehin gering, aber wir werden es in der aktuellen Situation kaum erhöhen können. Es sei denn wir finden noch andere Wege die Kosten zu optimieren," schlussfolgerte Oliver Nehring und bemerkte, dass der Marketingleiter nun unruhig wurde.

„Wir haben im Rahmen unserer dualen Markenstrategie überlegt, die Marken Protherm und Vaillant noch stärker zu differenzieren und auf die unterschiedlichen Kundensegmente auszurichten. Für die Repositionierung ist ein moderates Budget notwendig. Wenn wir die Kunden differenzierter ansprechen, können wir mit entsprechender Vertriebsunterstützung die Konditionenpolitik zu unseren Gunsten beeinflussen und weniger Rabatte gewähren" bemühte sich der Marketingleiter sein Budget zu retten und die Diskussion wieder zu öffnen.

„Das ist sicherlich eine Option" sagte der Vertriebschef und führt weiter aus: „Wir können unsere Konditionenpolitik allerdings noch weiter optimieren, wenn wir unser Geschäftsmodell umbauen und sukzessive auf eine direkte Vertriebsstrategie setzen" (vgl. Büchler 2014, S. 181 ff.). Oliver Nehring wusste, dass dieser Vorschlag ebenfalls erhebliche Investitionen in den weiteren Vertriebsausbau erforderte und gleichzeitig nicht unerhebliche Risiken für die bereits langfristigen Lieferbeziehungen darstellen würde. An diesem Punkt resümierte der Landeschef die Diskussion mit den Worten: „Wir wachsen fünfmal so schnell wie der Markt und bauen damit eine zukunftsfähige Marktposition auf. Wir brauchen dabei auch fünfmal so viel Geduld und Ressourcen."

Oliver Nehring fand die Vorschläge für sich genommen zwar logisch und nachvollziehbar, allerdings erforderten die meisten Vorschläge Investitionen in den Bereichen Vertrieb, Marketing, Logistik, die zunächst einmal das operative Ergebnis belasten würden. Er wollte alle Daten und Argumente sorgfältig abwägen, bevor eine Entscheidungsvorlage für die Geschäftsführung vorbereitete. Dazu besorgte er sich ergänzend diverse Markt- und Länderinformationen u. a. von BERI, Data- und Euromonitor, Economist Intelligence Unit sowie Berichte der Außenhandelskammern. Allerdings drängte die Zeit, denn die Geschäftsführung erwartete von ihm ein positives operatives Ergebnis in absehbarer Zeit.

Welche strategischen Optionen sollte er priorisieren? Welche Optionen konnten kombiniert werden? Hatte er bereits an alle Optionen gedacht? Wie konnten all diese strategischen Optionen zu einer Strategie für profitables Wachstum ausgestaltet werden?

## 11.2 Aufgaben

1. Beschreiben Sie das Geschäftsmodell von Vaillant unter Verwendung einer geeigneten Konzeption. Legen Sie dabei einen Analyseschwerpunkt auf die Vertriebsstruktur.
2. Führen Sie eine SWOT-Analyse für das Geschäft von Vaillant in Russland durch.
3. Erarbeiten Sie mit Hilfe einer TOWS-Matrix Handlungsoptionen für die Geschäftsstrategie in Russland. Prüfen Sie dabei die Konsistenz und Zielkongruenz der ausgewählten strategischen Optionen.
4. Stellen Sie die Zielkonflikte des russischen Managementteams dar und erläutern Sie die vorgeschlagenen Handlungsoptionen und ihren Einfluss auf den Business Plan und die Zielerreichung der Vaillant Gruppe.
5. Versetzen Sie sich in die Entscheidungssituation von Oliver Nehring. Welche der strategischen Optionen würden Sie dem Vorstand der Vaillant Gruppe empfehlen? Bitte begründen Sie Ihre Entscheidung und beschreiben Sie deren Konsequenzen.

▶ **Literaturhinweise für die Aufgabenbearbeitung:**
Büchler J-P (2014) Strategie entwickeln, umsetzen und optimieren. Pearson, München
Holtbrügge D, Welge MK (2010) Internationales management – Theorien, Funktionen, Fallstudien, 5. Aufl. Schäffer-Poeschel, Stuttgart
Homburg C, Schäfer H, Schneider J (2016) Sales Excellence – Vertriebsmanagement mit System. Springer Gabler, Wiesbaden
Keuper F, Hogenschurz B (2010) Professionelles Sales & Service Management – Vorsprung durch konsequente Kundenorientierung. Springer Gabler, Wiesbaden
Osterwalder A, Pigneur Y (2010) Business model generation: A handbook for visionaries, game changers, and challengers. Wiley, New York
Söllner A (2009) Einführung in das Internationale Management – Eine institutionenökonomische Perspektive. Gabler, Wiesbaden
Wirtz B (2011) Business model management. Design – instruments – success factors. Springer Gabler, Wiesbaden

## Literatur

Aaker D (2004) Brand Portfolio strategy? Creating relevance, differentiation, energy, leverage, clarity. Free Press, New York
Albers S, Krafft M (2013) Vertriebsmanagement. Springer Gabler, Wiesbaden
Backhaus K, Voeth M (2010) Industriegütermarketing, 9. Aufl. Vahlen, München
Büchler J-P (2014) Strategie entwickeln, umsetzen und optimieren. Pearson, Hallbergmoos
Cavusgil ST, Knight, GA, RiesenburgerJR (2014) International business. The new realities, 3. Aufl. Pearson, Harlow

Cravens DW, Le Meunier-Fitzhugh K, Piery NF (2013) The Oxford handbook of strategic sales and sales management (Oxford handbooks in business and management). Oxford University Press, Oxford

Holtbrügge D, Welge MK (2010) Internationales Management – Theorien, Funktionen, Fallstudien, 5. Aufl. Schäffer-Poeschel, Stuttgart

Kühlmann TM, Haas HD (2009) Internationales Risikomanagement. De Gruyter Oldenbourg, München

Morschett D, Schramm-Klein H, Zentes J (2015) Strategic international management. Springer Gabler, Wiesbaden

Zentes J, Swoboda B, Schramm-Klein H (2010) Internationales Marketing, 2. Aufl. Vahlen, München

# Teil III

# Personal & Organisation

# Hidden Champions Benchmarking

# 12

Matthias Schmieder

## 12.1 Hidden Champion Definition

Ein gesunder Mittelstand ist in Deutschland von besonderer Bedeutung für die Wirtschaft. Über 99 % aller deutschen Unternehmen zählen zum Mittelstand. In Deutschland werden im Jahr 2015 über ein Drittel der steuerbaren Umsätze und 59 % der sozialversicherungspflichtigen Arbeitsplätze zum Mittelstand gerechnet. Dabei spielen die „Hidden Champions" eine wichtige Rolle, denn in keinem anderen Land sind so viele davon beheimatet wie in Deutschland. Hermann Simon hat bereits Ende der achtziger Jahre den Begriff der „Hidden Champions" geprägt und damit auf dieses Phänomen aufmerksam gemacht.

Hiernach muss ein Unternehmen drei Aspekte erfüllen, um als Hidden Champion deklariert zu sein:

1. Das Unternehmen muss eines der Top 3 Unternehmen auf dem Weltmarkt oder Nr. 1 in Europa sein. Würde man die Hidden Champions nichteuropäischer Firmen untersuchen, müssten diese entsprechend die Nr. 1 ihres Kontinents sein.
2. Der Umsatz beträgt in der Regel weniger als 5 Milliarden Euro.
3. Der Öffentlichkeit ist das Unternehmen weitestgehend unbekannt (Simon 2012, S. 83).
4. Derzeit gibt es über 1.500 deutsche Unternehmen, die nach Umsatzgröße weltweit in einem Marktsegment führend bzw. zu den TOP 3 des Marktsegments weltweit zählen (Venohr und Langenscheidt 2015, S. 4).

---

M. Schmieder (✉)
TH Köln, Betzdorfer Straße 2, 50679 Köln, Deutschland
e-mail: matthias.schmieder@th-koeln.de

© Springer Fachmedien Wiesbaden GmbH 2018
J.-P. Büchler (Hrsg.), *Fallstudienkompendium Hidden Champions*,
https://doi.org/10.1007/978-3-658-17829-1_12

Damit hat Deutschland weltweit die meisten Weltmarktführer noch vor den beiden größten Wirtschaftsnationen USA und China. Selbst in Zeiten, in denen andere Länder mit einer Rezession kämpfen und sich nur mühsam von der Bankenkrise von 2008 erholen brummen diese Unternehmen. Die Wachstumsraten liegen immer noch im zweistelligen Bereich. Die Rendite liegt erheblich über dem Durchschnitt der gesamten deutschen Unternehmen. Von Krise keine Spur.

Was unterscheidet die Unternehmen? Wo liegen Ihre Stärken? Sind Sie innovativer? Arbeiten Sie effizienter? Was ist ihr Erfolgsgeheimnis? Das Benchmarking Center Europe am INeKO, einem Institut an der Universität zu Köln, hat in einer umfassenden Studie die deutschen Weltmarktführer untersucht. Die empirische Studie setzt sich aus drei Komponenten zusammen:

1. Empirische Befragung einer repräsentativen Stichprobe der deutschen Weltmarktführer
2. Auswertung der öffentlich zugänglichen Daten wie z. B. die Homepage, Presseberichte, etc.
3. Auswertung der im Handelsregister veröffentlichen Jahresabschlüsse.

Um die Daten über die Hidden Champions zu ermitteln, die nicht öffentlich zugänglich waren, wurde eine empirische Befragung durchgeführt. Anhand einer repräsentativen empirischen Befragung wurden 87 Weltmarktführer im Hinblick auf Innovation, Globalisierung, Führung, Mitarbeiter, Strategien, Verbesserungsmethoden, etc. untersucht.

Soweit möglich, wurden im Desk Research öffentlich zugängliche Daten der Homepage und Presseberichte der Unternehmen von 400 Hidden Champions ausgewertet, unter anderem zur Branche, Eigentümerstruktur, Ausbildung der Geschäftsführer, Anzahl der Mitarbeiter und Anzahl der Niederlassungen. Um die wirtschaftlichen Daten der Weltmarktführer zu ermitteln, wurden die veröffentlichten Jahresabschlüsse von 300 Weltmarktführern der Jahre 2009 bis 2014 erfasst und analysiert. Wie z. B.: Vermögensanalyse, Investitionsanalyse, Finanzierungsanalyse, Liquiditätsanalyse, Aufwands- und Ertragsstrukturanalyse, Rentabilitätsanalyse, Wertschöpfungsanalyse und Analyse von weiteren Kennzahlen.

## 12.2  Besonderheiten von Hidden Champion

Die Frage ist nun, welche Gründe das Management für den herausragenden Erfolg des Unternehmens sieht.

Über drei Viertel der Unternehmen führen ihren Erfolg auf ihre hohe Produktqualität zurück, mehr als zwei Drittel auf das hohe technische Know-How und die kundenspezifischen sowie innovativen Produkte. Weltmarktführer geben 6 % und damit erheblich mehr als die übrigen Unternehmen ihrer Branche für Forschung und Entwicklung aus. Auf die direkte Frage nach der Strategie antworteten knapp zwei Drittel (64 %), dass sie bei Ihrer Strategie auf Differenzierung und weniger als ein Drittel (29 %) auf eine Nischenstrategie setzen – allerdings geben 50 % der Befragten als Erfolgsfaktor die Spezialisierung

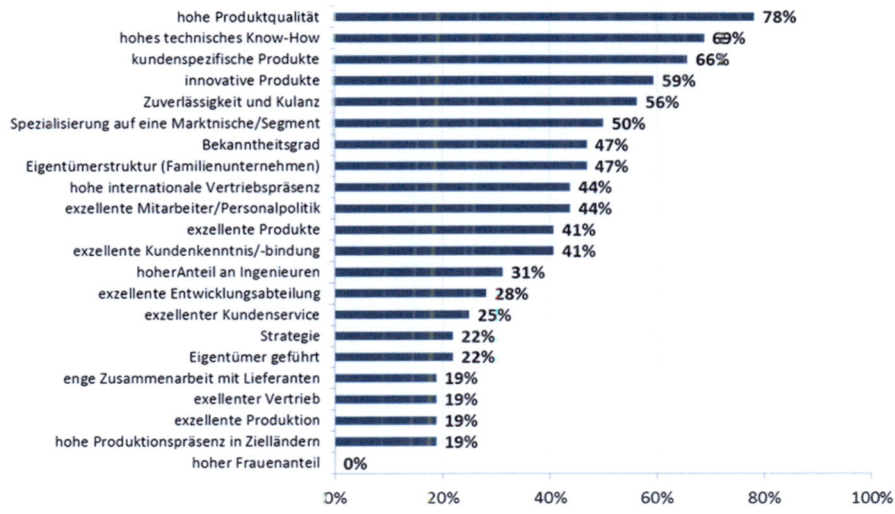

**Abb. 12.1** Erfolgsfaktoren der Hidden Champions (Quelle: INeKO)

auf eine Marktnische/Segment an. Ihre Geschäftsführung ist knapp zur Hälfte (47 %) mit Führungskräften mit einer technischen Ausbildung (Ingenieurstudium) und zu 49 % mit Führungskräften mit einer kaufmännischen Ausbildung ausgestattet. Drei Viertel der Unternehmen arbeiten bei F & E mit Hochschulen zusammen. Das Produktprogramm der Weltmarktführer ist sehr stark auf die Kundenbedürfnisse ausgerichtet. So geben mehr als drei Viertel der Befragten an, nach den Kundenwünschen angefertigte Produkte anzubieten (siehe Abb. 12.1).

## 12.3 Gesellschafter und Finanzierung

Knapp zwei Drittel (60,9 %) der Hidden Champion sind Familienbetriebe, d. h. sie sind mehrheitlich im Eigentum von Familien. Drei Viertel dieser Familienbetriebe halten komplett alle Gesellschaftsanteile, knapp 9 % zwischen 50 % und 100 % der Anteile und der Rest weniger als die Hälfte der Anteile. Die Eigenkapitalquote liegt bei den Hidden Champions je nach Branche zwischen ca. 40 % und 60 % und deutlich höher als der Durchschnitt der deutschen Unternehmenslandschaft (Bundesbank 2014, eigene Berechnungen INeKO) (siehe Abb. 12.2).

Die höhere Eigenkapitalquote hängt mit der höheren Selbstfinanzierung zusammen. Die Hidden Champions nutzen mehr als zwei Drittel (67 %) ihres Überschusses zur Thesaurierung. Durch die hohe Eigenkapitalquote verbunden mit dem Familieneigentum können sich die Hidden Champions der hektischen kurzfristigen Steuerung der Kapitalmärkte entziehen (Rasche 2003, S. 225).

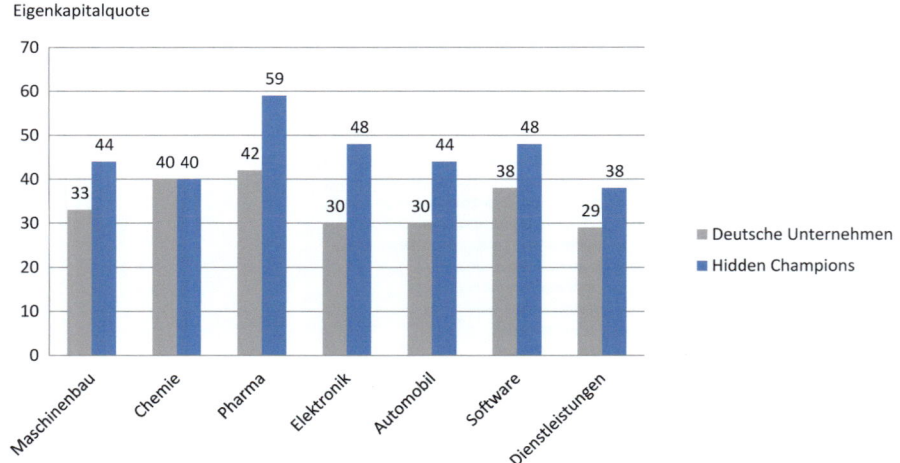

**Abb. 12.2** Eigenkapitalquote (Quelle: INeKO)

## 12.4 Strategie

Langfristiger Erfolg, wie ihn die meisten Hidden Champions haben, ist nur möglich, wenn das Unternehmen sich dauerhaft Wettbewerbsvorteile sichern kann. Das Unternehmen legt mit seiner Strategie die fundamentale Ausrichtung sowie den Einsatz und die Zusammensetzung der Ressourcen und Kernkompetenzen fest. Auch bei den meisten mittelständischen Unternehmen spielt die Strategie eine wichtige bis sehr wichtige Rolle für den Erfolg des Unternehmens (Seeger 2014, S. 3).

Die Strategie wird dabei als der wichtigste Erfolgsfaktor erachtet.

Welche der generischen Strategien nach Porter wenden die Hidden Champions nun an? Setzen sie auf Kostenführerschaft, Differenzierung oder eine Nischenstrategie oder versuchen sie dem Wettbewerb (Red Ocean) durch neue Angebote, die für neue Zielgruppen (Blue Ocean) interessant sind, zu umgehen? Entgegen der in der Literatur geäußerten Meinung sieht sich nur ein Drittel der Hidden Champions (29 %) als Nischenanbieter, knapp zwei Drittel (64 %) setzen auf die Differenzstrategie und 7 % auf die Blue Ocean-Strategie (Kim und Mauborgne 2004). Sie differenzieren sich nicht durch den Preis, sondern durch andere Angebotsparameter, wie Produktnutzen, Technologie, Kompetenzvorteile und Qualität. Die meisten der Unternehmen meiden preissensible Massenmärkte. Sie bieten Customized Products oder Dienstleistungen, die durch ihren Nutzen einen höheren Preis rechtfertigen. Hidden Champions aus dem Maschinenbau sind vor allem im Spezialmaschinenbau tätig und bieten spezialisierte Problemlösungen an (siehe Abb. 12.3).

Sie bauen komparative Wettbewerbsvorteile gegenüber ihren aktuellen und potenziellen Konkurrenten auf (Rasche 2003, S. 228). Hidden Champions haben den Anspruch, die Führung in ihrem Produkt/Marktfeld zu behaupten. Um eine Unique Selling Proposition langfristig zu sichern, muss es sich dabei um:

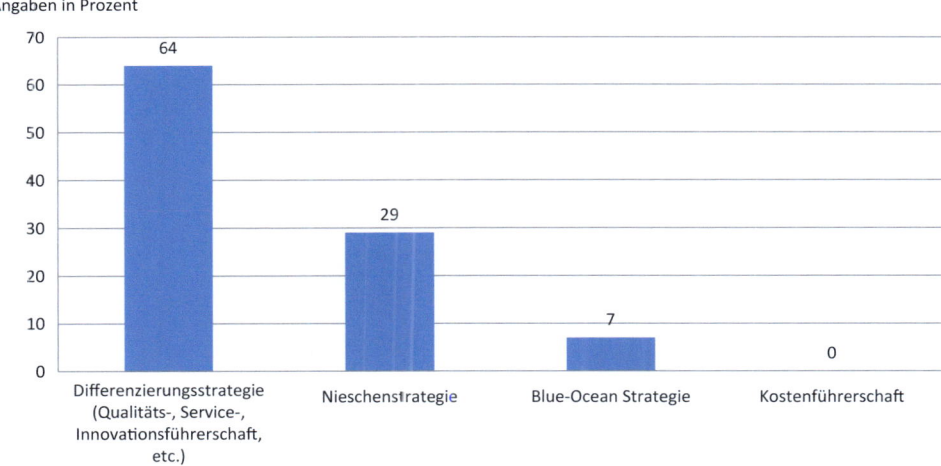

**Abb. 12.3** Strategie der Hidden Champions (Quelle: INeKO)

- Ein kaufentscheidendes Leistungsmerkmal handeln
- Der besondere Nutzen vom Kunden wahrgenommen werden
- Dauerhaft weder imitieren noch ersetzen lassen
- Durchbruchscharakter haben mit dem ein Engpass beseitigt und Leistungsreserven freigesetzt werden
- Diese ökonomische Rente darf nicht von anderen abgeschöpft werden. (Rasche 2003, S. 202)

**Das Leistungsprogramm Produktprogramm bestätigt die Differenzierungsstrategie**
Das Produktprogramm der Weltmarktführer ist sehr stark auf die Kundenbedürfnisse ausgerichtet. So geben mehr als drei Viertel der Befragten an, nach den Kundenwünschen angefertigte Produkte anzubieten. Dies ist dadurch möglich, dass knapp zwei Drittel der Unternehmen (63 %) sich auf potenzialstarke Kunden konzentrieren und 59 % ein differenziertes Kundenbetreuungskonzept haben (siehe Abb. 12.4).

Bei jedem zehnten Unternehmen (10,3 %) haben die fünf größten Kunden einen Umsatzanteil von mehr als 50 %, bei mehr als einem Viertel (28,3 %) zwischen 20 % und 50 %, bei mehr als einem Drittel (37 %) zwischen 5 % und 20 % des Umsatzes. (Simon 2007, S. 166)

Knapp 60 % bieten daneben Standardprodukte an und die Hälfte zusätzliche Dienstleistungen, Service und Ersatzteile haben einen Umsatzanteil von 15 % (Simon 2012, S. 236). Es zeigt sich, dass diese Unternehmen in der Regel Komplettlösungen und keine Baugruppen, Rohstoffe oder Halbfabrikate anbieten, also keine Zulieferer sind. Sie bieten den Kunden eine umfassende Lösung und sind in der Regel keine Ersatzlieferanten, die im Rahmen des Dualsourcing nur bei Ausfall des präferierten Lieferanten zum Zuge kommen (Rasche 2003, S. 221). Knapp die Hälfte (41 %) sieht die exzellente Kundenkenntnis/bindung, sowie exakt ein Viertel den exzellenten Kundenservice, als wesentliche Faktoren für den Erfolg des Unternehmens. Dazu bei trägt vor allem der eigene Vertrieb, denn 88 %

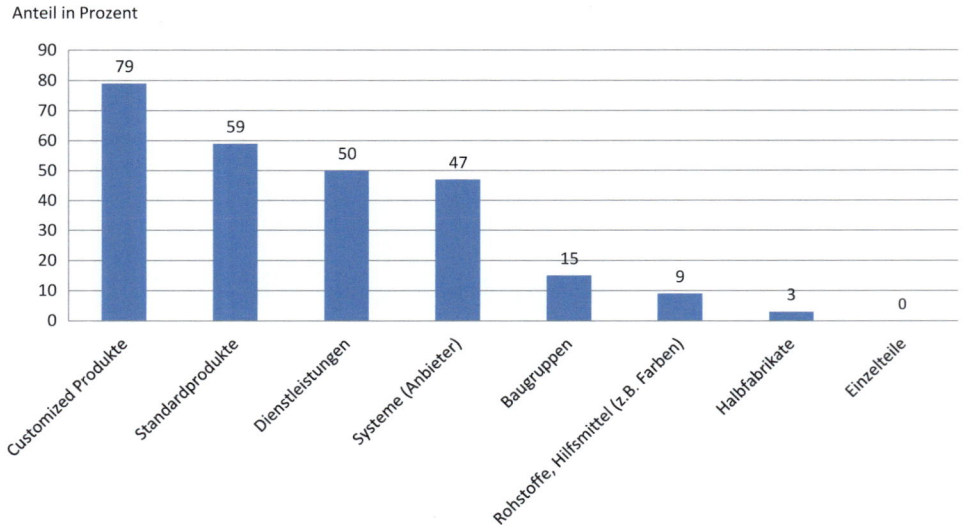

**Abb. 12.4** Produktprogramm der Hidden Champions (Quelle: INeKO)

der Weltmarktführer haben einen direkten Vertriebsweg und knapp zwei Drittel (64 %) eigene Vertriebsgesellschaften.

**Fertigung**

Durch das Produktprogramm der Weltmarktführer, das sehr stark auf die Kundenbedürfnisse ausgerichtet ist, dominieren die Fertigungsverfahren, die auf niedrige Stückzahlen ausgerichtet sind. Je stärker die Produktgestaltung von den Anforderungen der einzelnen Kunden bestimmt wird, umso geringer ist der Standardisierungsgrad der Erzeugniskonstruktion und der Produktion. Bei typisierten Erzeugnissen mit kundenspezifischen Varianten wird auf einer Plattform (Grundkonstruktion) für verschiedene Erzeugnistypen aufgebaut. Dabei wird durch die Verwendung von Standardkomponenten (Baugruppen und Modulen) ein gewisser Anteil der Komponenten standardisiert. (Schuh 2014, S. 24) Mehr als die Hälfte der Hidden Champions (53 %) verwendet in der Entwicklung ein Baukastensystem und mehr als ein Viertel (28 %) Plattformstrategien. Beide Methoden erlauben eine kostengünstige Anpassung der Produkte an die Bedürfnisse der Kunden.

Die Fertigungsart wird durch die Zahl der Leistungswiederholungen in der Produktion bestimmt. Abgrenzungskriterium ist dabei die durchschnittliche Losgröße und Wiederholung in einem Jahr. Bei der Einzelfertigung werden die Erzeugnisse in sehr geringer Stückzahl gefertigt, diese wird in mehr als einem Viertel der Unternehmen (26 %) eingesetzt. Jeweils knapp ein Fünftel setzt auf kundenspezifische bzw. Kleinserienfertigung. Mittelgroße Serien und Varianten fertigt jedes achte Unternehmen (13 %). Die Großserienfertigung ist nur bei jedem zehnten Hidden Champion möglich. Bei der Anordnung der Fertigungsmittel wird zwischen Werkstatt-, Insel-, Reihen- und Fließfertigung unterschieden. Während bei der Werkstattfertigung die Fertigungsmittel mit gleichen Bearbeitungsverfahren räumlich zusammengefasst werden, dominiert bei der Inselfertigung die

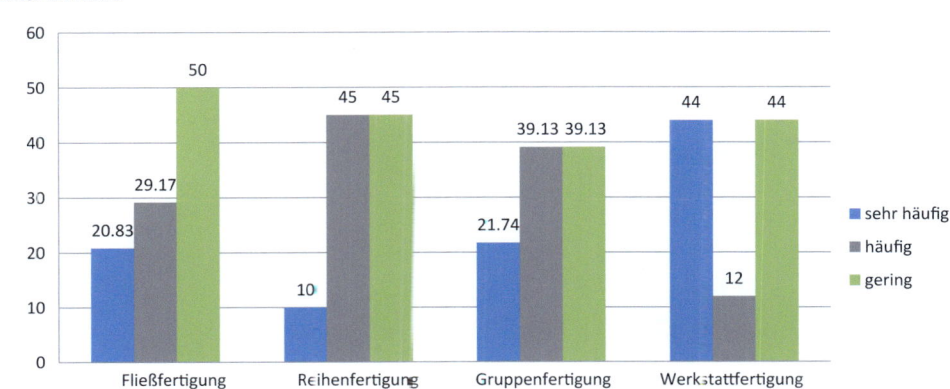

**Abb. 12.5** Fertigungsart (Quelle: INeKO)

Zusammenfassung der unterschiedlichen Bearbeitungsverfahren für ähnliche Gruppen von Teilen zur kompletten Fertigstellung. Bei der Inselfertigung erfolgt die Steuerung durch die entsprechende Arbeitsgruppe (Schuh 2014, S. 31).

Bei der Reihenfertigung erfolgt die Zusammenfassung der Fertigungsmittel nach der Reihenfolge der Arbeitsvorgänge der Teilgruppe. Dabei können Ablaufvarianten durch Übergehen von Bearbeitungsstationen realisiert werden. Im Gegensatz zur Fließfertigung unterliegt diese Art der Fertigung keinem Taktzwang. Auch bei der Fließfertigung werden die Fertigungsmittel nach der Reihenfolge der Vorgänge angeordnet, allerdings erfolgt eine Verkettung der einzelnen Bearbeitungsstationen. Dadurch, dass ein fester Ablauf vorgegeben ist, ist ein Taktzwang möglich, der zu einer höheren Produktivität führt (Schuh 2014, S. 31).

Die Anpassungsfähigkeit an die Wünsche der Kundenbedürfnisse führt dazu, dass die meisten Unternehmen die Werkstattfertigung bevorzugen (siehe Abb. 12.5). Kundenangepasste Produkte erfordern die Auftragsfertigung. Build-to-Order präferieren 84 % der Unternehmen, 13 % der Unternehmen sogar Build-to-Engineer. nur etwas mehr als ein Viertel (28 %) produzieren auf Lager.

## 12.5 Management

Die Führung ist stark durch die speziellen Eigentumsverhältnisse und die damit verbundenen Führungsstrukturen geprägt. Durch die Identität von Eigentum und Geschäftsführung besteht für das Management die Möglichkeit in hohem Maße selbstständig zu entscheiden und damit einhergehend eine starke Unternehmensführung, die klare und anspruchsvolle Ziele vorgibt. Ein Drittel der Geschäftsführer sind Familienangehörige und damit zugleich Eigentümer des Unternehmens. Sie bilden das eigentliche Machtzentrum des Unternehmens (siehe Abb. 12.6).

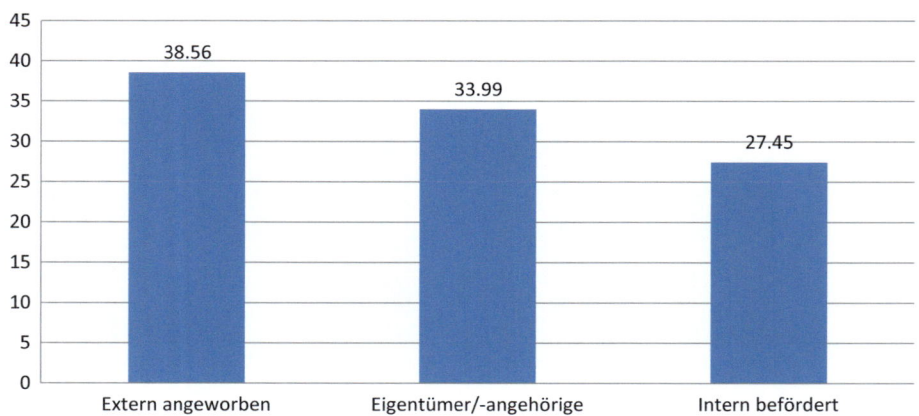

**Abb. 12.6** Wie die Geschäftsführer in ihre Position gelangt sind (Quelle: INeKO)

Etwas mehr als ein weiteres Drittel ist extern angeworben zur Ergänzung des Know-Hows (PwC 2016, S. 12). Die Führungskräfte, die von außen integriert werden, müssen sich der durch die Eigentümergeschäftsführer geprägten Unternehmenskultur anpassen. Entscheidend ist jedoch die Beziehung zum Eigentümer. Kommt die eintretende Führungskraft mit der Leitfigur zurecht, ist eine langfristige erfolgreiche Zusammenarbeit möglich. Eintretende Führungskräfte aus Großkonzernen tun sich damit häufig schwer. (Simon 2014, S. 69) Die restlichen Geschäftsführer sind Eigengewächse des Unternehmens, die diese Probleme nicht erleben. Sie haben sich im Unternehmen über einen längeren Zeitraum bewährt und werden in die Geschäftsführerposition befördert. Die Führungskräfte schaffen Vertrauen durch eine enge persönliche Bindung zu den Mitarbeitern. Der hohe Anteil von Führungspositionen die intern besetzt werden schafft hohe Chancen im Unternehmen Karriere zu machen. Dies sorgt für eine hohe Motivation der Mitarbeiter und Führungskräfte. Der Führungsstil wird stark durch die jeweilige Situation und Notwendigkeit geprägt und kann sowohl autoritär als auch partizipativ sein. Dies gewährt dem Unternehmen eine hohe Flexibilität und schnelle Entscheidungen. Ein weiteres wichtiges Element, das Vertrauen schafft, ist die Kontinuität im Hinblick auf die Besetzung von Führungspositionen. Die Geschäftsführer werden im Durchschnitt mit 41 Jahren zum Geschäftsführer bestellt. Im Normalfall haben Sie diese Position dann bis zur Pensionierung inne. Die Auswertung der Amtszeit der Geschäftsführer ergab eine durchschnittliche Dauer von 13 Jahren (siehe Abb. 12.7).

Die Kontinuität in der Geschäftsführung schafft Kontinuität in der Strategie und in der Organisation. Dies zeigt eine Untersuchung von Collins und Purras, danach ist die durchschnittliche Amtsdauer der CEO bei erfolgreichen Unternehmen 17,4 Jahre, während CEO´s von weniger erfolgreichen Unternehmen durchschnittlich 11,7 Jahre ihre Position innehaben (Collins 1994, S. 297). Die Ausbildung der Geschäftsführer ist stark durch den hohen Anteil der Maschinenbaubranche an den Hidden Champions geprägt (siehe Abb. 12.8).

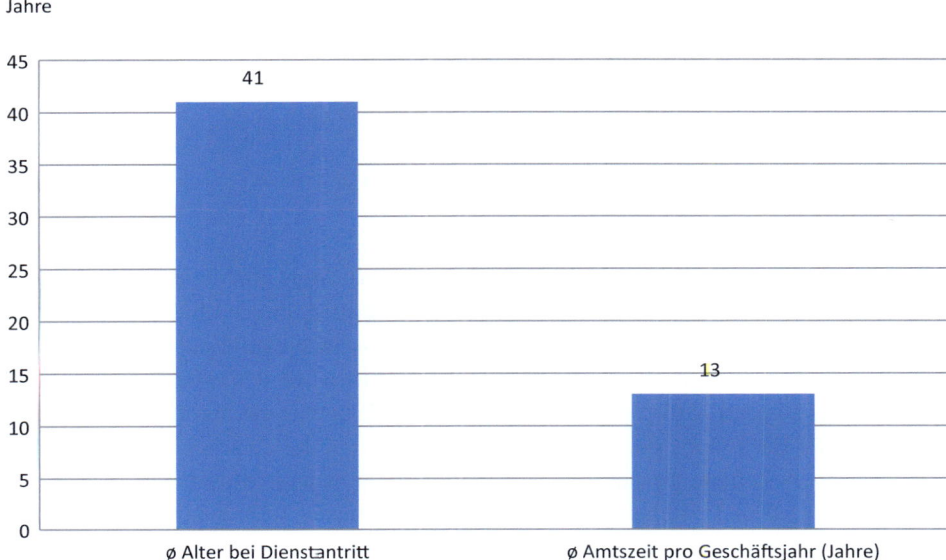

**Abb. 12.7** Durchschn. Alter & Amtszeit bei Dienstantritt (Quelle: INeKO)

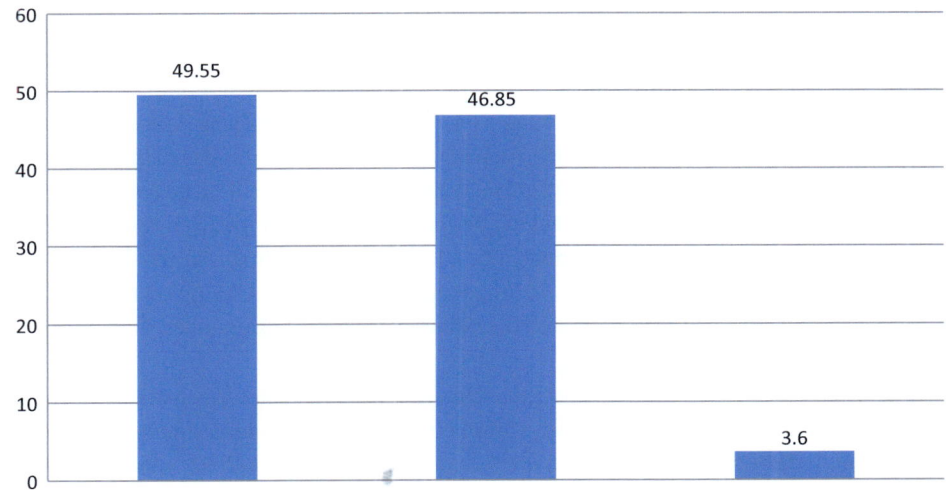

**Abb. 12.8** Ausbildung der Geschäftsführer (Quelle: INeKO)

Während in den meisten Unternehmen der Anteil der Kaufleute und Juristen die Geschäftsführung dominiert, sind technische und kaufmännische Ausbildungen gleichmäßig verteilt. Durch die technische Ausrichtung der Unternehmen sind nur knapp 7 % der Geschäftsführungspositionen weiblich besetzt.

## 12.6 Mitarbeiterführung

Ein entscheidender Wettbewerbsvorteil sind die motivierten und qualifizierten Mitarbeiter. Dabei wird üblicherweise in Leistungsfähigkeit und Leistungsbereitschaft unterschieden. Knapp jeweils drei Viertel (73 %) betrachten die Mitarbeiterqualifikation und -motivation als wichtige innere Stärke, wobei als wichtigste innere Stärke die Firmentreue (80 % Zustimmung) gesehen wird (Simon 2012, S. 375). Die leistungsorientierte Unternehmenskultur und die Einstellung der Mitarbeiter zur Arbeit sind der entscheidende Faktor der herausragenden Stellung. In manchen Unternehmen kommen die Mitarbeiter zu spät zum Training und sind am Freitagmittag bereits auf dem Heimweg, während in Hochleistungsunternehmen die Mitarbeiter vor dem Training noch Anfragen per Mail beantworten und nach 17 Uhr Besprechungen mit Kollegen haben. Die Leistungsfähigkeit zeigt sich am hohen Anteil von gut ausgebildeten Mitarbeitern. Knapp 20 % der Mitarbeiter haben einen akademischen Abschluss und bei jedem zehnten Hidden Champion sind sogar bereits mehr als die Hälfte der Mitarbeiter Akademiker. Ein weiteres personelles Rückgrat bilden gut ausgebildet Facharbeiter, die größtenteils im Unternehmen ausgebildet werden. So ist die Ausbildungsquote mit über 5 % der Belegschaft deutlich höher als bei anderen Unternehmen. Um diesen Vorteil von guten Facharbeitern in anderen Ländern zu nutzen, wird die duale Ausbildung in diesen Ländern ebenfalls durchgeführt (Simon 2012, S. 386).

Um das hohe Motivations- und Qualifikationsniveau zu erreichen und zu erhalten ist die Mitarbeiterauslese und die Trennung von Mitarbeitern, die diese Anforderung nicht erfüllen, sehr bedeutsam. Vor allem die Auswahl der Mitarbeiter mit der richtigen Arbeitseinstellung und die Hochleistungskultur sind entscheidend. Der Rekrutierung von High Potentials kommt deshalb eine besondere Bedeutung zu. Durch ihre Standorte im ländlichen Raum haben sie einen Vorteil gegenüber den Großunternehmen in den Ballungszentren. Die Mitarbeiter haben weniger Alternativen zu den Hidden Champion (Simon 2012, S. 375). Bei den Maschinenbauern sind die Nähe und die Kontakte zu den Fachhochschulen und Universitäten sehr hilfreich.

Durch das über dem Durchschnitt aller Unternehmen liegende Wachstum der Hidden Champion wächst auch die Zahl der Mitarbeiter in diesen Unternehmen. Nach einem Rückgang in der Krise 2008/2009 ist die Mitarbeiterzahl in 2010/2011 wieder um 8,5 % gewachsen. Daraus ergeben sich für die Mitarbeiter erhöhte Karrierechancen. Unter anderem deshalb sind Hidden Champions attraktiv für neue und bereits im Unternehmen tätige Mitarbeiter. Sicht- und messbare Größen der Motivation sind die hohe Firmentreue und der niedrige Krankenstand der Mitarbeiter. Gute Mitarbeiter zu halten, die das Unternehmen kennen und eine gute Qualifikation besitzen ist eine wichtige Herausforderung

# 12 Hidden Champions Benchmarking

für die Hidden Champions. Die Treue der Mitarbeiter ist ein valides Maß für die Mitarbeitermotivation. Die Fluktuationsrate wurde für die Probezeit, die ersten zwei Jahre und danach erfragt. Im Durchschnitt über alle Mitarbeiter liegt die Fluktuationsrate bei 2,9 %. Da sie vor allem auf die Rekrutierung der richtigen Mitarbeiter großen Wert legen, spielt die Betreuung und Beurteilung in der Probezeit eine wichtige Rolle. Die Unternehmen nutzen die Probezeit, um zu sehen, ob die Mitarbeiter leistungsfähig und leistungswillig sind und zur Unternehmenskultur passen. Von Mitarbeitern, die die obigen Kriterien nicht erfüllen, trennen sich die Hidden Champions bereits in der Probezeit. Dies führt zu einer höheren Fluktuationsrate in den ersten beiden Jahren (siehe Tab. 12.1).

Im Vergleich zum Durchschnitt in Deutschland ist die Fluktuation nach den ersten 2 Jahren deutlich niedriger. Dadurch erhöht sich die Dauer der Betriebszugehörigkeit entsprechend (siehe Abb. 12.9).

**Tab. 12.1** Fluktuationsraten

| Fluktuationsraten: | |
|---|---|
| Deutschland (gesamt) | 7,3 % |
| Hidden Champion (in der Probezeit) | 2,86 % |
| Hidden Champion (in den ersten 2 Jahren) | 5,71 % |
| Hidden Champion (nach den ersten 2 Jahren) | 2,8 % |

(Quelle: INeKO)

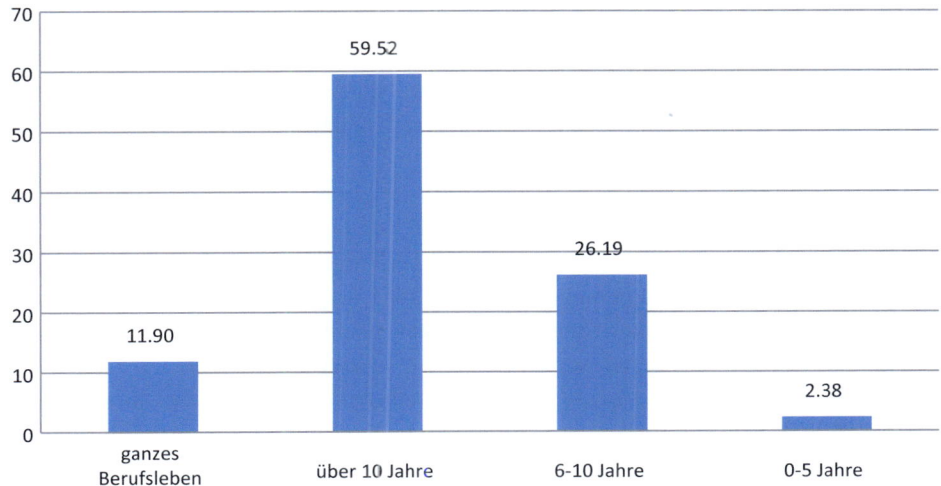

**Abb. 12.9** Dauer der durchschnittlichen Firmenzugehörigkeit (Quelle: INeKO)

Anteil in Prozent

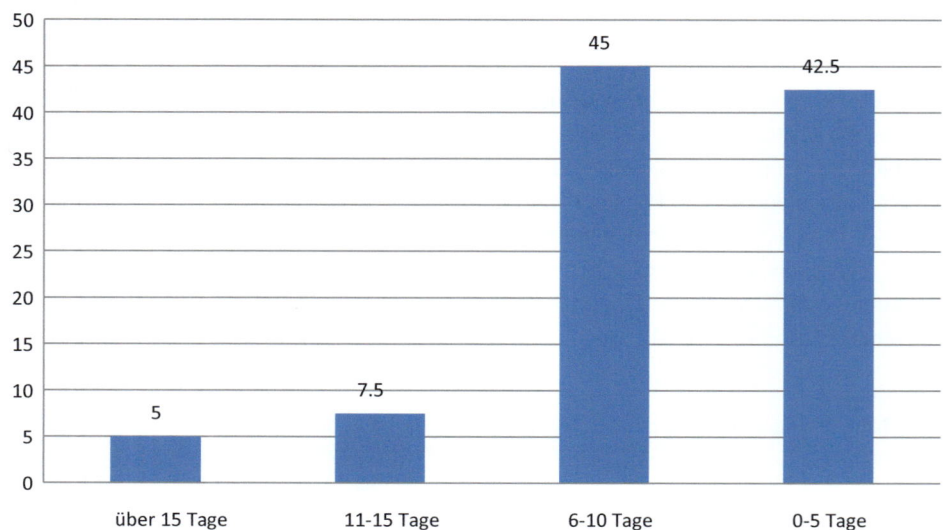

**Abb. 12.10** Durchschnittlicher Krankenstand im Jahr (Quelle: INeKO)

Knapp zwei Drittel (59,5 %) der Mitarbeiter arbeiten über zehn Jahre in ihrem Unternehmen. Etwa 12 % der Mitarbeiter sind bereits ihr ganzes Berufsleben in ihrem Unternehmen. Entsprechend dem Zuwachs der Mitarbeiter des Unternehmens gehört etwa ein Viertel der Mitarbeiter weniger als 10 Jahre dem Unternehmen an. Laut des Nürnberger Instituts für Arbeitsmarkt- und Berufsforschung (IAB) lag die Betriebszugehörigkeit in Deutschland im Jahr 2009, dem letzten berechneten Zeitraum, im Schnitt bei 11,2 Jahren. (IAB-Kurzbericht, 03/2014. 6). Die niedrige Fluktuationsrate zeigt, dass die Mitarbeiter der deutschen Weltmarktführer ihren Unternehmen treu sind und engagiert und hoch motiviert arbeiten. Ähnlich erfreulich sind die Zahlen zu den Krankheitstagen der Mitarbeiter (siehe Abb. 12.10).

Fast die Hälfte (42,5 %) der Mitarbeiter ist durchschnittlich weniger als fünf Tage arbeitsunfähig. Die andere Hälfte ist zwischen 6 und 10 Tagen im Jahr nicht arbeitsfähig. Im Durchschnitt über alle Mitarbeiter sind diese insgesamt 6,8 Tage krank, während im Durchschnitt aller Unternehmen in Deutschland 9,4 Krankheitstage durch das statistische Bundesamt errechnet wurden. Der Krankenstand betrug damit bei den Hidden Champions in 2014 2,8 % und war damit um 1 %-Punkt niedriger als im Vergleich zur deutschen Wirtschaft. Zusammenfassend bleibt festzuhalten, dass die Mitarbeiter der deutschen Weltmarktführer gut ausgebildet und hoch motiviert ihrer Arbeit nachgehen, dies kommt durch einen niedrigen Krankenstand und der geringen Fluktuationsrate zum Ausdruck.

## 12.7 Forschung & Entwicklung

Das Produktprogramm der Weltmarktführer ist sehr stark auf die Kundenbedürfnisse ausgerichtet. So geben mehr als drei Viertel der Befragten an, nach den Kundenwünschen angefertigte Produkte anzubieten. Innovative Produkte und hohes technisches Know-How zählen nach Meinung der Hidden Champion zu den wichtigsten Erfolgsfaktoren. Wie erfolgt die Anpassung, Integration von Informationen, Wissen und Kompetenzen, um in dynamischen Märkten Wettbewerbsvorteile zu generieren. Wie kann der Wertschöpfungsprozess und das Leistungsangebot Superior und nicht kopierbar gestaltet werden? (Rammer/Spielkamp 2015, S. 9).

Voraussetzung für den unternehmerischen Erfolg ist der strategisch geplante, zielorientierte Mitteleinsatz. Innovation ist von verschiedenen Faktoren, wie personelle Ressourcen, technischem Equipment sowie der Steuerung und Organisation des Entwicklungsprozesses abhängig. Dies setzt die Bereitstellung von finanziellen Ressourcen voraus. (Rammer/Spielkamp 2015; S. 4, Meffert 2007, S. 86) Weltmarktführer geben 6 % für Forschung und Entwicklung aus. Nahezu jeder zweite Geschäftsführer hat ein technisches Studium absolviert (siehe Abb. 12.11).

Die Innovationsfähigkeit und Innovationsbereitschaft sind bedeutsam, um erfolgreich Innovationen voranzutreiben (Kaudela-Baum et al. 2014, S. 77). Kernelement innovativer Unternehmen ist die Schaffung von Freiräumen für die Mitarbeiter, wie flexible Arbeitszeiten und eigenverantwortliches Aufgabenmanagement. Hidden Champions treffen auf Geschäftsleitungsebene die strategischen Entscheidungen bezüglich finanzieller und personeller Ressourcen. Durch Delegation der operativen Entscheidungen an

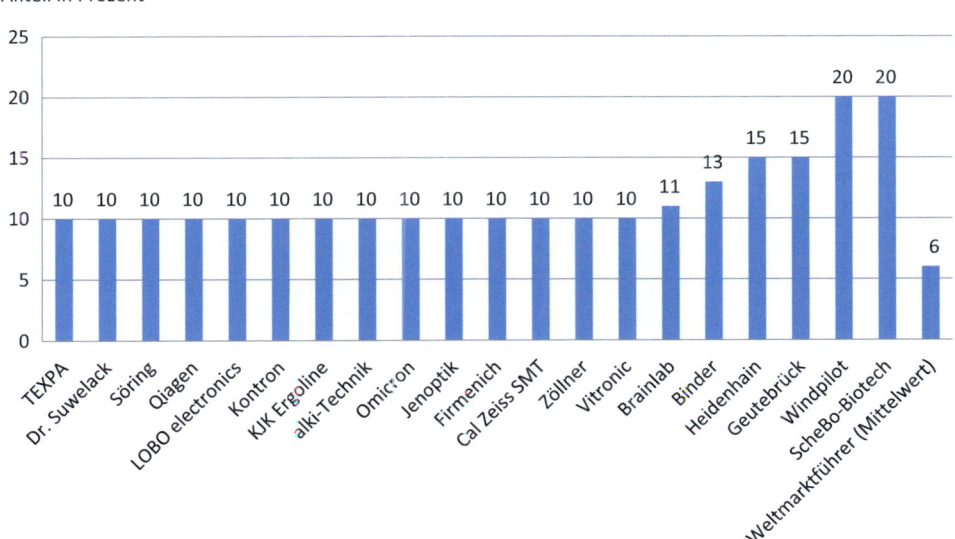

**Abb. 12.11** F & E Ausgaben in % vom Umsatz (Quelle: INeKO)

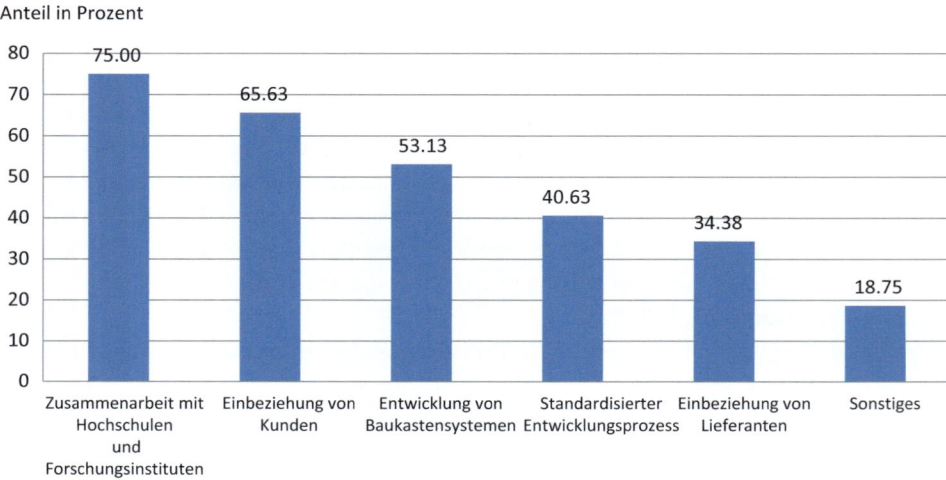

**Abb. 12.12** F&E-Strategie (Quelle: INeKO)

die Unternehmensbereiche wird innovationsfreundliche Unternehmenskultur mit hoher Eigeninitiative und Verantwortungsbereitschaft geschaffen und das Potenzial der Mitarbeiter genutzt. Nach einer empirischen Untersuchung auf Basis des Mannheimer Innovationspanels von 2015 ist der Anteil von Produktinnovationen mit 81 % bedeutend höher als bei vergleichbaren Branchenunternehmen. Die neuen Produkte werden überwiegend selbst entwickelt. Nur ein Drittel entwickelt die Produkte zusammen mit Dritten. Dabei streben Sie neue bzw. erheblich verbesserte Produkte (Produktinnovationen und Sortimentsneuheiten) sowie diese Innovationen als Pionier im Markt an. Damit soll sichergestellt werden, dass sie als Beste im Markt eine exponierte Marktposition haben. Mit einem Neuproduktanteil von 7,6 % ist die Innovationquote fast doppelt so hoch (4,5 %) wie bei vergleichbaren Unternehmen. Eine weitere Frage ist die Forschung- und Entwicklungsstrategie. Die Bewertung der Strategien ergibt sich wie folgt aus Abb. 12.12.

Im Hinblick auf eine Zusammenarbeit mit anderen externen Institutionen und Marktteilnehmern bevorzugen Hidden Champion für technisches Know-How die Kooperation mit Hochschulen (Universitäten und Fachhochschulen). Durch die hohe Kundenorientierung kommen dann an zweiter Stelle die Kunden und schließlich abgeschlagen die Lieferanten. Um die Anpassungsfähigkeit an die Kundenbedürfnisse zu wahren setzt mehr als die Hälfte auf Baukastensysteme bei der Entwicklung neuer Produkte. Nur etwas mehr als ein Drittel hat einen standardisierten Entwicklungsprozess.

## 12.8 Optimierungsmethoden

Die strategische Ausrichtung und die Führung sorgen für die herausragende Stellung im Vergleich zur Konkurrenz. Was erhält die operative Exzellenz und verbessert diese stetig? Können die Methoden, die in den meisten Großunternehmen selbstverständlich sind, auch

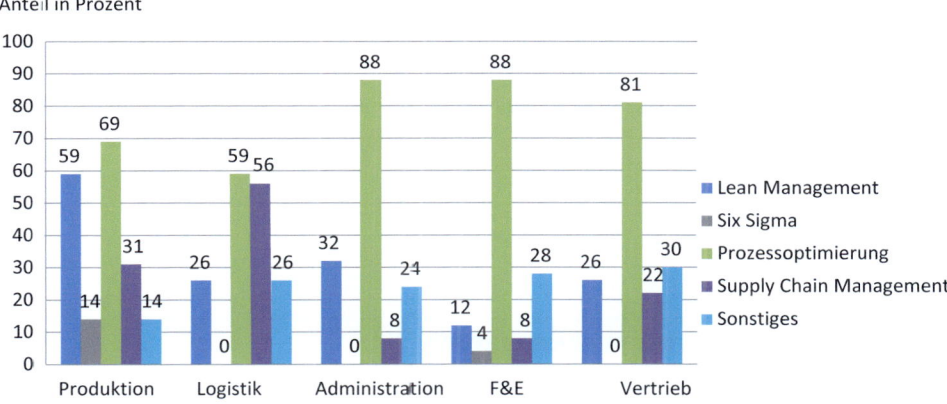

**Abb. 12.13** Anwendung Verbesserungsinstrumente (Quelle: INeKO)

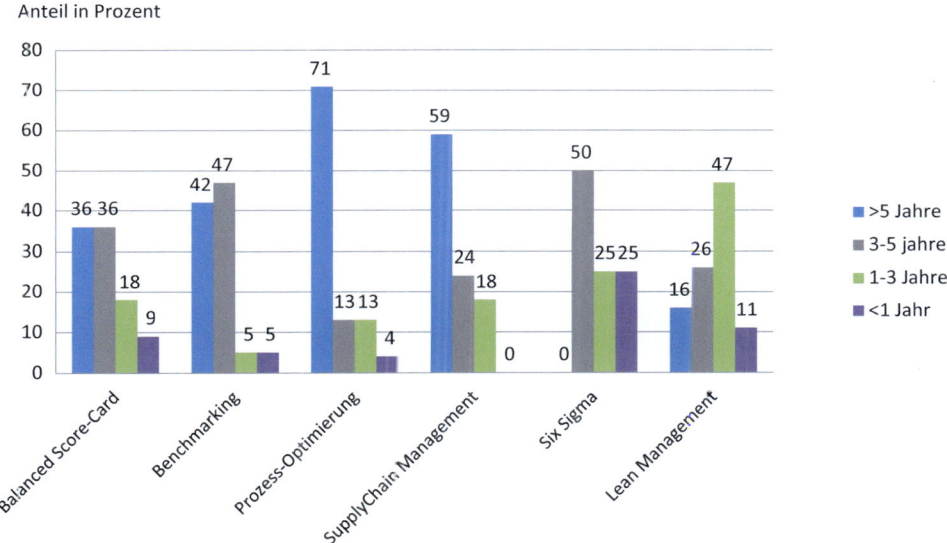

**Abb. 12.14** Dauer der Anwendung der Methoden (Quelle: INeKO)

hier angewendet werden? Die wichtigsten Instrumente zur Verbesserung der operativen Exzellenz werden sehr unterschiedlich angewandt. Knapp 90 % wenden Prozessoptimierung in der Verwaltung, im Vertrieb und im F&E Bereich an (siehe Abb. 12.13).

Die Durchdringung mit Lean Management ist nur in der Produktion bei zwei Drittel der Unternehmen erfolgt, in den anderen Bereichen fristet es immer noch ein Schattendasein. Noch seltener sind die Anwendung von Six Sigma und Supply Chain Management Methoden zu finden. Auch bei der Dauer der Anwendung der Methoden zeigt sich ein ähnliches Bild (siehe Abb. 12.14).

Mehr als ein Drittel der Anwender von Balanced Scorecard, Benchmarking und Prozessoptimierung wendet diese Methoden bereits mehr als 5 Jahre an. Die anderen Methoden wurden erst in den letzten 5 Jahren eingeführt. Dies ist die Folge der Rekrutierung der Führungskräfte im eigenen Unternehmen. Nach unserer Erfahrung als Betreiber von Six Sigma Deutschland sind die Haupttreiber zur Einführung dieser Methoden die Kunden oder neue Geschäftsführer, die in ihrem bisherigen Unternehmen Six Sigma eingesetzt haben und dadurch mit dieser Methodik vertraut sind und ihre Wirkung auf die Prozesse und Ergebnisse kennen und schätzen.

## 12.9 Bilanz und Ergebniskennzahlen

Die Kennzahlenuntersuchung der deutschen Weltmarktführer, basiert auf den Durchschnittswerten von 300 Unternehmen aus unterschiedlichen Branchen. Die veröffentlichten Jahresabschlüsse der Unternehmen sind die Grundlage dieser Analyse bei den Kennzahlen.

Die Vergleichszahlen wurden aus der „Verhältniszahlen aus Jahresabschlüssen deutscher Unternehmen 2011 bis 2014", veröffentlicht von der Deutschen Bundesbank, Frankfurt am Main, entnommen.

Bei diesen Vergleichen wurden folgende Branchen betrachtet:

- Maschinenbau,
- Elektronik,
- Dienstleistung,
- Automobil,
- Chemie,
- Pharmazie und
- Software & Internet.

Aus den Vergleichen können weitere Erfolgsfaktoren abgeleitet werden.

## 12.10 Vermögens- und Kapitalstruktur der Hidden Champion

Ein Schwerpunkt bei der Produktionsstrategie ist die Investition in neue Technologien und Anlagen. Zwei Drittel der Unternehmen haben dies als wichtigste Verbesserung in der Produktion genannt.

Im Sektor Maschinenbau beträgt die Anlagenintensität im Durchschnitt ca. 36 % und somit mehr als das Doppelte von den Bundesbankzahlen (17 %). Auch die Elektronikbranche hat eine höhere Anlagenintensität, mehr als das Dreifache der gesamten Elektronikbranche. Im Bereich Dienstleistung beträgt die Anlagenintensität bei den gesamten Anbietern 27 % und liegt somit um etwa 10 % niedriger als die der deutschen Weltmarktführer

Anteil in Prozent

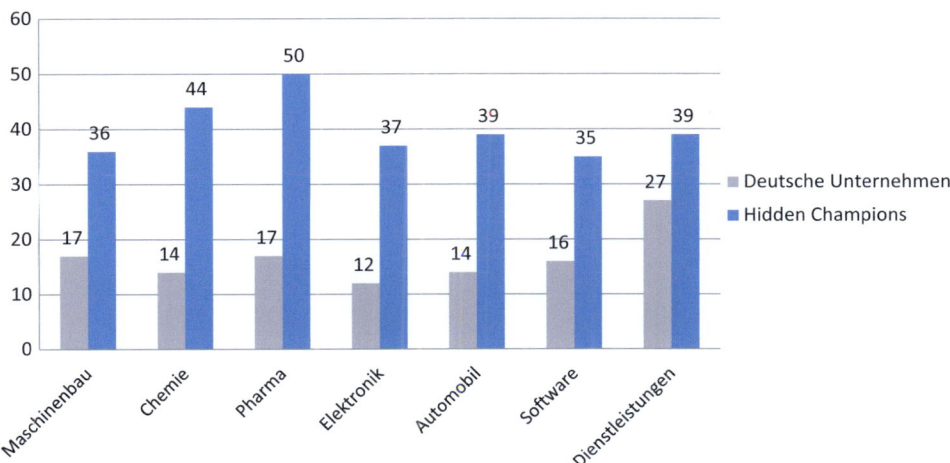

**Abb. 12.15** Anlagenintensität 2014 (Quelle: INeKO)

(39 %). Bei den Branchen Chemie, Pharmazie, Automobil und Software & Dienstleistung ist zu sehen, dass die deutschen Hidden Champion höhere Anlagenintensitäten als die deutsche Wirtschaft aufweisen (siehe Abb. 12.15).

Festzuhalten ist, dass die Weltmarktführer deutlich mehr in ihre Anlagevermögen investieren als die deutschen Unternehmen. Dies zeigt sich auch in der Abschreibungsquote, aus dem der Abnutzungsgrad der Anlagen ableitbar ist. Definiert als: Abschreibungsquote = (Abschreibungen auf Sachanlagen)/Buchwert Anlagevermögen * 100. Die Abschreibungsquoten im Jahr 2014 von deutschen Unternehmen und Weltmarktführern sehen im Durchschnitt wie in Abb. 12.16 aus.

Die Abschreibungsquoten liegen zwischen 4 % und 19 %. In allen Branchen sind die Quoten im Mittel deutlich niedriger als die der deutschen Unternehmen. Allerdings ist zu beachten, dass ansteigende Abschreibungsquoten auf die Bildung stiller Reserven durch maximale Ausnutzung von Abschreibungsmöglichkeiten deutet. Bei der Vorratshaltung sieht das Bild gemischt aus. Als Auftragsfertiger und Einzelfertiger kommt die fertigungssynchrone Vorratshaltung nicht in Betracht. Die Vorräte werden auf Lager beschafft, einzelne A-Teile werden bei der Auftragsfertigung nach Auftragseingang bestellt. In der Chemie und in der Automobilwirtschaft ist die Vorratshaltung deutlich höher als bei den gesamten deutschen Unternehmen. Dies kann mit der zögerlichen Einführung von Lean Management und der Vermeidung von Fehlteilen – um die pünktliche Auslieferung sicherzustellen – zusammenhängen (siehe Abb. 12.17).

Auch für die nächste Kennzahl Forderungen in Tagen könnte der höhere Wert durch Erhaltung einer guten Kundenbeziehung bedingt sein. Diese Kennzahl beschreibt, wie lange die Kunden benötigen, um ihre Rechnungen zu bezahlen. Die Kunden der Hidden

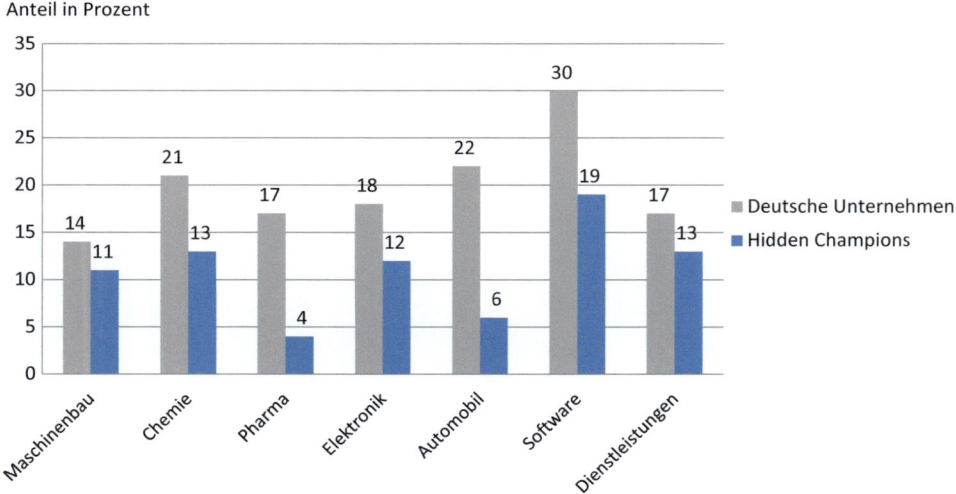

**Abb. 12.16** Abschreibungsquote 2014 (Quelle: INeKO)

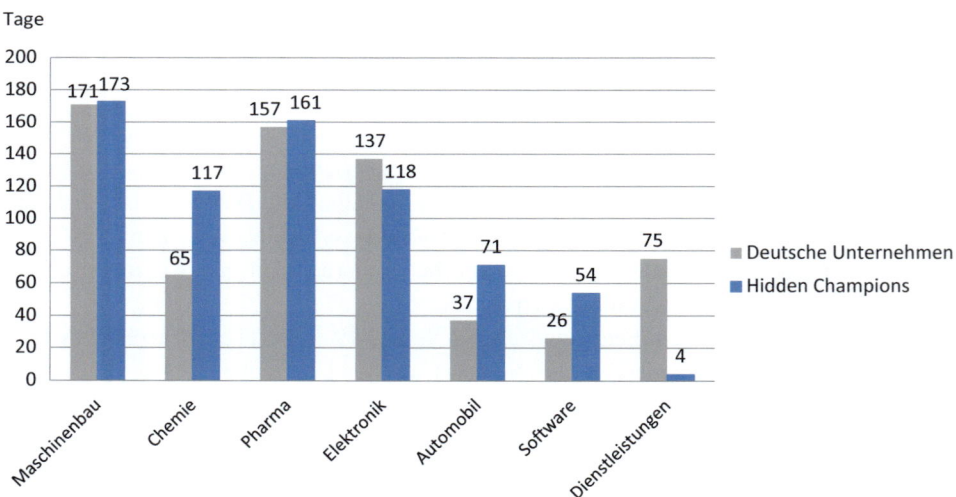

**Abb. 12.17** Vorräte in Tagen 2014 (Quelle: INeKO)

Champions brauchen deutlich länger für die Rechnungsbegleichung als die Kunden der deutschen Wirtschaft. Dies gilt nicht für die Software- und Internetbranche, mit 21 Tagen im Durchschnitt brauchen die Kunden 9 Tage im Mittel weniger als die Kunden der deutschen Softwareunternehmen. Die Chemieindustriekunden zahlen ihre Waren 12 Tage später (siehe Abb. 12.18).

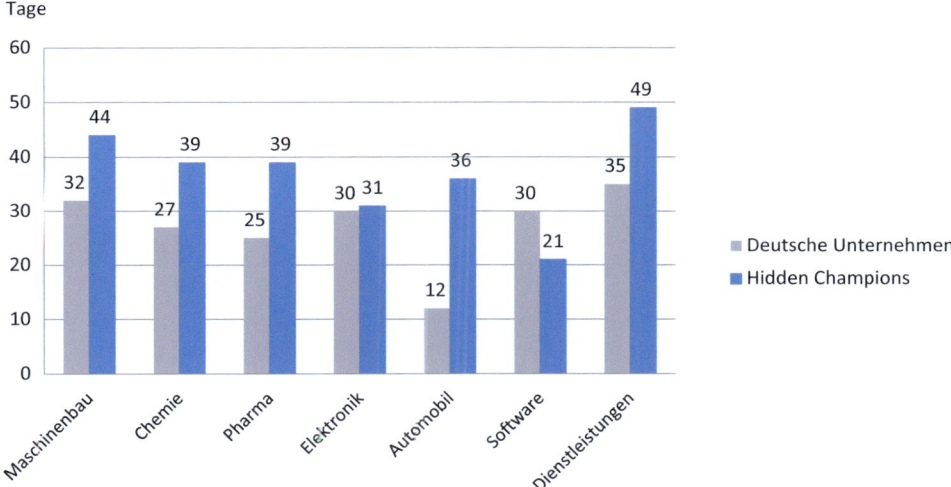

**Abb. 12.18** Forderungen in Tagen 2014 (Quelle: INeKO)

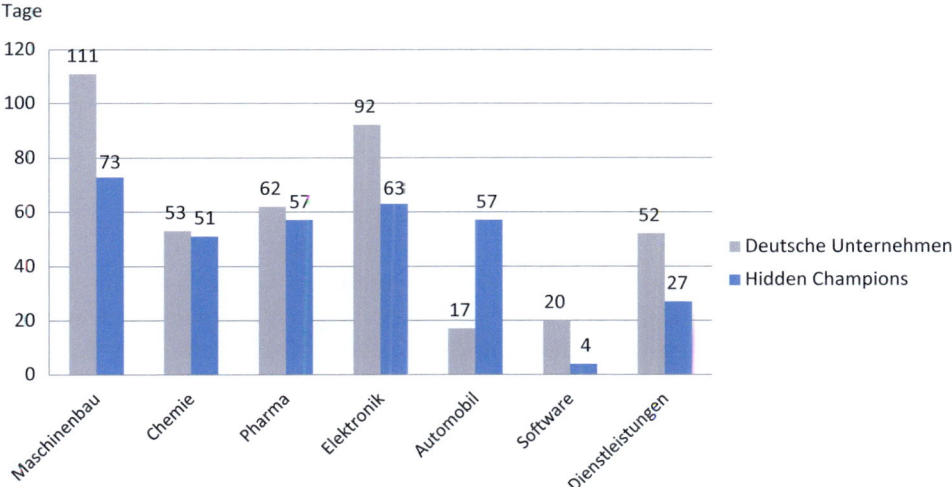

**Abb. 12.19** Cash-to-Cash in Tagen 2014 (Quelle: INeKO)

Beim Cash-to-Cash-Zyklus, einem wichtigen Instrument der Liquiditätsanalyse, wird der Zeitbedarf ermittelt, von den Auszahlungen in die Herstellung des Produktes bis zum Eingang der Kundenforderung. Dieser Zyklus wird wie folgt berechnet: Cash-to-cash-Zyklus = (Net Working Capital)/Umsatzerlöse * 365 (siehe Abb. 12.19).

Mit Ausnahme der Automobilbranche haben sie deutlich kürzere Cast-to-Cash Zyklen als die übrigen Unternehmen. Dies verwundert auf den ersten Blick, da die

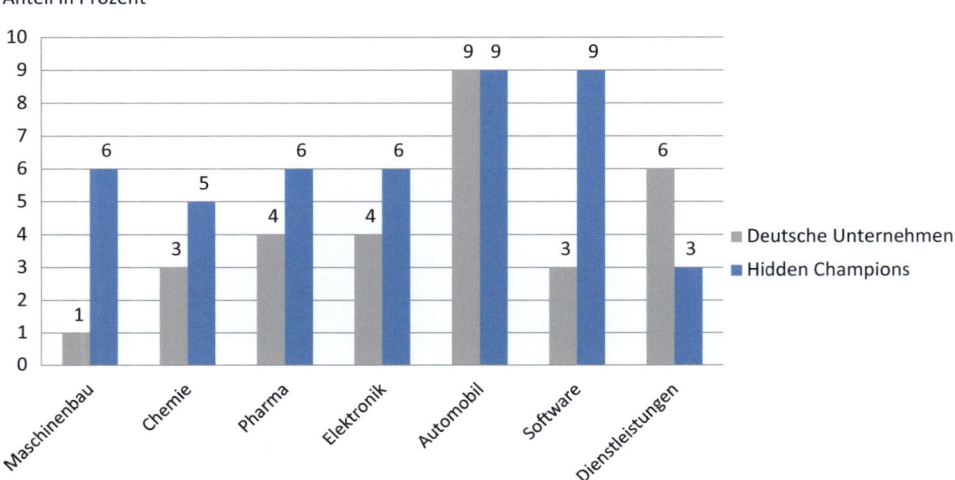

**Abb. 12.20** Umsatzzuwachs 2014 (Quelle: INeKO)

Werte bei der Vorratshaltung als auch bei den Kundenforderungen nicht besser sind als bei den übrigen Unternehmen. Die Ursache liegt in der höheren Wertschöpfungsquote und dem damit verbundenen geringeren Materialkostenanteil sowie in höheren Lieferantenverbindlichkeiten.

## 12.11 Ergebnisstruktur der Hidden Champions

Ein wichtiges Merkmal ist das höhere Umsatzwachstum im Vergleich zu den übrigen Unternehmen. Zwischen Umsatzwachstum über einen längeren Zeitraum und Unternehmenserfolg besteht ein enger Zusammenhang (Meffert 2007, S. 23). Dabei zeigt sich, dass sie im Durchschnitt stärker wachsen als die anderen Unternehmen, über einen längeren Zeitraum im Durchschnitt um 8,8 % (Simon 2012, S. 113) (siehe Abb. 12.20).

Nach dem Einbruch im Jahre 2008 waren die Wachstumsraten sogar deutlich höher, in 2010 = 17 %, in 2011 = 14,7 %. Auch in 2014 wurden deutlich höhere Umsatzzuwächse erzielt.

## 12.12 Wertschöpfungsquote

Ein besonderes Merkmal ist die Tiefe des Leistungsangebots. So bietet die Firma Winterhalter nach den Spülmaschinen auch die Wasseraufbereitungsanlagen, die Spülmittel und einen Service an. Sie lösen damit das Spülproblem komplett für Ihre Kunden (Simon 2012, S. 169). Andere Hidden Champion, wie Haribo entwickeln und stellen ihre eigenen

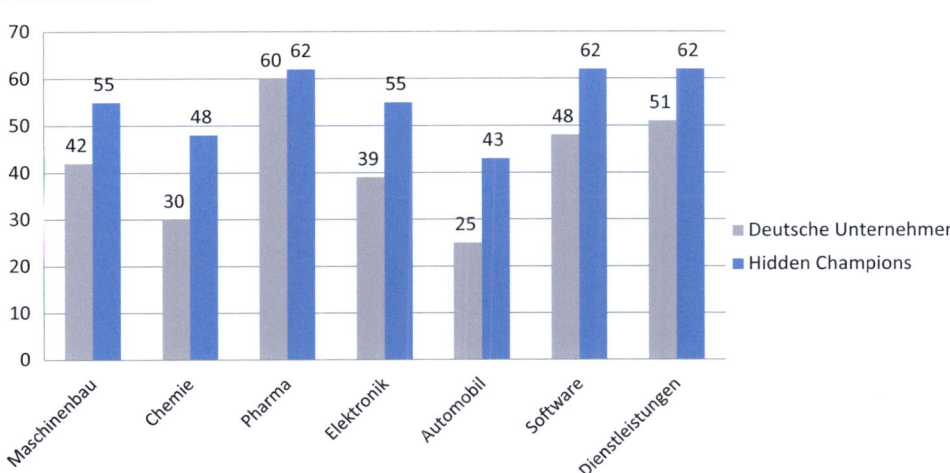

**Abb. 12.21** Wertschöpfungsquote 2014 (Quelle: INeKO)

Maschinen zur Fertigung der Produkte her, um ihr spezielles Know-How zu schützen. Ein Maßstab zu Ermittlung der Wertschöpfungstiefe ist die Wertschöpfungsquote. Die Wertschöpfungsquote ist in den letzten Jahren bei den meisten Unternehmen erheblich gesunken. Auch hierzu wird der Vergleich zwischen den deutschen Weltmarktführern und den deutschen Unternehmen betrachtet (siehe Abb. 12.21).

An der Maschinenbaubranche wird deutlich, dass die Wertschöpfungsquote im Mittel 55 % beträgt und somit um ca. 13 % höher liegt als in der deutschen Maschinenbaubranche. In den Branchen Chemie, Elektronik und Automobil ist die Wertschöpfungsquote deutlich größer als bei den übrigen Unternehmen. Hier zeigt sich ein deutlicher Unterschied zu der üblichen Entwicklung der Unternehmen in Deutschland. Während die meisten Unternehmen in Deutschland aufgrund des Preisdruck und der hohen Faktorkosten in Deutschland überprüfen, ob der Zukauf nicht wirtschaftlicher als die Eigenfertigung ist, dominiert bei den Hidden Champion die Angst vor Know-How-Verlust. Aufgrund der Differenzierungsstrategie und damit verbundenen Premiumprodukten ist der Preis nicht das entscheidende Kaufkriterium für die Kunden. Auch die indirekten Funktionen, wie IT, Lohnabrechnung, Facility-Management werden selten an Dritte verlagert. Die höhere Wertschöpfungsquote hat direkte Auswirkungen auf den Personal- und Materialkostenanteil (siehe Abb. 12.22).

Der Personalkostenanteil ist aufgrund der größeren Wertschöpfungstiefe erheblich höher als bei den übrigen Unternehmen. In einigen Branchen ist er sogar doppelt so hoch. Vor allem im Maschinenbau liegt er um mehr als 19 % höher und ist damit fast doppelt so hoch wie bei den anderen Unternehmen der Branche in Deutschland. In der Chemie ist er doppelt so hoch, in der Pharmabranche um 60 %, in der Elektronik um zwei Drittel und in der Automobilbranche ebenfalls fast doppelt so hoch. Mit einem hohen Personalkostenanteil eines Unternehmens sind auch die Fixkosten entsprechend hoch und damit

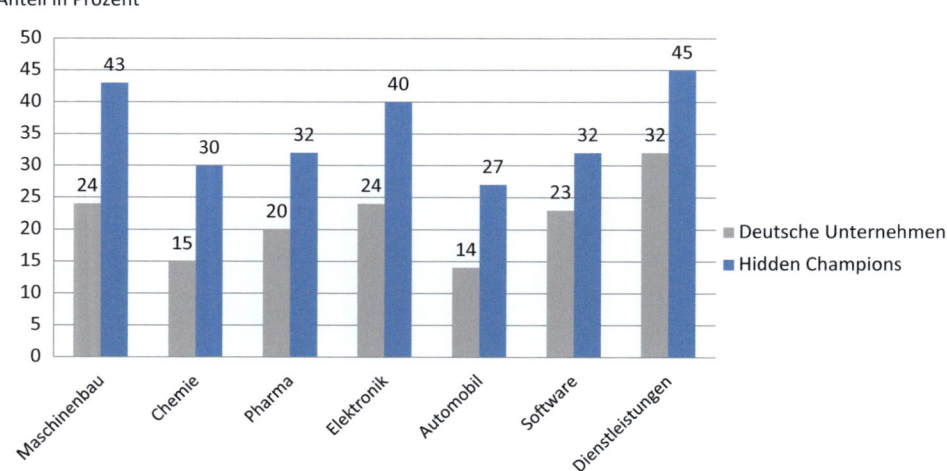

**Abb. 12.22** Personalkostenanteil 2014 (Quelle: INeKO)

das Risiko bei Beschäftigungsschwankungen. Sie mindern dies durch die Flexibilisierung der Arbeitszeiten, die sog. atmende Fabrik. Die Mitarbeiter haben Jahresarbeitszeitkonten und passen ihre Beschäftigung an die Auftragslage an. Wie bereits im Kapitel Mitarbeiterführung dargestellt, haben die Mitarbeiter eine hohe Arbeitsverdichtung und viele Überstunden, die im Falle von Beschäftigungsschwankungen ausgeglichen werden können. Die hohe Arbeitsverdichtung – ein neuer Mitarbeiter wird erst eingestellt, wenn eigentlich zwei zusätzliche Mitarbeiter benötigt werden – hängt sicherlich mit diesem Risiko zusammen. Personalproduktivität ist eine wichtige Größe, sie setzt die Wertschöpfung in Beziehung zu den Personalkosten. Die Wertschöpfungstiefe hat dabei einen erheblichen Einfluss auf die Personalkostenproduktivität.

Abb. 12.23 stellt die Personalkostenproduktivität der Hidden Champion und der deutschen Unternehmen dar, um die Mitarbeiterproduktivität der beiden Seiten vergleichen zu können.

Obwohl dies aufgrund der Strategie und der Hochleitungskultur zu erwarten gewesen wäre, ist die Personalkostenproduktivität nur unwesentlich höher als bei den übrigen Unternehmen. Ein deutlicherer Unterschied ist nur bei der Chemie, bei der Elektronik und bei der Automobilbranche erkennbar.

## 12.13 Rentabilitätsanalyse

Langfristig ist ein Unternehmen nur überlebensfähig, wenn das eingesetzte Kapital eine Rendite erwirtschaftet. Kapitalgeber sind nur bereit in Unternehmen zu investieren, wenn sich ihr Kapital vermehrt, d. h. wenn sie mit einem höheren Rückfluss als ihrem Investitionsbetrag rechnen können. Im Rahmen der Rentabilitätsanalyse werden

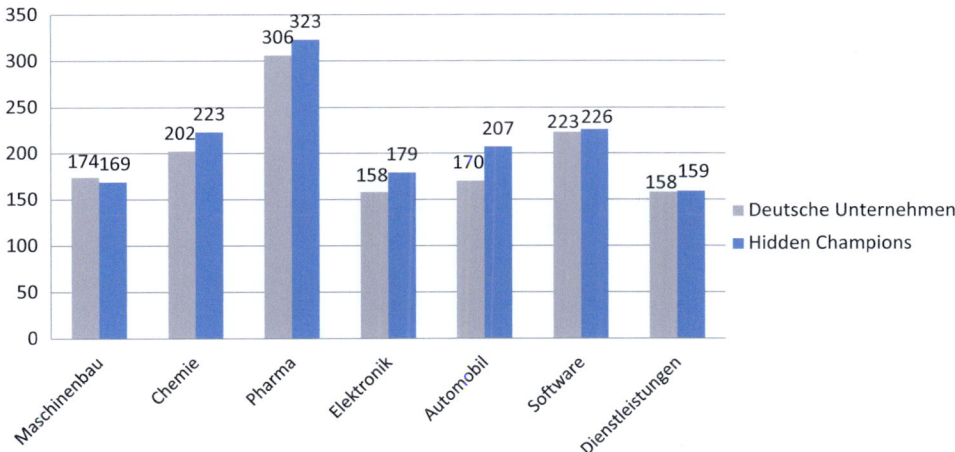

**Abb. 12.23** Personalkostenproduktivität 2014 (Quelle: INeKO)

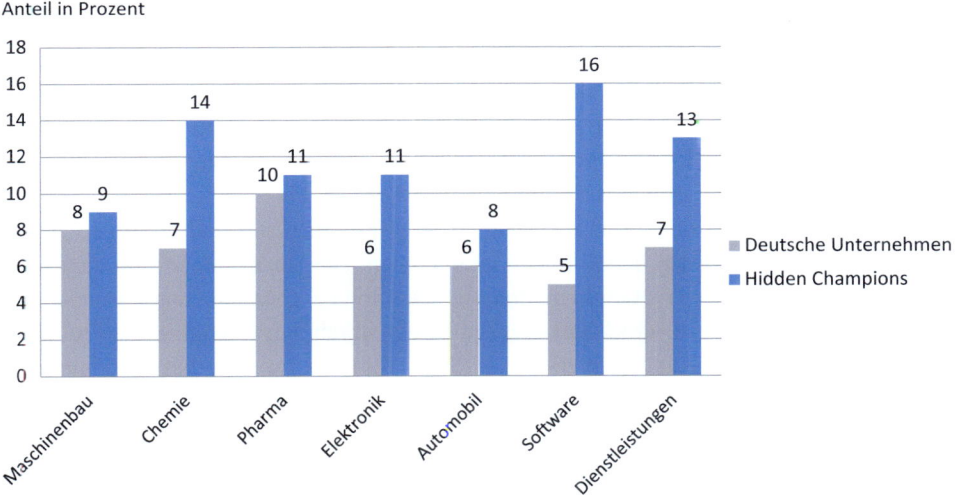

**Abb. 12.24** Gesamtkapitalrendite 2014 (Quelle: INeKO)

die Verzinsung des Gesamtkapitals, des Eigenkapitals und die Umsatzrendite betrachtet. Der Erfolg eines Unternehmens wird vornehmlich an den langfristigen Renditen des Unternehmens gemessen. Die Gesamtkapitalrentabilität gibt die Verzinsung des gesamten eingesetzten Unternehmenskapitals, also des Eigen- und Fremdkapitals an. Der Fremdkapitalgeber erhält die Fremdkapitalzinsen als Verzinsung seines eingesetzten Kapitals (siehe Abb. 12.24).

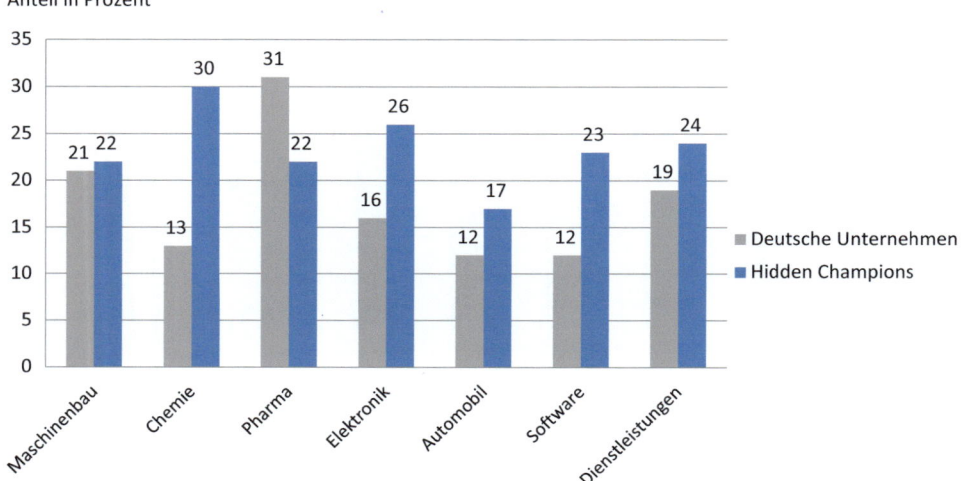

**Abb. 12.25** Eigenkapitalrendite 2014 (Quelle: INeKO)

Die Gesamtkapitalrendite ist ausnahmslos in allen Branchen höher als bei den übrigen Unternehmen. In der Softwarebranche dreimal so hoch, in den Branchen Chemie Elektronik und Dienstleitung doppelt so hoch wie in anderen Unternehmen der Branche in Deutschland. Die Eigenkapitalrendite misst die Verzinsung des Eigenkapitals, d. h. das durch die Gesellschafter eingesetzte Kapital (siehe Abb. 12.25).

Die Eigenkapitalrendite ist – mit Ausnahme des Maschinenbaus und der Pharmabranche – deutlich höher als bei den übrigen Unternehmen. Die Unterschiede sind allerdings nicht so hoch wie bei der Gesamtkapitalrendite. Der hohe Eigenkapitalanteil mindert die Eigenkapitalrenditen. Hier wirkt der Leverage-Effekt, durch die Aufnahme von Fremdkapital kann sich die Eigenkapitalrentabilität erhöhen. Voraussetzung für diese Erhöhung ist, dass die Gesamtkapitalrendite über dem Fremdkapitalzins liegt den der Hidden Champion an die Fremdkapitalgeber entrichten muss.

## 12.14 Umsatzrentabilität

Die Umsatzrendite (Return on Sales, ROS) gibt das Verhältnis zwischen Gewinn und Umsatz an. Es ist ein wichtiges Maß für die Wirtschaftlichkeit beim Vergleich innerhalb einer Branche. Gleichzeitig zeigt es auch das Risiko, dass bei möglichen Preisschwankungen besteht. Unternehmen mit einer geringen Umsatzrendite sind bei Preisschwankungen eher insolvenzgefährdet (siehe Abb. 12.26).

Die Umsatzrendite ist in der Pharmabranche seit Jahrzehnten ein Vielfaches der anderen Branchen. Durch die hohen Eintrittsbarrieren in dieser Branche hat sich daran

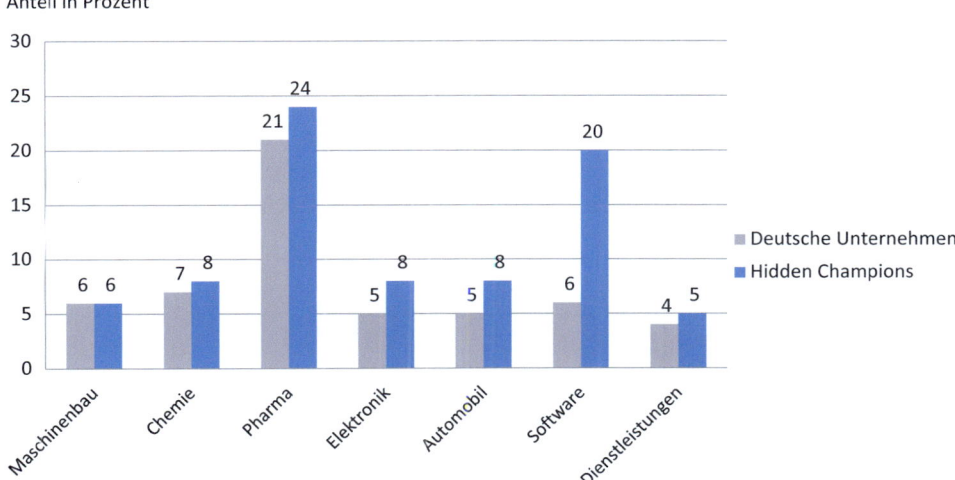

**Abb. 12.26** Umsatzrendite 2014 (Quelle: INeKO)

nichts geändert und wird sich daran so schnell nichts ändern. Ganz deutlich höher ist die Umsatzrendite in der Softwarebranche. Auch in den Branchen Elektronik und Automobil ist sie fast doppelt so hoch. Bei den anderen Branchen besteht nur ein geringer Unterschied.

## 12.15 Zusammenfassung

Hidden Champions sind vor allem Innovations- und Beziehungsweltmeister. Sie haben eine exzellente kontinuierliche Entwicklung im Management. Aufgrund ihres Charakters als Familiengesellschaften sind ein Drittel der Mitglieder der Geschäftsführung Eigentümer und Familienangehörige. Etwa ein Viertel der Führungskräfte wird intern befördert, also zwei Drittel kommen aus dem Unternehmen. Sie werden jung zu Geschäftsführungsmitgliedern und sind in der Regel den Rest ihres Berufslebens in dieser Funktion. Auch ihre Beziehung zu den Mitarbeitern hat die gleiche Kontinuität. Die meisten arbeiten ihr ganzes Berufsleben für sie, die Fluktuationsrate ist sehr niedrig. Aufgrund ihrer Hochleistungskultur sind die Motivation hoch und der Krankenstand sehr niedrig. Wert legen sie nicht nur auf die Leistungsbereitschaft, sondern auch auf die Leitungsfähigkeit. Ein großer Anteil der Mitarbeiter besitzt eine Ausbildung als Facharbeiter oder ein Studium, vor allem als Ingenieur oder als Kaufmann. Die Zusammenarbeit mit Kunden und Hochschulen wird großgeschrieben. Drei Viertel der Unternehmen entwickeln ihre Produkte zusammen mit Hochschulen und Forschungsinstituten, zwei Drittel mit Ihren Kunden. Die Kundenbedürfnisse spielen eine entscheidende Rolle. Mehr als drei Viertel bieten nach den Kundenwünschen angefertigte Produkte an. Hier konzentrieren sie sich auf potenzialstarke Kunden und haben ein differenziertes Kundenbetreuungskonzept. Knapp die Hälfte sieht die exzellente Kundenkenntnis/bindung sowie ein Viertel den exzellenten Kundenservice als wesentliche Faktoren für den Erfolg des Unternehmens an. Dazu trägt vor allem der eigene direkte Vertrieb mit eigenen Vertriebsgesellschaften im Ausland bei.

Die deutschen Hidden Champions sind vor allem führend in ihren Beziehungen zu ihren Mitarbeitern, Kunden, Lieferanten und Gesellschaftern. Mit einer überlegenen Leistung wird von den meisten die Differenzierungsstrategie bevorzugt.

## Literatur

Bundesbank (2014) Verhältniszahlen aus Jahresabschlüssen deutscher Unternehmen von 2010 bis 2014. http://www.bundesbank.de/Navigation/DE/Statistiken/Unternehmen_und_private_Haushalte/Unternehmensabschluesse/Tabellen/tabellen.html. Zugegriffen: 21. Febr. 2017
Collins JC, Porras JI (1994) Built to last – successful habits of visionary companies. New York
Kaudela-Baum S, Kocher PY, Scherrer S (2014) Innovationen fördern zfo 83(1):74–79
Kim WC, Mauborgne R (2004) Blue ocean strategy. Harvard Bus Rev 82(10):76–84
Meffert J, Klein H (2007) DNS der Weltmarktführer – Erfolgsformeln aus dem Mittelstand. Heidelberg
PwC (2016) Gemischte Geschäftsführungsteams in Familienunternehmen Wie funktioniert eine erfolgreiche Zusammenarbeit?
Rammer C, Spielkamp A (2015) Hidden Champions – Driven by Innovation. Empirische Befunde auf Basis des Mannheimer Innovationspanels. Mannheim
Rasche C (2003) Was zeichnet die „Hidden Champions" aus? In: Stahl KH, Hinterhuber HH (Hrsg) Erfolgreich im Schatten der Großen, Kolleg für Leadership und Management, Berlin, S 217–237
Rhein T, Stüber H (2014) Beschäftigungsdauer im Zeitvergleich: Bei Jüngeren ist die Stabilität der Beschäftigung gesunken, IAB-Kurzbericht, 03/2014, Nürnberg
Schuh G, Schmidt C (2014) Grundlagen des Produktionsmanagements. In: von Schuh G, Schmidt C (Hrsg) Handbuch Produktion und Management 5, 2. vollständig neu bearbeitete und erweiterte Auflage, Springer Gabler, Berlin, S 1–62
Seeger K (2014) Erfolgreiche Strategiearbeit im Mittelstand, Erkenntnisse aus der Unternehmenspraxis. Springer Gabler, Wiesbaden
Simon H (2007) Hidden Champions des 21. Jahrhunderts: Die Erfolgsstrategien unbekannter Weltmarktführer. Campus, Frankfurt
Simon H (2009) Hidden Champions of the twenty-first century -success strategies of unknown world market leaders. Springer Dordrecht, Heidelberg
Simon H (2012a) Hidden Champions – Aufbruch nach Globalia. Campus, Frankfurt
Simon H (2012b) Hidden Champions: Erfolgsstrategien in der globalen Wirtschaft. Industrie Manag 28/2012, 9ff
Simon H (2014a) Führung bei den Hidden Champions. zfo 83(1):68–73
Simon H (2014b) Unkompliziert, fokussiert und kundennah. zfo 83(1):80–85
Venohr B, Langenscheidt F (Hrsg.) (2015) Lexikon der deutschen Weltmarktführer. Offenbach.

# Der Weltmarktführer-Index für die DACH-Region

**13**

Christoph Müller

## 13.1 Drei Kategorien von Weltmarktführern

Der Weltmarktführer-Index für die DACH-Region wird seit einem Jahr unter www.weltmarktfuehrerindex.de veröffentlicht. Mittlerweile sind dort über 320 Weltmarktführer aus drei verschiedenen Kategorien aufgeführt. Gut 270 davon stammen aus Deutschland und je 40 bzw. 10 aus der Schweiz und Österreich. In diesem Beitrag werden die Auswahlkriterien und Kategorien beschrieben, die Erkenntnisziele erläutert, speziell die Kategorie der ‚Future Champions' vorgestellt und aktuell relevante Themen- und Forschungsfelder skizziert.

Die Weltmarktführer werden nach ihrer Größe, ihrem Anteil Auslandsumsatz am Gesamtumsatz und nach der Herkunft ihrer Eigentümer in drei Kategorien unterteilt. Diese lauten: Weltmarktführer Champion, Weltmarktführer Champion mit internationalen Eigentümern und Weltmarktführer Future Champion. Die zugrundeliegenden Kriterien für die Auswahl als Weltmarktführer in den drei Kategorien sind nachfolgend dargestellt.

*Weltmarktführer Champion:*

Die Klassifikationskriterien für Weltmarktführerchampion sind nach Umsatzvolumen und regionaler Umsatzverteilung sowie Marktposition wie folgt definiert:

- Jahresumsatz in Millionen Euro: mindestens 50 Mio. Euro, nach oben offen,
- Marktführer: Nr. 1 oder Nr. 2 im relevanten Weltmarktsegment,
- Exportanteil/Auslandsanteil am Umsatz: mindestens 50 % des Umsatzes.

---

C. Müller (✉)
Universität St.Gallen, Girtannerstrasse 8, 9010 St. Gallen, Schweiz
e-mail: christoph.mueller@unisg.ch

Zusätzlich wird verlangt, dass für die Weltmarktführerschaft im engeren Sinne auch eine entsprechende globale Reichweite im operativen Geschäft erreicht wird und diese vom Stammsitz in der DACH-Region geführt wird, sodass ergänzend die folgenden Kriterien Anwendung finden:

- Eigentümer (-Führung) mit Stammsitz zu mindestens 50 % im DACH-Raum,
- Weltmarkt: Tätigkeit auf mindestens 3 von 6 Kontinenten mit eigenen Produktions- und/oder Vertriebsgesellschaften bzw. zumindest Exporttätigkeit.

Als prominente Unternehmensbeispiele, die auch in diesem Fallstudienkompendium vertreten sind, können der Akustikspezialist für die Automobilindustrie AUTONEUM Holding AG, der Heiz- und Klimatechnikspezialist VAILLANT Group GmbH oder der Automatisierungsspezialist WAGO Kontakttechnik GmbH & Co. KG genannt werden.

*Weltmarktführer Champion mit internationalem Eigentümer:*

Dieselben Kriterien wie bei Weltmarktführer Champions, nur mit einem Anteil von über 50 % der Eigentümer, der/die außerhalb des DACH-Raums seinen Sitz hat/haben. Der Weltmarktführer muss dabei noch ein erkennbar eigenständiges Profil aufweisen und noch nicht verschmolzen worden sein. Prominente Beispiele für diesen Typus sind die Unternehmen KION AG, KUKA AG, PUTZMEISTER AG oder die WMF Gruppe (vgl. Tab. 13.1).

**Tab. 13.1** Weltmarktführer-Champion mit internationalem Eigentümer

| Unternehmen | Branche | Ausländische Anteilseigner |
| --- | --- | --- |
| KION AG | Gabelstapler & Lagertechnik | WEICHAI POWER Shandong, China Motorenbau, Automobilzulieferer 43,3 % (Dez. 2016) plus (internationaler) Streubesitz |
| KUKA AG | Robotik, Anlagen- & Systemtechnik | MIDEA Guandong, China Klima-, Lüftungs-, Heiztechnik 94,5 % (Aug. 2016) |
| PUTZMEISTER AG | Betonpumpen | SANY Changsha, China Betonpumpen 100 % (Aug. 2016) |
| WMF GROUP GmbH | Haushalts-, Gastronomie-, Hotelleriewaren | Groupe SEB S.A. Ecully, Frankreich Elektrokleingeräte, Kochgeschirr (laufende Übernahme) |

*Weltmarktführer Future Champion:*

Dieselben Kriterien wie bei Weltmarktführer Champion werden zugrunde gelegt, aber mit zwei wesentlichen Anpassungen bei den Schwellenwerten. Der Umsatz liegt bei 5–50 Mio. Euro und/oder der Anteil des Auslandsumsatzes bei grösser als 40 %. Zudem wird erwartet, dass aufgrund des Unternehmenswachstums die Kategorie Weltmarktführer Champion mittelfristig erreicht werden kann. Beispiele für solche potenziellen zukünftigen Weltmarktführer sind der Duisburger Automatisierungsspezialist für Hafenanlagen iSAM AG (13 Mio. Euro Umsatz, 150 Mitarbeiter) oder die in der atmosphärischen Plasma-Oberflächentechnologie tätige PLASMATREAT GmbH.

Dabei ist zu beachten, dass die Kriterien strenger sind als bei vergleichbaren Listen oder bei verwandten Begriffen wie den Hidden Champions. Beispielsweise ist gefordert, dass die Weltmarktführer die Marktpositionen Nr. 1 oder 2 im jeweiligen Segment sind, auf mindestens drei Kontinenten tätig sind und der Anteil des Auslandsumsatzes am Gesamtumsatz mehr als 40 % bzw. 50 % aufweist. Zudem gibt es keine Umsatzbegrenzung nach oben. Von daher sind auch bekannte Konzerne und nicht nur die in der Öffentlichkeit unbekannteren Hidden Champions gelistet. Nicht aufgenommen werden Unternehmen, die explizit eine regionale Orientierung verfolgen, das heißt z. B. Deutschland- oder Europamarktführer sind, oder die keinen relevanten, abgrenzbaren Teilmarkt mit Mitbewerbern und einer entsprechenden Mindestgröße bearbeiten. Damit orientieren sich die Auswahlkriterien an den relativ strengen Auslegungen des Kammergerichts Berlin und des Landgerichts Hannover zu der Verwendung der Begriffe „Marktführer" „Nr. 1" und „Weltmarktführer" (vgl. Kammergericht Berlin 2004; Landgericht Hannover 2009).

Unternehmen können grundsätzlich nur dann aufgenommen werden, wenn sie die erforderlichen Daten öffentlich publizieren bzw. auf Anfrage zur Verfügung stellen. Die Daten müssen auch relativ aktuell sein, d. h. in die Aktualisierung Ende 2016 sind Daten aus den Geschäftsjahren 2015/2016, 2015, 2014/2015 und höchstens noch 2014 eingeflossen. Bei den erhobenen Daten werden zwei Kategorien unterschieden: Erstens die veröffentlichen Daten in Bezug auf die Auswahlkriterien, zweitens weitere Daten zu betriebswirtschaftlichen Kennziffern. Diese werden aufgrund ihrer teilweisen Vertraulichkeit allerdings nur auf der Plattform registrierten Forschern/Forscherinnen in aggregierter Form zur Verfügung gestellt.

Die Datengewinnung erfolgte in der ersten Recherchephase über eine zweimalige Direktansprache per Mail von ca. 1.300 mutmaßlichen Weltmarktführern. Da der Rücklauf allerdings ausbaufähig war, werden in der jetzigen zweiten Phase zuerst die Daten der Unternehmen recherchiert, dann das Profil angelegt und anschließend die Unternehmen um Bestätigung, Korrektur und Freigabe der Daten gebeten. Ohne Gegenbericht werden die Daten dann ca. 10–14 Tage später ‚offiziell' publiziert. Die Daten werden bei der Recherche ausschließlich aus öffentlich zugänglichen Quellen wie den Bundesanzeiger-Einträgen sowie Publikationen (Geschäftsberichte, Pressemeldungen, Präsentationen) der und über die Unternehmen gewonnen. Hinzu kommen die freiwilligen Angaben der Unternehmen im Zuge der Anfrage. Problematisch ist, dass die Einträge auf bundesanzeiger.de in nicht wenigen Fällen tendenziell veraltet oder nicht vollständig sind. Zudem erschweren in manchen Fällen komplizierte Holdingstrukturen oder zweihundertseitige Geschäftsberichte eine klare Zuordnung der bruchstückhaft publizierten Daten. In jedem Fall wichtig ist die möglich präzise Bezeichnung des Weltmarktführersegments bzw. Gebietes, auf dem das Unternehmen Weltmarktführer ist.

Das Ziel der Plattform www.weltmartkführerindex.de ist es, die tatsächlichen Weltmarktführer objektiv und transparent möglichst in ihrer Gesamtheit darzustellen. Zwar existieren bereits Auflistungen von Weltmarktführern, jedoch wurden bisher interessanterweise nicht die gesamten Listen mitsamt ihrer Datenbasis wirklich transparent gemacht. Für Deutschland wird dabei meistens von ca. 1.500, für Österreich und die Schweiz von ca. 150 Weltmarktführern gesprochen. Die bisherigen Erfahrungen bei den Recherchen für den Weltmarktführer-Index für die DACH-Region legen jedoch nahe, dass die tatsächliche Zahl (deutlich) tiefer liegen wird. Beispielsweise werden im Rahmen von Standortmarketingaktivitäten für Südwestfalen rund 150 Weltmarktführer genannt (vgl. Abb. 13.1).

Gemessen an den oben aufgezeigten Kriterien konnten davon jedoch nur gut 40 bestätigt werden. In ganz wenigen Ausnahmefällen sind Unternehmen nicht bereit in den Index aufgenommen zu werden. Die Gründe sind dann der Wunsch nach „Geheimhaltung" des Status gegenüber Abnehmern und Lieferanten oder die Ablehnung der Bezeichnung Weltmarktführer. Was diese Unternehmen aber teilweise nicht hindern muss, sich auf ihrer eigenen Homepage selbst als solche zu bezeichnen. Wichtig: Der Index ist noch nicht

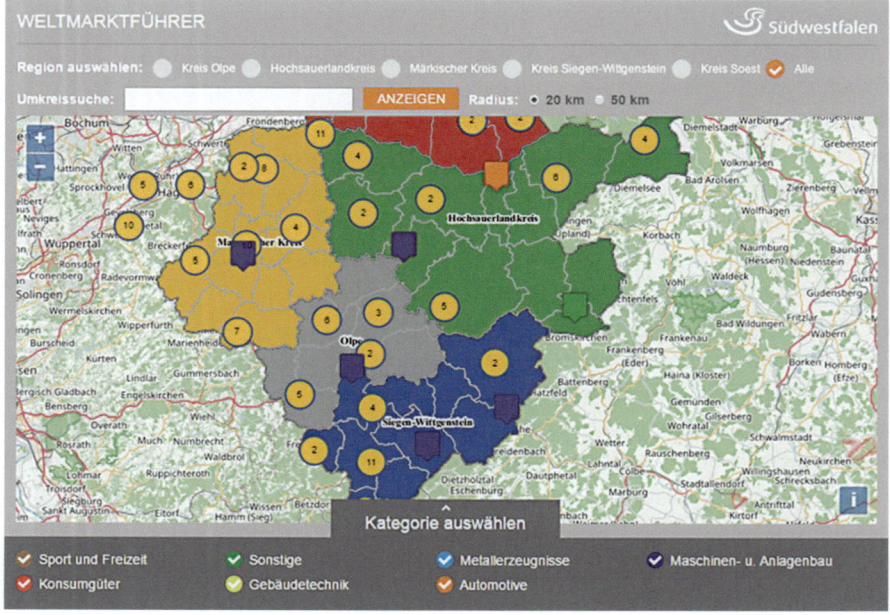

**Abb. 13.1** Weltmarktführer in der Region Südwestfalen (Quelle: IHK Südwestfalen 2013)

vollständig erstellt, sondern wird laufend erweitert und aktualisiert. Neuzugänge sind jederzeit willkommen. Per Ende Oktober eines Jahres findet eine vollständige Aktualisierung der Daten jedes Weltmarktführers statt.

## 13.2 Erkenntnisziele des Weltmarktführer-Index

Die Erkenntnisziele des Projekts bestehen zusätzlich zur transparenten Auflistung und Auswertung von Kennziffern in der Gewinnung von Einblicken in die Erfolgsfaktoren, Hindernisse, Risiken und wirtschaftspolitischen Forderungen der Weltmarktführer. Für die statistisch relevante Auswertung der Kennziffern und der Entwicklungsverläufe der Weltmarktführer ist es noch zu früh. Hierzu müssen zuerst Mehrjahresdaten erhoben und ausgewertet werden. Der Begriff „Index" wartet von daher noch auf seine inhaltliche Bestätigung.

Eine erste Umfrage unter 45 deutschen Weltmarktführern zu den Erfolgsfaktoren & Co. zeigt folgendes Bild (siehe Abb. 13.2) (vgl. Müller 2016). Bei den Erfolgsfaktoren stehen nach eigener Aussage folgende Themenbereiche an der Spitze: Innovationsführerschaft, Qualitäts- und Technologieführerschaft, globale Präsenz, motivierte und qualifizierte Mitarbeiter. Bei den Herausforderungen werden die Rekrutierung von qualifiziertem Personal, die Beibehaltung der Innovationskraft, die Stärkung des internationalen Profils und die zunehmende Regulierungsdichte erwähnt. Als Risiken gelten die Weltwirtschaftskonjunktur, die Unsicherheiten auf Beschaffungs- und Rohstoffmärkten sowie allfällige Substitutionstechnologien und -produkte. Die wirtschaftspolitischen Forderungen zielen auf eine Regulierung mit Augenmaß bzw. Bürokratieabbau, eine vorausschauende Energiepolitik sowie Fragen von Freihandelsabkommen, Wettbewerbsfähigkeit des Standorts Deutschland und einer leistungsfähigen Infrastruktur. Diese Ergebnisse werden in verschiedenen Presseberichten, Publikationen und Kontakten mit Parlamentariern veröffentlicht.

| Erfolgsfaktoren | Risiken |
|---|---|
| • Innovations- und Technologieführerschaft<br>• Qualitätsführerschaft<br>• Globale Reichweite<br>• Qualifizierte Mitarbeiter | • Weltwirtschaftskonjunktur<br>• Beschaffungsmarktsicherheit<br>• Rohstoffzugang<br>• Substitutionstechnologien und –produkte |

| Herausforderungen | Wirtschaftspolitische Forderungen |
|---|---|
| • Personalrekrutierung<br>• Innovationsfähigkeit<br>• Stärkung des internationalen Profils<br>• Regulierungsdichte | • Bürokratieabbau<br>• Internationale Handelsabkommen<br>• Standortwettbewerb<br>• Leistungsfähige Infrastruktur |

**Abb. 13.2** Erfolgsfaktoren und Rahmenbedingungen (Quelle: Müller 2016)

Dadurch soll ein Beitrag zur Verbesserung bzw. Aufrechterhaltung des für das weitere Wachstum der Weltmarktführer relevanten politischen Ökosystems geleistet werden.

## 13.3 Bedeutung und Rolle der Weltmarktführer Future Champions

Der Weltmarktführer-Index hat zusätzlich zu den eigentlichen Weltmarktführern die Kategorie der Weltmarktführer Future Champions eingeführt. Diese umfasst von der Größe her kleinere Weltmarktführer und/oder zukünftige Weltmarktführer mit großem Wachstumspotenzial. Wirtschaftspolitisch ist es grundsätzlich wünschenswert, wenn zu den etablierten Weltmarktführern auch neue Unternehmen hinzustoßen, die entweder neue Technologien erfinden, Marktsegmente erschließen oder die bei Bedarf die etablierten Unternehmen ersetzen können. In der Kategorie der Future Champions finden sich daher einerseits relativ junge bzw. sehr innovative Technologiefirmen aus den Bereich Software, Digitalisierung und Elektromobilität, aber auch bewährte Spezialisten aus klassischen Technologiebereichen, die kontinuierlich in ihrem bzw. mit ihrem Marktsegment wachsen. Dabei muss in jedem Fall ein relevantes, weltweites Marktsegment definierbar sein.

Die Frage, welche Faktoren das Entstehen und Wachsen von Future Champions beeinflussen, ist mit dem bisherigen Datenmaterial allerdings noch nicht klar zu beantworten. Hier sind weitere Forschungen erforderlich. Untersucht werden können die Zusammenhänge zwischen Entstehen und Wachsen der Future Champions mit Fragen des Wettbewerbs um Arbeitskräfte, des Marktzugangs sowie der Merger&Acquisitions-Politik etablierter Technologiekonzerne. Auf diese drei Punkte wird nachfolgend eingegangen.

Eine der Ursachen für eine fehlende Nachwuchsgeneration an Weltmarktführern lässt sich als Arbeitshypothese mit dem starken Wettbewerb um personelle Ressourcen zwischen Champions und Future Champions in den einzelnen Wirtschaftsregionen erklären. So sind beispielsweise in der Region Hohenlohe-Franken eine Reihe von bedeutenden Weltmarktführern zu Hause, aber es hat sich bisher kein Future Champion aus einem jungen Technologiebereich identifizieren lassen. Das Wachstum der etablierten Weltmarktführer stößt bereits auf einen „leergefegten" Arbeitsmarkt, sodass ein starker Wettbewerb um potentielle Mitarbeitende zwischen Champions und Future Champions entstehen würde. Die Anreize und Motivationen der potenziellen Gründer von Future Champions sind dabei noch nicht berücksichtigt.

Eine zweite Ursache kann in der Marktmacht von etablierten Weltmarktführern liegen. Denn die Frage der Marktabschottung respektive eines nicht oder nur eingeschränkt vorhandenen, funktionsfähigen Wettbewerbs spielt eine wichtige Rolle für das Entstehen und Wachsen der Future Champions.

Eine dritte Begründung für das spärliche Auftreten von Future Champions kann in der Merger&Acquisitions-Politik von größeren Technologiekonzernen/-Unternehmen liegen, die sich gezielt in jüngere/innovativere Unternehmen einkaufen, um selbst davon zu profitieren oder um Substitutions-Produkte (und evtl. –Firmen) frühzeitig zu integrieren bzw. zu beenden. Die jungen, israelischen Technologiefirmen sind hierfür ein Beispiel, zumindest was den Aufkauf bzw. Einstieg durch internationale, v. a. US-amerikanische, aber vermehrt auch europäische Technologiekonzerne angeht.

## 13.4 Aktuell relevante Themen- und Forschungsfelder

Aus der Betrachtung der Weltmarktführer insgesamt lässt sich ableiten, dass die Themen Rekrutierung von Mitarbeitenden, Wettbewerbs- und Kartellrecht sowie Corporate Entrepreneurship aktuell von hoher Bedeutung sind.

Erstens die Rekrutierung von Mitarbeitenden, seien es Fachkräfte oder Spezialisten, weil ohne deren Gewinnen und Einbinden das weitere Wachstum dieser Unternehmen nur schwerlich umzusetzen sein wird. Wirtschaftspolitisch damit eng verbunden sind Fragen der Rekrutierung aus dem Ausland und der Einwanderungsgesetzgebung. In Deutschland, speziell der Schweiz sowie jetzt auch in den USA sind dies zentrale politische Fragestellungen, bei denen der Ruf nach genereller Beschränkung auf die Notwendigkeit der Gewinnung von Spezialisten trifft.

Zweitens Fragen des Wettbewerbs- und Kartellrechts, gerade auch in Kombination mit normativem Management, weil einige der Weltmarktführer trotz gegenteiliger „Philosophie" und „Werte" gegen das Wettbewerbsrecht verstoßen haben bzw. unter diesem Verdacht stehen. Durch diesen Missbrauch von marktbeherrschenden Stellungen könnten wie gesehen auch Future Champions an ihrem weiteren Wachstum gehindert werden.

Drittens das Thema Corporate Entrepreneurship und damit verbunden die Frage, wie sich etablierte Unternehmen neu aufstellen können, um die Innovationspipeline zu füllen, in innovative Jungunternehmen zu investieren und ein attraktives Arbeitsumfeld für unternehmerische Talente zu bieten. Plötzlich haben viele Weltmarktführer ihr Interesse für junge Start-Ups, digitale Themen und das Mitforschen, Scouting und Investieren an den zentralen Technologie-Schauplätzen der Welt wie Israel oder West- und Ostküsten der USA entdeckt. Initiativen, die sie vor einer Dekade bereits einmal begonnen und dann wieder verworfen oder verkauft haben. Auffällig ist ebenfalls, mit welchem Einsatz die Unternehmen die Personalrekrutierung vorantreiben und sich als attraktiver Arbeitgeber darstellen.

Übergreifend gesehen sind damit die Gestaltung der Personal- und Innovations-Ecosysteme in der DACH-Region und weltweit von großer unternehmerischer und wirtschaftspolitischer Bedeutung. Die Weltmarktführer müssen dabei eine aktive Rolle spielen, um auch zukünftig so erfolgreich zu sein.

## Literatur

IHK Südwestfalen (2013) Weltmarktführer und Bestleistungen der Industrie aus Südwestfalen. Arnsberg, Hagen, Siegen. Online verfügbar unter: https://www.suedwestfalen.com/sites/default/files/ihk_verzeichnis_der_weltmarktfuehrer_swf_4_auflage_19091.pdf
Kammergericht Berlin (2004) Beschluss vom 04. Juni 2004–Az.: 5 W 76/04
Landgericht Hannover (2009) Urteil vom 30. Juni 2009–Az. 18 O 193/08
Müller C (2016) Umfrage Weltmarktführerindex. Forschungsstudie, St. Gallen

# Schalker Eisenhütte – Keep your business on track

## 14

Jan-Philipp Büchler und Andreas Merchiers

## 14.1 Fallstudie

### 14.1.1 Schalke ist Hardrock

Die Tinte seiner Unterschrift war noch nicht ganz trocken auf dem Vertragsdokument als Dr. Andreas Merchiers bereits seine Gedanken auf die nächsten Schritte der strategischen Neuausrichtung richtete. Soeben hat er den Verkauf des traditionellen Geschäftsfelds Kokereimaschinen besiegelt und damit eine umfassende Erneuerung der Schalker Eisenhütte Maschinenfabrik – unternehmensintern liebevoll Schalke abgekürzt – eingeläutet. „*Schalke ist Hardrock*", donnerte es in sein Büro als Dr. Gregor Brudek, Generalbevollmächtigter der Schalker Eisenhütte Maschinenfabrik GmbH, in der Tür stand und Andreas Merchiers zum Strategiegespräch abholte. Die Geschäftsführung sollte mit den Gesellschaftern der Eickhoff Gruppe, zu denen Schalke gehört, den weiteren Portfolioumbau und die langfristige Strategie diskutieren. Andreas Merchiers schnappte sich seine Marktanalysen und Notizen für die anstehende Besprechung und ging los. Auf dem Weg zum Besprechungsraum gerät Brudek ins Schwärmen und zeigt auf das Werksgelände: „*Was hier für den Bergbau aus den Montagehallen rollt, ist gemacht für den Einsatz im Hartgestein der Erzminen von Kiruna in Nordschweden bis zu den Bergwerken von Codelco in Chile, dem größten Kupferproduzenten der Welt. Das ist unser Kerngeschäft und hier müssen*

---

J.-P. Büchler (✉)
FH Dortmund, Emil-Figge-Str. 44, 44227 Dortmund, Deutschland
e-mail: jan-philipp.buechler@fh-dortmund.de

A. Merchiers
HS Bochum, Lennershofstraße 140, 44801 Bochum, Deutschland
e-mail: andreas.merchiers@hs-bochum.de

© Springer Fachmedien Wiesbaden GmbH 2018
J.-P. Büchler (Hrsg.), *Fallstudienkompendium Hidden Champions*,
https://doi.org/10.1007/978-3-658-17829-1_14

*wir konsequent investieren.*" Andreas Merchiers kannte die Stärken seines Geschäfts sehr gut, aber wusste auch um die Abhängigkeit des Unternehmens von den Marktzyklen im Bergbau, die eigentlich eine Diversifikation in neue Geschäftsfelder nahelegen würde. Im Besprechungsraum warteten schon die Gesellschafter und Geschäftsführer des Mutterkonzerns Eickhoff Gruppe.

### 14.1.2 Schalke: Know-How aus drei Jahrhunderten

Die Erfolgsgeschichte der Schalke-Lokomotiven beginnt in Gelsenkirchen – und wie fast alle Ruhrgebietsgeschichten startet sie mit dem Bergbau. Am 21. August 1872 gründet Friedrich Grillo die Schalker Eisenhütte Maschinenfabrik GmbH, ein Unternehmen, das Maschinen und Maschinenteile für den Einsatz unter Tage herstellt. Dazu zählen Bremsen, Förderwagen, Drahthaspeln oder getemperter Gussstahl für Räder von Gruben- und Förderwagen. Auch Bedarf für Kokereien und Gussstücke in Lehm, Sand und Hartguss werden produziert. Von Anfang an zeichnen sich die Schalke-Produkte durch ihre Robustheit aus – sie sind ausdauernd und zuverlässig. Wie gemacht für einen überaus rauen Alltag.

Zehn Jahre später baut Schalke die ersten Koksausdrückmaschinen. Es sind gewaltige, dampfgetriebene „*Ungetüme*" und der Ursprung einer Serie von Kokereimaschinen, zu denen auch Türabheber, Kokskuchenführungsmaschinen und Kokslöschwagen gehören. Zum Ziehen der Kokereimaschinen wurden zu dieser Zeit Lokomotiven eingesetzt – darum geht das Unternehmen einen logischen nächsten Schritt: Schalke baut selbst Lokomotiven. Das Portfolio wird durch Kokslösch- und Abraumlokomotiven schrittweise erweitert, mit der Schalke-typischen Zuverlässigkeit. Die kraftvollen Arbeitsmaschinen setzen sich durch – und öffnen ein vielversprechendes Zukunftsfeld. Bei der Produktion kooperiert Schalke schon früh mit namhaften Elektrounternehmen wie etwa Siemens, AEG und BBC. So wächst die Kompetenz für Lokomotiven kontinuierlich weiter, auch was innovative und alternative Antriebe betrifft.

Seit dem Jahr 1968 gehört Schalke zur Bochumer Gebr. Eickhoff Maschinenfabrik u. Eisengießerei GmbH (Eickhoff Gruppe), ebenfalls Spezialist für starke und belastbare Maschinen mit Wurzeln im Bergbau. In den Folgejahren konzentriert sich Schalke neben der Kokereitechnologie immer mehr auf Lokomotiven, zunächst auf Bergbauloks für den Kohlebergbau und baut so ein neues Kerngeschäftsfeld auf. So entsteht in 1993 die Ruhrkohleeinheitslok, die speziell für den Deutschen Untertage-Steinkohlebergbau entwickelt und mehr als 120 Mal ausgeliefert wird – der Name Schalke ist längst ein Synonym für zuverlässige Schienenfahrzeuge unter Tage. Diese herausragende Stellung hat Schalke weltweit inne: So hat das Unternehmen seit den 1980er-Jahren unter anderem über 20 Loks für zwei verschiedene Bergwerke des Minenbetreibers CODELCO in Chile ausgeliefert.

Das so erworbene Know-How und die Erfahrung im Bau von Schienenfahrzeugen für harte Arbeitsbedingungen bieten sich geradezu für einen Transfer an. Nur konsequent erweitert die Schalker Eisenhütte ihr Produktspektrum: Vielseitig einsetzbare Service-Loks für den Personennahverkehr, etwa Schweißfahrzeuge, Schienenschleifmaschinen oder Plattformwagen, entstehen unter anderem für die Berliner Verkehrsbetriebe (BVG). Auch baut Schalke in Rekordzeit die Güterstraßenbahn „*CargoTram*", die umweltfreundlich und wirtschaftlich Autoteile zur VW-Fabrikationsstätte „*Gläserne Manufaktur*" in Dresden transportiert. So spielt Schalke auch über Tage oder in den U-Bahn-Tunneln von Großstädten seine Hauptvorteile aus: Enorme Flexibilität für kundenindividuelle Lösungen auf der Basis von Erfahrung aus drei Jahrhunderten.

### Eickhoff – Weltmarktführer und Familienunternehmen

Schalke Lokomotiven ist seit 1968 in die Eickhoff Gruppe integriert und stellt einen von sieben Unternehmensbereichen dar. Eickhoff ist ein global tätiges Familienunternehmen, das seit seiner Gründung 1864 in Bochum verwurzelt ist. Es stellt Maschinen und Getriebe her, die sich weltweit unter extremen Bedingungen bewähren müssen, ob unter Tage im Bergbau oder in hundert Metern Höhe als Windkraftgetriebe (siehe Abb. 14.1).

Schalke ist hinsichtlich der operativen Eickhoff-internen Dienstleistungen (wie beispielsweise Einkauf, Personalmanagement, Controlling usw.) in die Unternehmensgruppe Eickhoff vollständig integriert – nutzt jedoch produktbedingt keine Fertigungsleistungen der Maschinenfabrik sowie der Gießerei. Somit sind inzwischen alle Schalker „*Büromitarbeiter*" wegen der Nähe zu dem eben genannten Eickhoff-internen Dienstleistern aus Gelsenkirchen nach Bochum umgezogen. Die Endmontagen und Inbetriebnahmen der Fahrzeuge finden jedoch weiterhin in Gelsenkirchen statt, wo Schalke seine Montagehallen inklusiv der dort in den letzten Jahren aufgebauten und für die Montagen der Fahrzeuge benötigten Infrastrukturen (Gleise, Deckenkran usw.) beibehalten hat. Dort sind weiterhin einige Büroarbeitsplätze vorhanden, sodass während des Prototypenbaus vor allem den Konstrukteuren montagenahe Arbeitsmöglichkeiten gegeben werden können. Der Stahlbau ist vorerst im Rahmen der Umstrukturierung von Schalke, hauptsächlich aus wirtschaftlichen Gründen, auf ein Minimum heruntergefahren worden, das heißt die Lokrahmen, Drehgestelle usw. werden heute größtenteils von einem Zulieferer aus Polen bezogen. Trotzdem sind alle dafür benötigten Zertifikate, wie z. B. spezielle Schweißzertifikate für Schienenfahrzeuge erhalten worden, um vorwiegend bei europäischen Ausschreibungen die Teilnahmebedingungen zu erfüllen. Somit sind weiterhin alle Voraussetzungen gegeben, zukünftig bei sich ändernden Rahmenbedingungen wieder schweißen zu können.

**Abb. 14.1** Geschäftsfelder der Eickhoff Gruppe (Quelle: Eickhoff)

## 14.1.3 Produktportfolio

Die Schalker Eisenhütte Maschinenfabrik GmbH (Schalke) bedient mit ihrem Produktportfolio, das in drei Geschäftsfelder untergliedert ist, den weltweiten Markt für schienengebundene Sonderfahrzeuge (siehe Abb. 14.2).
Die drei Geschäftsfelder lassen sich folgendermaßen beschreiben:

**Mining** (Bergbaulokomotiven): Härteste Bedingungen herrschen dort, wo die Bergbaulokomotiven von Schalke im Einsatz sind – meist im Dauerbetrieb. Teilweise fahren sie in über tausend Metern Tiefe und werden in Bergwerken aller Klimazonen, von Nordschweden bis in die indonesischen Tropen, als höchst robuste Arbeitsgeräte verwendet.

**Public Transport** (Schalke Mehrzwecklokomotiven für den SPNV und für spezielle Zwecke): Maximale Vielseitigkeit kennzeichnet die Schalke-Lokomotiven, die als Arbeitsloks im Schienenpersonennahverkehr genutzt werden. Sie fahren auf den Stadt- oder U-Bahnnetzen von Metropolen wie Wien, Bangkok oder São Paulo und übernehmen Aufgaben rund um Wartung und Instandhaltung. Neben den Mehrzwecklokomotiven werden auch weitere Arbeitsfahrzeuge wie Rottenkraftwagen und Lorenbeiwagen angefertigt. Als absolute Spezialisten und für besondere Kundenwünsche werden auch Sonderanfertigungen entwickelt: Diese Lokomotiven bieten eine hohe Leistungsdichte unter Extrembedingungen oder sind für spezielle Traktionsaufgaben in Industrie oder Häfen maßgeschneidert. Hier spielt das ModuTrac-Konzept mit austauschbaren Antriebsmodulen eine wichtige Rolle (siehe Abb. 14.3).

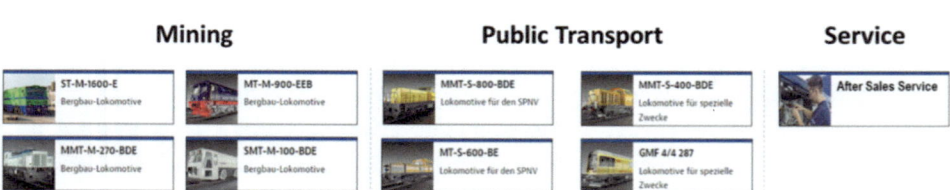

**Abb. 14.2** Geschäftsfelder und Produktportfolio Schalker Eisenhütte Maschinenfabrik (Quelle: Eickhoff)

**Abb. 14.3** ModuTrac-Lokomotiven (Quelle: Eickhoff)

**Service** (After Sales Service): Langfristige Kundenbindung und -partnerschaft prägen den After Sales Service. Als robuste und langlebige Investitionsgüter garantieren Schalke-Lokomotiven eine auf 25 bis 30 Jahre angelegte Lebensdauer und erwirtschaften so für die Bergbauunternehmen kontinuierliche Erträge bei niedrigen Ausfallzeiten. Unter diesen Voraussetzungen kommt einem professionellen After Sales Service eine besondere Bedeutung zu. Wenn eine Lokomotive das Schalke-Werk verlässt, ist das nicht das Ende einer technischen Beziehung, sondern nur ein erster Schritt. Über die gesamte Produktlebensdauer betreut Schalke seine Schienenfahrzeuge weiter – mit einem kompletten Servicekonzept.

Das beginnt mit der Inbetriebnahme der Lokomotive durch erfahrene Techniker vor Ort und setzt sich mit regelmäßigen Inspektionen fort. Wann immer es neue technische Entwicklungen gibt, nehmen sie Updates vor und sorgen für eine kontinuierliche Produktverbesserung. Auch wird eine Ersatzteilversorgung über den gesamten Lebenszyklus sichergestellt und anfallende Reparaturen werden mit kurzen Reaktionszeiten und nach höchsten Qualitätsmaßstäben vorgenommen. Des Weiteren steht Schalke jederzeit zur technischen Unterstützung bereit und berät seine Kunden vor Ort.

Kern dieser langfristigen Qualitäts-Partnerschaft sind die Schalke-Service-Teams. Langjährig erfahrene Spezialisten mit der Kompetenz aus vielzähligen Einsätzen auf der ganzen Welt stehen für die Kunden bereit. Auch sie verkörpern die Grundtugenden, die schon in die Entwicklung und Produktion der Lokomotiven von Schalke einfließen: Jedes Projekt wird ganz individuell und höchst flexibel betreut – mit großem Engagement für die beste Lösung im Sinne des Kunden. So wird aus dem Kauf einer Lokomotive eine langfristige Partnerschaft.

**Verkauf des Kokereigeschäfts:** Das Produktportfolio umfasst erst seit kurzer Zeit die drei beschriebenen Geschäftsfelder. Im Juli 2014 unterzeichneten die Schalker Eisenhütte Maschinenfabrik GmbH und zwei Unternehmen der Paul Wurth Gruppe (Paul Wurth S.A. und Paul Wurth Italia S.p.A.) einen Vertrag zur Übernahme der Schalker Kokereimaschinen durch Paul Wurth. Der Verkauf umfasst den Übergang von Patenten, Referenzen, Zeichnungen, Lizenzen, Handelsname und Know-How an die Paul Wurth Gruppe mit Sitz in Luxemburg. Das akquirierende Unternehmen kann durch diese Transaktion seinerseits die eigene Stellung als globaler Anbieter von Kokerei-Gesamtanlagen, Koksofenbatterien, Gasbehandlungsanlagen und Nebengewinnungsanlagen deutlich festigen und seine Wertschöpfung vertiefen. Dank dieser Technologie können die weltweit größten und modernsten Koksofenbatterien mit automatisierten Kokereimaschinen ausgestattet werden, die höchste Produktivität, Anlagensicherheit und Emissionsschutz gewährleisten.

Mit dieser Transaktion ist die strategische Neuausrichtung des traditionsreichen Unternehmens Schalker Eisenhütte abgeschlossen. Nach erfolgreicher Sanierung, Integration in die Eickhoff-Gruppe und Portfoliorestrukturierung wurde in den letzten Jahren mit der Stärkung der Sparte Schienenfahrzeuge konsequent auf die Zukunftsmärkte Erzbergbau und Personennahverkehr gesetzt. Der Verkaufserlös aus dem Kokereigeschäft steht bei Schalke nun für strategische Investitionen in das Kerngeschäft zur Verfügung (vgl. Büchler 2014, S. 122 ff.).

## 14.1.4 Kernkompetenzen

Die über Jahrzehnte aufgebaute Systemkompetenz im Lokomotivenbau ermöglicht es dem Unternehmen, sich über kundenindividuelle Lösungen im Bereich der Antriebstechnologien (z. B. Hybrid-Antriebe) und der Automation (unter anderem fahrerlose Zugfördersysteme) vom Wettbewerb zu differenzieren (vgl. Hauschildt und Salomo 2011, S. 8). Dies gelingt dem Unternehmen vor allem durch strategische Partnerschaften. Als ausgewiesener Spezialist für Bergbau-Lokomotiven geht Schalke vor allem Kooperationen mit solchen Partnern ein, die komplementäre Kompetenzen und Synergievorteile in gemeinsame Großprojekte einbringen. Ein Musterbeispiel ist ein Komplettsystem für untertägigen Schienentransport, das Schalke gemeinsam mit Bombardier Transportation (BT) und Nordic Minesteel Technologies (NMT) entwickelt hat (vgl. Merchiers et al. 2015, S. 620 ff.). Alle Partner haben jahrzehntelange Erfahrung in der Entwicklung und Produktion von Bergbau-Equipment und vereinen ihr Know-How in einem System aus einer Hand (siehe Abb. 14.4).

Ein komplettes untertägiges Zugförderungssystem kann in fünf Segmente unterteilt werden: Lokomotiven, Wagen, Be- und Entladestationen, Automation (Signalisierung/Zugsicherung, fahrerlose Systeme usw.) sowie Infrastruktur (Gleise, Oberleitung usw.). Bei den ersten vier genannten Segmenten wird die Hardware geliefert, das dafür benötigte Engineering führen die Hersteller selbst durch. Im Bereich Infrastruktur wird oftmals das Engineering von Dritten ausgeführt. Bei Vergaben von Ausrüstung für große Hochleistungsbergwerke haben sich in den letzten Jahren Bergwerkskonzerne oftmals für die

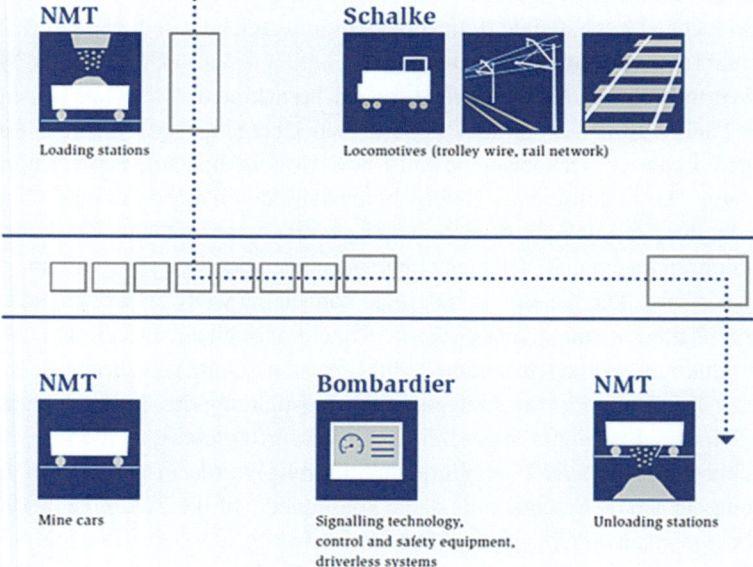

**Abb. 14.4** Strategische Partnerschaft für untertägige Zugfördersysteme (Quelle: Eickhoff)

gleichen Lieferanten entschieden: Schalke für die Lokomotiven, Nordic Minesteel Technologies (NMT) für die Wagen und Be- und Entladestationen sowie Bombardier Transportation (BT) für die Automation und das Schienennetzwerk. Das Engineering für die Infrastruktur wurde von Engineering-Dienstleistern erstellt, die Infrastruktur selbst jeweils lokal eingekauft. Diese durch Kundennachfrage entstandene Gruppe aus den Unternehmen Schalke, NMT und BT hat sich in den letzten Jahren zu einem Konsortium weiterentwickelt, welches weltweit gemeinsam aktiv ist. Schalke partizipiert durch diese Aufstellung des Konsortiums und die Eingliederung in die Eickhoff-Gruppe von Vorteilen der *„Shared Services"*.

So ergibt sich ein weltweit einzigartiges Komplettsystem mit einem hohen Automationsgrad und großer Robustheit. Alle Komponenten sind auf einen 25- bis 30-jährigen Betrieb ausgelegt. Es ermöglicht einen kontinuierlichen Rund-um-die-Uhr-Betrieb mit hoher Geschwindigkeit sowie höchster Kapazität – und dank automatischem Betrieb garantiert es eine maximale Effizienz. So spart es Kosten und erhöht die Sicherheit unter Tage. Dank bewährter Robustheit ist die Zuverlässigkeit hoch und die Ausfallzeiten niedrig, auch Betriebs- und Instandhaltungskosten sind äußerst gering.

Auf das Komplettsystem vertrauen schon die Betreiber einiger der größten Minen der Welt, so etwa die der indonesischen Grasberg Mine von Freeport, des schwedischen LKAB-Bergwerks Kiruna oder der CODELCO-Mine El Teniente in Chile. Dass diese Global Player sich auf die Leistungsstärke und Qualität des Systems verlassen, bestätigt die Schalke-Kooperationsstrategie. So steht das Unternehmen wertschaffenden Kooperationen mit anderen Spezialisten stets aufgeschlossen gegenüber.

Basierend auf den gemeinsamen Referenzen kann das Konsortium vielen Kunden einsatzerprobte und aufeinander abgestimmte Komplettlösungen anbieten und gleichzeitig auf Systemebene die Wettbewerbsvorteile des Zugtransports gegenüber den Optionen Truck- und Bandtransport vor allem hinsichtlich der Wirtschaftlichkeit ausspielen.

Das Leistungsspektrum des Konsortiums umfasst heute die Beladeeinrichtungen (NMT) in den Abbausektionen, die zur Zugförderung erforderlichen Lokomotiven (Schalke) samt Wagons (NMT) und die Entladestationen (NMT) vor der meist durch vertikale Förderschächte durchgeführten Zutageförderung. Die eingesetzten Züge sind in der Lage, fahrerlos die Transportoperationen durchzuführen, was eine höhere Taktung an Zügen und damit deutliche Produktivitätsvorteile in sich birgt. Signalisierung sowie die für den Automatikbetrieb (fahrerlos) erforderlichen Systeme ATP (Automatic Train Protection) und ATO (Automatic Train Operation) werden von der Firma Bombardier Transportation (BT) in das Konsortium eingebracht.

Die gemeinsame Kooperationserfahrung der beiden Unternehmen Bombardier Transportation und Schalke ist bereits seit rund zwei Jahrzehnten erfolgreich erprobt. Bereits 1996 sind erste Schalke Lokomotiven nach Chile für Codelco geliefert worden, die bis heute fahrerlos betrieben werden. Codelco ist ein chilenischer Kupferbergbau-Konzern und einer der größten Kupfer- und Molybdänproduzenten der Welt. Inzwischen betreibt Codelco in seinem Bergwerkskomplex *„El Teniente"* 22 Lokomotiven von Schalke, welche alle mit dem Automatik-System von BT ausgestattet sind.

Flexible Anpassung an Kundenanforderungen und Marktgegebenheiten prägen dabei die Grundeinstellung des Managements und der Mitarbeiter, die sich auch in den Unternehmenswerten ausdrückt (vgl. Unternehmenswerte im Exkurskasten). Die enge Abstimmung zwischen Produktentwicklung, technischem Vertrieb und technischem Service ermöglicht die überdurchschnittlich langen Lebenszeiten der Bergbaulokomotiven unter härtesten Bedingungen. Dieser Aspekt ist für die Verkaufsverhandlungen mit Bergbaubetreibern nicht unerheblich, da die Wirtschaftlichkeitsrechnung von Bergbauprojekten durchaus die anfänglich teureren Zugförderungssysteme im Vergleich zu Truck- oder Förderbandsystemen bevorzugt – in Abhängigkeit der Lebensdauer einer Mine. Die zuverlässigen und globalen Serviceleistungen für die Wartung der Lokomotiven wird auf der Basis der internationalen Präsenz der Eickhoff Gruppe auf fünf Kontinenten gewährleistet. Der Name Eickhoff, in der Branche international bekannt für herausragende Technologie und Qualität, birgt in Kombination mit Schalkes Markt- und Kundenzugängen im untertägigen Hartgesteinsbergbau (unter anderem LKAB, Codelco und Freeport) das Potenzial zur Erweiterung des Produkt- und Leistungsportfolios der gesamten Eickhoff-Gruppe.

### Unternehmenswerte der Eickhoff Gruppe

Die Eickhoff-Gruppe richtet ihr operatives und strategisches Handeln an den nachfolgenden Unternehmenswerten aus:

- **Erfahrung schafft Werte**
  Wir sind Pioniere des Maschinenbaus. Aus der Eisengießerei, die Carl Eickhoff 1864 gründete, ist ein Hightech-Unternehmen hervorgegangen – im Herzen des Ruhrgebiets mit zwei weiteren Produktionsstandorten in Deutschland. Aus dieser Kontinuität heraus entwickeln wir unsere Produkte und Dienstleistungen für einen globalen Markt.
- **Präzision aus Verantwortung.**
  Was wir bauen, passt. Der Unterschied kann mikroskopisch klein sein, dennoch kommt es auf ihn an. Je genauer die Komponenten in einem Eickhoff-Produkt aufeinander abgestimmt sind, desto reibungsloser und effizienter arbeitet das große Ganze. In diese entscheidenden Mikrometer Vorsprung investieren wir unsere Erfahrung, modernstes Know-How und Leidenschaft für unsere Produkte.
- **Zuverlässigkeit als Prinzip**
  Jahrzehntelang im Einsatz. Bergbaumaschinen, Getriebe und Gießereiprodukte von Eickhoff funktionieren zuverlässig und halten außergewöhnlich lange – selbst unter Bedingungen, die Material und Technik stark belasten. Dass wir mit höchster Qualität herstellen, zahlt sich für unsere Kunden aus. Sie können mit nur geringen Ausfällen und optimierten Wirkungsgraden rechnen. Unsere Fertigung stellt zudem sicher, dass Ersatzteile selbst nach Jahrzehnten noch lieferbar sind.
- **Flexibilität als Stärke**
  Unsere Ingenieure wissen, was Sie brauchen. An jedem Ort der Welt stoßen wir auf andere technische Herausforderungen und Kundenwünsche. Unsere Lösungen

schneiden wir perfekt darauf zu. Darum gibt es Eickhoff-Produkte oft nicht in Großserie, sondern in eigens entwickelten Varianten. Wir optimieren und testen sie so lange, bis alles genau passt. Vom ersten Gespräch bis zum fertigen Prototypen geht es schnell, dank flachen Hierarchien und beweglichem Geist.

- **Innovation schafft Vorsprung**
  Wir verwirklichen technische Visionen. Schon im Jahr 1914 waren es Innovationen von Eickhoff, die im Bergbau und bei der Antriebstechnik neue Standards setzten. Auch heute sind gute Ideen und ihre ausgereifte Umsetzung unser wertvollstes Kapital, um auf dem globalen Markt ganz vorn zu stehen. Aktuelles Beispiel: Unser SL 750 EiControlPlus mit Infrarot- und Radar-Sensorik – ausgezeichnet mit dem BAUMA Innovationspreis – ist einer der leistungsstärksten Walzenlader weltweit.
- **Service mit Kundennähe**
  Egal wann und an welchem Ort der Welt: Wir fahren zu Ihnen, um Probleme so schnell wie möglich zu lösen. Exzellenter Service gehört zu unseren Grundprinzipien. Mit gut ausgebildeten Technikern und einem flächendeckenden Netz sorgen wir dafür, dass unsere Produkte regelmäßig gewartet werden oder schnellstmöglich wieder einsatzfähig sind.

### 14.1.5 Marktanalyse der Geschäftsfelder

Nachdem Andreas Merchiers die anwesenden Gesellschafter und Geschäftsführer begrüßt hat, begann er, die Marktanalysen der einzelnen Geschäftssegmente zu präsentieren.

*Geschäftsfeld Mining*

Der Bereich Mining ist durch einen begrenzten, jedoch wachsenden Markt mit einer hohen Volatilität (Bergbauzyklen) geprägt. Hochleistungs-Hartgesteinsbergwerke mit horizontaler Haufwerksförderung verlangen in diesem Bereich nach einem zuverlässigen, wirtschaftlichen Fördermittel. Hier konnte Schalke die ehemals zum Aussterben der Gleisförderung geführten Nachteile durch Einsatz neuer, innovativer Techniken überwinden und sich in den vergangenen Jahren mit der Ausstattung der leistungsfähigsten und größten untertägigen Bergwerke der Welt bereits sehr gute Referenzen aufbauen. Speziell im Bergbau ist Schalke einer von derzeit nur wenigen Anbietern eines Nischenprodukts, das hohe technische Kompetenz im Sinne einer Markteintrittsbarriere erfordert, aber belastbare Wachstumschancen zu bieten scheint. Das Wettbewerbsumfeld ist begrenzt, zudem ist Schalke zusammen mit seinen etablierten Partnern in der Lage, ein Komplettsystem anzubieten, welches die Ausgangsbasis für die Strategie 2025 bildet. Nun gilt es den Vorsprung zu halten und Wachstum zu realisieren.

*Marktpotenzial*

Basierend auf der Auswertung einschlägiger Studien sowie Expertengespräche kann das jährliche Marktvolumen für Minenlokomotiven auf ca. 57,5 Mio. Euro beziffert werden.

Das jährliche Gesamtmarktvolumen für das Minen-Equipment für Erze und Mineralien (ohne Kohlenbergbau) beträgt ca. 46 Mrd. Euro, wovon wiederum ca. 25 % (11,5 Mrd. Euro) zu der Transport- und Logistikausrüstung gehören. Diversen Experteninterviews sowie der eigenen, aus der Sicht der Zugförderung eher konservativen Abschätzung folgend, kann dieses Marktvolumen dann wie folgt aufgeteilt werden: 85 % Trucks, 10 % Bandanlagen und 5 % Zugförderung. Entsprechend fällt auf die Zugförderung ein Marktvolumen von ca. 575 Mio. Euro, wovon 10 % den Lokomotiven zugesprochen werden können. Daraus ergibt sich das soeben schon erwähnte Marktvolumen für Minenlokomotiven von ca. 57,5 Mio. Euro.

Innerhalb des Gesamtmarktes für Minenlokomotiven (ca. 57,5 Mio. Euro) sind für Schalke derzeit Projekte mit einem Volumen von ca. 36 Mio. Euro p.a. bekannt, wovon sich zurzeit ca. 16 Mio. Euro p.a. gewinnen lassen. Dies liegt einerseits daran, dass die Vertriebsstrategien für Bergbaulokomotiven noch weiterhin kontinuierlich ausgebaut und neue Märkte wie z. B. Nordamerika erst erschlossen werden müssen. Anderseits werden zurzeit aufgrund der niedrigen Rohstoffpreise und des sich daraus ergebenden „*Investitionsstaus*" viele Projekte verschoben, d. h. zurzeit gar nicht entschieden. Ferner sind manche Märkte wie z. B. Afrika aufgrund der starken, lokalen Wettbewerbssituation und der dort vorhandenen „*Low-Budget-Lokomotiven*" nur bedingt erreichbar. Durch den Ausbau der Marktpräsenz und die Ausweitung der Vertriebsaktivitäten auch auf das Segment der 10 bis 25 t Lokomotiven kann der Schalke-Anteil mittelfristig (bis 2020) auf ca. 19 Mio. Euro und langfristig (bis 2025) auf ca. 23 Mio. Euro ausgeweitet werden.

*Substitutionsgefahr*
Neben der stetigen Weiterentwicklung der Abbauverfahren im untertägigen Erzbergbau profitiert auch der Transport des Erzes von Technologiesprüngen. In den vergangenen Jahrzehnten sind nicht nur die Abbauverfahren deutlich produktiver geworden, damit einhergehend gab es auch den Zwang, dem steigenden Transportvolumen Rechnung zu tragen. Während bis in die frühen siebziger Jahre der Transport fast ausschließlich durch Züge erfolgte, wurden diese in der Folge doch nahezu vollständig durch andere Techniken verdrängt (siehe Abb. 14.5).

Die damaligen Zugfördersysteme waren durch DC-Antriebstechnologien mit sich daraus ergebenden hohen Wartungskosten, umwelt- und bewetterungsunfreundlichen Dieselantrieben, kaum vorhandenen Sicherheitssystemen sowie durch hohe Risiken und Abhängigkeiten von den Lokführern gekennzeichnet. Mit dem Einsatz von Trucks konnte das Ausfallrisiko reduziert bzw. die Gesamtsystemverfügbarkeit erhöht werden. Gleichzeitig ließ sich die Produktion besser über den Lebenszyklus einer Mine skalieren. Auf sich ändernde Rahmenbedingungen konnte flexibler reagiert werden. Energie- und Umweltschutzbetrachtungen standen damals im Gegensatz zu heute weniger im Fokus. Auch der Einsatz von Förderbändern konnte Marktanteile erzielen. In letzter Zeit, vor allem aufgrund der neuen innovativen Techniken heutiger Zugfördersysteme, ist jedoch

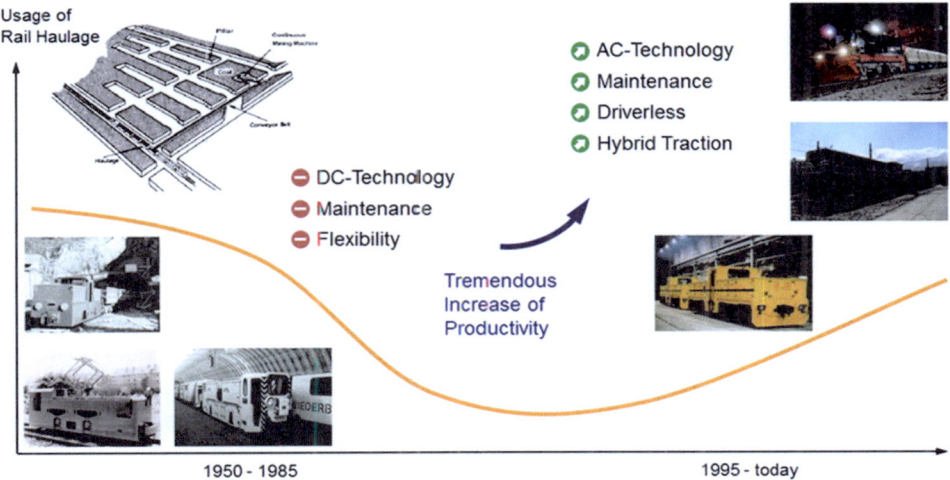

**Abb. 14.5** Historische Entwicklung der horizontalen untertägigen Zugförderung (Quelle: Eickhoff)

ein Trendwechsel zu erkennen. Die Zugfördersysteme gewinnen wieder mehr an Bedeutung. So sind z. B. die Nachteile damaliger Lokomotiven, wie z. B. Dieselantriebe, durch modernere Oberleitungs- und/oder Batteriesysteme kompensiert worden.

*Wettbewerber*
Der Markt für Minenlokomotiven wird weltweit insgesamt von nur wenigen Anbietern bedient: Neben Schalke ist mit *Clayton Equipment* aus England nur ein weiterer Anbieter international aufgestellt. Die anderen Wettbewerber sind regional tätig.

Das Wettbewerbsfeld reduziert sich nochmals deutlich, wenn Lösungen gefordert sind, bei denen eine Differenzierung über die Antriebstechnologie (AC statt DC), über hybride Antriebskonzepte oder die Automation (z. B. fahrerlose Systeme) möglich ist. Generell reduziert sich der Wettbewerb auch mit zunehmendem Lokgewicht und der damit verbundenen Achsanzahl (Sprung von 2- auf 4-Achser). Die Relevanz der technologischen Eigenschaften korreliert ebenfalls mit dem Lokgewicht, wobei zunehmend auch in den unteren Gewichtsklassen ein Bedarf nach Substitution veralteter Technik (Diesel/DC) und ein Drang zur Automatisierung entstehen.

Bei Lokomotiven mit Gewichten kleiner 25 t birgt das Gewichtssegment zwischen 10 und 25 t zusätzliches Absatzpotenzial für Schalke. Insbesondere in Nordamerika – volumenmäßig der größte Markt für dieses Segment und gleichzeitig strategischer Trend-Setter in der Branche – existieren Neuprojekte sowie zahlreiche Projekte zum Ausbau oder zur Erneuerung existierender Zugfördersysteme. Mit den lokal agierenden, bereits oben erwähnten Mitstreitern ist der Wettbewerb zudem überschaubar, vor allem, wenn moderne AC-Technologie und Automation gewünscht sind. Neben Nordamerika verzeichnen die

Märkte Südamerika, China und Südostasien inklusive Australien großes Wachstumspotenzial bei ebenfalls geringem Wettbewerb (i.d.R. *Clayton Equipment* sowie jeweils lokale Anbieter).

*Kunden*
Es gibt deutliche Signale seitens der Kunden, zukünftig die Schnittstellenkomplexität bei der Erschließung neuer Bergwerke durch den Einbezug von Systemanbietern zu reduzieren. Beim untertägigen Zugfördersystem handelt es sich um ein Teilsystem eines ganzen Bergwerks, welches zukünftig als Komplettsystem angeboten werden soll. Dies ist für den begrenzten, aber wachsenden Nischenmarkt der untertägigen, horizontalen Haufwerksförderung in Hochleistungs-Hartgesteinsbergwerken mit entsprechender Größe und Lebensdauer erfolgsversprechend. Im Bereich Mining wird somit ein zunehmender Trend zur Reduzierung von Kosten und Risiken durch den Einbezug von Systemanbietern beim Aufbau von neuen Bergwerken festgestellt. Die Leistungsstärke derartiger Komplettsysteme dokumentiert Schalke mit seinen Konsortialpartnern eindrucksvoll bei Kunden wie z. B. LKAB und PT Freeport:

LKAB's Eisenerzgrube „*Kiruna*" liegt in der gleichnamigen Stadt im Norden Schwedens und gilt als eines der größten und modernsten Eisenerz-Bergwerke der Welt. Die Produktion im neuen 1365 m-Level beträgt 110.000 t/Tag.

„*PT Freeport Indonesia*", eine Tochter des US-amerikanischen Bergbauriesen „*Freeport-McMoRan*", betreibt mit dem Bergwerk „*Grasberg*" in West Papua, Indonesien, die weltweit größte Gold- und Kupfermine mit den niedrigsten Förderkosten der Welt. Die angestrebte Produktion des derzeit in Vorbereitung befindlichen untertägigen Abbaus beträgt 160.000t/Tag. Dies wird die weltweit größte untertägige Produktion darstellen.

*Megatrends*
Bevölkerungswachstum und Urbanisierung sind lediglich zwei Megatrends, die zahlreiche Wirtschaftszweige unmittelbar betreffen. Nicht nur die Bevölkerungszahl steigt, auch werden immer größere, dichter vernetzte Metropolen entstehen. Der Bedarf nach Energie und Rohstoffen für Industrie und Privatverbrauch wird dadurch ebenso weiter wachsen, wie das Bewusstsein für nachhaltiges Wirtschaften und größere Umweltverträglichkeit. Aus dieser Erkenntnis heraus hat Schalke wesentliche Megatrends für seine Geschäftsfelder abgeleitet, zu denen das Unternehmen passende Lösungen liefern kann.

**Bodenschätze wirtschaftlich gewinnen:** Die globale Wirtschaft und ihre pulsierenden Wachstumsregionen und -zentren generieren eine steigende Nachfrage nach Rohstoffen. Neben konventionellen Energieträgern sind vor allem Erze gefragt, die verstärkt auch wieder unter Tage gesucht und abgebaut werden. Um hier ebenso sicher wie wirtschaftlich arbeiten zu können, sind halb- oder vollautomatische Systeme gefragt, mit Transportlösungen, die rund um die Uhr laufen – auch unter schwierigsten Bedingungen. Aktuelle und zukünftige Minenlokomotiven von Schalke arbeiten unter extremen Bedingungen, d. h. in der Nähe untertägiger Sprengungen, extremen Witterungsverhältnissen z. B. unter enormer Hitze und hoher Luftfeuchte, sowie geologisch anspruchsvollen Anforderungen.

Für die Entwicklung von individuellen und genau an die jeweiligen Standorte angepassten Komplettsystemen für den Schienentransport in Minen kooperiert Schalke schon jetzt mit Global Playern der Branche.

**Ressourcen intelligent schonen:** Den Megatrend zur größtmöglichen Effizienz begleitet das Unternehmen ebenfalls bereits heute. Schalke steht für größte Innovationsfreude aus langer Tradition. Ressourcen werden sinnvoll und sparsam eingesetzt und neue Wege, etwa in der Antriebstechnik oder der Energieversorgung, gesucht. Stichwort: Schalke ModuTrac-Lokomotiven. Systeme wie das eigens entwickelte Powerpack, ein leistungsstarkes und innerhalb kürzester Zeit austauschbares Energiemodul, helfen dabei, Energie sinnvoll und genau an die jeweilige Situation angepasst einzusetzen. Hier liegt auch in Zukunft eine wesentliche Stärke von Schalke: Individuelle Lösungen finden, mit Leidenschaft für Leistung und der Kraft aus Erfahrung.

*Geschäftsfeld Public Transport*
Im Bereich Public Transport bietet sich mit Service-Lokomotiven ebenfalls ein begrenzter, aber wachsender Nischenmarkt an, der technologisch sehr anspruchsvoll ist. Auch hier konnte sich Schalke bereits erfolgreich durch Referenzen, maßgeblich im europäischen Markt, positionieren. Dieser Geschäftsbereich ist weiterhin durch die hohen Zulassungsanforderungen an Schienenfahrzeuge in öffentlichen Streckennetzen geprägt. Gerade für die Einzel- und Kleinserie sind die damit verbundenen Sonderlösungen Fluch und Segen zugleich: Einerseits treiben die hohen Anforderungen die Kosten in die Höhe, andererseits reduziert sich hierdurch auch die Anzahl der Wettbewerber deutlich. Nicht zuletzt auch aufgrund der hohen Kosten bei begrenzten Budgets öffentlicher Haushalte unterliegt dieser Markt ebenfalls einer hohen Volatilität. Im Fokusmarkt Europa ist zudem kein großes Wachstum zu erwarten. Gleichwohl ist dieser Geschäftsbereich technologisch für Schalke sehr bedeutend. Die kontinuierliche Weiterentwicklung auf dem Gebiet der Zulassung kommt auch dem Geschäftsbereich Mining zugute, wo ähnliche Anforderungen in Hinblick auf Sicherheit im Schienenverkehr in der Regel mit einiger Verzögerung aufgegriffen und eingefordert werden.

*Marktpotenzial*
Die aktuell erreichbaren Absatzmärkte für Schalkes Service- und Arbeits-Lokomotiven für den Schienenpersonennahverkehr (SPNV bzw. Public Transport) liegen hauptsächlich in Europa. Eine Beteiligung an internationalen Großprojekten ist über Generalunternehmer wie z. B. SIEMENS erreichbar (Schalke liefert u. a. Servicelokomotiven für ein komplett neues SPNV-System). Das Marktpotenzial für alle Arbeitsfahrzeuge, worunter auch Schalkes Service-/Arbeits-Lokomotiven fallen, liegt in Europa jährlich bei ca. 66 Mio. Euro.

Einerseits ist zwar die Anzahl der Anbieter, welche konkurrenzfähige bzw. ähnliche Lokomotiven anbieten, eher gering, in Hinblick auf die Differenzierungskriterien wie z. B. AC-Antriebstechnologien und Größe/Leistung (4-Achser) reduziert sich das Wettbewerbsfeld sogar noch weiter. Andererseits, was jedoch deutlicher ins Gewicht fällt, sind die Anforderungen der Betreiber sehr unterschiedlich, was sich in einer hohen Produktvielfalt verschiedener Anbieter im Markt widerspiegelt. Zusätzlich kommen vermehrt auch Substitutions-Produkte (Zweiwegefahrzeuge), das heißt Unimogs, die auch auf Gleisen fahren können) zum Einsatz.

Schalke hat für diese Marktbedingungen das modulare Konzept der „*Kleinprofillokomotive*" entwickelt. Basierend auf einer selbst durchgeführten weltweiten Studie im Bereich des Public Transport wurde ein modulares Lokkonzept projektiert, mittels welchem verschiedene Fahrzeugtypen (reine Traktionsfahrzeuge, Arbeitslokomotiven mit Kran, Lokomotiven mit Mannschaftskabinen usw.), aber auch unterschiedliche Anforderungen (sehr kleine Lichtraumprofile, diverse Spurweiten, Lokgewichte, Leistungen sowie Energiemodule usw.) abgedeckt werden können. Im Dez. 2015 hat Schalke den ersten Auftrag über zwei Fahrzeuge von der Münchener Verkehrsgesellschaft erhalten, die auf diesem Konzept beruhen. Es wurde bereits mit der Umsetzung des modularen Konzepts begonnen.

Das Umsatzpotenzial für Kleinprofillokomotiven liegt für Schalke bei jährlich ca. 6 Mio. Euro und könnte mittelfristig durch Erweiterung des Produktportfolios (z. B. Wagen) und/oder Erschließung von Märkten außerhalb von Europa auf ca. 10 Mio. Euro erhöht werden.

### *Megatrend*

Das Geschäftsfeld SPNV kann vor allem den globalen Megatrend der Urbanisierung für sein Wachstum nutzen. Die zunehmende Agglomeration von Menschen und Unternehmen in Mega-Cities verlangt eine effiziente und ressourcenschonende Mobilität.

**Städte in Bewegung bringen:** Im Jahr 2030 – so rechnen die Vereinten Nationen – werden bis zu fünf Milliarden Menschen in Städten leben. Besonders in Asien und Afrika entstehen immer neue Millionenmetropolen, mit neuen Anforderungen an Infrastruktur und Mobilität. So führt die Urbanisierung zu einem wachsenden Bedarf an öffentlichen Massenverkehrsmitteln, neue Metros und U-Bahnen sollen die Menschenströme schnell und reibungslos bewältigen. Hier sind Kleinprofilloks von Schalke gefragt, die für verschiedenste Serviceaufgaben eingesetzt werden, und so die Lebensadern der neuen Mega-Cities funktionsfähig halten.

### *Geschäftsfeld After Sales Service*

Im Rahmen der durchgeführten Analysen und Validierungen ist auch die strategische Geschäftseinheit „*Afters Sales Service*" beleuchtet worden. Dabei ist zunächst von einem weiteren Service-Begriff ausgegangen worden (d. h. After Sales Betreuung wie Ersatzteilversorgung, Serviceleistungen wie Generalüberholungen, Hauptuntersuchungen, Modernisierungen usw.). Das Hauptergebnis war, dass der Fokus der Service-Aktivitäten von Schalke auf dem After-Sales-Geschäft (Ersatzteile, Schulungen usw.) der eigenen Produkte liegen sollte. Es ist zwar mehr Marktpotenzial im Bereich Service vorhanden, jedoch ist dieses für Schalke aktuell nicht erreichbar. Der Markt ist sehr regional geprägt und unterliegt einem starken Wettbewerb. So gibt es Fachunternehmen, die sich ausschließlich auf Service (z. B. Vossloh in Moers) fokussiert haben. Das jährliche Umsatzpotenzial für Schalke liegt somit für das After-Sales-Geschäft bei ca. 3 Mio. Euro, wobei dieses

Geschäftsfeld mit der steigenden Population der Lokomotiven bzw. des Equipments im Markt mittelfristig auch weitere Wachstumspotenziale bietet.

### 14.1.6 Strategiediskussion

*„Mit der Fokussierung auf die Einzel- und Kleinserienfertigung von Lokomotiven können wir in diesen Nischenmärkten unsere volle Stärke ausspielen und besitzen weltweit eine führende Marktstellung. Diese Position gilt es zu festigen und auszubauen!"* eröffnete Gregor Brudek die Diskussion.

*„Gleichwohl bergen Aktivitäten in der Nische immer auch die Gefahr, dass die Nische zu klein ist, beziehungsweise die zur Profitabilität erforderliche Betriebsgröße nicht erreicht wird!"* merkte Dr. Paul Rheinländer, Geschäftsführer der Holding an.

*„Entsprechend besteht eine permanente Kernaufgabe von Schalke darin, einerseits die Prüfung der Existenzberechtigung – d. h. USPs wie beispielsweise technischer Vorsprung zum Wettbewerb oder sehr hohe Kundenflexibilität durchzuführen – andererseits aber auch die bestehenden Aktivitäten ständig neu zu bewerten sowie sofern möglich auszuweiten und neue Betätigungsfelder/Nischen zu besetzen."* erläuterte Andreas Merchiers.

*„Sollten wir uns daher nicht stärker von der Volatilität unserer Märkte entkoppeln und den After Sales Service weiter ausbauen, da wir mit diesem Geschäftsbereich kontinuierlich Umsätze erzielen können?"* gab Karl-Heinz Rieser, Geschäftsführer der Eickhoff Bergbautechnik zu bedenken.

*„Der durch die Strategie der Systemanbieterschaft zu erwartende Umsatz wird hauptsächlich am Anfang der Produktlebenszyklen erreicht. Die meisten Maschinen/Systeme sind auf eine Lebensdauer von 30 – 40 Jahren ausgelegt, sodass der Umsatz aus „After Sales" (Ersatzteile, Service, Generalüberholungen usw.) und Substitutions-Geschäften (z. B. Ersetzung alter Loks) eher untergeordnet ist. Zwar müssen für die Zugfördersysteme Ersatzteile beschafft und nach ca. 15 Jahren Generalüberholungen durchgeführt werden. Trotzdem sind die daraus zu erwartenden Umsätze im Vergleich zum Neugeschäft geringer. Der Hauptgrund hierfür liegt im geringen Verschleiß. Dennoch wird der Bereich „After Sales" heute und auch zukünftig nicht vernachlässigt, da dieser Service von Endkunden erwartet wird."* führt Andreas Merchiers aus.

*„Wie würden Sie denn eine Diversifikation in kerngeschäftsnahe Bereiche sehen, d. h. insbesondere in alternative Fördersysteme, z. B. Truckförderung? Lassen Sie uns in dieser Diskussion die Grenzen nicht zu früh und zu eng ziehen."* erweiterte Karl-Heinz Rieser seinen Fragenkatalog.

*„An der Strategie der Systemanbieterschaft für den Bereich Mining habe ich keinerlei Zweifel. Ich frage mich viel mehr aus der Sicht unserer Unternehmensgruppe, wie wir noch besser gegen alternative Fördersysteme bestehen können!?"* bremst Paul Rheinländer die Diskussion. *„Die Entscheidung über die Form des Fördersystems (z. B. Zug- vs. Truckförderung) wird in sehr frühen Projektphasen getroffen. Entsprechend wichtig ist die frühzeitige Einbindung in den Planungs- und Erschließungsprozess neuer Bergwerke*

*und damit die Stärkung der strategischen Vertriebsarbeit. Durch den Auf- und Ausbau der Zusammenarbeit mit Planungsbüros sowie die Durchführung von Machbarkeitsstudien für Endkunden kann dieser Zielsetzung entsprochen werden. Begleitende Maßnahmen sind in diesem Zusammenhang auch die kontinuierliche Vorstellung neuer Erkenntnisse und Referenzanwendungen bei Planungsbüros oder auf Konferenzen bzw. in Fachzeitschriften.*

*In Hinblick auf die angestrebte Erweiterung des Geschäftsmodells hin zum Systemlieferanten für untertägige Zugfördersysteme kann die bisher gewonnene Betriebserfahrung als klare Stärke verbucht werden. Durch die im Konsortium entwickelten Referenzprojekte bei den bereits erwähnten renommierten Bergwerksbetreibern wie Codelco, LKAB und Freeport können die Vorteile der Systemanbieterschaft belegt werden: Schnittstellen zum Kunden, innerhalb des Systems und zu der peripheren Infrastruktur sind minimal, was sich nicht zuletzt in geringeren Kosten und Risiken auswirkt.*

*Wirklich ausschlaggebend ist dabei der direkte Vergleich mit dem heute deutlich etablierteren System der Truck-Förderung hinsichtlich der Entscheidungstreiber (Anfangs-) Investition (Capex) und Betriebskosten (Opex). Wir haben ein Tool zur Wirtschaftlichkeitsbewertung entwickelt und können damit zeigen, dass Zugfördersysteme mit sehr niedrigen Betriebskosten (Opex) punkten, die Anfangsinvestitionen (Capex) aber höher sind als in den alternativen Systemen. Das Zugsystem rechnet sich damit über die Laufzeit. Der ökonomisch vorteilhafte Einsatz von Zugfördersystemen hängt somit primär von der angesetzten Lebenszeit der Mine, der Jahresproduktionsmenge sowie den Größen Länge und Täufe des horizontalen Transports ab. Die bestehenden Referenzen bestätigen dies: Einige der größten untertägigen Bergwerke der Welt haben den im Vergleich zu Trucks und Bandanlagen höheren Anfangsinvest in ein Zugfördersystem getätigt und damit mittel- und vor allem langfristig die Förderkosten durch wesentlich geringere Betriebskosten deutlich gesenkt. Schalke hat in Zusammenarbeit mit den Konsortiumspartnern den Anfangsinvest durch die modulare Systembauweise gesenkt, um die Einstiegshürde für Bergwerke zu senken"* führt Paul Rheinländer aus.

*„Da stimme ich zu."* unterstützt Andreas Merchiers. *„Wie ich zuvor in der Marktanalyse für Minenlokomotiven dargestellt habe, lässt sich ein theoretisches Marktvolumen für*

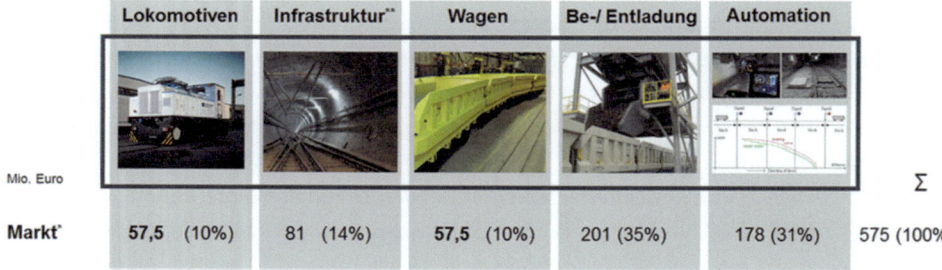

**Abb. 14.6** Markt- und Absatzpotenzial für Zugfördersysteme (Quelle: Eickhoff)

*Zugfördersysteme von ca. 575 Mio. Euro ableiten. Der Umsatz aus After Sales Service und Substitutions-Geschäften ist im genannten theoretischen Marktvolumen für Zugfördersysteme inbegriffen. Auf der Basis existierender Referenzprojekte und aktueller Vertriebsprojekte des Konsortiums mit BT und NMT lässt sich das Gesamtsystem Zugförderung in fünf Segmente/Leistungsumfänge unterteilen (siehe Abb. 14.6).*

*Dabei bilden die Lokomotiven (Segment 1) und Wagen (Segment 3) mit jeweils 10 % den geringsten Anteil am gesamten Leistungsumfang – gefolgt von dem Engineering der Infrastruktur (Segment 2) mit 14 %, wohingegen die Be- und Entladung (Segment 4, 35 %) sowie die Automation (Segment 5, 31 %) zusammen 2/3 (66 %) des Zugfördersystems ausmachen. Bei vier der genannten Segmente wird die Hardware geliefert, das dafür benötigte Engineering führen alle Hersteller selbst durch. Lediglich im Bereich Infrastruktur wird oftmals das Engineering von spezialisierten Dienstleistern erstellt, die Infrastruktur selbst jeweils lokal eingekauft. In dem stetig wachsenden Markt des so genannten Mass-Mining ergeben sich durch das erweiterte Produktportfolio bei gleichem Kundenkreis deutliche Synergieeffekte im Vertrieb. Zudem ermöglicht das breite Leistungsspektrum zukünftig auch Einzelgeschäfte in den neuen Segmenten wie beispielsweise den Verkauf von Wagen oder das Nachrüsten bestehender Systeme mit Automationslösungen. Hierdurch lässt sich eine größere Unabhängigkeit von der Realisierung von Großprojekten erreichen."*

„*Die Systemanbieterschaft ist eine gute strategische Option. Vielleicht sollten wir daraus eine Systemführerschaft anstreben! Wir haben ja ausgiebige Erfahrung in unseren Konsortien. Können wir da nicht mehr draus machen!? Arbeiten Sie doch einmal konkrete Maßnahmen für die nächste Besprechung aus, die uns in eine Systemführerschaftsposition bringen!"* resümiert Paul Rheinländer.

Andreas Merchiers dankt allen Teilnehmern für die lebhafte Diskussion und will zurück in seinem Büro sofort mit seinen Geschäftsbereichsleitern die strategischen Optionen ausarbeiten.

## 14.2 Aufgaben

1. a) Definieren Sie den Begriff Kerngeschäft auf der Basis geeigneter theoretischer Bezüge und beschreiben Sie das Kerngeschäft der Schalker Eisenhütte Maschinenfabrik GmbH.
   b) Erklären Sie die strategische Logik für den Verkauf des Kokereigeschäftes.
2. Beschreiben Sie das Geschäftsmodell der Schalker Eisenhütte Maschinenfabrik GmbH. Begründen und verwenden Sie dazu eine geeignete Geschäftsmodellstruktur.
3. a) Erklären Sie den Einfluss einer Systemanbieterstrategie auf das Geschäftsmodell.
   b) Erörtern Sie den von Paul Rheinländer gemachten Unterschied zwischen Systemanbieterschaft und Systemführerschaft.
   c) Beschreiben Sie die Chancen und Risiken einer Systemanbieterstrategie.

d) Welche strategischen Maßnahmen würden Sie für eine Strategie zur Erlangung der Systemführerschaft empfehlen?
4. Welche strategischen Optionen bzw. Alternativen hat die Schalker Eisenhütte Maschinenfabrik GmbH zu der von Paul Rheinländer empfohlenen Strategie aus Ihrer Sicht?

▶ **Literaturhinweise zur Aufgabenbearbeitung:**
Büchler J-P (2014) Strategie entwickeln, umsetzen und optimieren. Pearson, Hallbergmoos
Jarillo JC (2004) Strategische Logik – Die Quellen der langfristigen Unternehmensrentabilität. Gabler, Wiesbaden
Merchiers A, Brudek G, Dammers M (2015) Advantages and applications of rail haulage systems in underground hard rock mining operations. Glückauf Mining Report, Gesamtverband Steinkohle e.V., Herne
Merchiers A, Mavroudis F, Pütz M (2016) Industrie-4.0-Champion - Hoch automatisierte Systeme im untertägigen Bergbau; in: GeoResources Zeitschrift 2-2016
Olesch G, Ewig H (2002) Das Management von Verbundgruppen: Mit exzellenten Strategien zum Erfolg - Wege zur Systemführerschaft; München: Luchterhand
Wirtz B (2011) Business model management. Design – instruments – success factors. Gabler Verlag, Wiesbaden
Zook C, Allen J (2001) Erfolgsfaktor Kerngeschäft – Zeitlose Strategien für Wachstum und Innovation. Econ, München

## Literatur

Büchler J-P (2014) Strategie entwickeln, umsetzen und optimieren. Pearson, Hallbergmoos
Hauschildt J, Salomo S (2011) Innovationsmanagement, 5. Aufl. München, Vahlen
Merchiers A, Brudek G Mackenzie (2015) The renaissance of underground rail haulage – Why upcoming mining projects focus on this hidden champion. In: mineral resources and mine development, 5. Aachen International Mining Symposia, Aachen

# GASA Group Germany – Ist die Organisation fit für künftiges Wachstum? 15

Dietrich Darr

## 15.1 Fallstudie

### 15.1.1 Schnelles Wachstum als Herausforderung

Michael Bongers, Geschäftsführer der GASA Group Germany, stand an seinem Schreibtisch und dachte über die Präsentation nach, die er zur diesjährigen Betriebsversammlung im Dezember 2015 halten wollte. Im Rückblick betrachtet war das zu Ende gehende Jahr wieder turbulent und doch sehr erfolgreich gewesen: Die GASA Group Germany hatte viele neue Kunden gewonnen und die Umsätze hatten erneut ein Allzeithoch erreicht. Zudem waren wichtige Projekte auf den Weg gebracht worden, z. B. die Umstellung auf eine neue Buchhaltungssoftware oder der Erwerb einer Immobilie, auf welcher bald der neue Firmensitz entstehen soll. Das atemberaubende Wachstum des Unternehmens war jedoch auch eine echte Herausforderung für das Unternehmen und seine Beschäftigten gewesen. Eine Reihe von Fragen standen deshalb im Raum: Wird GASA Group Germany diese beachtliche Entwicklung auch in den nächsten Jahren fortsetzen können? Wie müssen Strukturen und Abläufe im Unternehmen verändert werden, damit es effizienter wird, aber gleichzeitig noch flexibel ist? Wie kann die einzigartige Unternehmenskultur der GASA Group Germany erhalten werden trotz einer stetig steigenden Mitarbeiteranzahl? Je mehr Michael Bongers über diese Fragen nachdachte, desto mehr wurde ihm klar: Er musste auf der kommenden Betriebsversammlung Antworten auf diese Fragen geben und die Eckpunkte seiner Unternehmensstrategie vorstellen.

D. Darr (✉)
Hochschule Rhein-Waal, Marie-Curie-Straße 1, 47533 Kleve, Deutschland
e-mail: dietrich.darr@hochschule-rhein-waal.de

## 15.1.2 Der Niederrhein, eines der größten Argribusiness-Cluster Europas

Die an die Niederlande angrenzende Region Niederrhein zwischen Duisburg, Kleve und Mönchengladbach ist überwiegend landwirtschaftlich geprägt mit gartenbaulichen, ackerbaulichen und viehwirtschaftlichen Betrieben (Scholz, 2013). Der Agrarsektor mit seinen vor- und nachgelagerten Bereichen beschäftigt in der Region je nach Abgrenzung zwischen 50.000 und 145.000 sozialversicherungspflichtige Arbeitnehmer mit einer in den letzten Jahren deutlich steigenden Tendenz (Schoelen & Goebel, 2012). Gemeinsam mit den auf niederländischer Seite angrenzenden Provinzen Limburg und Gelderland ist die Region eines der größten Agribusiness-Cluster Europas (ibid). Einen Schwerpunkt am Niederrhein bildet der Gartenbau. Die Struktur und Ausrichtung der Gartenbaubetriebe ist heterogen und umfasst Freilandanbau und den Anbau unter Glas mit verschiedenen Kulturen, wie Gemüse, Schnittblumen und Topfpflanzen (Tab. 15.1).

Der Niederrhein ist das Hauptanbaugebiet für Zierpflanzen in Deutschland; fast 65 Millionen Pflanzen wurden 2013 in Nordrhein-Westfalen kultiviert, dies entspricht 46 % der gesamten deutschen Produktion (BMEL, 2014). An die Erzeugung schließt sich eine weitgehend in der Region ansässige Wertschöpfungskette in den vor- und nachgelagerten Verarbeitungszweigen an, welche z. B. die Ernährungswirtschaft, Unternehmen der Kühl- und Frischelogistik, Anbieter hochspezialisierten technischen Know-Hows für Gewächshäuser, Einrichtungen für die gartenbauliche Ausbildung und Qualifikation und dezentrale Energieerzeuger umfasst. Firmen wie Landgard, Bofrost oder Bonduelle sowie zahlreiche mittelständische gartenbauliche Unternehmen haben in der Region ihren Sitz und/

**Tab. 15.1** Der Gartenbau in Nordrhein-Westfalen 1981–2005

|  | 1981 | 1994 | 2005 |
|---|---|---|---|
| Anzahl der Gartenbauunternehmen |  |  |  |
| Gemüsebau | 4125 | 2736 | 1768 |
| Zierpflanzenbau | 4495 | 3174 | 2291 |
| Obstbau | 1497 | 898 | 965 |
| Baumschulen | 1224 | 921 | 714 |
| Betriebsfläche (ha) |  |  |  |
| Gemüsebau | 10.728 | 14.052 | 17.082 |
| Zierpflanzenbau | 2193 | 2528 | 3253 |
| Obstbau | 3894 | 4410 | 6932 |
| Baumschulen | 3618 | 3913 | 3870 |
| Umsatz (Mio. €) und Marktanteil in Deutschland |  |  |  |
| Gemüsebau |  |  | 350 (17 %) |
| Zierpflanzenbau |  |  | 568 (38 %) |
| Obstbau |  |  | 167 (18 %) |
| Baumschulen |  |  | 150 (18 %) |

Quelle: LWK NRW (2015)

oder bedeutende Produktions- und Verarbeitungsstandorte. Betriebe der gartenbaulichen Wertschöpfungskette am Niederrhein sind über die Grenzen Deutschlands hinweg unternehmerisch überaus erfolgreich tätig und haben für eine Reihe wichtiger Produkte einen beträchtlichen Marktanteil in Deutschland (Tab. 15.1).

## 15.1.3 Markt, Industrie und Wertschöpfungskette für Topfpflanzen

Der Markt für Topfpflanzen ist ein Segment des Zierpflanzenmarkts und umfasst Freilandpflanzen sowie Zimmerpflanzen (Abb. 15.1). Topfpflanzen werden am Niederrhein in hochspezialisierten Gartenbaubetrieben produziert, von denen sich die meisten in Familienbesitz befinden. Abhängig vom Produktsortiment sowie der Verfügbarkeit von Land und Kapital erfolgt die Produktion im Freiland oder in Gewächshäusern. Saatgut, Saatzwiebeln und Stecklinge werden i.d.R. von global agierenden Züchtern bezogen. Während in der Vergangenheit viele Gärtner ihr Pflanzgut durchaus selbst hergestellt haben, machten die gestiegenen Kundenanforderungen bezüglich Qualität und Homogenität der Pflanzen, immer kürzere Produktzyklen und der wachsende Kostendruck eine stärkere Arbeitsteilung notwendig. Viele Gärtnereien sind deshalb auf den Anbau einzelner Arten von Topfpflanzen spezialisiert. Bodensubstrate werden entweder selber hergestellt oder

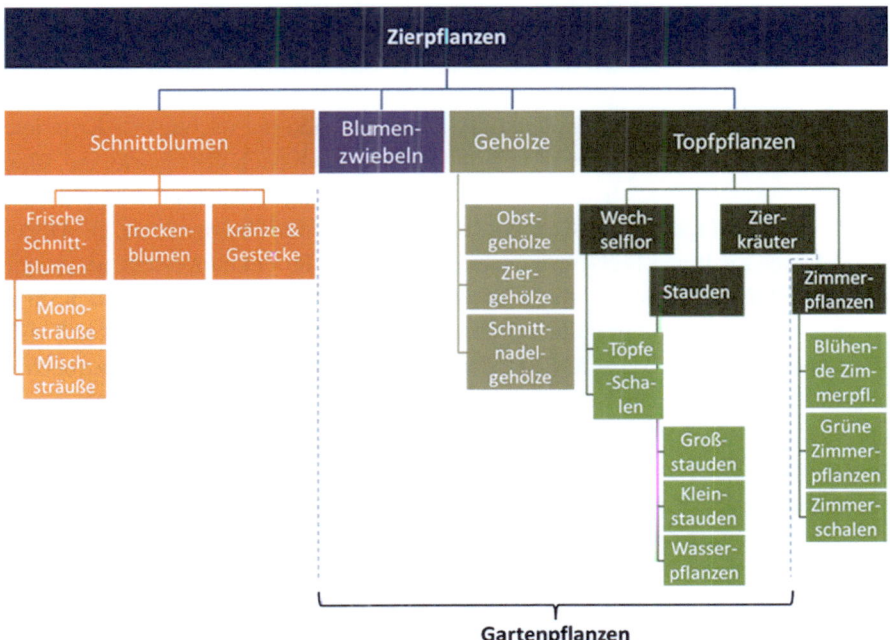

**Abb. 15.1** Marktsegmente des Zierpflanzenmarkts in Deutschland (Quelle: AMI 2015)

wie Düngemittel und Pestizide vom Fachhandel bezogen. Das Pflanzgut wird direkt in Plastiktöpfe eingesetzt, in welchen die ausgewachsenen Pflanzen schließlich an den Verbraucher verkauft werden.

Der Produktionszyklus dauert im Durchschnitt 3 bis 12 Wochen. Da der Anbau in Gewächshäusern mit hohen Investitions- und Betriebskosten verbunden ist, müssen die Erträge pro Flächen- und Zeiteinheit maximiert werden. Dies geschieht durch eine präzise Steuerung der Umweltfaktoren in den Gewächshäusern, wie Licht, Temperatur, Luftfeuchte, Wasser, Nährstoffe und Pflanzenschutz. Dadurch kann ein optimales Wachstum der Pflanzen gewährleistet werden. Der Anbau im Freien ist im Gegensatz dazu weit weniger kapitalintensiv; jedoch führt das langsamere Pflanzenwachstum zu längeren Produktionszyklen. Da die Pflanzen länger im Produktionsprozess verweilen, wird bei gleicher Produktion eine größere Produktionsfläche benötigt. Während in den dicht besiedelten Niederlanden der hochintensive Gartenbau in Gewächshäusern das vorherrschende Produktionssystem im Zierpflanzengeschäft darstellt, haben sich die niederrheinischen Gartenbaubetriebe wegen der größeren Flächenverfügbarkeit vor allem auf den Freilandanbau spezialisiert. Auch deshalb liegt der durchschnittliche Wert der am Niederrhein erzeugten Pflanzen um etwa 50 % unter dem entsprechenden Wert für in den Niederlanden produzierte Pflanzen.

Die Pflanzen werden über verschiedene Absatzwege vermarktet. Direktabsatz und Selbstvermarktung waren bis in die 1970er und 1980er Jahre weit verbreitet. Kleine Blumenläden waren damals die Hauptabnehmer für Topfpflanzen. Der direkte Kontakt zu den Endkunden erlaubte es den Produzenten, sich kontinuierlich an Marktentwicklungen sowie sich ändernde Kundenwünsche anzupassen. Noch immer trägt der kleine Einzelhandel mit 28 % zu den Umsätzen mit Topfpflanzen bei (AMI, 2015). Qualität und Frische der Pflanzen sowie eine zuverlässige und pünktliche Lieferung sind die wichtigsten Kriterien für diese Abnehmer. Zunehmend werden Topfpflanzen jedoch auch über große, auf Blumen und Zimmerpflanzen spezialisierte Einzelhandelsketten (z. B. Holland Blumen Shops), Baumärkte (z. B. Hagebau-Gartencenter) oder Lebensmittel-Discounter (z. B. Aldi) vermarktet. Neben niedrigen Preisen sind ein hohes Maß an Produktkonsistenz und -standardisierung wichtige Kriterien für diese Großkunden; so sollen z. B. die Topfpflanzen auch am Ende einer mehrwöchigen Marketingkampagne noch dasselbe Aussehen und weitere Produkteigenschaften aufweisen wie zu deren Anfang. Da die von diesen Großabnehmern nachgefragte Menge die Produktionskapazität einzelner Gärtnereibetriebe um ein Vielfaches überschreitet, kommt Pflanzengroßhändlern wie der GASA Group Germany oder Landgard eine wachsende Bedeutung zu. Sie kennen die Produzenten vor Ort, stellen aus den Sortimenten der Gärtnereien die täglich wechselnden Lieferungen für die Großabnehmer zusammen und liefern diese zu den Verkaufsstellen. Die meisten Gärtnereibetriebe vermarkten ca. 10–30 % ihrer Produktion über einen einzelnen Großhändler auf der Basis von Saison- oder Jahresverträgen. Erzeuger mit einem besonderen Sortiment oder Produzenten, die besonders flexibel auf größere Nachfrageschwankungen reagieren können, werden durch Langzeitverträge oft exklusiv an einzelne Großhändler gebunden. Etwa 5 % der gesamten Topfpflanzenproduktion am Niederrhein wird über Pflanzenversteigerungen verkauft, wie sie z. B. von Veiling Rhein-Maas betrieben werden.

Der Topfpflanzenmarkt hat sich in den letzten Jahrzehnten von einem Verkäufermarkt zu einem Käufermarkt gewandelt, der durch zunehmende Überproduktion und sinkende Preise gekennzeichnet ist. Während in den Wirtschaftswunderjahren der 1950er und 1960er ein Nachfrageüberhang bestand, nahmen Produktivität und Produktionsmengen und damit der Konkurrenzdruck unter den Gartenbaubetrieben in den Folgejahren deutlich zu. Höhere Energie- und Lohnkosten, strengere Umweltauflagen und die zunehmende Marktmacht der großen Einzelhändler haben den Strukturwandel im Gartenbausektor weiter befördert. Während etliche Gartenbaubetriebe dadurch aus dem Markt gedrängt wurden, haben sich andere Produzenten durch Investitionen in moderne Technologien, Expansion oder Spezialisierung erfolgreich an die neuen Verhältnisse anpassen können. Insgesamt stieg die durchschnittliche Produktionsfläche der Zierpflanzenproduzenten in Nordrhein-Westfalen von ca. 1 Hektar im Jahr 1996 auf etwa 2,5 Hektar im Jahr 2012, während die Anzahl der Gartenbaubetriebe in derselben Zeit von 2800 auf weniger als 1200 sank (BMEL, 2015). Auch internationale Konkurrenz setzt den einheimischen Gartenbausektor unter Druck: Große Produktionsgebiete befinden sich z. B. in einigen afrikanischen Staaten, wie etwa Kenia oder Äthiopien (Gebreeyesus & Iizuka, 2011), wo die klimatischen Bedingungen günstiger und die Produktionskosten niedriger sind als in Deutschland. Per Luftfracht oder Containerschiff wird von diesen Standorten aus der internationale Markt ganzjährig mit hochwertigen Schnittblumen kostengünstig beliefert. Eine ähnliche Situation herrscht in der Gemüseproduktion; hier befinden sich die Produktionszentren am Mittelmeer und in den Niederlanden. Die Gartenbauindustrie am Niederrhein hat auf dieses Wettbewerbsumfeld reagiert und sich auf die Produktion von vergleichsweise hochwertigen Zierpflanzen für den Outdoor-Bereich spezialisiert, wie *Erica gracilis* (Glockenheide), *Helleborus* (Christrose) oder mehrfarbiger oder knospenblühender Rassen von *Calluna vulgaris* (Heidekraut), die längere Blütezeiten oder ungewöhnliche Blütenfarben bieten. Zudem werden innovative Produkt- und Servicelösungen entwickelt, welche die Kunden begeistern und ihre Erwartungen übertreffen sollen – etwa Ziertöpfe und Eigenmarken wie die „*Seasonscollection*" der GASA Group Germany (Abb. 15.2).

Mit einem Marktvolumen von 4,0 Milliarden Euro in 2014 ist Deutschland einer der wichtigsten Märkte für Topfpflanzen in Europa (Tab. 15.2). Im Jahr 2014 gab jeder deutsche Verbraucher im Durchschnitt 50 Euro für Topfpflanzen, 37 Euro für Schnittblumen, 17 Euro für Baumschulerzeugnisse und 3 Euro für Blumenzwiebeln aus (AMI, 2015). Der Markt ist seit Jahren stabil mit einer Wachstumsrate von 0,4 % zwischen 2009 und 2014. Marktprognosen gehen jedoch von einer sinkenden Nachfrage für Topfpflanzen aus, da aktuell ein eher nüchterner Einrichtungsstil vorherrscht und Topfpflanzen als pflegeintensiv und mit dem hektischer werdenden Alltag oft als nicht vereinbar wahrgenommen werden (Tröster, 2015). Einige Marktsegmente können sich diesem Trend jedoch entziehen und werden weiter zulegen, wie z. B. fair gehandelte Pflanzen, eingetopfte Gemüsepflanzen und andere Lifestyle-Produkte (BVR, 2013). Der demographische Wandel in Deutschland wird in den nächsten Jahren auf den Absatz von Topfpflanzen nur geringe Auswirkungen haben, da die Zahl der über 55-jährigen Personen und kinderlosen Paare sowie andere Verbrauchergruppen mit überdurchschnittlichen Ausgaben für diese Produkte zunächst weiter ansteigen wird (Ludwig-Ohm & Dirksmeyer, 2013). In Anbetracht

**Abb. 15.2** Beispiele für hochwertige Topfpflanzenprodukte und innovative Servicelösungen (Quelle: GASA)

**Tab. 15.2** Nachfrage an Zierpflanzen in ausgewählten Ländern (Mio.€)

| Land | 2000 | 2005 | 2009 |
| --- | --- | --- | --- |
| Niederlande | 1.328,8 | 1.308,3 | 1.298,9 |
| Italien | 2.336,1 | 2.741,1 | 2.720,7 |
| Deutschland | 3.921,7 | 4.227,2 | 3.982,3 |
| Frankreich | 3.049,7 | 3.215,8 | 3.160,5 |
| Spanien | 1.076,5 | 1.820,2 | 2.166,7 |
| Großbritannien | 1.985,2 | 2.340,2 | 1.947,8 |
| Belgien | 349,6 | 441,4 | 449,1 |
| Portugal | 402,9 | 456,7 | 507,6 |
| Österreich | 474,3 | 472,8 | 490,8 |
| Schweden | 360,5 | 397,8 | 350,1 |

Quelle: EC (2010)

der wirtschaftlichen Entwicklung und des gestiegenen Pro-Kopf-Einkommens in Ländern wie China, Polen oder dem Baltikum kann eine steigende Nachfrage nach Topfpflanzen und Schnittblumen in diesen Ländern erwartet werden, sodass beträchtliche Wachstumsmöglichkeiten auf internationalen Märkten bestehen (Tröster, 2015).

Der Topfpflanzenmarkt ist durch deutliche regionale und jahreszeitliche Nachfrageschwankungen gekennzeichnet. In den Frühlingsmonaten besteht eine hohe Nachfrage nach Beet- und Balkonpflanzen, wohingegen im Herbst vor allem Staudengewächse wie *Calluna* oder Ziergräser nachgefragt werden. Das Frühjahrsgeschäft ist in den meisten Märkten traditionell die Hauptsaison. In der Zeit von Juli bis November werden in vielen

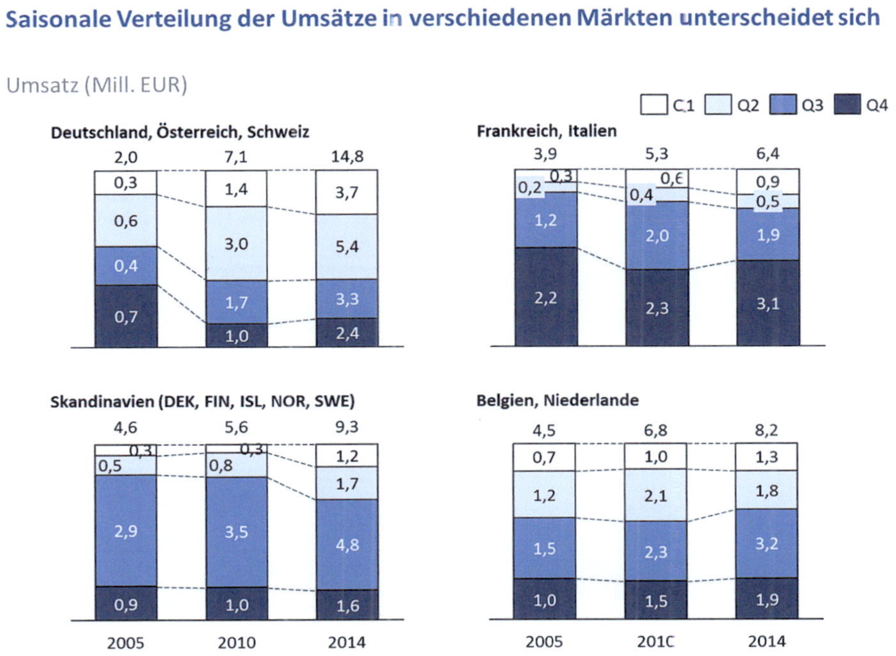

15 GASA Group Germany – Ist die Organisation fit für künftiges Wachstum? 255

**Saisonale Verteilung der Umsätze in verschiedenen Märkten unterscheidet sich**

Umsatz (Mill. EUR)  ☐ Q1  ☐ Q2  ▨ Q3  ■ Q4

**Deutschland, Österreich, Schweiz**

| 2005 | 2010 | 2014 |
|---|---|---|
| 2,0 | 7,1 | 14,8 |
| 0,3 | 1,4 | 3,7 |
| 0,6 | 3,0 | 5,4 |
| 0,4 | 1,7 | 3,3 |
| 0,7 | 1,0 | 2,4 |

**Frankreich, Italien**

| 2005 | 2010 | 2014 |
|---|---|---|
| 3,9 | 5,3 | 6,4 |
| 0,2 / 0,3 | 0,6 / 0,4 | 0,9 / 0,5 |
| 1,2 | 2,0 | 1,9 |
| 2,2 | 2,3 | 3,1 |

**Skandinavien (DEK, FIN, ISL, NOR, SWE)**

| 2005 | 2010 | 2014 |
|---|---|---|
| 4,6 | 5,6 | 9,3 |
| 0,3 / 0,5 | 0,3 / 0,8 | 1,2 / 1,7 |
| 2,9 | 3,5 | 4,8 |
| 0,9 | 1,0 | 1,6 |

**Belgien, Niederlande**

| 2005 | 2010 | 2014 |
|---|---|---|
| 4,5 | 6,8 | 8,2 |
| 0,7 | 1,0 | 1,3 |
| 1,2 | 2,1 | 1,8 |
| 1,5 | 2,3 | 3,2 |
| 1,0 | 1,5 | 1,9 |

**Abb. 15.3** Saisonale Verteilung der Umsätze in ausgewählten Ländern (Quelle: GASA 2016b)

Ländern überwiegend höherwertige Produkte umgesetzt. Wegen der starken Exportorientierung des Unternehmens sind dies traditionell die umsatzstärksten Monate für GASA Group Germany. Mithilfe eines attraktiven Frühlingssortiments gelang es dem Unternehmen in den letzten Jahren in Deutschland, Österreich und der Schweiz auch in den ersten beiden Quartalen nennenswerte Umsätze zu erzielen und damit die saisonalen Umsatzschwankungen zu verringern und teilweise auszugleichen (Abb. 15.3).

### 15.1.4 GASA Group Germany

Im Jahr 2002 wurde die GASA Group Germany als Tochtergesellschaft der dänischen GASA Group A/S gegründet. Die GASA-Gruppe ist, neben zahlreichen anderen Unternehmensbeteiligungen, Teil der DLG Group. Diese zählt zu den größten Agribusiness-Unternehmen Europas und befindet sich im Besitz dänischer Landwirte. Der Unternehmenssitz der GASA Group Germany befindet sich in Kevelaer, einer Kleinstadt am Niederrhein. Bevor Michael Bongers im Jahr 2002 die GASA Group Germany gründete, arbeitete er 13 Jahre lang bei verschiedenen regional ansässigen Gartenbau- und Großhandelsunternehmen. Dank seiner langjährigen Erfahrung in diesem Sektor und seiner ausgeprägten unternehmerischen Fähigkeiten erkannte er frühzeitig das Potenzial, das der Aufbau eines Großhändlers für Topfpflanzen am deutschen Markt versprach. Die GASA-Gruppe

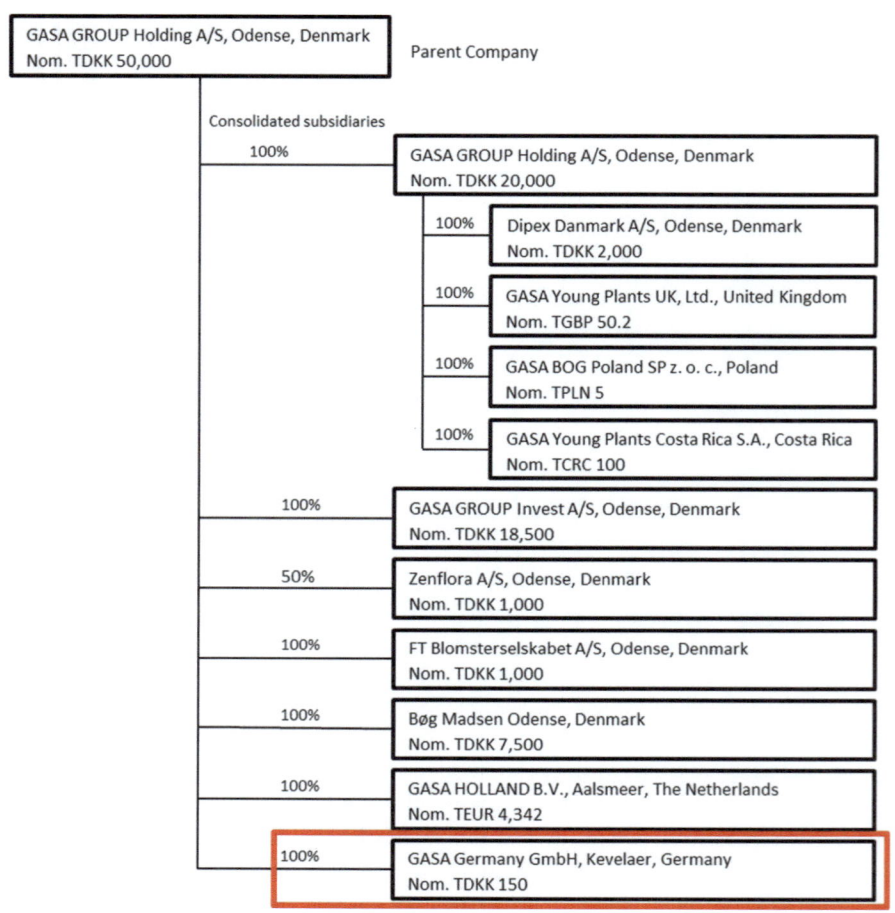

**Abb. 15.4** Organigramm GASA Group (Quelle: GASA 2015)

betreibt aktuell Gesellschaften und Niederlassungen in Dänemark, den Niederlanden, Deutschland, Polen und Großbritannien (siehe Abb. 15.4).

Über die Holding erhalten die Tochtergesellschaften optimalen Zugang zu Kreditversicherungen, Zugriff auf den CC-Container-Pool sowie günstigere Finanzierungsbedingungen als Banken den einzelnen Gesellschaften jeweils einräumen würden. Der Austausch von Informationen und „*best practice*"-Ansätzen zwischen den Tochtergesellschaften bzw. mit der Holding ist jedoch nur schwach ausgeprägt. So finden z. B. Leistungsvergleiche zwischen den Tochtergesellschaften nicht regelmäßig statt; durch die Holding gestartete strategische Initiativen kamen teilweise zu spät oder gingen an den Erfordernissen des deutschen Marktes vorbei. Die GASA-Gruppe setzt jedoch Finanzziele für ihre Tochtergesellschaften fest und treibt die Harmonisierung der IT-Systeme in Buchhaltung, Einkauf und Vertrieb voran, damit Synergien zwischen den Tochtergesellschaften stärker genutzt und die Unternehmenssteuerung verbessert werden. Obwohl Michael Bongers Mitglied des Management-Teams auf Ebene der GASA-Group ist, arbeitet die GASA Group Germany im operativen Geschäft weitgehend unabhängig von der Muttergesellschaft ähnlich einem inhabergeführten Unternehmen.

In den ersten Jahren nach der Gründung bestand das Unternehmen lediglich aus neun Personen. Noch immer hat die GASA Group Germany die aus dieser Zeit stammende Unternehmenskultur weitgehend bewahrt, gekennzeichnet unter anderem durch flache Hierarchien und *„offenen Türen"*, zahlreiche Möglichkeiten zur informellen Interaktion über die Hierarchieebenen und Abteilungsgrenzen hinweg, Teamgeist und das Bestreben die Arbeit im Unternehmen möglichst angenehm zu gestalten. Es gibt z. B. ein kostenloses Getränkeangebot für die Mitarbeiter und das Unternehmen veranstaltet jährlich ein Weihnachts- und ein Sommerfest für die Belegschaft. Die Unternehmenskultur ist zudem geprägt durch das Bestreben, das Verantwortungsgefühl der Mitarbeiter für das Unternehmen zu stärken und Beiträge der Mitarbeiter zur kontinuierlichen Verbesserung der Unternehmensabläufe zu würdigen. Dies geht einher mit der impliziten Erwartung, dass jeder Mitarbeiter überdurchschnittlich motiviert ist und nicht bloß *„Dienst nach Vorschrift"* macht. So wird es u.a. als selbstverständlich angesehen, dass die Mitarbeiter während der Hauptsaison Überstunden zu leisten bereit sind.

Die Geschäftstätigkeit der GASA Group Germany umfasst:

- die Vermarktung hochwertiger Topf- und Zierpflanzen an nationale und internationale Einzelhändler, z. B. in den Niederlanden, Italien, Frankreich, Österreich, Schweiz, Großbritannien, Norwegen, Schweden, Dänemark, Finnland, Estland und Israel;
- Dienstleistungen, z. B. die Anbringung von Etiketten und Barcodes, das Vorverpacken und Verpacken von Pflanzen in kundenspezifische Verpackungen, die Bereitstellung von Produktfotos für Kundenkataloge und Webseiten etc.;
- die Erledigung von Zoll- und phytosanitären Einfuhrformalitäten für die Kunden;
- die Entwicklung innovativer Produktkonzepte in Zusammenarbeit mit den Erzeugern, um den Kunden einen Wettbewerbsvorteil zu verschaffen.

Das Unternehmen unterstützt Produzenten und Abnehmer in den Bereichen Export, Logistik, Werbekonzepte für die Vermarktung, Messen, Übersetzungen, Wertschöpfung und IT-Dienstleistungen. Dabei wird diese Produktpalette durch einen exzellenten Kundenservice unterstützt. Von Anfang an hat GASA Group Germany eine enge Beziehung zu seinen Lieferanten und Kunden aufgebaut, nicht zuletzt dank seines mehrsprachigen und hochqualifizierten Personals. Im Laufe der Jahre hat GASA Group Germany hervorragende Kundenbewertungen erhalten und kann zahlreiche Zertifizierungen vorweisen.

Während GASA Group Germany einige Produkte, wie Topfpalmen und andere tropische, subtropische oder mediterrane Pflanzen direkt aus Portugal und Italien oder von Importeuren in Belgien, den Niederlanden und Dänemark bezieht (Abb. 15.5), stammen 80 % der Pflanzen direkt vom Niederrhein aus dem Gebiet im Umkreis von 50 km um Kevelaer. 75 % des Umsatzes werden im Exportgeschäft erwirtschaftet (GASA Group Germany, 2012).

**Abb. 15.5** Liefer- und Kundenbeziehungen von GASA Group Germany (Quelle: GASA 2012)

Das Unternehmen spielt daher eine bedeutende Rolle in der Erschließung von Exportmärkten und Wachstumsmöglichkeiten für die regionalen Erzeuger. Kurze Transportdistanzen von den Produzenten gewährleisten, dass die Pflanzen frisch bleiben und den Endabnehmer innerhalb von 24 Stunden erreichen. Die Erzeuger liefern ihre Pflanzen i.d.R. am frühen Nachmittag an der Pflanzenhalle der GASA Group Germany an. Die Pflanzen werden dabei auf Paletten in CC-Containern transportiert, um die weiteren Prozesse zu erleichtern. Mitarbeiter der GASA Group Germany dokumentieren die Lieferungen und überprüfen die Qualität und Menge der gelieferten Pflanzen. Bis gegen 17 Uhr werden die Pflanzenpaletten in der Halle sortiert und gemäß den aktuellen Kundenaufträgen zu Chargen neu zusammengestellt. Transportfirmen holen die Ladungen dann ab und liefern die Pflanzen per LKW, Schiff und/oder Flugzeug an die Verkaufsstellen der Abnehmer, wo die Endverbraucher die Produkte üblicherweise bereits am Folgetag erhalten können. Effiziente Arbeitsabläufe und ein schneller Warenumschlag werden durch eine moderne IT-Infrastruktur ermöglicht. So helfen Barcode-Scanner und Etikettendrucker dabei, einzelne Paletten oder ganze Chargen im Bearbeitungsprozess zu verfolgen und die Aufträge abzuarbeiten. Die Logistik erfolgt weitgehend elektronisch und Rechnungen werden fast ausschließlich per E-Mail versendet. Die Nutzung externer Transportdienstleister sowie die Beschäftigung von Saisonarbeitskräften während der Hauptsaison reduzieren die Fixkostenbelastung.

Das Unternehmen beteiligt sich regelmäßig an Handelsmessen der Gartenbaubranche, wie der IPM in Essen. Zudem organisiert die GASA Group Germany eigene Unternehmensmessen und veranstaltet sogenannte Schnuppertouren, bei denen GASA-Mitarbeiter zusammen mit ausgewählten Kunden die wichtigsten Produzenten besuchen, die dann direkt an ihren Beeten neue Sorten und innovative Topfpflanzenprodukte für die kommende Saison präsentieren. Das Unternehmen führt zudem systematisch Lieferanten- und Kundengespräche durch. Durch diese Maßnahmen konnte die GASA Group Germany ein vertrauensvolles Verhältnis zu ihren Kunden und Lieferanten aufbauen. Dadurch kann das Unternehmen Markttendenzen und Kundenwünsche sehr früh identifizieren und darauf reagieren, indem es Lieferanten mit der Entwicklung neuer Topfpflanzenprodukte beauftragt oder diese gemeinsam mit den Lieferanten vorantreibt. Beispielsweise erkannte GASA Group Germany die zunehmende Bedeutung von Umweltstandards für den Endverbraucher und initiierte daher bereits eine Reihe von einschlägigen Projekten, z. B. den Einsatz von mehrfach verwendbaren Paletten und kompostierbaren Töpfen oder den reduzierten Einsatz von Insektiziden und Herbiziden im Produktionsprozess. Während die meisten Umweltstandards von den marktmächtigen Einzelhandelsketten diktiert werden und sich Hersteller, Großhändler und andere Akteure der Wertschöpfungskette daran anpassen, versucht GASA Group Germany sich durch zusätzliche Qualitätsanforderungen vom Wettbewerb zu differenzieren. Ein gutes Beispiel ist das Label „*Natürlich Niederrhein*". Dabei handelt es sich um ein regionales Siegel, das mit der Unterstützung von GASA Group Germany entwickelt wurde (Agrobusiness Niederrhein, 2015).

Die Mitarbeiter der GASA Group Germany bilden das Rückgrat des Unternehmens. Deren Begeisterung und Engagement für das Unternehmen sind die Grundlage des Geschäftserfolgs. Die Einstellung neuer Mitarbeiter basiert daher auf strengen Auswahlkriterien. Die Kandidaten werden sorgfältig geprüft, z. B. im Rahmen eines Probearbeitstages, in welchem die Bewerber die verschiedenen Abteilungen des Unternehmens durchlaufen müssen und die Eignung von mehreren Mitarbeitern beurteilt werden kann. Die Geschäftsführung der GASA Group Germany betrachtet die persönliche und berufliche Entwicklung der Mitarbeiter als wesentliche Erfolgsfaktoren. Kontinuierliche Weiterbildung, welche auch der Arbeitsplatzsicherheit der Mitarbeiter und ihrer Familien dient, angemessene Arbeitszeiten, ein motivierendes Arbeitsumfeld und Programme zur Gesundheitsförderung sind Teil der Philosophie von GASA Group Germany. Zudem ist das Unternehmen um eine ökologisch und sozial nachhaltige Geschäftstätigkeit bemüht, wie durch die Zertifizierungen „*Faire Blumen – Faire Pflanzen*", das EU-Biosiegel und das MPS-Qualitätssiegel verdeutlicht wird. Diese Zertifizierungen sind nicht nur vor dem Hintergrund des wachsenden Umweltbewusstseins und der Sensibilisierung der Verbraucher über umweltschädliche Praktiken im Gartenbau (DEGA, 2011) wichtig, sondern tragen auch innerhalb des Unternehmens dazu bei, dass die Mitarbeiter sich mit dem Unternehmen identifizieren und Erfüllung bei der Arbeit finden können.

**Seit der Unternehmensgründung wächst GASA Germany sehr erfolgreich**

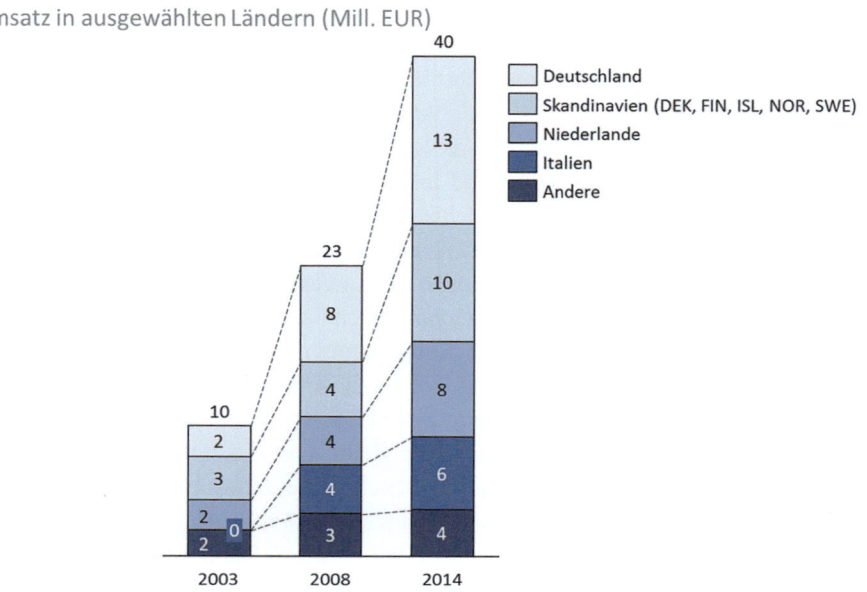

**Abb. 15.6** Umsatzentwicklung (Quelle: GASA 2015a)

Dank der Konzentration auf hohe Produktqualität, effiziente Abläufe und einen ausgezeichneten Kundenservice ist das Unternehmen seit seiner Gründung sehr erfolgreich gewachsen (Abb. 15.6).

Trotz der beeindruckenden Umsatzsteigerung verharrte die Umsatzrendite zwischen 0,2-0,7 % vor Steuern. Die größten Kostenpositionen sind Herstellungskosten und Personalkosten (Tab. 15.3). Im Vergleich zu in der Region ansässigen direkten Mitbewerbern, wie etwa Landgard, Intermarkt Thielen oder EPS (Euregionales Pflanzenservicecenter), muss das Betriebsergebnis der GASA Group Germany als unterdurchschnittlich bezeichnet werden. So wies z.B. Intermarkt Thielen in demselben Zeitraum eine Gewinnmarge von 2,5-3,8 % aus.

## 15.1.5 Organisationsstruktur von GASA Group Germany

Zusammen mit dem Umsatzwachstum des Unternehmens hat in den letzten Jahren sowohl die Anzahl an festen Mitarbeitern als auch die Zahl der Saisonarbeitskräfte stark zugenommen. In nur 13 Jahren verneunfachte sich die Zahl der in Vollzeit beschäftigen Mitarbeiter (Abb. 15.7).

Zugleich erhöhte sich die durchschnittliche Führungsspanne von 3 auf 12,6. Durch die Einstellung von Berufsanfängern und erfahrenem Personal gleichermaßen blieb in diesem

**Tab. 15.3** Gewinn- und Verlustrechnung (T €)

|  | 2015 | 2014 | 2013 |
|---|---|---|---|
| Umsatzerlöse | 43.681 | 39.679 | 37.384 |
| Gesamtleistung | 43.681 | 39.679 | 37.384 |
| Materialaufwand | 38.215 | 34.817 | 32.919 |
| Rohertrag | 5.466 | 4.862 | 4.465 |
| Rohertragsspanne (%) | 12,5 | 12,3 | 11,9 |
| Sonstige Erträge | 180 | 162 | 139 |
|  | 5.646 | 5.024 | 4.604 |
| Personalaufwand | 4.026 | 3.526 | 3.202 |
| Normalabschreibungen | 240 | 230 | 175 |
| Betriebsaufwendungen | 1.092 | 1.188 | 999 |
| Sonstige Aufwendungen | 96 | 37 | 74 |
|  | 5.454 | 4.981 | 4.450 |
| Ergebnis der gewöhnlichen Geschäftstätigkeit | 288 | 73 | 231 |
| Sonstige Daten: |  |  |  |
| Kundenforderungen | 1.983 | 2.214 | 2.526 |
| Bilanzsumme | 6.635 | 5.404 | 5.539 |

Quelle: GASA Group Germany (2015b)

Zeitraum das durchschnittliche Alter der Mitarbeiter konstant bei 35–36 Jahren. Obwohl bislang immer ausreichend qualifizierte Bewerber zur Verfügung standen, ist sich die Geschäftsleitung von GASA Group Germany der zukünftigen Herausforderungen sehr bewusst. Der Pool an talentierten Arbeitskräften wird möglicherweise in Zukunft schrumpfen und die Rekrutierung und dauerhafte Bindung von hochqualifiziertem Personal in einem semi-urbanen Gebiet wie Kevelaer schwieriger werden, da junge Arbeitnehmer das urbane Leben mit seinen vielfältigen Möglichkeiten bevorzugen. Ein anderes Problem ist, dass einige Mitarbeiter der ersten Generation deutliche Unterschiede hinsichtlich der Arbeitseinstellung zwischen Neulingen und langjährigen Mitarbeitern der GASA Group Germany beobachtet zu haben glauben und darin Schwierigkeiten sehen. Nach diesen Beobachtungen scheinen jüngere Kollegen z. B. weniger Verantwortung für das Unternehmen übernehmen zu wollen, eine geringere Bereitschaft für Überstunden zu besitzen und die Arbeit bei GASA Group Germany nur als „Job" wahrzunehmen. Gleichzeitig verlangen sie offenbar stärker nach Autonomie, bevorzugen anspruchsvolle Projekte gegenüber Routineaufgaben und sind deutlich karriereorientierter.

Seit der Gründung ist die GASA Group Germany als funktionelle Organisation strukturiert. Der Vertrieb und die Buchhaltung waren die ersten Abteilungen des Unternehmens.

### Die Anzahl der Mitarbeiter von GASA Germany wächst kontinuierlich

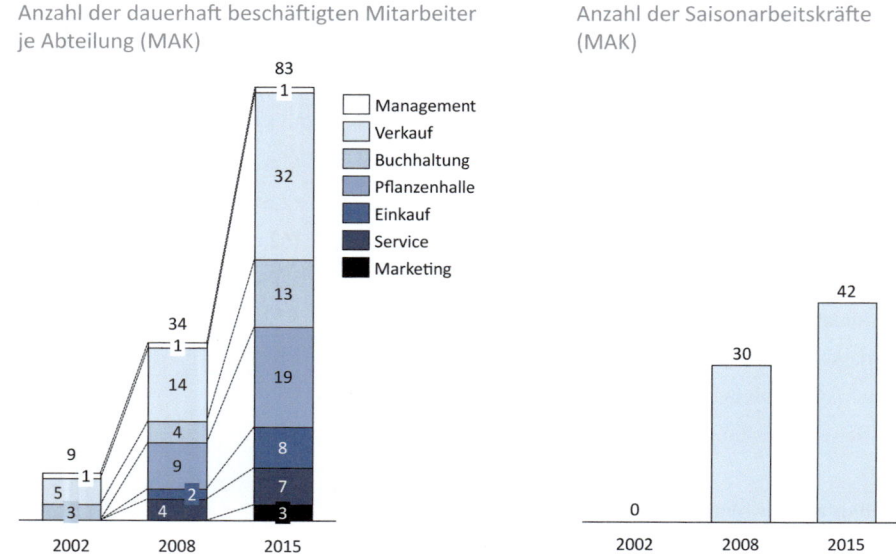

**Abb. 15.7** Anzahl der Mitarbeiter (Quelle: GASA 2015a)

In den ersten Jahren nach der Gründung war es nicht ungewöhnlich, dass Mitarbeiter einschließlich der Führungskräfte in der Hochsaison in der Pflanzenhalle aushelfen oder den Messestand betreuen mussten. Mit zunehmender Unternehmensgröße haben sich Organisation und Mitarbeiter jedoch spezialisiert und ein Teil des Teamgeists der frühen Jahre ging damit verloren. Im Jahr 2008 wurden eine Einkaufsabteilung mit zwei Mitarbeitern gegründet sowie die Pflanzenhallen- und die Serviceabteilung; die Marketing-Abteilung folgte im Jahr 2015. Zu Beginn waren die meisten Geschäftsentscheidungen beim Geschäftsführer angesiedelt. Dennoch waren Mitarbeiter-Feedback, Ideen und Initiativen für die Entscheidungsfindung immer ausdrücklich erwünscht. Als Konsequenz des anhaltenden Unternehmenswachstums werden operative Entscheidungen zunehmend an Mitarbeiter auf unteren organisatorischen Ebenen delegiert. Z. B. können Vertriebsmitarbeiter derzeit autonom über Kundengutschriften bis zu einem Wert von 500 Euro entscheiden, ohne dass der Geschäftsführer informiert werden muss. Eine Reihe von wichtigen strategischen Entscheidungen, nicht zuletzt bezüglich Mitarbeitervergütung und freiwillige Sozialleistungen, liegen weiterhin im alleinigen Ermessen des Geschäftsführers. Die Abteilungsleiter unterstehen Michael Bongers direkt. Ein Gremium bestehend aus den Abteilungsleitern der Vertriebs-, Buchhaltungs- und Einkaufsabteilung berät den Geschäftsführer. Während der Aufbauphase ist die funktionelle Organisation sehr effektiv gewesen, indem sie gleichermaßen Kontrolle und Koordination, klare Richtungsvorgaben, effiziente Entscheidungen und die Bereitstellung von spezialisiertem Wissen und Fähigkeiten innerhalb der Organisation ermöglicht hat. Trotz der gezielten Anstrengungen zur Förderung des informellen Austausches zwischen den Mitarbeitern über Abteilungsgrenzen hinweg fühlen sich einige Mitarbeiter der operativen Ebene in der Pflanzenhalle inzwischen von den Büroangestellten in den anderen Abteilungen ins Abseits gedrängt, möglicherweise auch bedingt durch die räumliche Trennung von Halle und Verwaltungsbereichen. Formalisierte Verbindungen und Austauschmechanismen zwischen den Abteilungen bestehen aktuell nicht.

Die Vertriebsabteilung nimmt eine Schlüsselfunktion innerhalb der GASA Group Germany ein, nicht zuletzt, weil Michael Bongers selbst lange Jahre im Pflanzenvertrieb gearbeitet hat. Mit knapp 40 % der Belegschaft ist sie die größte Abteilung des Unternehmens. Zwei Mitarbeiter der Vertriebsabteilung sind Teil des einflussreichen Führungsteams. Obwohl die Zuständigkeiten zwischen den Mitarbeitern dieser Abteilung nach geografischen Märkten und einzelnen Großkunden aufgeteilt sind, besteht ein reger Informationsaustausch zwischen dem Vertriebspersonal, welcher durch die Arbeit im gemeinsamen Großraumbüro und regelmäßige formelle und informelle Interaktionen ermöglicht wird, wie z. B. interne Arbeitsgruppen, Präsentationen und Meetings.

Das Unternehmensleitbild nennt eine starke Lieferanten- und Kundenorientierung, einen hervorragenden Kundenservice und ein erstklassiges Personalmanagement als Grundlagen für den wirtschaftlichen Erfolg (GASA Group Germany, 2016). Werte wie Teamwork, Flexibilität, Zuverlässigkeit, respektvolle soziale Interaktion und Innovation werden als Unternehmensnorm beschrieben (Reifferscheidt, 2016). Viele Mitarbeiter auf der operativen und taktischen Unternehmensebene bemängeln jedoch, dass Unternehmensziele und -strategie nicht ausreichend kommuniziert werden und sie sich über Leitbild und Werte des Unternehmens teilweise nicht im Klaren sind (ibid).

## 15.1.6 Strategische Fragen und Herausforderungen

Michael Bongers trat ans Fenster seines Büros. Zu den drängendsten Fragen, die ihm und dem Führungsteam schon seit einiger Zeit Kopfzerbrechen bereiteten, zählten: Wie muss sich die Organisationsstruktur der GASA Group Germany verändern, um mit dem geplanten Wachstum Schritt zu halten? Wie kann das Unternehmen seine einzigartige familiäre Unternehmenskultur aufrechterhalten, obwohl die wachsende Mitarbeiterzahl es den Beschäftigten zunehmend erschwert, persönliche Beziehungen zu pflegen und über die Abteilungsgrenzen hinaus zusammenzuarbeiten? Wie können Effizienz und Standardisierung der Geschäftsprozesse weiter verbessert werden, ohne die Flexibilität und den Unternehmergeist der Mitarbeiter zu beeinträchtigen? Wie kann das Unternehmen sicherstellen, dass es auch in Zukunft ein attraktiver Arbeitgeber ist und die für weiteres Wachstum benötigten qualifizierten Mitarbeiter gewinnen kann? Wie sollte sich das Unternehmen angesichts der wachsenden Bedeutung von Nachhaltigkeitsinitiativen im Zierpflanzenmarkt positionieren? Wie kann die GASA Group Germany die Wertschöpfung steigern, um dauerhaft die Rentabilität der Geschäftstätigkeit zu erhöhen? *„Auf der Mitarbeiterversammlung sollte ich wirklich eine überzeugende Antwort auf all diese Fragen präsentieren"*, dachte Michael Bongers. Er kehrte an den Schreibtisch zurück und begann seine Analysen.

## 15.2 Aufgaben

1. Führen Sie eine strategische Umweltanalyse durch. Gehen Sie dabei auf die allgemeine Umweltanalyse und die Branchenstrukturanalyse ein. Nutzen Sie für die Branchenstrukturanalyse das Five Forces Modell nach M.E. Porter (2013).
2. Stellen Sie die Wertschöpfungskette für Topfpflanzen und die Vertriebskanäle des Unternehmens GASA Group Germany dar.
3. Erstellen Sie eine Value Activity Map nach M. E. Porter (1996). Erläutern Sie welche Wertaktivitäten für das Unternehmen besonders wettbewerbsrelevant sind.
4. Charakterisieren Sie die inneren und äußeren Rahmenbedingungen der GASA Group Germany in Anlehnung an das Modell von Nadler und Tushman (1989).
5. Auf welcher Stufe des Lebenszyklusmodells (nach Adizes 1979) steht die GASA Group Germany? Welche Herausforderungen ergeben sich daraus für das Unternehmen?
6. Wie bewerten Sie die Struktur und Funktion der Organisation der GASA Group Germany anhand des Goold-Campbell-Tests (Goold und Campbell 2002)?
7. Welche Veränderungen an der formalen Organisation empfehlen Sie GASA Group Germany als Reaktion auf die identifizierten Herausforderungen?
8. Welche konkreten Maßnahmen schlagen Sie vor, um die angesprochenen Veränderungen (Change Mangagement) in der GASA Group Germany einzuleiten? Was müssen Sie bei der Umsetzung dieser Maßnahmen berücksichtigen? Beziehen Sie in Ihren Vorschlag auch die informalen Organisationsmechanismen ein.

▶   **Literaturhinweise zur Aufgabenbearbeitung:**
Adizes I (1979) Organizational passages: Diagnosing and treating lifecycle problems of organizations. Organ Dyn 8(1):3–25
Goold M, Campbell A (2002) Do you have a well-designed organization? Harv Bus Rev 80(3):117–124
Nadler D, Tushman M (1989) Organizational frame-bending: Principles for managing reorientations. Acad Manag J 3(3):194–204
Porter ME (1996) What is strategy? Harv Bus Rev 74(6):61–78
Porter ME (2010) Wettbewerbsvorteile. Spitzenleistungen Erreichen und Behaupten, 7. Aufl. Campus, Frankfurt/Main
Porter ME (2013) Wettbewerbsstrategie. Methoden zur Analyse von Branchen und Konkurrenten, 12. Aufl. Campus, Frankfurt/Main

## Literatur

Agrobusiness Niederrhein (2015) „Natürlich Niederrhein" – bei Zierpflanzen ein Kaufargument?". http://www.agrobusiness-niederrhein.de/cms/front_content.php?idcat=67&lang=1. Zugegriffen: 25. März 2016

AMI (2015) AMI Markt Report, Warenstromanalyse 2014 Blumen, Zierpflanzen und Gehölze. AMI, Bonn

BMEL (2014) Der Gartenbau in Deutschland: Daten und Fakten. Bundesministerium für Ernährung und Landwirtschaft, Bonn

BMEL (2015) Ertragslage Garten- und Weinbau 2015. Bundesministerium für Ernährung und Landwirtschaft, Bonn

BVR (2013) VR Branchen spezial: Einzelhandel mit Blumen und Pflanzen, Bericht Nr. 36. Bundesverband der Deutschen Volksbanken und Raiffeisenbanken, Berlin

DEGA (2011) Ansprüche der Gesellschaft an Umweltschutz und Nachhaltigkeit steigen. http://www.dega-gartenbau.de/Kontakt/Ansprueche-der-Gesellschaft-an-Umweltschutz-und-Nachhaltigkeit-steigen,QUlEPTI0ODU1NjUmTUlEPTUyMDYz.html. Zugegriffen: 25. März 2016

EC (2010) Advisory group flowers and ornamental plants working document. http://ec.europa.eu/agriculture/fruit-and-vegetables/product-reports/flowers/statistics-2010_en.pdf. Zugegriffen: 25. März 2016

GASA Group Germany (2012) Company presentation, unpublished document

GASA Group Germany (2015) Company presentation, unpublished document

GASA Group Germany (2016) Vision. http://www.gasa-germany.com/en/gasa-germany/vision. Html. Zugegriffen: 23. März 2016

Gebreeyesus M, Iizuka M, (2011) Discovery of flower industry in Ethiopia: Experimentation and coordination. Journal of Globalization and Development 2(2), Artikel 5

Ludwig-Ohm S, Dirksmeyer W (2013) Ausgewählte Analysen zu den Rahmenbedingungen und zur Wettbewerbsfähigkeit des Gartenbaus in Deutschland. Thünen Working Paper, Nr. 6. http://nbn-resolving.de/urn:nbn:de:gbv:253-201308-dn052167-6.Zugegriffen: 23. März 2016

LWK NRW (2015) Erwerbsgartenbau in Nordrhein-Westfalen – Gartenbauerhebung 2005. LWK NRW, Bonn

Reifferscheidt P (2016) Successfullness [sic] of corporate sustainability integration in the daily business activities of a German horticultural marketing company, Unpublished Bachelor of Arts thesis, Hochschule Rhein-Waal, Kleve

Schoelen H, Goebel C (2012) Ergebnisse der statistischen Analyse zur Wertschöpfungskette Agrobusiness im Rahmen des INTERREG-Projektes „Grenzüberschreitende Wirtschaftskraft im AgroFood", Interne Projektpräsentation. NIERS, Mönchengladbach

Scholz H (2013) Landwirtschaftlicher Fachbeitrag zum Regionalplan „Düsseldorf" – Daten, Fakten, Entwicklungen der Landwirtschaft im ländlichen, suburbanen und urbanen Raum. Landwirtschaftskammer Nordrhein-Westfalen, Düsseldorf

Tröster B (2015) International: Blumen- und Pflanzenmarkt 2015/2016. Verband des Deutschen Blumen- Groß- und Importhandels (BGI), Straelen

# RENAFAN – Unternehmenskultur als Wettbewerbsvorteil

**16**

Magdalena Stülb und Jennifer Decker

## 16.1 Fallstudie

### 16.1.1 Der beste Arbeitgeber

Es bleibt spannend, 38 Arbeitgeber sind in der nächsten Runde um den Titel *„Bester Arbeitgeber in Berlin-Brandenburg 2016"* im Rahmen des Arbeitgeberwettbewerbs *„great place to work"*. Frau Becker, Leiterin des Pflegedienstes und Herr Deckert, Personalleiter von RENAFAN drücken die Daumen. Das Jurymitglied tritt an das Mikrophon und verkündet das Votum:

> „Liebe Teilnehmer, liebe Gäste. Die anonyme Befragung der Mitarbeiter liegt nun vor. Wir haben Angaben zur Arbeitsplatzkultur, Willkommenskultur, Teamgeist und kompetenten Führungskräften erhoben. Wir hätten es nicht erwartet, aber ausgezeichnete Arbeitsplatzkultur ist auch in der Pflege möglich. Fast 100 % Zustimmung bei den Mitarbeitern in der Befragung. Herzlichen Glückwunsch, der Titel geht an RENAFAN."

Frau Becker ist glücklich. Sie freut sich, dass Ihre offene und vertrauensvolle Gesprächskultur von den Mitarbeitern wahrgenommen und geschätzt wird. Herr Deckert ist froh, dass gezielte Personalentwicklungsmaßnahmen, Unterstützungsangebote und das

---

M. Stülb (✉)
Hochschule Koblenz/ Campus Remagen, Joseph-Rovan-Allee 2, 53424 Remagen, Deutschland
e-mail: stuelb@hs-koblenz.de

J. Decker
FH Dortmund, Emil-Figge-Str. 44, 44227 Dortmund, Deutschland
e-mail: jennifer.decker@fh-dortmund.de

Einräumen weiter Entscheidungs- und Gestaltungsspielräume nun Früchte tragen und zu einem tollen Betriebsklima führen. Dieser Erfolg wird auch durch die Tatsache begleitet, dass es RENAFAN als eines der wenigen Unternehmen in der Pflege gelingt, Mitarbeiter zu gewinnen und dauerhaft im Unternehmen zu halten.

Am Nachmittag erhält Herr Deckert einen Anruf einer großen Tageszeitung aus Nordrhein-Westfalen mit der Bitte um ein Interview. Viele Unternehmen schaffen es nicht, Fachkräfte zu generieren und vor allem zu halten. Die Zeitung ist neugierig geworden aufgrund der Preisverleihung und möchte wissen, wie es dem Unternehmen in einem Anbietermarkt und noch dazu in der Pflege gelingt, Mitarbeiter für sich zu motivieren und zu generieren. Konkret vermutet die Zeitung eine Ursache im Umgang mit Diversität im Unternehmen und bittet, um eine Stellungnahme.

In Vorbereitung auf das Interview bittet Herr Deckert sein Team, die Eckdaten des Unternehmens zusammenzustellen.

### 16.1.2 Unternehmensprofil

Im Jahre 1995 – dem Einführungsjahr der Sozialen Pflegeversicherung in Deutschland – gründeten Renate Günther und Shaodong Fan einen Pflegedienst mit fünf Mitarbeitern in Berlin, die RENAFAN GbR. Innerhalb der vergangenen 20 Jahre entwickelte sich dieses Unternehmen zu einem der größten Dienstleister im Pflegebereich in Deutschland.

Organisatorisch besteht die RENAFAN Group heute aus verschiedenen Tochterunternehmen und einer Dachgesellschaft, der RENAFAN Holding GmbH mit Sitz in Berlin, die zentrale Verwaltungsaufgaben wahrnimmt. Die Holding steuert von dort aus wesentliche unternehmerische Aufgaben wie z. B. das Vertragsmanagement, die Unternehmensentwicklung, sämtliche Marketing- und Kommunikationsaufgaben und den immer wichtiger werdenden Bereich der Personalstrategie. Hierzu gehören eine strukturierte Personalentwicklung, alle Aktivitäten des Personalmarketings (Employer Branding), Maßnahmen der Mitarbeiterfindung und -bindung sowie klassische Personalverwaltungsaufgaben.

RENAFAN beschäftigt heute ca. 3100 Mitarbeiter an mehr als 50 Standorten im gesamten Bundesgebiet. Von Jahr zu Jahr wächst das Unternehmen beständig weiter: 2013 lag der Umsatz bei ca. 70 Mio. Euro, 2014 bereits bei ca. 80 Mio. Darüber hinaus verfolgt das Unternehmen auch eine internationale Strategie mit einem Standort in China (siehe Abb. 16.1).

Im Folgenden werden hauptsächlich die RENAFAN GmbH, RENAFAN Omnicare gGmbH und die gGIS mbH betrachtet, da anhand dieser Unternehmen das Thema der Fallstudie am Beispiel der Pflegefachkräfte entwickelt wird.

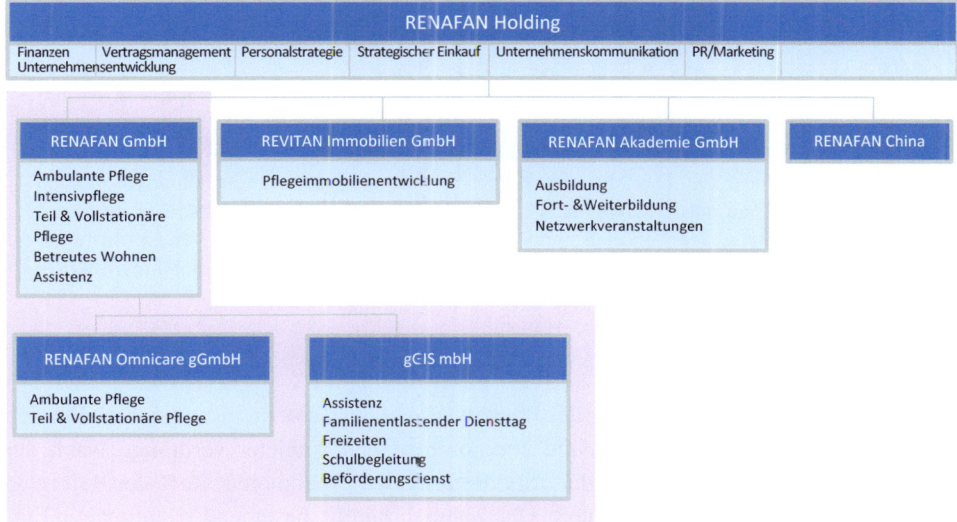

**Abb. 16.1** Unternehmensstruktur (Quelle: RENAFAN)

### 16.1.3 Wettbewerb

Die Situation auf dem Pflegemarkt stellt sich grundsätzlich als Verkäufer-/Anbieter Markt dar. Die Nachfrage ist derzeit größer als das Angebot. Dennoch ist der Markt durch zunehmenden Wettbewerb auf der Anbieterseite gekennzeichnet. Dies bestätigt auch eine von Ernst & Young veröffentlichte Studie. Staatliche Reglungen begrenzen und setzen Barrieren. Für kleinere Unternehmen wird es zunehmend schwieriger im Wettbewerb zu bestehen, da die Einhaltung rechtlicher Vorgaben mit teilweise hohem finanziellem Aufwand verbunden ist. Der Markt besteht aus privaten, freigemeinnützigen und öffentlichen Trägern. Dabei besitzen die freigemeinnützigen und privaten Träger die größten Marktanteile. Die öffentlichen Träger spielen eine untergeordnete Rolle und werden voraussichtlich in Zukunft weitere Anteile verlieren.

> **Pflegemarkt in Deutschland**
> Der Pflegemarkt wird in ambulante, teil- und vollstationäre Pflege untergliedert, ist in den letzten zehn Jahren um 30 % gewachsen und weist laut statistischem Bundesamt ein Gesamtmarktvolumen von ca. 30 Mrd. EUR auf. Der Anstieg der Pflegebedürftigen aufgrund der demografischen Entwicklung um 25 % auf etwa 2,9 Mio. Pflegebedürftige im Jahr 2020 wird zu einem weiteren Wachstum führen. 2013 bestanden in Deutschland 12.700 zugelassene ambulante Pflegedienste. Davon befand sich die Mehrzahl in privater Trägerschaft (64 %); der Anteil freigemeinnütziger Träger betrug 35 % und der Anteil der öffentlichen Träger 1 %. Im Bereich der stationären Pflege betrug die Anzahl der nach SGB XI zugelassenen voll- bzw. teilstationären Pflegeheime bundesweit rund 13.000. Die Mehrzahl der Heime (54 %) befand

sich in freigemeinnütziger Trägerschaft (z. B. DIAKONIE); der Anteil der privaten Einrichtungen betrug 41 % – dieser liegt somit niedriger als im ambulanten Bereich. Öffentliche Träger haben, wie im ambulanten Bereich, den geringsten Anteil von 5 %. Der Pflegemarkt ist durch besondere Marktgegebenheiten und einem speziellen Marktumfeld gekennzeichnet. Vor allem staatliche Reglementierungen stellen Markteintrittsbarrieren, insbesondere für ausländische Investoren dar. Der Markt ist durch eine „*schwierige*" Personalsituation geprägt. Aufgrund gesetzlich vorgeschriebener Personalschlüssel ist ein strategisches und erfolgreiches Personalmanagement für die Betreibergesellschaften einer der wichtigsten Erfolgsfaktoren. Zukünftig wird sich der Wettbewerb um Pflegekräfte unter den Marktteilnehmern weiter intensivieren. (Quelle: Pflegestatistik 2013)

Anzeichen für eine Konsolidierung des Pflegemarktes sind sichtbar. Im stationären Bereich werden bereits heute kleinere Heime übernommen und Anbieter verdrängt. Nach der Studie von Ernst & Young plant jeder dritte Betreiber zu expandieren: 32 % der Befragten durch Neueröffnung und 15 % durch Übernahmen bereits bestehender stationärer Einrichtungen. Besonders expandier-freudig zeigen sich auch hier die freigemeinnützigen und privaten Trägerschaften von mittleren und größeren Betriebseinheiten. Der Konzentrationsprozess wird von den tendenziell größeren Betreibern vorangetrieben. Kleineren Marktteilnehmern fehlen neben der Managementkompetenz auch die finanziellen Mittel. Der stationäre Markt ist in Deutschland sehr kleinteilig und undurchsichtig. Im ambulanten Bereich lässt sich eine Rangordnung der 10 größten Pflegedienstbetreiber darstellen. RENAFAN belegt dort derzeit Platz 3. Das Unternehmen plant eine weitere Expansion und beteiligt sich an der Konsolidierung des Marktes.

Der Erfolg der Unternehmen wird in Zukunft vor allem davon abhängen, wie gut Betreiber auf Kundenbedürfnisse eingehen. Dabei spielt die Diversifikation und Qualität des Angebotes eine entscheidende Rolle. Für ein qualifiziertes Angebot benötigen die Dienstleister Personal, das über entsprechende fachliche Qualifikationen im Pflegebereich verfügt. Bereits heute besteht ein starker Konkurrenzkampf um geeignete Mitarbeiter am Markt (siehe Abb. 16.2).

| Position | Unternehmen | Firmensitz | Standorte | Patienten (ambulant) | Umsatz in Mio. € (ambulant) |
|---|---|---|---|---|---|
| 1 | Bonitas Holding GmbH & co. KG | Herford | 45 | 2400 | 170 |
| 2 | Deutsche Fachpflege Holding GmbH | München | 21 | 850 | 110 |
| 3 | RENAFAN GmbH | Berlin | 23 | 1600 | 75 |
| 4 | Pflegewerk Managementgesellschaft mbH | Berlin | 10 | 1000 | 50 |
| 5 | Augustinum gemeinnützige GmbH | München | 23 | 2200 | 45 |
| 6 | Advita Pflegedienst GmbH | Berlin | 22 | 1500 | 27 |
| 7 | Pflegebüro Bahrenberg GmbH | Lünen | 19 | 1900 | 17 |
| 8 | KORIAN Gruppe | München | 22 | 1100 | 15 |
| 9 | KWA Kuratorium Wohnen im Alter gemeinnützige AG | Unterhaching | 17 | 850 | 10 |
| 10 | Evangelische Heimstiftung | Stuttgart | 15 | 1000 | 8 |

**Abb. 16.2** Die 10 größten Pflegedienstbetreiber 2015 in Deutschland nach Umsatz im ambulanten Bereich, (Quelle: Sebastian Meißner, pflegedatenbank.com)

## 16.1.4 Geschäftsbereiche

RENAFAN ist in ambulanten und stationären Geschäftsbereichen aktiv. Mit der ambulanten Altenpflege ist das Unternehmen an 20 Standorten in Deutschland vertreten. Neben der Grund- und Behandlungspflege im häuslichen Umfeld leisten die Mitarbeiter hauswirtschaftliche Hilfe und unterstützen pflegende Angehörige. Im Bereich der ambulanten Intensivpflege versorgt RENAFAN Intensivpflegepatienten zuhause oder in Wohngemeinschaften. Zusätzlich wird betreutes Wohnen für Senioren an fünf Standorten in Deutschland angeboten. RENAFAN hat in den vergangenen zehn Jahren bundesweit zehn Seniorenheime unter dem Markennamen „*ServiceLeben*" eröffnet, sodass das Unternehmen auch im Bereich stationäre Altenpflege vertreten ist. Die Pflegeeinrichtungen beinhalten Angebote für Demenzerkrankte sowie für die Tagespflege. Als letzter Bereich gehört die Assistenz für behinderte Menschen zu dem Leistungsspektrum von RENAFAN. Dieser beinhaltet die individuelle Betreuung von Menschen, die durch Behinderung oder Krankheit vorübergehend oder dauerhaft auf Assistenz (z. B. Schul- und Studienbegleitung, Haushaltshilfe oder Reiseassistenz) angewiesen sind (siehe Abb. 16.3). Das Unternehmen verfolgt den Ansatz, dass Kunden so lange wie möglich in den eigenen vier Wänden gepflegt werden sollen. Dazu entwickelt das Unternehmen innovative Wohnformen. Nachteil der ambulanten Pflege ist der relativ hohe Personalbedarf, im Vergleich zur stationären Pflege. RENAFAN ist Pflegedienstleister und in seiner Geschäftstätigkeit auf geeignetes Personal angewiesen. Mitarbeiter müssen neben der körperlichen Eignung (schweres Heben beispielsweise durch Umbetten) auch psychisch stark belastbar sein, da Sie täglich mit kranken und pflegebedürftigen Menschen konfrontiert sind. Die Mitarbeiter sind die wichtigste Ressource des Unternehmens.

| Pflege und Versorgung im Alter | Intensivmedizinische Versorgung |
|---|---|
| - Ambulante Pflege<br>- Betreutes Wohnen<br>- Betreute Wohngemeinschaften für Menschen mit Demenz<br>- Pflegeheime<br>- Tagespflege<br>- Kurzzeitpflege<br>- Verhinderungspflege | - Assistenz<br>- Intensivpflege für schwerstpflegebedürftige Menschen<br>- Intensivpflege für Kinder |

**Abb. 16.3** Geschäftsbereiche (Quelle: RENAFAN)

## 16.1.5 Kunden

RENAFAN strebt ein kontinuierliches Wachstum an. Das Unternehmen konnte die Anzahl der Kunden im Jahre 2015 steigern. Insgesamt betreut das Unternehmen 7083 Kunden. Bei diesen handelt es sich um pflegebedürftige Menschen. Dabei zahlen die Kunden in den meisten Fällen nicht selbst für die von RENAFAN in Anspruch genommene Dienstleistung. Somit ergibt sich ein Verhältnis zwischen Kostenträger zu Leistungsempfänger in Form eines Versicherungsverhältnisses, zwischen Dienstleister und Kostenträger in Form der Abrechnung der Dienstleistungen und zwischen Dienstleister und Leistungsempfänger in Form der erbrachten Dienstleistung an den Pflegebedürftigen (siehe Abb. 16.4).

RENAFAN bietet seine Leistungen auf Basis der gesetzlichen Regelungen an. Wichtige Stakeholder sind somit die Kranken- und Pflegekassen, da diese als Kostenträger für erbrachte Leistungen aufkommen. 80 % der Kunden sind über die AOK sowie den Verbund der Ersatzkassen versichert. Beide Kassen sind wichtigste Partner des Unternehmens. Die Abb. 16.5 zeigt die Verteilung der Kassen als Kostenträger in Prozent.

Das angebotene Leistungsspektrum der RENAFAN Group orientiert sich konkret an den gesetzlichen Vorschriften des 5. Sozialgesetzbuches (SGB V) und des 11. Sozialgesetzbuches (SGB XI). Leistungen nach diesen Büchern werden von den gesetzlichen Krankenkassen (SGB V) und Pflegekassen (SGB XI) übernommen (siehe Abb. 16.6).

**Abb. 16.4** Übersicht Kostenträger, Leistungsempfänger und Dienstleister (Quelle: RENAFAN)

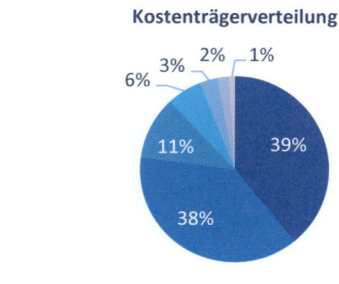

**Abb. 16.5** Kostenträgerverteilung bei RENAFAN (Quelle: RENAFAN)

| Ansprüche nach SGB V: | Ansprüche nach SGB XI: |
|---|---|
| Häusliche Krankenpflege | Pflegegeld |
| Haushaltshilfen | Pflegesachleistungen |
| Heil- und Hilfsmittel | Verhinderungs-und Kurzzeitpflege |
| Kuren | Verbrauchs- und Hilfsmittel zur Pflege |

**Abb. 16.6** Ansprüche nach Sozialgesetzbüchern (Quelle: RENAFAN)

Die unterschiedlichen Leistungsspektren sind in Abb. 16.7 und 16.8 dargestellt. Um Leistungen der Pflegekasse zu erhalten ist es notwendig, dass die Kunden einer Pflegestufe zugeordnet werden. Die Pflegestufe gibt an, in welchem Umfang (Zeit, Intensität) der Kunde pro Tag Pflegebedarf hat. Dabei wird zwischen Grundpflege (Körperpflege, Ernährung, Mobilität) und hauswirtschaftlicher Versorgung (z. B. Einkaufen, Kochen, Aufräumen u. a.) unterschieden. Die Pflegestufe wird durch GutachterInnen des Medizinischen Dienstes der Krankenversicherung (MDK) festgestellt. Leistungen der Pflegeversicherung werden als Geldleistung, Sachleistung oder Kombinationsleistung gewährt. Dabei darf der Pflegebedürftige zwischen den Leistungen selbst auswählen. RENAFAN hat das Leistungsangebot an die gesetzlichen Leistungen angelehnt und berät Kunden,

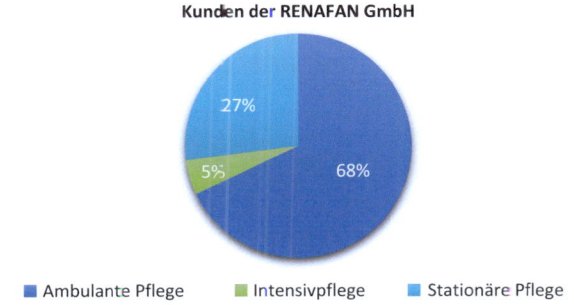

**Abb. 16.7** Kunden der gGIS mbH im Assistenzbereich (Quelle: RENAFAN)

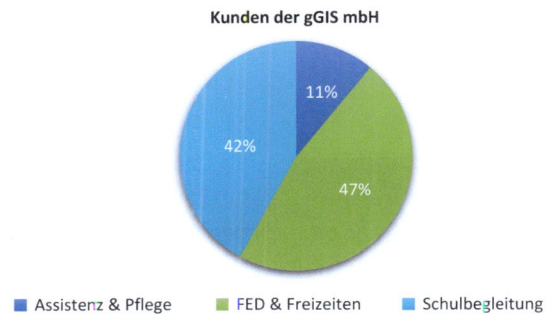

**Abb. 16.8** Kunden der RENAFAN (Quelle: Jahresbericht RENAFAN)

welche Ansprüche bestehen und welche Leistungen dementsprechend von RENAFAN genutzt werden können. Die folgenden Grafiken zeigen Verteilung der Kunden in den unterschiedlichen Bereichen der Pflege bei RENAFAN. Neben Leistungen, die aufgrund der Pflegestufe von den Kassen übernommen werden, können zusätzliche Bedarfe nach Leistungen entstehen, deren Kosten nicht von den Kassen getragen werden. In diesen Fällen ist einen Eigenanteil von den Kunden zu tragen. Grundsätzlich ist die Aussage zu treffen, dass die Höhe der Leistung durch die Kranken- und Pflegekassen bei höherer Pflegestufe zunimmt. Neben der Höhe der Leistung steigt jedoch auch der personelle Aufwand durch die Mitarbeiter. Pflegebedürftige mit Pflegestufe 3 müssen oftmals rund um die Uhr betreut werden, sodass mehrere Mitarbeiter für die Betreuung einzelner Personen eingesetzt werden. Gerade in diesen Situationen ist es notwendig, dass Mitarbeiter gut aufeinander eingespielt sind und sich flexibel in Situationen einfügen können. Dazu ist neben der persönlichen Belastbarkeit das Funktionieren im Team wichtigste Herausforderung.

Die Abb. 16.9 zeigt die prozentuale Verteilung der unterschiedlichen Pflegestufen bei den Kunden. Dabei wird deutlich, dass nur ein geringer Anteil der Kunden keine Pflegestufe besitzt.

Die Pflegebedarfe der Kunden von RENAFAN gehen auf verschiedene Erkrankungen zurück, deren Symptome und Auswirkungen die Selbständigkeit einschränken und eine Pflegebedürftigkeit begründen. Die häufigste Ursache für Erkrankungen stellen Herz-Kreislauf-Erkrankungen mit einem Anteil von 50 % dar. Daneben bilden Stoffwechselerkrankungen, Erkrankungen der Gelenke und des Bewegungsapparates und Gefäßerkrankungen die Gruppe der häufigsten Krankheitsbilder. Abb. 16.10 zeigt eine Übersicht der unterschiedlichen Erkrankungen in den Bereichen der Pflege aus dem Jahre 2015 im Unternehmen.

Neben der Pflege durch Erkrankung ist Pflege im Alter wichtigster Faktor für die Pflegebedürftigkeit. Dabei korreliert die Pflegebedürftigkeit stark mit der Zunahme des Alters. Insgesamt ist festzustellen, dass Menschen mit zunehmendem Alter mit höherer

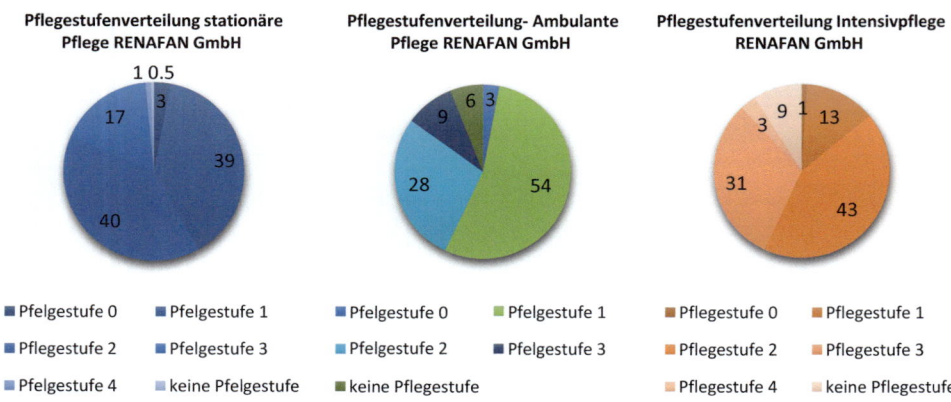

**Abb. 16.9** Pflegestufenverteilung nach Bereichen in Prozent (Quelle: Jahresbericht RENAFAN)

| Erkrankung | Ambulante Pflege | Pflege | Intensiv pflege |
|---|---|---|---|
|  | 12% | 25% | 81% |
| Neuromuskuläre Erkrankungen | 2% | 3% | 15% |
| Thorax | 3% | 6% | 4% |
| Herz-Kreislauf-Erkrankungen | 37% | 77% | 65% |
| Genetische Defekte | 1% | 1% | 4% |
| Gefäßerkrankungen | 23% | 29% | 24% |
| Erkrankungen der Nieren und Harnwege | 13% | 42% | 25% |
| Hirnerkrankungen | 13% | 36% | 47% |
| Stoffwechselerkrankungen | 32% | 50% | 40% |
| Tumorerkrankungen | 18% | 15% | 15% |
| Psychische Erkrankungen | 32% | 50% | 40% |
| Infektionskrankheiten | 4% | 10% | 51% |
| Nervenerkrankungen | 9% | 19% | 25% |
| Traumata | 8% | 25% | 9% |
| Demenzerkrankungen | 16% | 50% | 5% |
| Erkrankungen der Gelenke/des Bewegungsapparates | 22% | 41% | 9% |
| Erkrankungen des Auges | 5% | 9% | 6% |
| Erkrankungen des Ohrs | 2% | 4% | 1% |
| Erkrankungen des Verdauungs systems | 7% | 22% | 18% |

**Abb. 16.10** Erkrankungen nach Pflegebereichen, (Quelle: RENAFAN)

Wahrscheinlichkeit pflegebedürftig werden. Beispielsweise waren im Jahre 2009 von den 70–75 Jährigen 5 % pflegebedürftig. Im Vergleich dazu ist bei den über 90 Jährigen eine Quote von bereits 59 % zu verzeichnen. Im Zuge des demographischen Wandels der Bevölkerung und der steigenden Lebenserwartung in Deutschland ist daher auch in Zukunft mit einer stark wachsenden Zahl an Pflegebedürftigen zu rechnen. Daten des Statistischen Bundesamtes prognostizieren eine Erhöhung der Anzahl der Pflegebedürftigen (siehe Abb. 16.11).

Kritisch bemerkt sei jedoch, dass die Höhe des Anstiegs nicht sicher geschätzt werden kann, da neben der demografischen Entwicklung, weitere Einflussfaktoren die

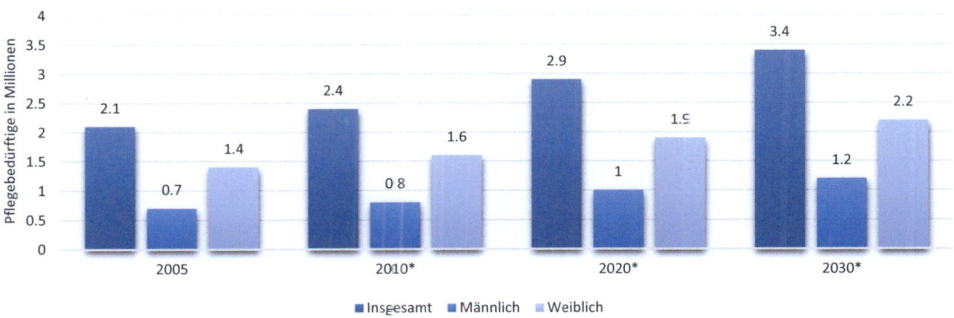

**Abb. 16.11** Entwicklung der Anzahl von Pflegebedürftigen in Deutschland nach Geschlecht in den Jahren von 2005 bis 2030 (in Millionen) (Quelle: Statistisches Bundesamt; ID 157217)

Pflegebedürftigkeit beeinflussen. Solche Faktoren wie medizinischer und technischer Fortschritt, veränderter Lebenswandel sowie soziologische Strukturen sind nicht eindeutig prognostizierbar.

### 16.1.6 Mitarbeiterinnen und Mitarbeiter

*„Ich denke, dass man immer ein wenig anders sein muss, um bei RENAFAN zu arbeiten. Mitunter halten sich unsere Mitarbeiter selbst für ein bisschen verrückt. Doch in dieser Verrücktheit sehe ich die Genialität dieses Unternehmens."* Renate Günther, Mitbegründerin der RENAFAN Group.

Die Mitarbeiter von RENAFAN sind wesentliche Ressource und wichtigster Wettbewerbsfaktor für das Unternehmen. Im Pflegemarkt Personal zu akquirieren und im Unternehmen zu halten ist eine ständige Herausforderung. Insgesamt arbeiten 3100 Menschen für RENAFAN. Dabei stiegen Umsatz, Anzahl der Standorte und Mitarbeiter proportional. RENAFAN beschäftigt in der stationären Pflege 44 % der Mitarbeiter, 24 % in der ambulanten Pflege sowie 27 % Mitarbeiter sind in der Intensivversorgung tätig. Die zentralen Verwaltungsbereiche der RENAFAN und der gGIS folgen den Prinzipien des Lean Management. Personal ist für ein Bestehen auf dem Pflegemarkt unerlässlich. In der Pflegebranche ist es aktuell schwer, geeignetes Fachpersonal zu akquirieren. Gründe darin liegen unter anderem in der geringen Attraktivität des Pflegeberufes bei jungen Menschen aber auch in gesundheitspolitischen Rahmenbedingungen und demografischen Entwicklungen.

**Arbeitsprofil Pflege**
Die Zahl der Pflegebedürftigen nimmt stetig zu (Anstieg in 2013 um 30 %). Gleichzeitig ist der starke Fachkräftemangel im Bereich der Pflege eine zunehmende Herausforderung. Immer weniger Menschen in Deutschland in den Bereichen Gesundheits- und Krankenpflege und Altenpflege sind arbeitslos gemeldet. Die Zahl der freien Stellen hingegen steigt stark. Auf 100 gemeldete Stellen (außerhalb der Zeitarbeit) kommen in 2015 rechnerisch 46 arbeitslose Pflegefachkräfte. Einer Studie des Wirtschaftsforschungsunternehmens RWI aus dem Jahr 2013 zufolge könnten bis 2020 in Deutschland 84.000 Pflegefach- und -hilfskräfte fehlen. Bereits jetzt fehlen mindestens 10.000 Pflegekräfte im Bereich der Krankenhäuser, Kliniken und Pflegeeinrichtungen. Darüber hinaus geht die Zentrale Auslands- und Fachvermittlung (ZAV) von einer erheblichen Dunkelziffer (bis hin zu 30.000) aus. Der Fachkräftemangel ist für viele Unternehmen in der Pflegebranche ein großes Problem, da er dem Wachstum der Unternehmen teilweise enge Grenzen setzt und damit einen erheblichen Wettbewerbsfaktor darstellt. Die Arbeit in der Pflege ist geprägt von einem hohen Maß an Verantwortung sowie körperlicher und seelischer Belastung. Obwohl Pflegeberufe ein hohes soziales

Ansehen genießen, gelten sie aus verschiedenen Gründen als wenig attraktiv. Neben Arbeitszeiten im Schichtdienst ist das Gehalt niedrig. Abbildung 16.12 zeigt dazu eine Übersicht der Bruttojahresverdienste. In einer Studie von Ernst & Young haben Befragte folgende Gründe angegeben, warum Sie den Beruf im Bereich der stationären Pflege als unattraktiv einstufen:

- geringe Bezahlung
- körperlich anstrengende, arbeitsintensive und mental belastende Tätigkeit
- kaum große Unternehmen, sondern viele kleine und mittlere Betriebe, die oft geringere Aufstiegschancen bieten und weniger Mittel für die Aus- und Weiterbildung ihrer Mitarbeiter aufwenden können
- kaum attraktive Arbeitgeber – z. B. mit familienfreundlichen Arbeitszeitmodellen, Karrieremöglichkeiten, guter Bezahlung, Weiterbildungsangeboten u. Ä.
- insgesamt ein eher karitatives und damit weniger gewinnorientiertes Image der Pflege ohne gute Verdienst- und Aufstiegsmöglichkeiten (Lennartz P, Kersel H, 2011).

Unternehmen, denen es gelingt Mitarbeiter erfolgreich zu akquirieren und zu binden, besitzen gegenüber ihren Wettbewerbern einen entscheidenden Vorteil. Der Pflegemarkt ist ein Anbietermarkt und die Zahl der Pflegebedürftigen wächst stetig und bietet Chancen für Expansion. Die Rekrutierung und das Halten von Mitarbeitern ist dabei Kernelement des künftigen Unternehmenserfolges und wichtige Voraussetzung für Wachstum.

RENAFAN stellt sich den Herausforderungen im Personalmanagement strategisch. Das Unternehmen begegnet dem Fachkräftemangel mit umfangreichen Maßnahmen der Mitarbeiterführung und -bindung. Die Personalstrategie fußt dabei im Wesentlichen auf den zwei folgenden Aspekten:

Der Anwerbung/Gewinnung von ausländischen Fachkräften und der gezielten Nachwuchsförderung im Sinne der Aus- und Weiterbildung im Inland. RENAFAN forciert die Rekrutierung im Ausland, da der Mangel an Fachkräften mit Anwerbungen im Inland für das Unternehmen nicht zu decken ist. Einen Schwerpunkt bilden dabei die ehemaligen Jugoslawischen Teilrepubliken Bosnien-Herzegowina, Serbien und Kroatien. Abb. 16.13 zeigt den prozentualen Anteil der Einstellungen von ausländischen Fachkräften. Dieser steigt stetig und liegt im Jahre 2015 bei 20,4 %.

|  | Unteres Quartil | Median | Oberes Quartil | Durchschnittlicher Brutto-Jahresarbeitslohn in BRD |
|---|---|---|---|---|
| Gesamt | 22753€ | 27025€ | 31481€ | 32643€ |
| Frauen | 22500€ | 26638€ | 31363€ | - |
| Männer | 23727€ | 28200€ | 32438€ | - |
| 25 Jahre | 23248€ | 26387€ | 30000€ | - |
| 35 Jahre | 23578€ | 27826€ | 31481€ | - |
| 45 Jahre | 21795€ | 26881€ | 32388€ | - |

**Abb. 16.12** Durchschnittlicher Bruttojahresverdienst von Altenpflegern in Deutschland im Jahr 2015 in Euro (Quelle: Personal Markt; ID 216547)

| Jahr | Anteil in % |
|---|---|
| 2010 | 5,1% |
| 2011 | 5,6% |
| 2012 | 11,3% |
| 2013 | 9,2% |
| 2014 | 17,6 % |
| 2015 | 20,4 % |

**Abb. 16.13** Prozentualer Anteil der Einstellungen von ausländischen Fachkräften (Quelle: RENAFAN)

Die Anwerbung im Ausland birgt allerdings besondere Herausforderungen. So können durch Einstellung von ausländischen Fachkräften einerseits Personallücken geschlossen werden. Andererseits muss das Unternehmen hierbei wesentlich mehr in Einarbeitung und Integration investieren. Neben rechtlichen Anforderungen wie den Gleichwertigkeitsprüfungen durch entsprechende Landesstellen, aufenthaltsrechtlichen Aspekten und dem Nachweis von Deutschkenntnissen (in der Regel wird das Niveau B2 des Gemeinsamen Europäischen Referenzrahmens verlangt) stellen auch kulturelle Unterschiede Herausforderungen für das Unternehmen dar. Durch die Einstellung ausländischer Mitarbeiter treffen im Unternehmen Menschen mit unterschiedlicher beruflicher und gesellschaftlicher Sozialisation aufeinander. Werden häufig zunächst die Sprachbarrieren als größte Hürde wahrgenommen, so zeigen sich meist bald viele weitere Bereiche, in denen unterschiedliche Einstellungen und Herangehensweisen sichtbar werden. Themen wie die Gestaltung der Teamarbeit, der Umgang zwischen den Berufsgruppen, Kommunikationsstrukturen und -stile oder der Umgang mit Patientinnen und Patienten müssen besprochen, Haltungen reflektiert und gemeinsame Wege ausgehandelt werden. Die neuen Mitarbeiter müssen sich auf eine neue Arbeitsumgebung einlassen und die bisherigen Mitarbeiter auf neue Formen der Zusammenarbeit. Von zentraler Bedeutung ist hier gegenseitiger Respekt und Wertschätzung. Denn ohne Einbettung in soziale Strukturen besteht die Gefahr, dass ausländische Mitarbeiter das Unternehmen nach kurzer Zeit wieder verlassen und zurück in ihr Heimatland kehren. Ohne Akzeptanz durch die bestehenden Mitarbeiter ist eine Aufnahme der ausländischen Neuankömmlinge nicht möglich. Gerade in der Pflege sind eine enge Abstimmung unter den Mitarbeitern und eine gute Teamarbeit unabdinglich. Eine weitere Herausforderung der Integration ausländischer Pflegefachkräfte ist die Akzeptanz durch die zu Pflegenden. Nicht immer trifft das Personal auf Offenheit, auch hier können ausländische Pflegekräfte auf Vorbehalten oder gar Ablehnung stoßen. Dies bedarf der besonderen Unterstützung durch den Arbeitgeber. Vor allem Führungskräfte tragen hier große Verantwortung. Die Integration ausländischer Mitarbeiter stellt eine deutliche Herausforderung dar, der sich das Unternehmen RENAFAN bewusst ist und der es erfolgreich begegnet (siehe dazu *Diversity Management*).

## Diversity Management

Diversity bedeutet Vielfalt. Die Vielfalt in Bezug auf Belegschaften von Unternehmen lässt sich in verschiedenen Dimensionen darstellen. Als sog. Kerndimensionen gelten: Alter, Behinderung, sexuelle Orientierung, Geschlecht, kulturelle/ethnische Identität, Religion/Weltanschauung.

Diversity Management ist ein Prozess der strategischen Personal- und Organisationsentwicklung in Unternehmen. Ein professionelles Diversity Management nimmt die Vielfalt der Belegschaft aktiv wahr und begreift sie als Chance für das Unternehmen (Amstutz und Müller 2013, S. 361). Ziel des Diversity Managements ist es, die Unterschiedlichkeit von Mitarbeitenden im Unternehmen so zu fördern, dass diese ihre individuellen Fähigkeiten entfalten können. Unternehmen versuchen daher Bedingungen zu schaffen, die es den Mitarbeitenden „*in einem diskriminierungsfreien Arbeitsumfeld ermöglichen, ihre Leistungsfähigkeit zu entfalten.*" (Stangel-Meseke et al. 2013, S. 146). In der Regel führen Unternehmen Diversity-Maßnahmen schrittweise und in Bezug auf ausgewählte Dimensionen ein. Laut Roland Berger Strategy Consultants implementieren Firmen insbesondere Programme zur Förderung bestimmter Mitarbeitergruppen, beispielsweise von Frauen, älteren Mitarbeitenden oder Kolleginnen und Kollegen ausländischer Herkunft siehe (Abb. 16.14). Insgesamt ist es schwierig, den Nutzen von Diversity Management zu quantifizieren, da zwischen den eingeführten Diversity-Maßnahmen keine einfachen Ursache-Wirkungs-Beziehungen bestehen. Eine Studie von McKinsey & Company Inc. von 2011 zeigt jedoch auf, dass personelle Vielfalt in Organisationen zu eindeutigen ökonomischen Effekten führt.

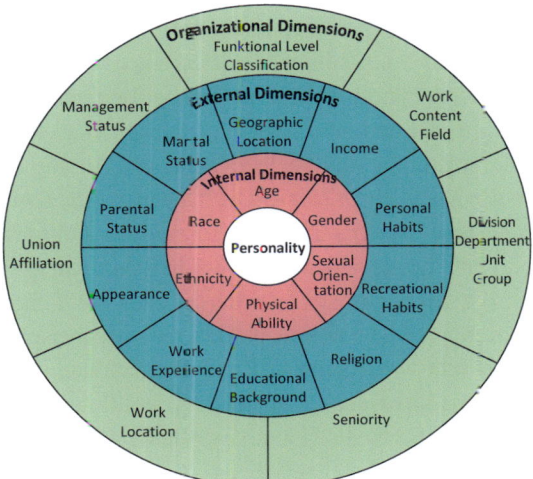

**Abb. 16.14** Dimensionen von Diversität (Quelle http://www.charta-der-vielfalt.de)

> **Wirtschaftliche Argumente für Diversity Management**
> Amstutz und Müller (2013, S. 365) fassen den wirtschaftlichen Nutzen von Diversity Management für Unternehmen wie folgt zusammen:
> - Verbesserung der Unternehmenskultur,
> - Verbesserung der Produktivität dank der in der Produktentwicklung geförderten Innovation und Kreativität,
> - Verbesserung von Marketing und Kundenorientierung durch Erweiterung der Absatzmärkte,
> - Verbesserung der Personalentwicklung, indem gezielt Ressourcen und Potenziale der Mitarbeitenden erkannt und gefördert werden. Erhöhung der Motivation und Senkung der Fluktuation,
> - Verbesserung der Personalgewinnung durch offenere Rekrutierung und höhere Arbeitgeberattraktivität,
> - Verbesserung der Imagewirkung nach außen.

Grundlage für den Erfolg von RENAFAN ist eine gelebte Willkommenskultur an den verschiedenen Standorten im Bundesgebiet und eine verantwortungsvolle Betreuung. Neue Mitarbeiter werden engmaschig begleitet und jede neue Fachkraft wird individuell durch die Personalabteilung unterstützt. Konkret bedeutet dies die Organisation von Deutsch-Kursen, Beschaffen von Wohnungen und Unterstützen bei Behördengängen. Die enge Begleitung der neuen Mitarbeiter hilft beim Ankommen und gibt Halt in einer neuen Umgebung.

Das Unternehmen setzt dabei auf kompetente Führungskräfte, die Toleranz und Offenheit vorleben und einfordern. Führungskräfte sind dabei Leitungskräfte von den verschiedenen Pflegeeinrichtungen und den unterschiedlichen Stationen. RENAFAN investiert in die Kompetenz der Führungskräfte und begleitet diese von Anfang an durch gezielte Programme wie *„Neu in der Rolle als Führungskraft"* oder *„Mein Team leiten und führen"*. Seit dem Jahre 2011 bestehen im Unternehmen formulierte Führungsgrundsätze, die für die Führungskräfte und ihre Teams gelten und diese in ihrem Alltag leiten sollen. Darüber hinaus finden regelmäßig Meetings statt, in denen sich die Führungskräfte für einen Erfahrungsaustausch treffen und Probleme diskutieren, wie beispielsweise Aspekte der Führungsgrundsätze und ihre Umsetzung in Konfliktsituationen. Neben internen Treffen werden Führungskräften externe Coaches zur Seite gestellt, um besonderen Konfliktsituationen begegnen zu können. RENAFAN legt besonderes Augenmerk auf Team und Mitarbeiterkultur und bietet dazu regelmäßige Inhouse-Veranstaltungen an beispielsweise mit dem Titel *„Zusammenarbeit gestalten"*. Zusätzlich fördert das Unternehmen den Austausch zwischen Mitarbeitern und Führungskräften durch ein Mitarbeiterfeedback. Die umfangreichen Maßnahmen gelten dabei nicht nur für die ausländischen Mitarbeiter, sondern werden umfänglich auf allen Ebenen der Mitarbeiterführung angewendet. Neben der Anwerbung von Mitarbeitern im Ausland wirbt das Unternehmen auch Mitarbeiter im Inland an. In

Deutschland gilt in vielen Bereichen noch der Grundsatz den „*non-plus-ultra*" Mitarbeiter mit einem hervorragenden Lebenslauf und überdurchschnittlichen Noten für das Unternehmen zu gewinnen. RENAFAN hat erkannt, dass eine solche Personalpolitik nicht zum Erfolg führen wird. Es setzt auf eine Personalauswahl mit wenigen Restriktionen, die durch eine besondere Offenheit gekennzeichnet ist, die über Diversität im Sinne von Ethnie oder Herkunftsland hinausgeht. Dabei vertraut das Unternehmen auf die gut ausgebildeten Führungskräfte, die Stärken erkennen und geeignete Personen identifizieren können. Das Zitat von Herrn Deckert zeigt die Vorgehensweise bei RENAFAN (siehe Abb. 16.15).

Das Unternehmen lebt Diversität mit Offenheit und Toleranz. Herr Deckert beschreibt RENAFAN als buntes Unternehmen, das für seine Willkommenskultur keine Prozesse benötigt, da Diversität auch aufgrund des chinesischen Geschäftsführers von Anfang an zum Firmenbild gehörte. Diese Kultur (siehe dazu *Kulturbegriff*) wirkt sich auch positiv auf den Umgang mit den Pflegebedürftigen aus, da die Mitarbeiter aufgrund der Unternehmenskultur gelernt haben sich auf Vielfalt einzustellen. Das Unternehmen schafft es ein angenehmes Miteinander zu gestalten und kann aufgrund eines „*guten Rufes*" auch immer mehr Initiativbewerbungen aus In- und Ausland verzeichnen. Die Wichtigkeit der offenen Kultur und die besondere Stellung der Mitarbeiter werden auch im Unternehmensleitbild des Unternehmens formuliert (siehe Abb. 16.16).

*Interviewauszug:*

„Wir haben zunehmend Führungskräfte, die offener sind in jeder Hinsicht, also jetzt nicht nur im Sinne von Diversität im Sinne von Ethnie oder Lebensorientierung, sondern offen sind, Mitarbeiter einzustellen, die auch in anderer Art und Weise nicht einer gängigen Norm entsprechen und normalerweise auf dem Arbeitsmarkt möglicherweise keine Chance hätten. Hier sprechen wir z. B. von Schulabbrechern, die wir gezielt fördern und ggf. nachqualifizieren; oder auch von Menschen, die für den Arbeitsmarkt wenig attraktiv sind, da sie als Alleinerziehende, die aufgrund bestimmter Arbeitszeitvorgaben, durch die Raster der Personalentscheider fallen. Da haben wir Führungskräfte, die sagen: Ok, ich muss den Markt so nehmen wie er ist – das ist das eine, das ist jetzt einfach der Not gehorchend - aber auf der anderen Seite auch die Bereitschaft und die Fähigkeit haben, auf solche Mitarbeiter einzugehen und Potentiale tatsächlich zu erkennen. Und das ist aus meiner Sicht auch ein Begriff von Diversität. Diversität bzw. die Fähigkeit, das positiv tatsächlich zu nutzen".

**Abb. 16.15** Interviewauszug (Quelle: RENAFAN)

*Unternehmensleitbild:*

RENAFAN ist ein Dienstleistungsunternehmen, dessen Planung und Umsetzung unter den gegebenen wirtschaftlichen Aspekten auf der Basis eines fairen Miteinanders stattfindet. Die individuellen Bedürfnisse unserer Kunden bedingen unsere Tätigkeiten und Entwicklungen. Flexibilität, kundenorientierte Bezugspflege und hohe fachliche Qualität werden von uns nicht nur vorgegeben, sondern bilden die Grundlage unseres Handelns, die sich in den verschiedenen Angeboten unseres Unternehmens widerspiegeln.

Im Miteinander setzen wir auf Transparenz, Offenheit, Kommunikation und Toleranz. Unsere MitarbeiterInnen werden durch effizientes Management geleitet. Das Hauptkapital unseres Unternehmens bilden unsere MitarbeiterInnen, die engagiert und voller Menschlichkeit eine kompetente Pflege von höchster Qualität leisten. Einen besonderen Schwerpunkt legen wir auf Aus-, Fort- und Weiterbildung. In unserem Unternehmen haben alle MitarbeiterInnen Raum zur aktiven Gestaltung. Es ist unumstritten, dass dem Personalmanagement in unserem Unternehmen eine bestimmende Bedeutung zukommt.

**Abb. 16.16** Unternehmensleitbild (Quelle: RENAFAN)

> **Kulturbegriff**
>
> Kulturelle Identitäten werden durch vielfältige Gruppenbezüge hervorgebracht. Diese Gruppen können jedoch nicht mit geografischen Räumen gleichgesetzt werden. Der Kommunikationswissenschaft Jürgen Bolten nennt die Flexibilisierung der Märkte, die Aufweichung nationaler Grenzen durch transnationale Organisationen und die zunehmende Virtualisierung der Arbeitswelt als wesentliche Veränderungen, die neue kulturelle Gruppen hervorbringen. Ein einzelner Mensch definiert sich nicht mehr nur durch seine Zugehörigkeit zu einer Bezugsgruppe im am gleichen Ort, sondern auch durch Zugehörigkeiten zu weltweit verstreuten Gruppen.
>
> So wie Daimler Chrysler nicht als Unternehmen deutscher oder amerikanischer Kultur bezeichnet werden kann, so lässt sich der einzelne Mitarbeiter nicht mehr auf eine bestimmte Klassen- oder Schichtkultur reduzieren. Er ist vielmehr Teilhaber zahlreicher und zum Teil auch sehr unterschiedlicher lebensweltlicher Milieus, Reziprozitätsbeziehungen und damit (Sub-) Kulturen. (Bolten 2007, S. 41).
>
> Auch Unternehmen oder Organisationen sind in diesem Sinne subkulturelle Systeme. Für die Mitarbeitenden stellt sich dies vereinfacht als „unsere Art zuarbeiten" dar, wie der Organisationspsychologe Edgar Schein formuliert (Schein 2003, S. 31). Der Pionier der Erforschung von Unternehmenskultur identifiziert drei Ebenen, die als „Kultur" wirken und seiner Auffassung nach steuerbar sind (siehe Abb. 16.17). Die Ebenen des Kulturmodells zeigen, dass auch Unternehmenskultur ein komplexes Phänomen darstellt. Um sie zu verstehen, muss man alle Ebenen analysieren. Die Unternehmenskultur manifestiert sich nicht nur in definierten Strukturen und Systemen, sondern vor allem im Alltagshandeln und Denken. Sie bestimmt die Art und Weise des Umgangs zwischen den Mitarbeitenden, mit Vorgesetzten und mit Kunden.

**Abb. 16.17** Ebenen der Unternehmenskultur (Quelle Schein 2003, S. 31)

Neben der Akquirierung von Mitarbeitern im Ausland und Inland setzt das Unternehmen auf Nachwuchsförderung und Ausbildung. Um auch in Deutschland mehr Menschen für den Pflegeberuf zu gewinnen, gründete das Unternehmen eine eigene Pflegeschule. Die Schule eröffnete im September 2016 die erste Klasse mit 30 Auszubildenden. RENAFAN bietet Arbeitsplätze in annähernd jedem Bereich der Pflege und ermöglicht aufstiegsorientierten Mitarbeitern eine hohe Durchlässigkeit in Führungspositionen, um für den eigenen Nachwuchs attraktiv zu bleiben. Darüber hinaus besitzt das Unternehmen ein ausdifferenziertes Weiterbildungsprogramm, welches Mitarbeiter gezielt fördert und finanziell unterstützt.

> **Transkulturelle Kompetenz**
> Der Exkurs zur Kultur macht deutlich, dass sich Kultur immer auf Gruppen von Menschen bezieht und dass Individuen Mitglieder unterschiedlicher Gruppen sein können. Es ist daher wichtig, nicht „*die Kulturen*" ins Zentrum zu stellen, sondern die Interaktion zwischen Individuen. Dieser Fokus wird im Konzept der „*Transkulturellen Kompetenz*" umgesetzt, dass die Sozial- und Gesundheitswissenschaftlerin Dagmar Domenig insbesondere für das Gesundheitswesen entwickelt hat. Das Konzept kann problemlos auch auf andere Tätigkeitsfelder übertragen werden, da die Kernebenen der zwischenmenschlichen Interaktion und Kommunikation identisch sind.
> Transkulturelle Interaktion ist danach das Aufeinandertreffen individueller Lebenswelten und -erfahrungen. Transkulturelle Kompetenz bezieht sich also auf die Fähigkeit zur Interaktion mit Menschen, deren Lebenswelten sich von den eigenen unterscheiden. Diese Interaktionsfähigkeit stützt sich auf drei Säulen: Selbstreflexion, Hintergrundwissen und Erfahrungen sowie die narrative Empathie.
> **Selbstreflexivität**: Die Lebenswelt, in die wir hineingewachsen sind, ist für uns selbstverständlich. Auf Grund dieser Selbstverständlichkeiten beurteilen und handeln wir. Wir verfügen über einen Vorrat an Wissen und Erfahrungen, mit dem wir die Welt deuten und Handeln ableiten können. Treffen wir auf Menschen, die in anderen Lebenswelten sozialisiert wurden, kann sich dieser Wissensvorrat von dem unseren signifikant unterscheiden. Bewusst wird uns ein mangelnder Einklang des Wissensvorrates meist jedoch nur dann, wenn Missverständnisse auftreten. Transkulturelle Kompetenz bedeutet nun, sich der eigenen lebensweltlichen Prägung bewusst zu sein und andere Denk- und Handlungsweisen in kulturellen Bezugssystemen zu erfassen. (Domenig 2007, S. 175).
> **Wissen und Erfahrungen**: Welches Wissen für welche transkulturellen Interaktionen relevant ist, ist von verschiedenen Faktoren abhängig. Für Auslandsentsendungen ist in der Regel allgemeines Hintergrundwissen über Landeskulturen, Regionalkulturen, über formalisierte Interaktionssituationen oder kontextspezifische „*Etiketten*" hilfreich. Aber auch in der Zusammenarbeit mit zugewanderten Teammitgliedern oder in internationalen virtuellen Teams sind Kenntnisse über migrationsspezifische Lebenswelten, über Kommunikationsstile oder Arbeitswelten relevante Aspekte. Dieses Wissen kann über die kognitive Ebene oder auch als Erfahrungswissen erlangt werden. Denn der Arbeitsalltag in Unternehmen bietet heute in der Regel reichliche Gelegenheiten, Erfahrungen mit „*Fremdheit*" zu sammeln (Domenig 2007, S. 177).

> **Narrative Empathie**: Empathie bedeutet Neugier und Aufgeschlossenheit auch für Fremdes, das für uns nicht sofort verständlich ist. Man benötigt Interesse, Geduld und Bemühen, um Fremdes zu verstehen. Und manchmal muss man sich auch eingestehen, nicht alles erschließen und verstehen zu können. Im Kontext des transkulturellen Managements bedeutet narrative Empathie die Fähigkeit zur Kommunikation, die Zuwendung mittels narrativer Techniken (Domenig 2007, S. 178).
>
> Der Kommunikationswissenschaftler Jürgen Bolten geht in dem Versuch, interkulturelle Kompetenz in einem möglichst umfassenden Modell darzustellen, noch einen Schritt weiter. Er bezieht sich auf mittlerweile gängige Modelle beruflicher Handlungskompetenzen bzw. sogenannter Schlüsselkompetenzen, die sich auf die Bereiche Persönlichkeitskompetenz, Sozialkompetenz, Fachkompetenz und Methodenkompetenz stützen. Damit wird interkulturelle Kompetenz zu einer allgemeinen Handlungskompetenz, die in allen beruflichen Interaktionen zum Tragen kommt, und zwar je nach Grad der Fremdheit bzw. Ähnlichkeit in unterschiedlicher Ausprägung. Jemand ist dann interkulturell kompetent, so fasst Bolten zusammen, wenn sie oder er in der Lage ist, das synergetische Zusammenspiel von individuellem, sozialem, fachlichem und strategischem Handeln ausgewogen zu gestalten (Bolten 2007, S. 25).

### 16.1.7 Unternehmenskultur als nachhaltiger Wettbewerbsvorteil:

Herr Deckert dankt seinem Team für die Unternehmensdarstellung. Das Unternehmen ist sich seiner Verantwortung gegenüber dem wichtigsten Erfolgs- und Wettbewerbsfaktor „*Personal*" bewusst und hier gut aufgestellt. Die Offenheit und der Umgang mit Diversität nehmen einen besonderen Stellenwert im Unternehmen ein. Kurz überlegt Herr Deckert, ob er wirklich mit der Zeitung sprechen sollte. Doch dann wird ihm klar, dass man etwas wie Unternehmenskultur nicht kopieren kann. Er freut sich und bestätigt den Termin für das Interview.

## 16.2 Aufgaben

1. Identifizieren Sie die relevanten Stakeholder und die dazugehörigen Interessen, Motivation und Bedeutung für RENAFAN.
2. Führen Sie eine Umweltanalyse nach dem STEEPLE-Modell durch (Political, Economic, Socio-cultural/ Demographic, Technological, Environmental (ecological), Legal, Ethical,)
3. Führen Sie eine VRIO Analyse nach Barney durch und identifizieren Sie wettbewerbsrelevante Ressourcen und Kernkompetenzen.
4. RENAFAN praktiziert bislang kein explizites Diversity Management. Sollte sich das Unternehmen dazu entschließen, dies zu implementieren, wäre zu empfehlen, zunächst mit einem Diversity Audit zu starten. Erarbeiten Sie unter Einbezug der Fallstudie, Fachliteratur und veröffentlichten Daten des Unternehmens einen Überblick über

bereits vorhandene Strukturen, die sich den verschiedenen Dimensionen des Diversity Managements zuordnen lassen.
5. Diskutieren Sie kritische Aspekte des Diversity Managements. Nutzen Sie dazu folgenden Artikel: Sonja Kubisch: Wenn Unterschiede keinen Unterschied machen dürfen – Eine kritische Betrachtung von „*Managing Diversity*". Was sollten demnach Unternehmen bei der Implementierung von Diversity beachten?
6. Was kennzeichnet die Unternehmenskultur von RENAFAN im Hinblick auf Diversität im Unternehmen? Skizzieren Sie dies unter Einbezug des Drei-Ebenen-Modells von E. Schein.
7. RENAFAN rekrutiert Pflegefachkräfte in verschiedenen europäischen und außereuropäischen Ländern. Entwickeln Sie eine Integrationsstrategie unter Einbezug der Broschüre „*Willkommenskultur – Ein Leitfaden für Unternehmen*" der Bundesvereinigung der deutschen Arbeitgeberverbände (BDA).

▶ **Literaturhinweise zur Aufgabenbearbeitung:**
Büchler J-P (2014) Strategie entwickeln, umsetzen und optimieren. Pearson, Hallbergmoos
Barney JB (1991) Firm Resources and Sustained Competitive Advantage, 4. Aufl. Pearson, Boston, MA
Freeman E (1984) Strategic management. A stakeholder-approach. Pitman, Boston, MA
Harrison J, St. John C (1996) Managing and partnering with external stakeholder. Acad Manag J 10(2):46–59
Jung RH, Heinzen M, Quarg S (2016) Allgemeine Managementlehre, Lehrbuch für die angewandte Unternehmens- und Personalführung, 6. Aul. Erich Schmidt Verlag GmbH & Co, Berlin
Kubisch S (2003) Wenn Unterschiede Keinen Unterschied Machen Dürfen. Eine kritische Betrachtung von „Managing Diversity". In: Frauenrat der Frauenbeauftragen ASFH, Gender-/Geschlechterfragenupdate Juli 2003. S 4–10
Schein E (2003) Organisationskultur, "The Ed Schein Corporate Culture Survival Guide. Bergisch Gladbach: EHP – Edition Humanistische Psychologie.

## Literatur

Amstutz N, Müller C (2013) Diversity management. In: Steiger T, Lippmann E (Hrsg) Handbuch Angewandte Psychologie für Führungskräfte. Springer, Berlin
Bolten J (2007) Interkulturelle Kompetenz. Thüringen, Landeszentrale für politische Bildung
Domenig D (Hrsg) (2007) Transkulturelle Kompetenz. Ein Lehrbuch für Pflege-, Gesundheits- und Sozialberufe. Huber, Bern
Farmer RN, Richmann BM (1965) Comparative management and economic progress. Irwin, Homewood

Lennartz P, Kersel H (2011) Stationärer Pflegemarkt im Wandel Gewinner und Verlierer 2020, Ernst & Young. http://www.paritaet-lsa.de/cms/files/pflegemarktstudie_2011_ernst___young.pdf. Zugegriffen: 20. März 2016

Schein E (2003) Organisationskultur, The Ed Schein Corporate Culture Survival Guide. EHP – Edition Humanistische Psychologie, Bergisch Gladbach

Stangel-Meseke M, Hahn P, Steuer L (2013) Balance durch diversity management. Lösungsansätze für unternehmerische Herausforderungen aus Megatrends. In: Landwehr R, Müller-Lindenberg M, Mai D (Hrsg) Balance Management. Vom erfolgreichen Umgang mit gegensätzlichen Zielen. Springer Fachmedien, Wiesbaden, S 145–166

Statistisches Bundesamt (n.d) Entwicklung der Anzahl von Pflegebedürftigen in Deutschland nach Geschlecht in den Jahren von 2005 bis 2030 (in Millionen). Statista. http://de.statista.com/statistik/daten/studie/157217/umfrage/prognose-zur-anzahl-der-pflegebeduerftigen-in-deutschland-bis-2030/. Zugegriffen: 16. Aug. 2016

# WAGO – Employer Branding und Social Media

Andrea Rumler

## 17.1 Fallstudie

### 17.1.1 Jennys erster Arbeitstag

Es ist der erste Arbeitstag von Jenny Heumann nach ihrem BWL-Studium an der Fachhochschule Bielefeld. Schon früh ist sie an diesem Tag aufgewacht. Und sie ist sehr gespannt, was sie an ihrem Arbeitsplatz in der Personalabteilung bei WAGO erwartet. Nach einem schnellen Frühstück und einem prüfenden Blick in den Spiegel – „Hab ich auch das Richtige an?!" – springt sie in den Bus, um pünktlich zur vereinbarten Zeit ihre neue Chefin Christina Berg zu treffen. *„Schön, Sie bei uns zu begrüßen. Willkommen im Team!"* bekommt Jenny von Christina Berg zu hören. Und dann gibt es auch schon einen Rundgang durch die Abteilung, um alle neuen Kolleginnen und Kollegen kennenzulernen.

So gegen 11 Uhr setzen sich Chefin und neue Mitarbeiterin für ein erstes Gespräch über die zukünftigen Aufgaben zusammen. *„Wir haben uns ein besonderes Projekt für Sie überlegt, für das wir Ihren Blick von außen auf das Unternehmen brauchen"*, erklärt Christina Berg. Denn wir wollen noch aktiver als bisher das Interesse bei jüngeren Leuten für einen Arbeitsplatz bei WAGO wecken. Und wir überlegen deshalb, zusätzliche soziale Medien in das Employer Branding bei uns einzubinden. Schauen Sie sich doch erst mal in Ruhe an, was wir bisher so alles machen, und dann überlegen Sie, welche neuen Kanäle wir Ihrer Meinung nach noch zum Recruiting nutzen sollten.

---

A. Rumler (✉)
HWR Berlin, Badensche Straße 50-51, 10825 Berlin, Deutschland
e-mail: andrea.rumler@hwr-berlin.de

© Springer Fachmedien Wiesbaden GmbH 2018
J.-P. Büchler (Hrsg.), *Fallstudienkompendium Hidden Champions*,
https://doi.org/10.1007/978-3-658-17829-1_17

Jenny ist begeistert von dieser Aufgabe. Denn ihre Bachelorarbeit hat sie schon über das Employer Branding, also Aufbau und Pflege einer Arbeitgebermarke, geschrieben. Und für soziale Medien interessiert sie sich sowieso. Sie beginnt also mit ihrer Recherche.

### 17.1.2 Unternehmensprofil

WAGO ist mit einem Umsatz von 720 Mio. Euro in 2015 und weltweit mehr als 7.200 Mitarbeitern, davon rund 3.300 in Deutschland, ein klassischer deutscher „Hidden Champion" (siehe zu Hidden Champions Simon 1996 und Simon 2012). Umsatz und Mitarbeiterzahl haben sich in den vergangenen zehn Jahren fast verdoppelt. Anfang der 50er Jahre wurde das inhabergeführte Familienunternehmen in Minden gegründet. Die WAGO Kontakttechnik GmbH & Co. KG zählt zu den weltweit führenden Anbietern elektrischer Verbindungs- und Automatisierungstechnik. WAGO-Produkte sind rund um den Globus in der Industrie, der Energie-, Prozess- und Gebäudetechnik sowie im Maschinen- und Anlagenbau und in der Verkehrstechnik zu finden. Sie kommen überall dort zum Einsatz, wo elektrische Leitungen miteinander verbunden oder komplexe Automatisierungsanlagen gesteuert werden müssen.

WAGO produziert seit 1951 am Stammsitz Minden (Nordrhein-Westfalen), seit 1971 in Roissy (Frankreich), seit 1977 in Domdidier (Schweiz), seit 1979 in Milwaukee (USA) sowie seit 1990 im thüringischen Sondershausen und in Tokio (Japan). Weitere Produktionsstandorte befinden sich seit 1995 in Delhi (Indien) und seit 1997 sowohl in Tianjin (Volksrepublik China) als auch in Wroclaw (Polen).

Die Erfolgsgeschichte des in dritter Generation unabhängig am Markt operierenden Familienunternehmens begann 1951 mit einer einfachen, aber revolutionären Federklemme als Alternative zum bis dahin üblichen Schraubanschluss in der Verbindungstechnik. Bis heute ist das weltweit unter dem Namen CAGE CLAMP® erhältliche Produkt für seine benutzerfreundliche Handhabung bekannt. WAGO bietet das größte Portfolio schraubenloser elektrischer Verbindungstechnik an und ist Weltmarktführer im Bereich der Federklemmtechnik.

Mit dem feingranularen, modularen und feldbusunabhängigen I/O-System 750 setzte WAGO einen entscheidenden Meilenstein in der Automatisierungstechnik und bietet in diesem Geschäftsfeld ein breites Produktprogramm an, das unter anderem Interface-Bausteine, Steuerungen, Infrastrukturkomponenten wie Ethernet-Switche und Software-Lösungen umfasst.

WAGO hat eigene Qualitätsstandards entwickelt, die die gesetzlichen und branchen-internen Anforderungen bei Weitem übertreffen. Das unternehmenseigene Prüflabor ist gemäß der DIN EN ISO/IEC 17025 akkreditiert und führt an WAGO-Produkten Untersuchungen und Typprüfungen nach internationalen Standards, europäischen Normen und kundenspezifischen Anforderungen durch – für einen sicheren Einsatz in unterschiedlichsten Bereichen und Regionen. Diese Produktsicherheit und die Erfüllung und Verlässlichkeit der technischen Daten sind für die Kunden und Anwender – und damit auch für WAGO – weltweit von höchster Priorität.

## 17.1.3 Tätigkeitsfelder

WAGO bietet eine Vielzahl von Komponenten und Lösungen im Bereich der elektrischen Verbindungs- und Automatisierungstechnik an. Das Unternehmen begann kurz nach der Gründung des Unternehmens in den 1950er Jahren mit dem Angebot von Produkten der elektrischen Verbindungstechnik, die auf dem Prinzip der bereits erwähnten innovativen Federklemmtechnik basieren. Bis heute ist diese Technologie als weltweiter Standard etabliert.

In den 1990er Jahren setzte WAGO mit dem I/O-System 750 einen entscheidenden Meilenstein in der Automatisierungstechnik und bietet heute auf diesem Gebiet ein breites Produktprogramm an, das z. B. Steuerungen und Software-Lösungen u.a. für Abnehmer aus der Industrie, der Energie-, Prozess- und der Gebäudetechnik umfasst. WAGO liefert auch Lösungen zum sogenannten „Internet der Dinge", bei dem es um das Zusammenwachsen der realen und der virtuellen Welt geht.

## 17.1.4 Absatzmärkte und Zielgruppen

WAGO verfügt über 28 Tochtergesellschaften und ein eigenes Vertriebsnetz in 31 Ländern. Hinzu kommen Landesvertretungen in weiteren 50 Ländern. WAGO ist damit auf allen Kontinenten mit Tochtergesellschaften oder Vertretungen präsent. So kann das Unternehmen weltweite Kundennähe und im Bedarfsfall einen schnellen Service sicherstellen. Über 70 % des Umsatzes werden außerhalb Deutschlands erzielt, gut 30 % davon auch außerhalb Europas.

Nachfrage und Wettbewerb sind in den WAGO-Tätigkeitsfeldern recht verschieden. Elektroinstallateure oder Elektrotechniker zählen ebenso zur Zielgruppe wie beispielsweise Planer, Facility Manager, Architekten, Projektingenieure oder Konstrukteure. Es werden insbesondere Abnehmer der Gebäudetechnik, der Energie- und Prozesstechnik, der Strom- und Energiemesstechnik und der Verkehrstechnik angesprochen. Weiterhin zählen Industrieunternehmen der Bereiche Automobil, Industrieelektronik, Maschinen- und Anlagenbau sowie eMobility zu den Abnehmern.

Zusätzlich sind Elektroinstallationsbetriebe eine Kern-Zielgruppe. Davon gibt es beispielsweise in Deutschland ca. 60.000 Betriebe. Diese decken ihre Nachfrage vorwiegend über den Großhandel. Daneben gibt es auch noch einige wenige Privatpersonen, die WAGO-Produkte für Heimanwendungen kaufen.

## 17.1.5 Recruiting und Personalmarketing

Mit einer ungefähren Verdoppelung der Mitarbeiterzahl ist WAGO in den vergangenen 10 Jahren überdurchschnittlich gewachsen. Dabei steht das Unternehmen bei der Rekrutierung von Ingenieuren und anderen Fachkräften vor einer doppelten Herausforderung. Zunächst einmal bewegt sich WAGO auf einem umkämpften Bewerbermarkt, nämlich Fachkräfte mit ingenieurswissenschaftlichem Hintergrund. Daneben ist eine besondere Herausforderung bei der überregionalen Bewerberakquise der Standort der Zentrale in Minden – einer 80.000

Einwohner zählenden Stadt auf halber Strecke zwischen Bielefeld und Hannover. Denn viele potenzielle junge Mitarbeiter möchten lieber in einer Großstadt arbeiten.

WAGO hat diese Themen schon vor langer Zeit erkannt und betreibt ein aktives Personalmarketing, sodass man sich bis dato im Bewerbermarkt sehr gut behaupten kann.

### 17.1.6 Gegenwärtiger und zukünftiger Mitarbeiterbedarf

WAGO benötigt Mitarbeiter sowohl für technische als auch für kaufmännische Einsatzgebiete. Beispiele dafür sind technische Entwicklung, Produktion, IT, technischer Vertrieb und Marketing.

Eingestellt werden Jugendliche nach Abschluss ihrer Schulausbildung für eine Ausbildung oder auch für ein duales Studium, das WAGO u.a. gemeinsam mit der Fachhochschule Bielefeld am Standort Minden anbietet. Daneben gibt es immer wieder Bedarf an Fachkräften des Arbeitsmarkts, die zuvor bei anderen Unternehmen tätig waren. Aktuell befinden sich bei WAGO 220 junge Erwachsene in 15 technischen oder kaufmännischen Ausbildungsgängen. Mehr als 40 Personen absolvieren zurzeit das duale Studium in Elektrotechnik, Maschinenbau, Wirtschaftsingenieurwesen oder Wirtschaftsinformatik. Um eine ausreichende Zahl an Absolventen zu gewährleisten, muss für die genannten 15 Berufe und Studiengänge kontinuierlich Nachwuchs gefunden werden. Die Zahl der zusätzlich dazu anzuwerbenden Fachkräfte mit Berufserfahrung ist schwieriger quantifizierbar und stärker schwankend. Es handelt sich um 50–100 Personen pro Jahr.

> **Generation Y und Generation Z**
> Der Begriff Generation Y wurde erstmals 1993 in einem Artikel in der Werbezeitschrift Ad Age verwendet. Er umfasst diesem Artikel nach Personen, die zwischen 1984 und 1994 geboren wurden. Andere Quellen verwenden davon leicht abweichende Zeiträume (Parment 2013). Diese liegen i.d.R. zwischen 1981 und 2000. Mitglieder dieser Altersgruppe zeichnen sich u.a. dadurch aus, dass sie individualistisch denken und Unabhängigkeit einfordern. Arbeit soll sinnvoll sein und Abwechslung bieten. Die Gemeinschaft ist wichtig, auch und gerade beim Arbeiten. Das Internet gehört für die Generation Y zum Alltag. Arbeit und Beruf sind nicht streng voneinander abgegrenzt, sondern verschmelzen (Huber und Rauch 2013).
>
> Generation Z ist die Nachfolgegeneration zur Generation Y. Nach Scholz (2014) versteht man darunter grob die nach 1995 geborenen Jugendlichen und jungen Erwachsenen. Den ersten Studien zu dieser neuen Generation von Arbeitnehmern nach sind diese weitaus realistischer und weniger idealistisch als ihre Vorgänger. Loyalität zum Arbeitgeber hat keinen hohen Stellenwert mehr. Eine Vermischung von Arbeit und Privatleben wird tendenziell abgelehnt. Für Generation Z gilt, was das Internet betrifft: *„mobile only"* (Bedürftig 2016).

## 17.1.7 Zielgruppen des Employer Branding

Die ersten wichtigen Zielgruppen der Employer-Branding-Aktivitäten ergeben sich unmittelbar aus dem angeführten Mitarbeiterbedarf. So werden als jüngste Zielgruppe Jugendliche angesprochen. Die Ausbildungsberufe wie etwa zum Maschinen- und Anlageführer beginnen mit 16 Jahren. Schüler sollen entsprechend vorher schon von WAGO gehört und für das Unternehmen interessiert worden sein. Für das duale Studium werden Abiturienten benötigt, die Zielgruppe ist hierbei im Schnitt ca. 17-19 Jahre alt. Fachkräfte und Hochschulabsolventen wie Elektroingenieure, IT'ler oder Marketingexperten bis hin zu obersten Führungsebenen gehören ebenfalls zur Zielgruppe des Employer Branding.

Nicht zu vergessen sind die eigenen Mitarbeiter als Adressaten der Kommunikation zur Arbeitgebermarke WAGO. Auch Kunden sowie die nach Gruppen untergliederte Allgemeinheit (Anwohner, Angehörige von Mitarbeitern, Journalisten, Politiker etc.) werden vom Employer Branding erreicht, ganz ähnlich wie bei allgemeinen PR-Aktivitäten.

> **Employer Branding**
> Eine Employer Brand, auf Deutsch Arbeitgebermarke, ist das in den Köpfen der Menschen, vor allem der potenziellen und tatsächlichen Arbeitnehmer, fest verankerte, unverwechselbare Vorstellungsbild von einem Unternehmen als Arbeitgeber (Stotz und Wedel-Klein 2013). Employer Branding ist entsprechend der strategische Prozess der Zielerreichung, um über eine attraktive Employer Brand zu verfügen. Kernaufgabe ist die *„Entwicklung und Positionierung eines Unternehmens als glaubwürdiger und attraktiver Arbeitgeber"* (DEBA 2008). Die Arbeitgebermarke soll dabei mit passenden kommunikativen Maßnahmen erfolgreich in den Köpfen der aktuellen, potenziellen und ehemaligen Arbeitnehmer verankert werden (Stotz und Wedel-Klein 2013). Abbildung 17.1 zeigt die wesentlichen Aufgabengebiete für das Employer Branding.

|  | Internes Employer Branding | Externes Employer Branding |
|---|---|---|
| **Instrumentelle Maßnahmen** | • HR-Produkte und- Prozesse<br>• Mitarbeiterführung<br>• Gestaltung der Arbeitswelt | • Networking<br>• Bewerbermanagement |
| **Kommunikation** | Interne Employer Branding Kommunikation | Externe Employer Branding Kommunikation |

**Abb. 17.1** Aufgabengebiete des Employer Branding, (Quelle: Stotz und Wedel-Klein 2013, S. 9)

## 17.1.8 „Klassische" Recruitingmaßnahmen

WAGO hat bereits ein vielfältiges Portfolio von Recruitingmaßnahmen entwickelt. Auf den wichtigsten Online-Stellenportalen und der eigenen Homepage werden stets die aktuellen Angebote veröffentlicht. Weiterhin besuchen die Personaler Fachmessen, Berufsinformationstage und Karrieremessen. Die Ausbildungsberufe und dualen Studiengänge werden in verschiedenen Schulen regelmäßig präsentiert. Auch werden einzelne Schulklassen besucht, um für die MINT-Fächer Mathematik, Informatik, Naturwissenschaften und Technik zu werben. Daneben werden eigene Events wie ein Tag der Ausbildung und Berufsvorstellungsrunden ausgerichtet. Außerdem gibt es noch das Programm Mitarbeiter-werben-Mitarbeiter, und schließlich werden auch Personalberater zur Direktansprache geeigneter Kandidaten eingesetzt.

## 17.1.9 Social Media aus Sicht von Human Resources

Soziale Medien sind heute für WAGO ein etablierter Kanal zur Kommunikation mit den oben angeführten Zielgruppen. Seit 2012 ist das Unternehmen dort aktiv. Es gibt einen hauptverantwortlichen Mitarbeiter für die kommunikativen Inhalte im Online-Marketing. Zudem liefern verschiedene weitere WAGO-Angestellte Content und fungieren als Ansprechpartner in ausgewählten Unternehmensbereichen, v.a. der Personalabteilung und der Unternehmenskommunikation.

Aus Sicht der Personalabteilung werden über soziale Medien auch diejenigen Zielgruppen erreicht, die sich nicht auf den klassischen Online-Stellenportalen informieren. Jüngere Zielgruppen werden eher in sozialen Netzwerken wie Facebook erreicht, Führungskräfte bewegen sich dagegen schwerpunktmäßig auf XING oder LinkedIn.

Ein weiterer Grund, der aus Sicht der Personalabteilung von WAGO für Aktivitäten in den sozialen Medien spricht, ist eine Förderung des allgemeinen Unternehmensimages.

Die enge Abstimmung von Themen und Terminen ist beim Personalmarketing über soziale Medien wichtig. Und so treffen sich Mitarbeiter aus dem Online-Marketing mit der Unternehmenskommunikation und dem Personalbereich einmal pro Woche. Hier werden Themen und Termine für die kommende Woche abgestimmt. Den dafür notwendigen Content liefern die beteiligten Abteilungen jeweils selbst, von der Stellenanzeige bis zur Bildergalerie oder allgemeiner Imageberichterstattung. Es wird dabei nicht zwischen Human Resources und der Produktkommunikation differenziert.

Alle 14 Tage gibt es zusätzlich einen Employer Branding Turnus, bei dem strategische und abteilungsübergreifende Themen besprochen werden. Hier geht es z. B. um die Einbindung neuer Social-Media-Kanäle oder die Produktion von Filmen, etwa Interviews mit Mitarbeitern.

> **Zertifizierungen und Auszeichnungen für Employer Branding-Aktivitäten**
> Bereits 2002 erhält WAGO das TOP JOB-Siegel, mit dem Arbeitgeberqualitäten von Mittelständlern systematisch überprüft werden, für sehr gute Leistungen in der Kategorie *„Strategie/Vision"*. Im Jahr 2007 führt eine erneute Prüfung zur Auszeichnung, zu den 100 besten Arbeitgebern im deutschen Mittelstand zu zählen. Als eines der ersten Unternehmen in Deutschland bekommt WAGO zudem von 2012 bis 2014 das Prüfsiegel *„Ausgezeichneter Arbeitgeber für Ingenieure"* von den VDI Nachrichten und dem TÜV Rheinland verliehen, das 2015 auf die Zertifizierung *„Ausgezeichneter Arbeitgeber"* erweitert wurde. Auch 2016 gelingt es WAGO, diese Zertifizierung zu bestehen. Das Nachrichtenmagazin *„Focus"* kürt WAGO 2016 bereits zum vierten Mal in Folge zum *„Top Nationalen Arbeitgeber"*. Bei den Großunternehmen in der Branche *„Elektronik und Elektrotechnik, medizinische Geräte"* platziert sich das Unternehmen auf dem fünften Platz. Darüber hinaus ist WAGO vom Top Employers Institute als *„Top Arbeitgeber Ingenieure Deutschland 2016"* zertifiziert worden. Schließlich wird WAGO 2016 auch mit dem Gütesiegel *„Best place to learn"* mit der Bewertung *„Exzellent"* ausgezeichnet. Diese Zertifizierung basiert auf einer anonymen Befragung aktueller und ehemaliger Auszubildender.

## 17.1.10 Erfolgsmessung der Social-Media-Aktivitäten

Es ist in der Unternehmenspraxis schwierig, die Wirkung einzelner Marketingmaßnahmen genau und isoliert von den Effekten anderer Maßnahmen zu messen. Belege für den Erfolg der Social-Media-Aktivitäten bei WAGO gibt es auf qualitativer und quantitativer Ebene. Die Verantwortlichen im HR-Bereich und die Fachabteilungen haben insgesamt den Eindruck, qualitativ höherwertige Bewerbungen als noch vor fünf Jahren zu erhalten. Das gilt insbesondere auch bei hochkarätigen Positionen, die keinen explizit elektrotechnischen Hintergrund haben. Die positive Wahrnehmung der Social-Media-Aktivitäten wird außerdem häufig von Bewerbern und Besuchern auf Personalmessen und anderen Events bestätigt. Ein aktuelles quantitatives Indiz für einen positiven Effekt der Aktivitäten ist: WAGO hat weniger freie Stellen als in den Vorjahren ausgeschrieben. Der Bewerbungseingang und die Zahl der Bewerbergespräche hingegen sind auf demselben hohen Niveau geblieben. In der Anfangszeit der Aktivitäten wurde zusätzlich ein systematisches Monitoring der Social Media Aktivitäten durch einen externen Anbieter betrieben.

## 17.1.11 WAGO-Aktivitäten in sozialen Medien und mögliche Weiterentwicklung

Jenny brummt schon der Kopf von all den Informationen, die sie im Laufe ihres ersten Arbeitstages in Gesprächen, Meetings, Unterlagen und im Intranet gesammelt hat.

> **Soziale Medien**
> Der Begriff Web 2.0, sozusagen der Vorläuferbegriff zu Social Media, wird 2003 erstmals verwendet (O´Reilly 2005). Heute reden wir eher von Sozialen Medien oder eben auch Social Media, wenn es darum geht, die veränderte Nutzung des Internets, die stärkere Vernetzung sowie die Einbindung von Internetnutzern in die Generierung von Content zu beschreiben. Zu den sozialen Medien zählen neben sozialen Netzwerken (beispielsweise Facebook, XING, LinkedIn), Blogs und Micro-Blogs (Twitter) und Media-Sharing-Plattformen (YouTube, Flickr) auch Blogs, Online-Foren und Online-Communities (Tripadvisor, Macuser).
> Meistgenutztes soziales Medium ist in Deutschland und auch weltweit Facebook. Mitte 2016 nutzen 1,7 Mrd. Menschen weltweit mindestens einmal pro Monat aktiv Facebook, in Deutschland sind es 28 Mio. Personen (Statista 2016).

WAGO ist bisher in den folgenden sozialen Netzwerken besonders aktiv:

- Facebook,
- Twitter,
- XING,
- YOUTUBE,
- LinkedIn

Auf Facebook scheint erwartungsgemäß eine sehr hohe Aktivität im Vergleich der sozialen Netzwerke zu bestehen. Mehr als 15.000 Nutzer äußern Ihr Gefallen zu den regelmäßigen Beiträgen des Unternehmens, die neben Produktneuheiten und Jobpostings auch Preisausschreiben und Umfragen zum Inhalt haben (siehe Abb. 17.2).

Auf dem Kurznachrichtenkanal Twitter unterhält WAGO einen internationalen und einen deutschsprachigen Account. Die deutsche Präsenz ist seit Juli 2012 aktiv und umfasst rund 850 Follower (siehe Abb. 17.3).

**Abb. 17.2** Facebook-Seite von WAGO mit Employer-Branding-Inhalten (Quelle: Facebook)

17 WAGO – Employer Branding und Social Media

**Abb. 17.3** WAGO-Auftritt bei Twitter, (Quelle: Twitter)

Kununu, das Portal, in dem ehemalige und aktuelle Arbeitnehmer ihre Unternehmen bewerten, wird beobachtet. WAGO hat aber kein eigenes Profil angelegt. Trotzdem sind dort rund 150 Bewertungen zu WAGO einzusehen, die in Summe rund 120.000 Mal aufgerufen worden sind. Kununu gehört seit 2013 zu XING (o.V. 2013) und die Kununu-Bewertungen auf XING sind beim Seitenaufruf eines Unternehmens sichtbar, wie man in Abb. 17.4 sehen kann.

Auf YouTube gibt es einen eigenen Kanal mit verschiedenen Videos. Der Imagefilm wurde bereits von rund 4.000 Personen angeschaut. Ob Instagram und Snapchat geeignete Kanäle für das Employer Branding von WAGO sind, wird aktuell geprüft (siehe Abb. 17.5).

Auf LinkedIn findet sich ein kurzes Unternehmensprofil, Imagefilm und vor allem offene Stellen mit Beschreibung des Jobprofils und der Einstellungsvoraussetzungen. Jenny ist beeindruckt von den mehr als 9.000 Followern.

Darüber hinaus ist Jenny aufgefallen, dass es keinen globalen Auftritt von WAGO in den sozialen Netzwerken gibt. Die einzelnen Länder haben auffallend unterschiedliche Auftritte. Dabei können die Länderverantwortlichen allerdings auf deutsche Inhalte

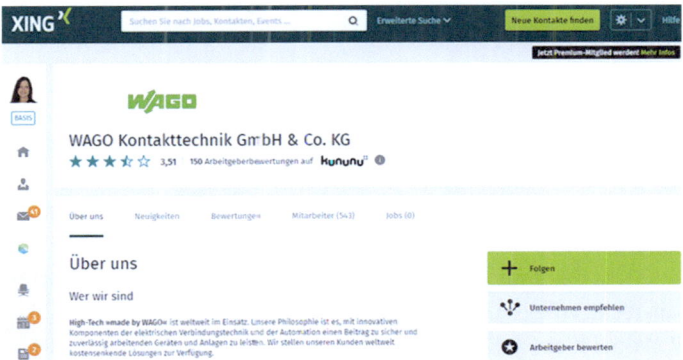

**Abb. 17.4** XING-Profil von WAGO (Quelle: Xing)

**Abb. 17.5** WAGO-Videos bei YouTube (Quelle: Youtube)

zurückgreifen. Jenny notiert sich die wichtigsten Fragen, die sie beantworten möchte, um eine Empfehlung an ihre Chefin zu entwickeln.

## 17.2 Aufgaben

1. Weshalb ist es für die WAGO Kontakttechnik GmbH & Co. KG so wichtig, Employer Branding zu betreiben?
2. Weshalb ist es sinnvoll, Social Media in die Employer Branding Aktivitäten mit einzubeziehen?
3. Welche zusätzlichen Kanäle sollte WAGO Ihrer Meinung nach für das Employer Branding nutzen? Argumentieren Sie dabei mit den unterschiedlichen Zielgruppen des Employer Brandings von WAGO.
4. Welche Kriterien sind für die Mitglieder der Generation Y und Z bei der Wahl eines Arbeitgebers wichtig?
5. Mit welchen Inhalten sollte WAGO die junge Generation Z in den sozialen Medien ansprechen?

▶ **Literaturhinweise zur Aufgabenbearbeitung:**
Kreutzer RT, Rumler A, Wille-Baumkauff B (2015) B2B-Online-Marketing und Social Media. Gabler Verlag, Wiesbaden
Pattloch A, Rumler A, Schuchert-Güler P (Hrsg) (2012) Digitale Kommunikation. Verlag uni-Edition, Berlin
Scholz C (2014) Generation Z: Wie sie tickt, was sie verändert und warum sie uns alle ansteckt. Wiley-VCH Verlag GmbH & Co. KGaA, Weinheim
Stotz W, Wedel-Klein A (2013) Employer branding, 2. Aufl. De Gruyter Oldenbourg, München

## Literatur

Bedürftig D (2016) Was Generation Z vom Berufsleben erwartet. http://www.welt.de/wirtschaft/karriere/bildung/article152993066/Was-Generation-Z-vom-Berufsleben-erwartet.html.Zugegriffen: 24. Aug. 2016

DEBA Deutsche Employer Branding Akademie (2008) Definition Employer Branding. http://www.employerbranding.org/downloads/publikationen/DEBA_EB_Definition_Praeambel.pdf. Zugegriffen: 24. Aug. 2016

Huber T, Rauch C (2013) Generation Y. Das Selbstverständnis der Manager von morgen. https://www.zukunftsinstitut.de/fileadmin/user_upload/Publikationen/Auftragsstudien/studie_generation_y_signium.pdf. Zugegriffen: 24. Aug. 2016

Kreutzer RT, Rumler A, Wille-Baumkauff B (2015) B2B-Online-Marketing und Social Media. Gabler Verlag, Wiesbaden

O.V. (2013) Marktführer bündeln ihre Kräfte: XING übernimmt Arbeitgeber-Bewertungsplattform kununu. https://corporate.xing.com/?id=112&L=0&tx_ttnews%5Btt_news%5D=1380. Zugegriffen: 23. Aug. 2016

O´Reilly T (2005) What is Web 2.0. http://www.oreilly.com/pub/a/web2/archive/what-is-web-20.html. Zugegriffen: 24. Aug. 2016

Parment A (2013) Die Generation Y. Gabler Verlag, Wiesbaden

Scholz C (2014) Generation Z: Wie sie tickt, was sie verändert und warum sie uns alle ansteckt. Wiley-VCH Verlag GmbH & Co. KGaA, Weinheim

Simon H (1996) Die heimlichen Gewinner (Hidden Champions), 5. Aufl. Campus Verlag, Frankfurt

Simon H (2012) Hidden Champions – Aufbruch nach Globalia, Frankfurt/New York: Campus Verlag

Statista (2016) Anzahl der monatlich aktiven Facebook Nutzer weltweit vom 3. Quartal 2008 bis zum 2. Quartal 2016 (in Millionen). http://de.statista.com/statistik/daten/studie/37545/umfrage/anzahl-der-aktiven- nutzer-von-facebook/. Zugegriffen: 24. Aug. 2016

Stotz W, Wedel-Klein A (2013) Employer Branding. 2. Aufl. De Gruyter Oldenbourg, München

# Faymonville – Wachstum als Komplexitätstreiber

18

Constanze Chwallek, Kaan Gözler und Walter Reichert

## 18.1 Fallstudie

### 18.1.1 Marktführerschaft im Spezialtransportgeschäft

Faymonville ist einer der führenden Hersteller von kundenspezifischen Aufliegern für jeden Transport, der außerhalb der gängigen Normen liegt. Mit dem Claim „*Trailers to the max!*" ist das belgische Familienunternehmen mit dem Hauptsitz in Büllingen (Ostbelgien) mittlerweile nicht nur ein wichtiger Player auf dem europäischen Markt für Spezialauflieger. Auch auf dem Weltmarkt schreitet das Unternehmen mit hohen Wachstumsraten voran. So konnte Faymonville in den letzten Jahren 35 % seines Umsatzes außerhalb Europas generieren.

Als Spezialist für individuelle Transportaufgaben im Schwerlastbereich zwischen 20 und 2.000 Tonnen sorgt Faymonville dafür, dass Transformatoren, Industrietanks und Windkraftgeneratoren sicher ihr Ziel erreichen und ist somit ein kompetenter Partner für weltweite Wertschöpfungsketten. Abb. 18.1 zeigt einige Beispiele der Transportaufgaben wie z. B. Maschinentransport, Windgeneratorturmtransport, Industrietanktransport, Windflügeltransport, Transformatortransport und einen Industrietanktransport von ca. 700 Tonnen Gewicht und 45 Metern Länge.

---

C. Chwallek (✉)
FH Aachen, Goethestr. 1, 52064 Aachen, Deutschland
e-mail: chwallek@fh-aachen.de

K. Gözler
Faymonville, Duarrefstrooss 8, 9990 Weiswampach, Luxemburg
e-mail: kaan.goezler@faymonville.com

W. Reichert
FH Aachen, Goethestr. 1, 52064 Aachen, Deutschland
e-mail: w.reichert@fh-aachen.de

© Springer Fachmedien Wiesbaden GmbH 2018
J.-P. Büchler (Hrsg.), *Fallstudienkompendium Hidden Champions*,
https://doi.org/10.1007/978-3-658-17829-1_18

**Abb. 18.1** Spezialauflieger von Faymonville im Einsatz (Quelle: Faymonville)

## 18.1.2 Kunden: Transportbranche und Schwertransporte

Die Kunden von Faymonville sind auf schwere und überdimensionierte Lasten spezialisierte Transportunternehmen, die wiederum als Dienstleister von Industrieunternehmen, Bauunternehmen, Energieerzeugern etc. beauftragt werden. Zum Kundenstamm zählen aber auch viele Kranunternehmen, da Transport- und Krandienstleistungen im schweren Gütertransport sehr stark zusammenhängen. Denn gerade im Energiebereich, beispielsweise bei Windgeneratoren, werden oft Dienstleistungen wie der Transport als auch die Installation der überdimensionierten Windgeneratorkomponenten (Windflügel, Turmsegmente und Generator) mit Hilfe von Kränen als Gesamtpaket angefragt.

Da die Transportaufgaben der Kunden stark variieren, werden die Auflieger von Faymonville kundenspezifisch gebaut, wobei der Kunde die Nutzlast, Achsanzahl, Fahrzeuglänge und -breite, Höhe, etc. bestimmt. Die Entwicklung, Fertigung und den Vertrieb der Produkte bewältigt das Unternehmen weitestgehend eigenständig, wobei in einigen Ländern mit Handelsvertretern zusammengearbeitet wird. Angesichts der Besonderheiten der verkauften Fahrzeuge wird ein 24 h/7 Tage Reparaturservice angeboten. Dieser wird entweder von mobilen Faymonville-Mitarbeitern vor Ort, den firmeneigenen Werkstätten oder durch qualifizierte Servicepartner, die den strengen Qualitätsauflagen von Faymonville unterliegen, bereitgestellt.

Als Güterverkehr wird der Transport von Gütern auf Straßen, Schienen, Wasser und Luft bezeichnet. Bei Bedarf werden mehrere verschiedene Transportwege genutzt, um ein Gut vom Lieferanten zum Kunden zu befördern. Der weitaus größte Teil des Straßentransportes wird mit Standardfahrzeugen wie z. B. Liefer- und Lastwagen, Lastzügen (LKW + Anhänger) oder Sattelzügen (Zugmaschine + Auflieger) durchgeführt. Dies hat den Vorteil, dass der Transport zu jeder Tageszeit stattfinden kann und keine Sondergenehmigungen eingeholt werden müssen.

Werden sehr große Güter befördert, die die maximal zugelassenen Abmessungen und Gewichte für Straßentransporte überschreiten, z.B. große Baumaschinen, Rotoren für Windkraftanlagen, Industriebehälter, Transformatoren für die Energiebranche, etc., so spricht man von Groß- oder Schwertransporten. Darunter fallen in Deutschland insbesondere Transporte, die inklusive Ladung höher als 4,00 m oder breiter als 2,55 m oder länger als 16,50 m (Sattelzug) bzw. 18,75 m (Lastzug) sind oder ein Gewicht von mehr als 40 t aufweisen. Diese Transporte werden als Spezialtransporte eingestuft und müssen von der jeweils zuständigen Straßenverkehrsbehörde genehmigt werden. Bei grenzüberschreitendem Verkehr kann ein Transport unterschiedlichen gesetzlichen Regelungen unterliegen.

### 18.1.3 Unternehmensentwicklung bis heute

Die industrielle Geschichte von Faymonville begann Anfang der 60er Jahre mit der Gründung durch Berthold Faymonville und der Fertigung von Fahrzeugen in einer Schmiede in Rocherath (Ostbelgien). Zu Beginn wurden in der Fertigung Landmaschinen, Traktorkabinen und Forstfahrzeuge gebaut. Ende der 60er Jahre startete das Unternehmen mit der Produktion der ersten Auflieger. Ausgelöst durch eine Kooperation mit einem Transportunternehmen in den 1970ern wurden Tiefbettauflieger für Glastransporte entwickelt und gefertigt. Damit wurde der Grundstein für die Bereitstellung von Spezialtransportlösungen gelegt. Ab 1980 versteht sich Faymonville als Spezialist für Sondertransporte.

Ende der 80er Jahre eröffnete das Unternehmen eine neue Produktionsstätte im Gewerbepark von Büllingen (Ostbelgien) und erweiterte das Angebotsspektrum um komplementäre Geschäftszweige wie Reparaturservice, Ersatzteilservice und den An- und Verkauf von Gebrauchtfahrzeugen. Seitdem sind die Produktionskapazitäten permanent erweitert worden und erstrecken sich mittlerweile auf 90.000 m² Produktionsfläche, die sich auf drei Standorte in Belgien, Luxemburg und Polen verteilen. Die Geschicke des Familienunternehmens werden seit den 90ern von den Söhnen Alain und Yves Faymonville gelenkt. Das Unternehmen beschäftigt mittlerweile über 700 Mitarbeiter. Faymonville konnte im Jahr 2015 durch den Verkauf von ca. 1.500 Fahrzeugeinheiten einen Umsatz von etwa 175 Mio. Euro generieren, was einem Wachstum von +8,3 % vs. Vorjahr entspricht. In 2016 wird eine nochmalige Steigerung des Umsatzes auf 190 Mio. Euro (+8,8 %) erwartet. In dem nachfolgenden Schaubild ist die langfristige Entwicklung des Umsatzes seit 1990 dargestellt, die einen CAGR (Compound Annual Growth Rate) von +12.8 % ausweist (siehe Abb. 18.2).

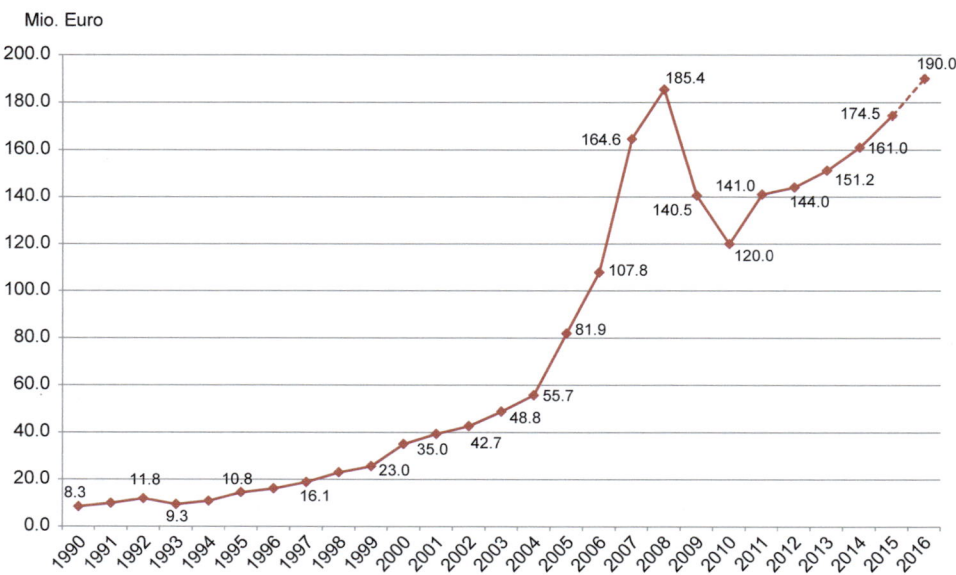

**Abb. 18.2** Umsatzentwicklung von Faymonville (in Mio. €) (Quelle: Faymonville)

### 18.1.4 Faymonville goes international

Zunächst erschloss das Unternehmen europäische Märkte in unmittelbarer geographischer Nähe. Bis Ende der 1980er Jahre wurden lediglich die Niederlande, Luxemburg und Deutschland beliefert. Anfang der 1990er Jahre begann dann die Zusammenarbeit mit Händlern in den Ländern wie Frankreich und England. Mitte der 90er Jahre wurde das Händlernetzwerk auf Dänemark, Finnland und Schweden ausgeweitet. Portugal, Spanien, Italien, Griechenland und der Balkan wurden dann bis Ende der 1990er Jahre bearbeitet.

Eine Hürde der Markterschließung stellten zunächst die Gesetzgebungen für die Zulassungen der Auflieger dar, die sich bereits auf europäischer Ebene erheblich unterscheiden (vgl. Büchler 2014, S. 35 ff.). So fordern die jeweiligen Ländergesetzgebungen unterschiedliche Achsabstände/–typen und Federungen für verschiedene Nutzlasten. Auch die Fahrzeugbreite/-länge und Sicherheitsvorschriften spielen eine wichtige Rolle für die Zulassungen. In Frankreich z. B. müssen die Achsen einen Abstand von 1.510 mm haben um für 12 t Achslast zugelassen werden zu können, wobei in anderen europäischen Ländern diese Achslast schon bei 1.360 mm Achsabstand freigegeben wird. Diese gesetzlichen Bestimmungen müssen jeweils erfüllt werden, damit die Kunden die Auflieger legal und ohne spezielle weitere Genehmigungen einsetzen können.

Die unterschiedlichen Anforderungen waren für Faymonville gut zu bewältigen, da das Unternehmen bereits Erfahrungen in der kundenspezifischen Produktanpassung besaß, was sowohl an die Entwicklung als auch an die Produktion besondere Herausforderungen stellt. Zudem wurde vom Management die Entscheidung getroffen, sich in den neuen geographischen Märkten mehr auf spezielle Anforderungen für Transporte, die außerhalb der gängigen Normen liegen, zu spezialisieren. Gerade bei größeren Lieferentfernungen lohnt es sich zudem Transporte zu bündeln. So erhöhte sich die Nachfrage nach Aufliegern mit höheren Nutzlasten insbesondere für den Export. Zudem zeichnet sich ein Trend zu immer größer werdenden Transportgütern ab. Auf dem Energiemarkt wurden z. B. Transformatoren mit höheren Leistungen nachgefragt, was das Gewicht beeinflusst. Weiterhin stieg die Relevanz erneuerbarer Energien. Es entstand eine Nachfrage nach dezentralen Lösungen wie z. B. Windgeneratoren, die in einer bestimmten Weise transportiert werden mussten.

Durch weitere Markt- und Kundenanalysen kam das Management ab 2005 zu der Erkenntnis, dass auch *außereuropäische Märkte* wie Brasilien, Mexiko und Russland ein hohes Marktpotenzial aufweisen und dazu geeignet sind, eine sich abzeichnende Krise in Europa zu kompensieren. Diese Länder sind durch steigendes Wirtschaftswachstum gekennzeichnet, was sich wiederum positiv auf die Energie-, Erdöl- und Bausektoren niederschlägt, die regelmäßig einen besonderen Bedarf an Groß- und Schwertransporten aufweisen.

Ein weiterer relevanter Faktor für diese zukünftigen Märkte waren die jeweiligen *politischen* und *gesetzlichen* Rahmenbedingungen. Auf der einen Seite war es wichtig, mögliche Handelsbarrieren frühzeitig zu berücksichtigen, auf der anderen Seite musste die politische Stabilität eingeschätzt werden. In diesem Zusammenhang musste Faymonville wichtige Informationen über Wettbewerbsaufsicht, Gesetzgebung, Steuerrichtlinien, Sicherheitsvorgaben und Subventionen einholen. Bei dieser Marktuntersuchung konnte festgestellt werden, dass es einen Trend zur Begrenzung der Achslasten im Transportsektor gab, was wiederum die Transporteure zu Mehrachslösungen zwingt. Durch die Begrenzung wollten die zuständigen Behörden der oben genannten Schwellenländer die Beschädigungen auf den Straßen reduzieren. Somit bot sich eine besondere Chance für modulare Fahrzeuge mit mehreren Achsen.

Einen letzten wichtigen Faktor stellte die gesellschaftliche Situation dieser Länder dar. Kennzahlen in Bezug auf demographische Einflüsse, Einkommensverteilung, Bildung, Bevölkerungswachstum und Sicherheit können bei der Marktauswahl eine wichtige Rolle spielen. Sie untermauern die ökonomische Entwicklung eines Marktes. Um das Entwicklungspotenzial eines Marktes zutreffend einschätzen zu können, muss die sozio-kulturelle Lage immer in enger Verknüpfung mit der politischen Entwicklung analysiert werden. Aus der nachfolgenden Übersicht geht hervor, wo Faymonville mittlerweile auf dem Weltmarkt vertreten ist (siehe Abb. 18.3).

Die Marktbearbeitung in den Ländern erfolgt teilweise ohne Mittler bzw. Vertriebspartner im Gastland. Dies ist z. B. in den Beneluxstaaten, Deutschland, Griechenland, Polen, Portugal, Russland, den Balkanländern (außer in Rumänien) und Südamerika der Fall. In anderen Ländern wird mit Vertriebspartnern zusammengearbeitet, wie beispielsweise in der Türkei, in Großbritannien, Spanien und Frankreich. Teilweise gibt es auch Veränderungen über die Zeit. So wurde in Spanien der Export zeitweise auch ohne die

**Abb. 18.3** Der Weltmarkt von Faymonville im Überblick (rot in der Darstellung) (Quelle: Faymonville)

Einschaltung eines Partners bewerkstelligt. In Frankreich werden beide Formen parallel praktiziert; bestimmte Regionen werden mit lokalen Händlern und andere mit Vertriebsmitarbeitern von Faymonville bedient. In den USA sollen ebenfalls beide Ansätze parallel verfolgt werden; für die Eastcoast-Region laufen aktuell die Verhandlungen mit einem potenziellen Handelspartner.

### 18.1.5 Faymonville im Wettbewerb

Faymonville ist im Markt für kundenspezifische Groß- und Schwertransport-Auflieger, die auf alle gängigen Sattelzugmaschinen aufgesattelt werden können und während der Fahrt auf der Aufsattelkupplung aufliegen, angesiedelt. Das Unternehmen hat in verschiedenen Märkten und Marktsegmenten unterschiedliche Wettbewerber. Bei Transportlösungen für geringere Nutzlasten von ca. 20–50 Tonnen tritt das Unternehmen oft gegen kleinere lokale Hersteller in den jeweiligen Ländern an. Bei diesen Nutzlasten gibt es zudem viele Substitute, welche die Hauptfunktionen von den Faymonville Aufliegern ersetzen können. Kleinere Bagger, Baumaschinen oder andere ‚kleinere' Güter können auch mit konventionellen Transportlösungen (z. B. von Krone, Schmitz Cargobull oder Meiller), wie in Abb. 18.4 dargestellt, befördert werden. Diese, für den Straßentransport ohne Sondergenehmigung zugelassenen Transportlösungen, sind jedoch nur für die Beförderung von Gütern geeignet, die die vorgeschriebenen Dimensionen und das Maximalgewicht nicht überschreiten.

**Abb. 18.4** Konventionelle Transportlösung von Krone (links) und Meiller (rechts) (Quelle: Krone und Meiler Pressinformationen)

Im internationalen Markt für Schwertransport-Auflieger, wo es um Transportlösungen für Nutzlasten von 50 Tonnen aufwärts geht, hat Faymonville drei wichtige Wettbewerber: Goldhofer AG (D), Scheuerle Fahrzeugfabrik GmbH (D) und Nooteboom Trailers B.V. (NL). Der Umsatz und die Mitarbeiteranzahl der deutschen Wettbewerber sind mit Faymonville vergleichbar. Nooteboom ist hinsichtlich Umsatz und Anzahl an Mitarbeitern etwas weniger als halb so groß. Bei allen Anbietern überschneidet sich das Produktprogramm bei Tiefladern für die Straße in großen Bereichen, wobei eine Spezialisierung in ausgewählten Marktsegmenten oder im Off-Road-Bereich durchaus vorhanden ist. Der deutsche Hersteller Goldhofer fertigt z. B. auch Flugzeugschlepper, womit die Flugzeuge zur Startbahn gezogen werden können. Scheurle wiederum ist führend bei selbstfahrenden Schwerlasttransportern.

Um sich in diesem Wettbewerb zu behaupten, hat Faymonville für sich die folgenden Stärken identifiziert: Flexibel und schnell auf alle Kundenwünsche zu reagieren! Faymonville versteht sich als *„Full Line Supplier"*. Das bedeutet, dass jeder Kundenbedarf im Spezialtransport abgedeckt werden kann, während kein Wettbewerber ein so umfangreiches Produktspektrum in seinem Portfolio anbietet. Bei Faymonville kann zudem ein individueller Auflieger, abhängig von seiner Komplexität, innerhalb von 8–20 Tagen gefertigt werden. Das ist bei den Wettbewerbern allenfalls bei relativ standardisierten Anfragen der Fall.

## 18.1.6 Produktpalette von Faymonville

Als Reaktion auf die Marktanforderung nach mehr Produktvielfalt hat Faymonville die Anzahl seiner Basismodelle innerhalb der letzten 5 Jahre von 10 auf 16 erhöht und sich damit zu einem Full Line Supplier im Schwertransport weiterentwickelt. Abbildung 18.5 verdeutlicht die immense Variantenvielfalt, die Faymonville seinen Kunden bietet. In der ersten Spalte ist die Fahrzeugart definiert und in den Spalten daneben sind die möglichen Lenkungsarten, Achsanzahl und Nutzlast angegeben. Wobei in der Übersicht einige weitere vom Kunden wählbare Ausprägungen wie Ladehöhe, Bettlänge, Bereifung und

| Fahrzeugart | Lenkungsart | Anzahl Achsen | Nutzlast |
|---|---|---|---|
|  **MultiMAX** Satteltieflader | Nachlaufgelenkt (N) Hydr. zwangsgelenkt (Z) | 2 bis 10 Achsen | 15-130t |
| 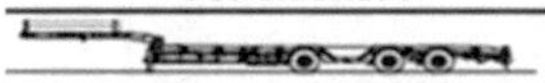 **EuroMAX** Satteltieflader (leichte Baureihe) | Nachlaufgelenkt (N) Hydr. zwangsgelenkt (Z) | 2 bis 4 Achsen | 15-32t |
|  **TeleMAX** Ausziehbarer Plateau-Auflieger | Nachlaufgelenkt (N) Zwangsgelenkt (Z) über Drehschemel | 2 bis 6 Achsen | 15-90t |
| 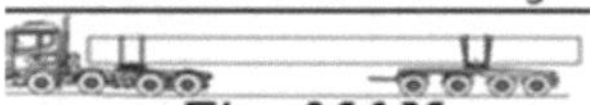 **FlexMAX** Der Selbstlenker | Nachlaufgelenkt (N) Hydr. zwangsgelenkt (Z) | 2 bis 5 Achsen | 20-60t |
|  **CargoMAX** Ballast-Auflieger | Nachlaufgelenkt (N) Zwangsgelenkt (Z) über Drehschemel | 3 bis 8 Achsen | 30-100t |
|  **MegaMAX** Tiefbett-Auflieger (mit Dolly) | Nachlaufgelenkt (N) Zwangsgelenkt (Z) | 1 bis 5 Achsen | 15-100t |

**Abb. 18.5** Produktpalette von Faymonville (Quelle: Faymonville)

Fahrzeugbreite noch nicht berücksichtigt sind, somit zusätzliche Spezifizierungen darstellen und die Variantenanzahl entsprechend erhöhen (siehe Abb. 18.5).

Beim CombiMax und beim ModulMax handelt es sich sogar um modulare Fahrwerke, die vom Kunden je nach anstehender Transportaufgabe eigenständig kurzfristig modifiziert werden können (siehe Abb. 18.6). Die Ankopplungsschnittstellen der modularen Fahrzeuge sind in Abb. 18.7 dargestellt.

Bereits die vereinfachte Übersicht verdeutlicht, dass es sich um einige Tausend mögliche Endvarianten handelt, die bei entsprechendem Kundenwunsch von Faymonville hergestellt werden können. Diese enorme Variantenvielfalt wird im Unternehmen kontrovers diskutiert: *„Durch unsere Produktvielfalt konnten wir ein stetiges Wachstum erzielen und neue Märkte entwickeln. Das ist die Basis für unseren Erfolg!"* – so eine interne Bewertung aus der Marketingabteilung des Unternehmens. Daneben sind jedoch auch gegenläufige Meinungen wahrnehmbar. Auf Seite der Kostenrechnung wird argumentiert, dass diese umfangreiche Variantenvielfalt an Produkten mit hoher Komplexität in vielen Unternehmensprozessen verbunden ist, was insgesamt zu höheren Kosten führt. Daher wird die Produktpolitik immer wieder kritisiert und vielfach die Ausdünnung des Angebotsspektrums gefordert.

| | | | |
|---|---|---|---|
| CombiMAX<br>Modulares Tieflader-Konzept | Zwangsgelenkt (Z) | 1 bis 6<br>Achsfahrwerke | 50-250t |
| PrefaMAX<br>Beton-Innenlader | Starre Achsen | 2 bis 3 Achsen | 15-35t |
| ModulMAX<br>Schwerlastmodule | Zwangsgelenkt (Z) | 2, 3, 4, 5, 6<br>Achsfahrwerke | 4.500t |
| FloatMAX<br>Glas-Innenlader | Starre Achsen | 3 bis 4 Achsen | 30t |

**Abb. 18.6** Produktpalette CombiMax und ModulMax (Quelle: Faymonville)

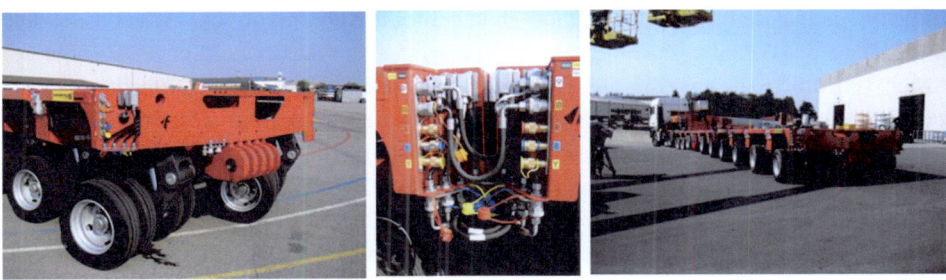

**Abb. 18.7** Schnittstellen Beispiel von modularen Fahrwerken (Quelle: Faymonville)

Unter der Bezeichnung MAXTrailer produziert Faymonville seit 2012 zudem eine standardisierte Serie neuartiger Tieflader, Auflieger und Spezialanhänger für eine Vielzahl von Aufgaben im Bereich des Spezial- bzw. Schwertransports, die separat vermarktet werden. MAXTrailer basieren auf einem modularen Baukastensystem mit standardisierten Komponenten und sind daher schneller und kostengünstiger herzustellen. Die standardisierten MAXTrailer können somit preisgünstiger am Markt angeboten werden. Die Produktreihe umfasst mittlerweile mehrere verschiedene Aufliegertypen: MAX100 (Tieflader), MAX200 (Plateauauflieger), MAX300 (Anhänger mit 2 oder 3 Zentralachsen) und MAX400 (Ballastauflieger). Mit dem MAX510-Tiefbettauflieger findet sich seit Kurzem bereits eine weitere Variante im Programm. Über einen Online-Konfigurator bietet das Unternehmen seinen Kunden die Möglichkeit, ihren MAXTrailer bedarfsgerecht zusammenzustellen, während im Kernsegment ein Vertriebsmitarbeiter oder Handelspartner als Ansprechpartner und Berater zur Verfügung steht.

## 18.1.7 Fertigung von kundenspezifischen Aufliegern

Faymonville ist im Gegensatz zum Wettbewerb durch eine hohe Fertigungstiefe gekennzeichnet, was durch das Motto: „*100 % Inhouse-Production*" unterstrichen wird. Das Unternehmen beherrscht unterschiedlichste Fertigungskompetenzen im eigenen Haus, wie beispielsweise im Stahlbau (u. a. Schneiden, Kanten, Schweißen), in der mechanischen Bearbeitung (u. a. Drehen, Fräsen), in der Oberflächenbearbeitung (u. a. Strahlen, Metallisieren, Lackieren) sowie in der Elektrik, Pneumatik und Hydraulik.

Um schnell und flexibel auf individuelle Kundenwünsche reagieren zu können, hatte die Unternehmensführung bereits vor 15 Jahren beschlossen in der Fertigung konsequent den Weg der Flussoptimierung umzusetzen und die Philosophie des *Lean Management* bzw. der *Lean Production* zu realisieren (vgl. Brunner 2011, S. 62 ff.).

Eine wesentliche Maßnahme bestand darin, das *One-Piece-Flow-Produktionskonzept* (OPF) durchgehend im Unternehmen einzuführen. One-Piece-Flow ist eine Art der Fließfertigung, bei der eine örtlich fortschreitende und zeitlich bestimmte lückenlose Folge von Arbeitsgängen durchgeführt wird (vgl. Thonemann 2010, S. 378 ff.). Die räumliche Aufstellung der Betriebsmittel und Arbeitsplätze wird bei diesem Fertigungstyp gemäß dem Fertigungsablauf – wie beim Fließprinzip üblich – angeordnet. Die Anordnung der Arbeitsplätze und Maschinen wird also von der zeitlichen Abfolge der Arbeitsschritte bestimmt, die aufeinanderfolgend nach einem festen Takt durchlaufen werden. Das Hauptaugenmerk des OPF-Konzepts liegt dabei auf der Umsetzung des „*Mixed Model*" in der Produktion, was bedeutet, dass in einer Produktionslinie nicht nur Varianten einer Produktfamilie sondern auch verschiedene Produktfamilien hintereinander montiert werden können.

Im Rahmen der weiteren Prozessoptimierung wurde in der Konstruktion und Entwicklung schrittweise der Ansatz „*Engineer-to-Order (ETO)*" durch „*Configure-to-Order (CTO)*" ergänzt. Beim ETO muss jeder Kundenauftrag individuell in der Konstruktion abgearbeitet werden. „*Wenn wir ausschließlich den ETO-Ansatz weiterverfolgt hätten, so hätte die damit verbundene Komplexitätssteigerung bildlich gesprochen – wie bei einem Motor – langfristig zu einem Kolbenfresser geführt. Der Stillstand in der Produktion wäre vorprogrammiert!*" erklärt der technische Direktor, Guy Fickers, von Faymonville. Beim CTO hingegen kann der jeweilige Kundenwunsch durch die Auswahl von bereits vorkonstruierten Elementen aus einem Baukastensystem konfiguriert werden, d. h. der Kundenauftrag muss nicht mehr den gesamten Konstruktionsprozess durchlaufen. Beide Prinzipien werden bei Faymonville parallel verfolgt. Beim MAXTrailer hingegen wird nur das Prinzip des CTO verfolgt. Hier konfiguriert der Kunde online seine Bestellung selber und die Konfiguration wird dann sogar automatisch in den Produktionsprozess eingesteuert.

Die modulare Konstruktion ist in der PKW-Produktion üblich und kommt im Volkswagen-Konzern mit dem Konstruktionssystem des Modulquer- bzw. Modullängsbaukastens (MQB und MLB) besonders weitgehend über nahezu alle Marken hinweg zum Einsatz. Der Volkswagen-Konzern definiert dabei den modularen Querbaukasten (MQB) als ein einheitliches Plattformkonstruktionskonzept für Fahrzeuge mit quer eingebauten Motoren, und entsprechend den modularen Längsbaukasten als ein Konstruktionskonzept für Fahrzeuge mit längs zur Fahrtrichtung verbauten Motoren. Das bedeutet, dass für alle Fahrzeugtypen mit vorne quer eingebautem Motor, unabhängig von der Marke und der jeweiligen Leistungsklasse künftig die gleichen Kernkomponenten verwendet werden, was dazu führt, dass statt bislang rund 300 verschiedener Motor-Getriebe-Varianten nur noch 36, statt 102 Klimaanlagen-Modulen nur noch 28, statt mehrerer Dutzend Getriebeglocken nur noch eine einzige verwendet wird. Die Kosteneinsparungen durch das MQB-Konstruktionssystem werden auf etwa 30 % geschätzt. Zudem ist vorteilhaft, dass neue Produkte schneller entwickelt werden können, da die Basis ja immer schon vorhanden ist.

Neben den Modifikationen in der Fertigung und Konstruktion entschied sich Faymonville bei der Erweiterung der Kapazitäten die Produktionsstandorte nach Fahrzeugtypen zu trennen. Bereits bei der ersten Erweiterung der Produktionskapazitäten mit dem Bau des Werkes in Lentzweiler (Luxemburg) im Jahre 2003 hatte Faymonville die Entscheidung getroffen, die Produktion in „leichte" Faymonville-Fahrzeugtypen und „schwere" Faymonville-Fahrzeuge aufzuteilen. Somit wurden mit der Zeit schwere Fahrzeuge mit höherer Achsanzahl im Werk in Belgien und leichtere Fahrzeuge mit geringerer Achsanzahl im Werk in Luxemburg hergestellt.

Die nächste Erweiterungsentscheidung ging mit der Einführung der Marke „MAXTrailer" einher, für die eine eigenständige Produktionsstätte in Polen errichtet wurde. Mit der Marke „MAXTrailer" beabsichtigt das Unternehmen mehr standardisierte Fahrzeuge nach dem Baukastensystem zu fertigen und möglichst viele Gleichteile zu verbauen. Hierbei wurde das Denkprinzip umgekehrt – während bisher immer vom konkreten Kundenbedarf ausgegangen wurde, wird hier vor Einführung mit einem Jahr Vorlauf proaktiv überlegt, welche standardisierten Trailervarianten am Markt Erfolg haben könnten. Diese werden dann mit einem Baukastenprinzip realisiert. Die Fertigung beim MAXTrailer ist auch nach dem One-Piece-Flow-Konzept organisiert, hier liegt aber eine wesentlich höhere Standardisierung mit einer höheren Taktung und dementsprechend geringeren Durchlaufzeiten vor.

### 18.1.8 One-Piece-Flow-Konzept bei Faymonville

Beim One-Piece-Flow-Konzept werden alle Prozesse im Fluss über einen festen Takt zur Organisation des Produktionsprozesses auf Basis des Kundenauftrags synchronisiert. Die benötigten Materialen werden „Just-in-Time" bestellt, also fertigungssynchron angeliefert. In den sich anschließenden Fertigungslinien wird dann nach dem One-Piece-Flow-Konzept gefertigt, was auch als *Just-in-Sequence*-Prinzip umschrieben werden kann. Alle Produktfamilien inkl. der zugehörigen Varianten werden dabei auf einer Fertigungslinie einer sog. „*Mixed Model Line*", gefertigt. Abbildung 18.8 stellt schematisch die Funktionsweise des OPF-Konzepts bei Faymonville dar.

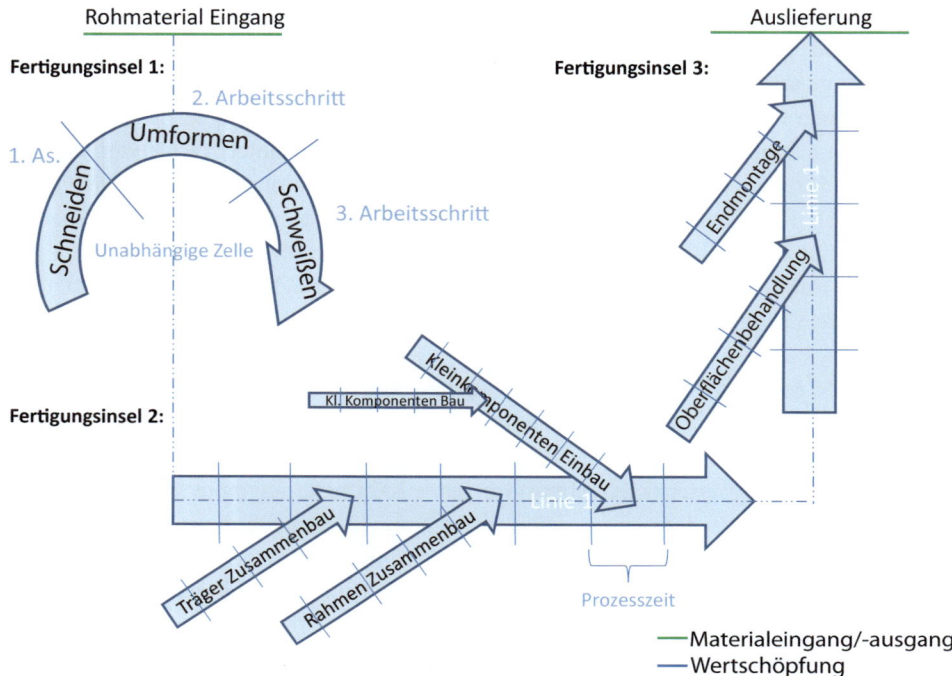

**Abb. 18.8** One-Piece-Flow-Fertigung bei Faymonville (Quelle: Faymonville)

Die Mitarbeiter erhalten bereits mit dem ersten Fertigungsschritt alle Informationen zum Fertigungsauftrag und brauchen sich nicht zu Beginn eines jeden Arbeitsschritts neu zu informieren. In der Regel ergibt sich für die Mitarbeiter durch die größeren und vollständigen Arbeitsinhalte eine erhöhte Arbeitsmotivation. Außerdem lässt sich die Qualität des Outputs und der Arbeit besser verfolgen. Durch die Einführung des One-Piece-Flow-Fertigungskonzeptes konnte Faymonville die Durchlaufzeiten um ca. 20 % bis 30 % reduzieren, was sich wiederum positiv auf die Produktivität auswirkt, weil mehr Werkstücke mit den bestehenden Kapazitäten gefertigt werden können.

Durch die Umstellungen in der Fertigung, insbesondere durch die Einführung des One-Piece-Flow-Konzepts hat ein Umdenken in der Produktion stattgefunden. Die in vielen Fertigungsunternehmen vorherrschende Denkweise *„Ressource Efficiency"* wurde abgelöst. *„Flow Efficiency ist die Maxime bei uns in der Produktion!"* so der technische Direktor, Guy Fickers, von Faymonville und weiter: *„Diese Maxime wird im Unternehmen erfolgreich gelebt. Nicht nur die Durchlaufzeiten konnten reduziert werden; es war z. B. beim CombiMax möglich, die Herstellkosten ebenfalls um 25 % zu reduzieren, obwohl gleichzeitig die Produktvielfalt bzw. die Auswahlmöglichkeiten für den Kunden erhöht wurden."* Die Sinnhaftigkeit des neuen Fertigungskonzepts steht somit außer Frage.

## 18.1.9 Internationales Wachstum als Herausforderung für die Unternehmensorganisation

Zurzeit ist die Unternehmensleitung mit weiteren Überlegungen bzgl. der Internationalisierung befasst. Durch den weltweit aufgestellten Vertrieb werden zwar bereits sehr erfolgreich Kunden außerhalb von Europa gewonnen; die Verschiffung der Auflieger bei Überseegeschäften führt jedoch regelmäßig zu längeren Lieferzeiten und zusätzlichen Kosten, die sich nachteilig für den Kunden auswirken. Da die europäischen Wettbewerber zurzeit unter den gleichen Bedingungen ihr Überseegeschäft betreiben, bietet eine Produktion vor Ort die Möglichkeit, sich einen nicht unerheblichen Wettbewerbsvorteil zu verschaffen. Das Management von Faymonville strebt daher an, in Kürze einen Produktionsstandort außerhalb Europas aufzubauen, und die Endmontage bestimmter Produkte in den Exportmarkt zu verlagern, um die Kosten und zeitlichen Verzögerungen durch die Verschiffung und Verzollung zu reduzieren. Die internationale Ausweitung der Produktion und die Übertragung des erprobten konstruktions- und fertigungstechnischen Know-Hows auf weitere Standorte stellen strategische Prioritäten für den weiteren Internationalisierungsprozess von Faymonville dar, um die Position des Unternehmens auf dem Weltmarkt konsequent zu festigen und auszubauen.

## 18.2 Aufgaben

1. Welche strategischen Optionen verfolgt das Unternehmen Faymonville in seinem Kerngeschäftsfeld der kundenindividuellen Auflieger? Was spricht jeweils für die Auswahl?
2. Wie beurteilen Sie Einführung der Marke MAXTrailer in 2012? Welche strategische Intention könnte damit verfolgt werden und wo sehen Sie mögliche Risiken? Wie lassen sich die Risiken ggf. reduzieren?
3. Welche Gründe könnten dafür sprechen, dass Faymonville bei der Internationalisierung auf den direkten Export sowohl ohne als auch mit Mittler im Gastland setzt? Warum ist der direkte Export eine typische Marktbearbeitungsstrategie für Hidden Champions?
4. Wie würden Sie Faymonville hinsichtlich des Ausmaßes an Komplexität einstufen und um welchen Treiber von Komplexität handelt es sich hier vornehmlich? Nehmen Sie dabei auch Bezug auf die relevanten Umweltdimensionen.
5. Zeigen Sie auf, welche Basisstrategien und Maßnahmen im Umgang mit Komplexität bei Faymonville verfolgt werden.
6. Begründen Sie, warum die Umstellungen in der Fertigung für die Umsetzung der Strategie des Unternehmens wesentlich waren. Greifen Sie hierbei auch das Konzept des Mass Customization (insbesondere auch Hard und Soft Customization) auf. Wie bewerten Sie die hohe Wertschöpfungstiefe bei Faymonville?
7. Produktvielfalt geht mit sogenannten Komplexitätskosten einher! Beschreiben Sie mögliche Quellen in den einzelnen Unternehmensaktivitäten, die durch Produktvielfalt

induziert sind. Welche Kostenarten sind hiervon vornehmlich betroffen? Weisen Sie beispielhaft 2–3 Kostenarten je Unternehmensaktivität aus.
8. Mit welchen wesentlichen 4 Produktionskennzahlen würden Sie die Fertigung steuern? Legen Sie dar, warum die Maximen „Flow Efficiency" und „Ressource Efficiency" widersprüchlich sind.

▶ **Literaturhinweise zur Aufgabenbearbeitung:**
Brenner J (2015) Lean Production – Praktische Umsetzung zur Erhöhung der Wertschöpfung, Carl Hanser Verlag, München
Büchler J-P (2014) Strategie entwickeln, umsetzen und optimieren. Hallbergmoos: Pearson, Hallbergmoos
Gottmann J (2016) Produktionscontrolling- Wertströme und Kosten optimieren. Springer Gabler, Wiesbaden
Hungenberg H (2014) Strategisches Management im Unternehmen. Ziele – Prozesse – Verfahren, 8. Aufl. Springer Gabler, Wiesbaden
Kinkel S, Lay G, Jäger A (2009) Fertigungstiefe als Stellhebel für die Produktivität, Automobiltechnische Zeitschrift. ATZ-Produktion 2(5–6):53–57. http://publica.fraunhofer.de/dokumente/N-114405.html
Kutschker M, Schmid S (2011) Internationales Management. De Gruyter Oldenbourg, München
Piller F (2007) Mass Customization. In: Handbuch Produktmanagement, Albers, S.; Herrmann, A., Wiesbaden, 3. Aufl. S. 943–968. http://www.downloads.mass-customization.de/pil2007-1.pdf
Söllner A (2009) Einführung in das Internationale Management – Eine institutionenökonomische Perspektive. Gabler, Wiesbaden
Schoeneberg KP (2014) Komplexitätsmanagement in Unternehmen. Springer Gabler, Wiesbaden
Zook C, Allen J (2001) Erfolgsfaktor Kerngeschäft – Zeitlose Strategien für Wachstum und Innovation. Econ, München

## Literatur

Büchler J-P (2014) Strategie entwickeln, umsetzen und optimieren. Pearson, Hallbergmoos
Brunner FJ (2011) Japanische Erfolgskonzepte, 2. Aufl. Carl Hanser, München
Thonemann U (2010) Operations Management? Konzepte, Methoden und Anwendungen. 2. Aufl. Pearson, Hallbergmoos

# Anhang

## A    Fallstudientypen

In Abhängigkeit der angestrebten Lernziele und der angesprochenen Zielgruppe (d. h. Studiengang und Studienprogramm) gibt es verschiedene Arten von Fallstudien. Nachfolgend werden die in diesem Kompendium eingesetzten Typen dargestellt, wobei es sich stets um Mischformen handelt.

### Exercise Case (Aufgabenfall)

Der Exercise Case erlaubt Studierenden, ein bestimmtes Managementkonzept oder eine bestimmte Analysetechnik anzuwenden, die in einer Lehrveranstaltung bereits erklärt wurde. Dieser Fallstudientyp wird vor allem dann angewandt, wenn quantitative Analysen erforderlich sind. Der Umgang mit numerischen Daten im Rahmen einer realen Geschäftssituation ist anspruchsvoller und interessanter als die rein wissenschaftliche Übung. In der Regel erhalten die Studierenden konkrete Aufgabenstellungen, die unter Umständen auch im Selbststudium durchgeführt werden können, da es meist eindeutige Lösungen und ausführliche Lösungsskizzen gibt.

### Background Case (Hintergrundfall)

Der Background Case vermittelt Informationen zu einer ausgewählten Industrie und stellt damit einen spezifischen Marktumfeldkontext bereit. Die Problemstellung vor einem ausgewählten Umwelthintergrund erleichtert den Studierenden die Identifikation mit den dargestellten Daten und dient als Grundlage für die Erforschung einer spezifischen Fragestellung in einem besonderen Unternehmens- oder Marktkontext. Dieser Fallstudientypus kann vor allem für eine kritische Diskussion zu den Vorzügen und Grenzen einer bestimmten Managementmethode in unterschiedlichen kontextspezifischen Situationen genutzt werden.

## Situation Case (Situationsfall)

Der Situation Case erfordert eine genaue Analyse und Abwägung der im Fall vorhandenen Informationen, sodass Studenten aufgefordert sind, die relevanten Daten und deren spezifische Zusammenhänge voneinander abzugrenzen. Diskussionen unterschiedlicher Perspektiven während der Lehrveranstaltung sind vorgezeichnet, um ein Verständnis dafür zu bekommen, welche Managementfehler oder -irrtümer in einer konkreten Situation passiert sind und wie sie hätten vermieden werden können.

## Decision Case (Entscheidungsfall)

Beim Decision Case sollen Studierende in einer Managementsituation schildern, was sie unter den in der Fallstudie beschriebenen Umständen unternehmen würden. In der Rolle eines Managers müssen sie eine Vielzahl von möglichen Ansätzen entwickeln und eine begründete Entscheidung treffen. Dabei sollen auch konkrete Umsetzungs- und Aktionspläne entwickelt werden. Angesichts des breiten Spektrums an Lernzielen und individuellen Vorlieben, können Fallstudien auf verschiedenste Weise genutzt werden. Unsere Fallstudienübersicht soll dabei Empfehlungen für den optimalen Gebrauch der jeweiligen Fallstudien geben. Nachfolgende Tabelle A.1 ordnet die Fallstudien den unterschiedlichen Fallstudientypen zu.

**Tab. A.1** Fallstudientypen

| Case Study | Background Case | Exercise Case | Situation Case | Decision Case |
|---|---|---|---|---|
| Autoneum | | ✓ | ✓ | ✓ |
| BioGenius | | ✓ | ✓ | ✓ |
| Devolo | ✓ | ✓ | | |
| Dolezych | | ✓ | ✓ | ✓ |
| Faymonville | ✓ | ✓ | | |
| GASA | | ✓ | ✓ | |
| GEA | | ✓ | ✓ | |
| Hark | | ✓ | | ✓ |
| Huf | | ✓ | | ✓ |
| RENAFAN | ✓ | ✓ | | |
| Schalker Eisenhütte | ✓ | ✓ | | ✓ |
| Thermomix | | ✓ | | ✓ |
| Vaillant | | | ✓ | ✓ |
| WAGO | | ✓ | ✓ | |

# A.1 Fallstudienprofile

Die in alphabetischer Reihenfolge aufbereiteten Fallstudienprofile sollen die Konzeption und Vorbereitung von Lehrveranstaltungen erleichtern, indem jede Fallstudie auf einer Seite mit ihren Inhalten (Abstract), den erforderlichen Vorkenntnissen (methodische Voraussetzungen), angestrebten Lernzielen und Zielgruppe dargestellt werden.

## A.1.1 Autoneum – Hochleistungskultur für Innovation

Jan-Philipp Büchler und Christoph Müller[1]

**Abstract**
Die Fallstudie AUTONEUM beschäftigt sich ganzheitlich mit dem Innovationsmanagement eines großen Automobilzulieferers. Dazu gibt sie Einblicke in die Automobilbranche und verdeutlicht den Innovationsdruck, dem die Zulieferer ausgesetzt sind. Autoneum gelingt es durch einen ganzheitlichen markt- und innovationsorientierten Führungsansatz, innovative Spitzenleistungen auf dem Markt zu realisieren. Im Rahmen der Fallstudie lernen die Studierenden einen ganzheitlichen Ansatz des Innovationsmanagements kennen und die Vorteile und Grenzen unterschiedlicher Instrumente zu bewerten.

**Methodische Voraussetzungen**
Zur Lösung der Fallstudie wird die Kenntnis grundlegender Aspekte zum strategischen Management und der marktorientierten Unternehmensführung vorausgesetzt. Darüber hinaus sollten Grundlagen zum Innovationsmanagement bereits bekannt sein.

**Lernziele**
Lernziele sind insbesondere die Anwendung unterschiedlicher Modelle bzw. Ansätze des Innovationsmanagements. Im Rahmen der Fallstudie werden zentrale Elemente von Innovationsmanagement im Unternehmen thematisiert und dargestellt. Die von Autoneum etablierten Prozesse und Maßnahmen sind dabei besonders geeignet, um den Studierenden erfolgreiches Innovationsmanagement aufzuzeigen.

**Zielgruppen**
Studierende in Bachelorprogrammen ab dem 3. Semester und Studierende in Masterprogrammen der Betriebswirtschaftslehre bzw. wirtschaftswissenschaftlicher Studiengänge mit den Schwerpunkten Innovationsmanagement und Unternehmensführung. Die

---

[1] Die Autoren danken dem Unternehmen Autoneum Management AG und insbesondere Dr. Anahid Rickmann, Head Corporate Communications, herzlich für die Unterstützung bei der Ausarbeitung der Fallstudie und die Bereitstellung von Text- und Bildmaterial.

Fallstudie eignet sich ebenso für Studierende technischer Studiengänge mit betriebswirtschaftlichen Vertiefungen in der Unternehmensführung oder im Marketing.

## A.1.2 BioGenius – Flexibilität als Handlungsgrundlage

Axel Faix und Werner Frese[2]

**Abstract**
Die Fallstudie BIOGENIUS bietet die Basis für eine differenzierte Auseinandersetzung mit den Erfolgspotenzialen und der strategischen Grundausrichtung eines relativ kleinen, jungen und „wissensgetrieben" arbeitenden Unternehmens, das seinen Kunden spezialisierte Lösungen im Bereich der Analyse und Prüfung von Biozid- und Pflanzenschutzprodukten sowie übergreifende Dienstleistungen zur Unterstützung ihrer Innovationsprozesse anbietet. Der hohe Spezialisierungsgrad und die intensive Forschungsarbeit bedeuten vor der Hintergrund einer kleinen Unternehmensorganisation eine in hohem Maße wissensorientierte Unternehmenskultur. Vor dem Hintergrund sich verändernder externer (teils gesetzlicher) Rahmenbedingungen werden die Anforderungen an einen sich abzeichnenden strategischen Wandel untersucht und auf die bestehenden bzw. noch zu entwickelnden Kompetenzen abgestellt.

**Methodische Voraussetzungen**
Die Fallstudie legt ein ganzheitliches Verständnis von Unternehmensführung als betriebliche und personelle Führungsaufgabe zugrunde. In diesem Sinne werden die Kenntnis von Grundlagen der Organisationslehre, ein differenziertes Verständnis von Unternehmenskultur, grundsätzliche Kenntnisse des strategischen Managements und entsprechender Analysekonzepte z. B. strategische Gruppen nach M. E. Porter erwartet und empfohlen.

**Lernziele**
Studierende sollen die strategische Grundausrichtung des Unternehmens erfassen und beschreiben lernen. Auf dieser Basis sollen sie in die Lage versetzt werden, Erfolgsfaktoren und -potenziale zu erkennen und zu bewerten. Sie sollen ein dynamisches Strategieverständnis entwickeln, das Anpassungsbedarfe frühzeitig erkennt und adressiert, sodass erforderliche Ressourcen für den strategischen Wandel bereitgestellt und notwendige Kompetenzen aufgebaut werden können.

**Zielgruppen**
Studierende in Bachelorprogrammen ab dem 5. Semester und Studierende in Masterprogrammen der Betriebswirtschaftslehre bzw. wirtschaftswissenschaftlicher Studiengänge

---

[2] Die Autoren danken dem Unternehmen BioGenius und insbesondere Frau Ulrike Müllewitz (†) und Herrn Wolfgang Hake herzlich für die Unterstützung bei der Ausarbeitung der Fallstudie.

mit den Schwerpunkten Unternehmensführung, Strategie und Organisation. Die Fallstudie eignet sich ebenso für Studierende technischer Studiengänge mit betriebswirtschaftlichen Vertiefungen in der Unternehmensführung oder Organisationsgestaltung.

### A.1.3 devolo – Innovationstreiber Kooperation

Simon Joseph Stuber[3]

**Abstract**
Die devolo AG ist seit dem Jahr 2009 Weltmarktführer im Powerline-Segment („Internet aus der Steckdose") und vertreibt innovative Premium-Netzwerk-Produkte – etwa 30 Millionen ausgelieferte dLAN-Adapter bis zum Jahr 2016 belegen den Erfolg. Im Jahr 2008 erweiterte das Unternehmen sein Handlungsfeld um das Geschäftsfeld Smart Grid. Um Kompetenzen in diesem neuen Geschäftsbereich aufzubauen, setzt das Unternehmen intensiv auf Kooperationsvorhaben. Eine Vielzahl an Forschungs- und Entwicklungsprojekten, die je nach Projekt mit außeruniversitären, hochschulbezogenen und wirtschaftsnahen Institutionen realisiert werden, schaffen einen wettbewerbsrelevanten Wissenstransfer für das Unternehmen. Die Forschungsergebnisse werden anschließend im Unternehmen aufgegriffen und weiterentwickelt und in Produkt- und Prozessinnovationen überführt, die anschließend erfolgreich in den Markt eingeführt werden. Die Fallstudie illustriert die Bedeutsamkeit regionaler Forschungs- und Entwicklungskooperationen und zeigt die Bandbreite der strategischen Optionen für Kooperationen auf.

**Methodische Voraussetzungen**
Zur Bearbeitung der Fallstudie wird die Kenntnis grundlegender Konzepte des strategischen Managements und der marktorientierten Unternehmensführung vorausgesetzt. Darüber hinaus sollten Grundlagen zum Netzwerktheorie sowie Kooperationsmanagement bekannt sein.

**Lernziele**
Zentrales Lernziel ist, dass Unternehmen im Zeitverlauf neue Gelegenheiten ergreifen müssen, um langfristig auf dem Markt zu bestehen. Das Top-Management muss Strategien entwickeln und umsetzen, welche kontinuierlich an interne und externe Bedingungen angepasst werden müssen. Dies hat oftmals zur Folge, dass Geschäftsmodelle und Ablauforganisationen angepasst oder neue Geschäftsfelder erschlossen werden müssen, um den Fortbestand des Unternehmens zu sichern. Ein weiteres Lernziel bildet das Verständnis

---

[3] Der Autor dankt dem Unternehmen devolo AG und insbesondere Herrn Prof. Dr. Michael Koch sehr herzlich für die Interviews, Einblicke in das Unternehmen und den anregenden Gedankenaustausch. Ein ganz besonderer Dank gilt Frau Krist-Sladek, die bei der Recherche und Aufbereitung der Fallunterlagen unterstützt hat.

darüber, dass innovative Leistungen nicht nur intern, sondern gemeinsam mit anderen Partnern in Kooperation entwickelt werden können („Open Innovation"). Darüber hinaus bietet die Fallstudie den Studierenden die Möglichkeit, sich mit Kooperationsfragen zu beschäftigen und diesen als einen von vielen wertvollen Erfolgsfaktoren für das Hervorbringen von Innovationen kennenzulernen.

**Zielgruppen**
Studierende in Bachelorprogrammen ab dem 3. Semester und Studierende in Masterprogrammen der Betriebswirtschaftslehre bzw. wirtschaftswissenschaftlicher Studiengänge mit den Schwerpunkten Strategisches Management, Unternehmensführung, Marketing und Innovationsmanagement. Die Fallstudie eignet sich ebenso für Studierende technischer Studiengänge mit betriebswirtschaftlichen Vertiefungen in der Unternehmensführung oder im Marketing.

### A.1.4 Dolezych – Management by Options als Leitlinie internationaler Expansion

Gregor Brüggelambert, Jan-Philipp Büchler und Alexander Krosta[4]

**Abstract**
Die Fallstudie DOLEZYCH beschäftigt sich mit den organisatorischen und strategischen Herausforderungen eines Familienunternehmens im expansiven Internationalisierungsprozess. Als Dortmunder Urgestein hat sich das Unternehmen Dolezych zu einem Weltmarktführer in Seil-, Hebe-, Anschlag- und Ladungssicherungstechnik entwickelt. Das geschah jedoch nicht kontinuierlich, so kam es erst nach mehr als einem halben Jahrhundert zur ersten Gründung von Auslandsniederlassungen. Dieser Internationalisierungsschub war stark von der Unternehmerpersönlichkeit Udo Dolezych geprägt, der bis heute maßgeblich die Geschicke des Unternehmens leitet. Mit Tim Dolezych befindet sich seit 2011 ein Vertreter der dritten Generation der Familie in leitender Position des Unternehmens. Gemeinsam mit Karl-Heinz Keisewitt bilden diese Personen gegenwärtig das Dreigestirn der Geschäftsführung. Es ist genau dieses Spannungsfeld von starker regionaler Einbettung bei gleichzeitig stark von Führungspersönlichkeiten geprägter internationaler Expansion, das durch diese Fallstudie erschlossen werden soll. Aufgrund des jeweiligen Schwierigkeitsgrades der Aufgabenstellungen ergeben sich dabei die folgenden zwei Modularisierungsstufen:

---

[4] Die Autoren danken dem Unternehmen Dolezych GmbH & Co. KG und insbesondere den Herren Udo Dolezych, Tim Dolezych und Karl-Heinz Keisewitt (geschäftsführende Gesellschafter) sehr herzlich für die großartige Unterstützung bei der Ausarbeitung der Fallstudie, die sehr anregenden Interviews und spannenden Einblicke in das Unternehmen sowie die Bereitstellung von Text- und Bildmaterial.

1. In der ersten Stufe, die sich vorrangig an Studierende im Bachelorstudium wendet, soll das Unternehmen Dolezych allgemein vor dem Hintergrund gängiger Modelle der Formen und Motive internationaler Unternehmenstätigkeit positioniert werden.
2. Die zweite Stufe richtet sich vor allem an Studierende im wirtschaftswissenschaftlichen Masterstudium sowie an Führungskräfte eines mittelständischen international operierenden Unternehmens. In dieser Stufe sollen vor allem die internen Herausforderungen diskutiert werden, vor denen mittelständische Unternehmen im Internationalisierungsprozess stehen. Dieses soll explizit vor dem Hintergrund zentraler Parameter wie Unternehmensgröße, regionale/internationale Abdeckung, Unternehmenskultur/-historie u.ä. geschehen.

Beide Stufen werden mit thematischen Exkursen angereichert, die den Einstieg in Diskussion und Analyse erleichtern sollen.

**Methodische Voraussetzungen**
Zur Bearbeitung der ersten Stufe wird die Kenntnis grundlegender Konzepte des strategischen Managements sowie grundlegender Erklärungsansätze der Internationalisierung von Unternehmen vorausgesetzt. Zur Bearbeitung der zweiten Stufe sind diesbezüglich vertiefte Kenntnisse und/oder Erfahrungen Voraussetzung. Zudem ist es von Vorteil, wenn fortgeschrittene Kenntnisse und/oder längerfristige Erfahrungen im Bereich Unternehmensorganisation und der Gestaltung von Kontroll- und -ablaufsystemen vorhanden sind.

**Lernziele**
Zentrales Lernziel der ersten Stufe ist es vor allem, eine Sensibilität dafür zu erzeugen, dass internationale Aktivitäten eines Unternehmens aus ganz unterschiedlichen Motiven erfolgen können. Die Systematisierung dieser Motive hilft Studierenden, die Mehrschichtigkeit der Motiv- und Zielsetzung zu erfassen und Anpassungserfordernisse (hinsichtlich Koordinationsformen und Markteintrittsformen) in Abhängigkeit von Zielland und Zielsetzung zu spezifizieren.

Das wesentliche Lernziel der zweiten Stufe ist die Entwicklung einer Problemlösungssensibilität für die Gestaltung der internen Strukturen und Prozesse eines international operierenden Unternehmens, die sich explizit an profilbildende Elemente wie Größe, Historie, Führungsverhalten, Unternehmenskultur, Kommunikation und Anreizstruktur ausrichten soll.

**Zielgruppen**
Erste Stufe: Studierende in Bachelorprogrammen ab dem 3. Semester mit den Schwerpunkten Strategisches Management und Unternehmensführung sowie Masterstudierende in Studiengängen, die erst im Rahmen des Masterstudiums mit den Konzepten des strategischen Managements vertraut machen sollen.

Zweite Stufe: Studierende in Masterprogrammen (ggf. auch Ende des Bachelorstudiums) der Betriebswirtschaftslehre bzw. wirtschaftswissenschaftlicher Studiengänge mit den Schwerpunkten Strategisches Management, Unternehmensführung und Organisation. Führungskräfte von international operierenden Unternehmen, die im Rahmen einer unternehmensinternen Strategiediskussion in partizipativer Form an dem Strategiebildungsprozess im Unternehmen beteilig werden sollen.

## A.1.5 Faymonville – Wachstum als Komplexitätstreiber

Constanze Chwallek, Kaan Gözler und Walter Reichert[5]

**Abstract**
Die Fallstudie FAYMONVILLE beschäftigt sich damit, wie es dem Familienunternehmen Faymonville aus Ostbelgien gelungen ist, sich zu einem der führenden Hersteller in seiner Branche zu entwickeln. Die gezielte Identifizierung neuer Märkte, die Fokussierung auf die relevanten Kundenbedürfnisse und eine konsistente Produktpolitik mit einem abgestimmten Fertigungskonzept legen die Grundsteine für den Erfolg. Das vorliegende Fallbeispiel zeigt anschaulich, wie es gelingen kann, den prinzipiellen Widerspruch zwischen wirtschaftlicher und kundenindividueller Fertigung erfolgreich aufzulösen und zielgerichtet mit Komplexität umzugehen.

**Methodische Voraussetzungen**
Bei der Bearbeitung dieser Fallstudie sollte der Leser Kenntnisse über grundlegende Konzepte des strategischen Managements verfügen. Außerdem ist es empfehlenswert, sich im Vorfeld der Fallstudie die allgemeinen Fertigungskonzepte noch einmal vor Augen zu führen.

**Lernziele**
Das Lernziel der Fallstudie ist in erster Linie die kritische Reflektion der strategischen Maßnahmen, die das Unternehmen Faymonville unternommen hat, um nachhaltig zu wachsen und sich im Wettbewerb dauerhaft zu behaupten. Neben Aspekten zur Internationalisierung wird dabei ein besonderes Augenmerk auf die Fertigungsstrategie gelegt, die Faymonville verfolgt und welche die Basis für den Wettbewerbsvorteil darstellt.

**Zielgruppen**
Diese Fallstudie ist erstellt worden für Studierende in Bachelorprogrammen ab dem 4. Semester und Studierende in Masterprogrammen der Betriebswirtschaftslehre bzw. wirtschaftswissenschaftlicher Studiengänge mit den Schwerpunkten Strategisches Management, (internationale) Unternehmensführung oder Marketing und Produktion. Die

---

[5] Die Autoren danken dem Unternehmen Faymonville Distribution AG und insbesondere Herrn Guy Fickers, Technical Director, für die Unterstützung bei der Ausarbeitung der Fallstudie, die Interviews sowie die Bereitstellung von Text- und Bildmaterial.

Fallstudie eignet sich auch für Studierende technischer Studiengänge mit betriebswirtschaftlichen Vertiefungen in der Unternehmensführung oder im Marketing.

## A.1.6 GASA Group Germany – Ist die Organisation fit für künftiges Wachstum?

Dietrich Darr[6]

**Abstract**
Die Fallstudie GASA stellt die Wertschöpfungsaktivitäten und Organisationsstruktur eines im Bereich des Gartenbaus tätigen mittelständischen Unternehmens am Niederrhein vor und zeigt den Studierenden die Herausforderungen, die das Unternehmen im Rahmen seines erfolgreichen Wachstums zu bewältigen hat. Hierbei werden verschiedene strategische Anpassungen im Bereich der Organisationsstruktur erörtert, die mitunter weitreichende Konsequenzen für die Mitarbeiter, Unternehmenskultur und Wertaktivitäten haben können. Wachstum bedeutet somit nicht nur Unternehmenserfolg, sondern vor allem kontinuierliche Anpassungen und strategischen Wandel.

**Methodische Voraussetzungen**
Grundlagen in Organisationslehre, Strategisches Management und Unternehmensführung.

**Lernziele**
Die Studierenden erkennen und verstehen die Notwendigkeit, in schnell wachsenden klein- und mittelständischen Unternehmen die formale und informale Organisation an sich ändernde äußere und innere Rahmenbedingungen anzupassen vor dem Hintergrund der Situation im Gartenbau insbesondere Topfpflanzen-Sektor. Die Studierenden wenden sodann grundlegende analytische Konzepte aus den Bereichen Organisationsentwicklung und Mitarbeiterführung an. Ein weiteres Lernziel ist die Analyse von Struktur und Funktion der Unternehmensorganisation sowie deren Passung zu den inneren und äußeren Rahmenbedingungen (Fit). Schließlich sollen die Studierenden den Handlungsbedarf bewerten und Empfehlungen zur Umsetzung von konkreten Maßnahmen abgeben.

**Zielgruppen**
Studierende von Bachelor-Studiengängen mit betriebswirtschaftlicher oder agrar-ökonomischer Ausrichtung in Lehrmodulen wie Strategie und Management, Personalführung oder Organisationslehre.

---

[6] Der Autor dankt der Geschäftsführung und den Mitarbeitern der GASA Group Germany für die gute Zusammenarbeit bei der Erstellung dieser Fallstudie, Herrn Lars Caspersen und Herrn Silas Hayer für die Unterstützung bei der Übersetzung der Fallstudie sowie der Erstellung der Schaubilder und Herrn Jan-Philipp Büchler sowie den Kolleginnen des CASEM für die inhaltliche Diskussion und Begleitung der Arbeit.

## A.1.7 GEA Farm Technologies – Kernkompetenzausbau durch M&A

Jan-Philipp Büchler und Axel Faix[7]

**Abstract**

Im Jahr 2004 analysiert die strategische Geschäftseinheit Farm Technologies des GEA-Konzerns im Zuge einer grundlegenden strategischen Positionsbestimmung das aktuelle und zukünftig anzubietende Produktsortiment, die verfügbaren und zu entwickelnden Technologien und Kompetenzen sowie die erforderlichen strategischen Konsequenzen. Im Ergebnis formuliert das Unternehmen die Strategie „Total Solutions", mit der ein Technologie-, Produkt- und Kompetenzportfolio angestrebt wird, das integrierte Produkt- und Anwenderlösungen für Landwirte mit unterschiedlichen Betriebsformen, Herdengrößen und Ansprüchen abdeckt.

Die Fallstudie untersucht die strategischen Entscheidungsparameter und ihren Einfluss auf die operativen Ergebnisse der GEA Farm Technologies, die sich seit der Umsetzung der Strategie „Total Solutions" überdurchschnittlich im Vergleich zu den Wettbewerbern entwickelt haben. Insbesondere werden die Instrumente der Strategischen Gruppen und Portfoliomodelle in die Untersuchung einbezogen. Auf dieser Basis werden die strategischen Handlungsoptionen hinsichtlich organischer (interner) und akquisitorischer (externer) Wachstumsmöglichkeiten diskutiert.

**Methodische Voraussetzungen**

Zur Lösung der Fallstudie werden Grundlagenkenntnisse des Strategischen Managements vorausgesetzt, insbesondere im Bereich des Portfoliomanagements. Idealerweise haben die Teilnehmer bereits einen ersten Überblick über M&A-Strategien erworben.

**Lernziele**

Zentrale Lernziele sind das Verständnis von Portfolioentscheidungen und Geschäftsmodellkonzeptionen im Hinblick auf die konsequente Fokussierung auf den Ausbau des Kerngeschäfts, v.a. auf der Grundlage von externen Wachstumsstrategien.

**Zielgruppen**

Bachelor- und Master-Studierende der Betriebswirtschaftslehre bzw. wirtschaftswissenschaftlicher Studiengänge mit den Schwerpunkten: Strategisches Management, Unternehmensführung oder Business Development bzw. M&A.

---

[7] Die Autoren danken dem Unternehmen GEA Group AG und insbesondere Herrn Dr. Armin Tietjen, Business Unit Head, für die umfassende Unterstützung bei der Ausarbeitung der Fallstudie, die ausführlichen Interviews und spannenden Unternehmenseinblicke sowie die Bereitstellung von Text- und Bildmaterial.

## A.1.8 Hark – Wachstumsstrategie für die Orchideenzucht: Wird das Geschäft auch in den USA florieren?

Yvonne Mitschka und Jan-Philipp Büchler

**Abstract**
Die Fallstudie HARK führt in ein spezielles Marktsegment der Blumenzucht und -vermehrung ein, in dem das westfälische Familienunternehmen Hark eine weltweit führende Marktstellung besitzt. Im Rahmen der Internationalisierung des Unternehmens sind vor dem typischen Hintergrund eines mittelständischen Unternehmens Entscheidungen zum Markteintritt und der damit verbundenen Markteintrittsform zu treffen, die u.a. unter den Kriterien Ressourceneinsatz, Kontrolle, Risiko und Steuerung bewertet und begründet werden müssen.

**Methodische Voraussetzungen**
Zur Bearbeitung der Fallstudie werden Grundlagenkenntnisse des Strategischen Managements sowie der Unternehmensführung vorausgesetzt. Vertiefte Kenntnisse des Internationalen Managements sind empfehlenswert, insbesondere zum Themenbereich Markteintrittsstrategien und internationale Marktbearbeitung.

**Lernziele**
Zentrale Lernziele sind das Verständnis von Internationalisierungpfaden von Unternehmen sowie vor allem den mit den strategischen Entscheidungen verbundenen Annahmen als auch der Chancen und Risikoabwägung, die zur Auswahl bestimmter Märkte und Markteintrittsformen führt. Die Studierenden sollen hierbei ein differenziertes Beurteilungsvermögen entwickeln und strategische Entscheidungen auf der Basis von logischen Annahmen begründen.

**Zielgruppen**
Bachelor- und Master-Studierende der Betriebswirtschaftslehre bzw. wirtschaftswissenschaftlicher Studiengänge mit den Schwerpunkten: Strategisches Management, Unternehmensführung, Internationales Management oder Business Development.

## A.1.9 Huf Universalsensor IntelliSens – Kundenzentrierte Innovationsvermarktung

Jan-Philipp Büchler und Jennifer Decker[8]

---

[8] Die Autoren danken dem Unternehmen Huf Hülsbeck & Fürst GmbH & Co. KG und insbesondere Herrn Ulrich Hülsbeck (geschäftsführender Gesellschafter) und Frau Ute Hoppe, Director Corporate Communications, für die umfassende Unterstützung bei der Ausarbeitung der Fallstudie, die ausführlichen Interviews und spannenden Unternehmenseinblicke sowie die Bereitstellung von Text- und Bildmaterial.

**Abstract**

Die Fallstudie HUF beschäftigt sich mit der Erschließung neuer Marktsegmente und der damit einhergehenden Vermarktung von Produkt- und Markeninnovationen. Das Unternehmen Huf Hülsbeck & Fürst GmbH & Co. KG entwickelt erfolgreich einen Universalsensor für die Reifendruckkontrolle und spricht damit ein für das Unternehmen neues Marktsegment – den Independent Aftermarket – an. Verbunden mit günstigen regulatorischen Rahmenbedingungen bietet sich eine attraktive Marktentwicklung in der Reifendruckkontrollsystematik. Mit Hilfe einer konzentrierten Vermarktungsstrategie platziert die Huf Hülsbeck & Fürst GmbH & Co. KG den neuen Sensor am Independent Aftermarket und verspricht sich durch die Diversifikationsstrategie neue Wachstumschancen für das Unternehmen.

**Methodische Voraussetzungen**

Zur Bearbeitung der Fallstudie wird die Kenntnis grundlegender Konzepte des strategischen Managements und der marktorientierten Unternehmensführung vorausgesetzt. Darüber hinaus sollten Grundlagen zum Innovations- und Markenmanagement bereits bekannt sein. Außerdem wird ein grundlegendes Verständnis von Instrumenten zur Analyse von Innovationsmerkmalen erwartet.

**Lernziele**

Zentrales Lernziel ist die Auseinandersetzung mit Innovations- und Markenvermarktung, insbesondere der vermarktungsorientierten Differenzierung von Produktinnovationen sowie der Rolle der Marke für die Innovationsvermarktung. Weiteres Lernziel bildet das Verständnis strategischer Zusammenhänge im Rahmen der Marktabgrenzung und Marktsegmentierung. Darüber hinaus bietet die Fallstudie den Studierenden die Möglichkeit, sich mit Budgetierungsfragen und Controllinginstrumenten im Rahmen des innovationsorientierten Markenmanagements vertraut zu machen.

**Zielgruppen**

Studierende in Bachelorprogrammen ab dem 5. Semester und Studierende in Masterprogrammen der Betriebswirtschaftslehre bzw. wirtschaftswissenschaftlicher Studiengänge mit den Schwerpunkten Strategisches Management, Unternehmensführung oder Marketing. Die Fallstudie eignet sich ebenso für Studierende technischer Studiengänge mit betriebswirtschaftlichen Vertiefungen in der Unternehmensführung oder im Marketing.

## A.1.10 RENAFAN – Unternehmenskultur als Wettbewerbsvorteil

Jennifer Decker und Magdalena Stülb[9]

---

[9] Die Autoren danken dem Unternehmen RENAFAN und inbesondere Herrn Christian Deckert, Geschäftsführer, für die sehr angenehme Zusammenarbeit und Unsützung auch in Form von Interviews bei der Erstellung der Fallstudie.

**Abstract**
RENAFAN ist einer der Top drei Pflegedienstleister in Deutschland. Das Unternehmen sticht in einer Branche mit Fachkräftemangel durch gezieltes Personalmanagement und einer besonderen Unternehmenskultur hervor. Die Fallstudie lädt ein, sich dem Pflegemarkt zu nähern und erlaubt eine Auseinandersetzung mit Wettbewerb und Stakeholdern, sowie den Themenschwerpunkten Unternehmenskultur, kulturelle Kompetenz und Diversität. Die Fallstudie beschäftigt sich mit aktuellen Entwicklungen der Gesellschaft und ist für eine breite Gruppe an Anwendern geeignet.

**Methodische Voraussetzungen**
Zur Lösung der Fallstudie wird die Kenntnis grundlegender Aspekte zum strategischen Management und der marktorientierten Unternehmensführung vorausgesetzt.

**Lernziele**
Einblicke in die Pflegebranche; Identifizierung relevanter Stakeholder; Wettbewerbsanalyse; Einblicke in Fragestellung des Diversity Managements, der Unternehmenskultur und Unternehmensethik.

**Zielgruppen**
Studiengänge der Betriebswirtschaften und Sozialwissenschaften, sowie verwandte Disziplinen.

## A.1.11 Schalker Eisenhütte – Keep your business on track

**Abstract**
Die Fallstudie Schalker Eisenhütte versetzt Studierende in eine komplexe Entscheidungssituation der strategischen Neuausrichtung eines führenden Anbieters für untertägige Zugförderungssysteme im Hartgesteinsbergbau. Die zentralen Fragestellungen betreffen die Entwicklung eines neuen Geschäftsmodells aufgrund einer sich verändernden globalen Marktumwelt. Vor dem Hintergrund eines bereits erfolgten Umbaus des Unternehmens inklusive Veräußerungen und Zukäufe müssen weiterführende strategische Entscheidungen, welche die zentralen Kompetenzen und Leistungsmerkmale des Unternehmens betreffen, getroffen werden.

**Methodische Voraussetzungen**
Die Bearbeitung der Fallstudie setzt die weitergehende Kenntnis von Konzepten und Instrumenten des Strategischen Managements sowie der marktorientierten Unternehmensführung voraus. Insbesondere sind Kenntnisse von Geschäftsmodellen der Systemanbieterschaft von Vorteil.

## Lernziele

Zentrale Lernziele sind die Identifikation und Beschreibung von Kernkompetenzen eines Unternehmens sowie Anforderungen an deren Weiterentwicklung im Rahmen von strategischen Veränderungsprozessen sowie dem Aufbau neuer Geschäftsmodelle. Vor dem Branchenhintergrund eines Maschinenbauers für die Bergwerksindustrie werden Studierende in die Lage der Entscheider versetzt, die strategische Neuausrichtung des Unternehmens zu diskutieren und eine eigene Strategieempfehlung zu entwickeln.

## Zielgruppen

Bachelor- und Master-Studierende der Betriebswirtschaftslehre bzw. wirtschaftswissenschaftlicher Studiengänge und Wirtschaftsingenieurswissenschaften ab dem 3. Semester mit den Schwerpunkten: Strategisches Management, Unternehmensführung, Internationales Management, Sales Management, Marketing oder Business Development.

### A.1.12 Thermomix by Vorwerk – A New Way of Cooking

Andreas Fries, Anne-Wiebke Bergmeister und Marie Spindler

**Abstract**

The German family owned company, VORWERK, can look back at a stunning history of selling various household appliances such as the Kobold vacuum cleaner, consumer goods such as Jafra cosmetics and kitchen appliances such as Thermomix, a multi-functional kitchen device for cooking, grinding, blending which is "beloved" by the market. The Thermomix division continues to grow and has generated sales of EUR 920 million in 2014 which were mainly achieved in Europe. Wholly owned sales subsidiaries in 12 countries and sales agents in more than 60 countries, all over the world, fuel sales growth. Vorwerk works with a direct sales approach. Hosting or going to a Thermomix party is the only way to buy the product, giving the buyers an exclusive and distinct club membership feeling. To fulfill customer needs the European production facilities ensure highest quality standards worldwide.

Vorwerk has identified that consumers want products that enable them to simplify their lives as well as to save time. Due to rising incomes, enhanced living standards and changing lifestyles as well as advanced technologies, the kitchen appliances market has gained popularity and market growth has increased globally. In particular, trends of fitness and healthy living have the greatest impact on the kitchen appliances industry. As society pays increasing attention to personal fitness and health and values convenience at the same time, Thermomix fits perfectly to this lifestyle.

Thermomix's outstanding performance has caught the attention of many competitors in the kitchen appliance industry. Competitors are trying to gain market share using various strategies from emulating Vorwerk's leading product with high quality machines at similar prices to offering machines with fewer functions at a lower cost. Vorwerk's strong and sustainable business model combined with the high quality standard of the Thermomix make it difficult for competitors to offer similar products that could seriously challenge Vorwerk's hold on the market.

**Methodical requirements**
In order to understand and answer the questions of the case, a basic background of strategy as well as marketing methods and techniques is necessary. Students should have learned previously how to work with a TOWS-Matrix, benchmarking profiles, market entry modes and marketing mix measures, specifically regarding different distribution models (direct vs. indirect selling). Additionally, they should have learned about how to work on case studies, present them afterwards, start a discussion and ask competent questions after presentations.

**Teaching objectives**
The main intention of this case is to allow students to gain a deeper knowledge and understanding about what type of business model enables a company to be successful in today's dynamic global markets. Furthermore, students should learn to analyze the underlying case study by using strategic marketing tools in a permitted time

**Target group**
The case is intended to be used at universities for students working on their bachelor or master degree with a focus on business administration, particularly in classes that include topics comparable to business administration, strategy and marketing. The discussion of this case highlights how successful companies can differentiate themselves from their competition by analyzing core competences, strategies and business models.

## A.1.13 Vaillant – Markteintritt und Marktbearbeitung in Russland

Jan-Philipp Büchler, Markus Tandel und Carsten Voigtländer

**Abstract**
Die Fallstudie VAILLANT versetzt Studierende in eine komplexe Entscheidungssituation, die charakteristisch für die Ressourcenallokation im Rahmen von Internationalisierungsstrategien ist. Vaillant ist einer der führenden Anbieter für Heizungs- und Klimatechnik mit einem strategischen Fokus auf die Wachstumsregionen in Osteuropa und insbesondere in Russland. Der Markteintritt und die langfristige Marktbearbeitungsstrategien verlangen die Auswahl strategischer Hebel und ein dynamisches Strategieverständnis, da Anpassungen und Veränderungen im Geschäftsmodell bei der Bearbeitung von Wachstumsmärkten erforderlich sind.

**Methodische Voraussetzungen**
Die Bearbeitung der Fallstudie setzt die Kenntnis von Grundlagen des Strategischen und Internationalen Managements sowie der marktorientierten Unternehmensführung voraus. Insbesondere sind vertiefte Kenntnisse im Bereich International Sales & Marketing empfehlenswert.

**Lernziele**
Zentrale Lernziele sind das Erkennen von lokalen Marktanforderungen und die Ableitung erforderlicher strategischer Anpassungsentscheidungen für die Vermarktung- und den Vertrieb. Studierende sollen Verstehen, dass die internationale Marktbearbeitung sukzessive strategische Anpassungen im Rahmen des Markteintritts erfordert, die sich auf die Distributionsstruktur, Unternehmernsorganisation und -form sowie die finanziellen Kennzahlen auswirken. Vor diesem Hintergrund werden Studierende in die Lage der Entscheider versetzt, die strategischen Zielkonflikte im Rahmen der lokalen Anpassungsentscheidungen zu bewerten und eine eigene Strategieempfehlung zu entwickeln.

**Zielgruppen**
Bachelor- und Master-Studierende der Betriebswirtschaftslehre bzw. wirtschaftswissenschaftlicher Studiengänge ab dem 3. Semester mit den Schwerpunkten: Strategisches Management, Unternehmensführung, Internationales Management, Sales Management, Marketing oder Business Development.

## A.1.14 WAGO – Employer Branding und Social Media

Andrea Rumler

**Abstract**
Die Fallstudie WAGO zeigt die Notwendigkeit für Unternehmen auf, sich sozialer Medien in der Kommunikation mit potenziellen Mitarbeitern, vor allem dem Nachwuchs für Ausbildungsberufe und duales Studium, zu bedienen. Je nach Zielgruppe stehen unterschiedliche soziale Medien im Fokus. Eine abteilungsübergreifende Zusammenarbeit, wie sie bei WAGO praktiziert wird, ist dabei Voraussetzung für einen Erfolg der Kommunikationsmaßnahmen.

**Methodische Voraussetzungen**
Die Fallstudie setzt Grundkenntnisse im Marketing voraus, insbesondere in den Bereichen Marktsegmentierung/Zielgruppenausrichtung, Marke und Markenführung sowie der Kommunikationspolitik.

**Lernziele**

In der Fallstudie sollen die Studierenden den Einsatz sozialer Medien in der Unternehmenskommunikation kennenlernen. Ein weiteres Lernziel ist es, die Wichtigkeit der Zielgruppenorientierung bei der Auswahl von Kommunikationskanälen zu verstehen. Darüber hinaus soll der Begriff des Employer Branding erläutert werden. Die Studierenden sollen begreifen, dass eine Zusammenarbeit von Unternehmenskommunikation und Human Resources/Personalmanagement und anderen Abteilungen nötig ist, um ein erfolgreiches Employer Branding zu betreiben.

**Zielgruppen**

Studierende in Bachelorprogrammen der Betriebswirtschaftslehre bzw. wirtschaftswissenschaftlicher Studiengänge mit den Schwerpunkten Marketing oder Human Resources/Personalmanagement ab dem 1. Semester. Die Fallstudie eignet sich ebenso für Studierende technischer Studiengänge mit betriebswirtschaftlichen Vertiefungen im Marketing oder Human Resources/Personalmanagement.

MIX
Papier aus verantwortungsvollen Quellen
Paper from responsible sources
FSC® C105338

If you have any concerns about our products,
you can contact us on
**ProductSafety@springernature.com**

In case Publisher is established outside the EU,
the EU authorized representative is:
**Springer Nature Customer Service Center GmbH
Europaplatz 3, 69115 Heidelberg, Germany**

Printed by Libri Plureos GmbH
in Hamburg, Germany